"十三五"国家重点出版物出版规划项目

普通高等教育"十一五"国家级规划教材

现代质量工程

第 4 版

主　编　张根保

副主编　融亦鸣　罗天洪　刘　英

参　编　倪　霖　俞　宁　罗　静　黄忠全　任显林
　　　　王国强　冉　琰

主　审　吴昭同　苏　秦

机械工业出版社

本书在全面论述现代质量工程概念的基础上，吸收了国内外质量工程的最新研究成果，以质量工程的基本原理为基础，以全面质量管理为主线，系统、全面地介绍了现代质量工程的基本理论和方法。全书共11章，包括质量工程概述、质量工程的基本原理、全面质量管理、ISO 9000质量管理体系、质量控制常用技术、质量检验理论与方法、面向质量的设计、制造过程质量控制、可靠性工程与技术、质量经济性分析与控制、先进质量工程技术等内容。

本书可作为普通高等院校机电类、工业工程、管理科学与工程等专业高年级学生的教学用书和研究生的教学参考书，也可供工业企业工程技术人员、质量检验人员、质量管理人员、生产管理人员、研发人员及企业各级领导参考。

图书在版编目（CIP）数据

现代质量工程/张根保主编. —4版. —北京：机械工业出版社，2019.10（2025.1重印）
"十三五"国家重点出版物出版规划项目　普通高等教育"十一五"国家级规划教材
ISBN 978-7-111-63660-1

Ⅰ.①现… Ⅱ.①张… Ⅲ.①质量管理－高等学校－教材
Ⅳ.①F273.2

中国版本图书馆 CIP 数据核字（2019）第 202911 号

机械工业出版社（北京市百万庄大街22号　邮政编码100037）
策划编辑：曹俊玲　责任编辑：曹俊玲　商红云
责任校对：朱继文　封面设计：张　静
责任印制：李　昂
北京捷迅佳彩印刷有限公司印刷
2025年1月第4版第6次印刷
184mm×260mm・23.5 印张・582 千字
标准书号：ISBN 978-7-111-63660-1
定价：59.80元

电话服务　　　　　　　网络服务
客服电话：010-88361066　机　工　官　网：www.cmpbook.com
　　　　　010-88379833　机　工　官　博：weibo.com/cmp1952
　　　　　010-68326294　金　书　网：www.golden-book.com
封底无防伪标均为盗版　机工教育服务网：www.cmpedu.com

第4版前言

本书自2000年第1版、2007年第2版、2015年第3版出版以来，已先后印刷多次，许多高校和各类质量管理培训班采用本书作为教材或教学参考书。

随着学术界、工业界和社会对产品和服务质量越来越重视，质量工程技术也得到了快速的发展，最近几年又出现了不少质量管理和控制的新标准，如2015版ISO 9000质量管理体系标准、质量管理原则、抽样检验新标准等，甚至对质量的概念也进行了重新定义，这些内容在本书第3版中都反映不够或基本没有涉及。为此，机械工业出版社与编者协商，决定修订并出版第4版。

第4版对现代质量工程的内容进行了重新梳理，在突出本书"工程"特色的基础上对内容进行了重新编排，根据国际最新标准重新给出了质量的定义，将原来的八项质量管理原则改写为七项质量管理原则，特别是按照ISO 9000：2015版标准重写了第四章ISO 9000质量管理体系的内容，使本书能够全面反映质量工程技术的全貌和各种新技术的进展。在内容编排方式上，我们仍然将质量工程的内容分为六大板块：基本概念（第一章、第二章），质量管理综合技术（第三章、第四章），应用技术和方法（第五章、第六章），产品寿命周期质量控制技术（第七章、第八章），质量工程通用技术（第九章、第十章），质量工程新技术（第十一章）。这种编排方式更便于读者了解质量工程的全貌，也便于由浅入深地学习。

第4版由重庆大学/重庆文理学院张根保教授担任主编并编写了第十一章；南方科技大学融亦鸣教授、重庆文理学院罗天洪教授和重庆大学刘英教授担任副主编，并分别承担了第一章、第十章和第二章的编写工作；重庆大学倪霖副教授编写了第五章；重庆理工大学俞宁副教授编写了第三章；重庆理工大学罗静教授编写了第六章；重庆大学黄忠全副教授编写了第四章；电子科技大学任显林副教授编写了第七章；中国计量大学王国强讲师编写了第八章并制作了教学课件［可从机械工业出版社教育服务网（www.cmpedu.com）下载］；重庆大学冉琰讲师编写了第九章。全书由张根保教授统稿，融亦鸣教授、罗天洪教授和刘英教授协助。

在编写过程中，我们参考了众多的教材和专著，但难免挂一漏万，可能存在部分参考资料没有列入参考文献的现象，在此我们向所有参考资料的作者表示感谢，不周全之处敬请大家谅解。

本书可作为普通高等院校机电类、工业工程、管理科学与工程等专业高年级学生的教学用书和研究生的教学参考书，也可供工业企业工程技术人员、质量检验人员、质量管理人员、生产管理人员、研发人员及企业各级领导参考。

质量工程技术发展非常快,尽管我们尽了最大努力,希望能够为广大读者提供一本高质量的质量工程教材,但由于水平有限,缺点错误在所难免,希望广大读者对本书提出宝贵意见(gen. bao. zhang@263. net),以利于本书质量的持续提高。

编　者

第3版前言

本书自 2000 年第 1 版、2007 年第 2 版出版以来，已先后印刷多次，许多高校的机电类、工业工程、管理科学与工程等专业和各类质量管理培训班采用本书作为教材或教学参考书。

质量工程技术的发展日新月异，最近几年又出现了不少有关质量管理和控制的新标准，如 2008 版 ISO 9000 质量管理体系标准、抽样检验新标准等；另外，机电产品的可靠性技术也得到飞速发展，这些内容在第 2 版中都未得到深入反映或基本没有涉及。为此，机械工业出版社与编者协商，决定修订并出版第 3 版。

第 3 版对现代质量工程的内容进行了重新梳理，在突出本书"工程"特色的基础上对内容进行了重新编排，保留了第 2 版中得到广大读者充分认可的内容，并增加了这几年得到广泛应用的新技术，如机电产品可靠性技术，从而使得本书能够全面反映质量工程技术的全貌和全新技术的进展。在内容编排方式上，我们将质量工程的内容分为：基本概念（第一章、第二章），质量管理技术（第三章、第四章），基础技术和方法（第五章、第六章），产品寿命周期质量控制技术（第七章、第八章），质量工程通用技术（第九章、第十章），质量工程新技术（第十一章）。这种编排方式不仅便于读者了解质量工程的全貌，也便于读者由浅入深地学习。

第 3 版由重庆大学张根保教授担任主编，并编写了第八章、第九章；重庆大学刘英教授担任副主编，并编写了第四章和第六章；重庆大学倪霖副教授编写了第一章、第二章和第七章；重庆理工大学俞宁副教授编写了第三章；重庆大学陶凤鸣副教授编写了第五章和第十章；温州大学庞继红副教授编写了第十一章；西南大学罗书强副教授制作了与本书配套的电子课件。全书由张根保教授统稿，刘英教授协助。

在编写过程中，我们参考了众多的教材和专著，但难免挂一漏万，可能存在部分参考资料没有列入参考文献的现象，在此我们向所有参考资料的作者表示感谢，不周全之处敬请大家谅解。

本书可作为普通高等院校机电类、工业工程、管理科学与工程等专业高年级学生的教学用书和研究生的教学参考书，也可供工业企业工程技术人员、质量检验人员、质量管理人员、生产管理人员、研发人员及企业各级领导参考。

质量工程技术发展非常快，尽管我们尽了最大努力，希望能够为广大读者提供一本高质量的质量工程教材，但由于水平有限，缺点错误在所难免，希望广大读者对本书提出宝贵意见（gen. bao. zhang@ 263. net），以利于本书质量的提高。

编　者

第 2 版前言

本书自 2000 年第 1 版出版以来，已先后印刷多次，许多高校采用本书作为教材或教学参考书。

质量工程技术的发展日新月异，最近几年不少新技术又得到广泛应用，如 2000 版 ISO 9000、6σ 技术、零缺陷管理、卓越质量管理、数字化质量管理等，这些新技术在本书第 1 版中都没有得到反映。为此，机械工业出版社与编者协商，决定对本书进行修订。

修订时，编者对全书的内容进行了重新编排，保留了第 1 版中得到广大读者充分认可的内容，并在此基础上增加了这几年得到广泛应用的新技术，如 6σ 技术、卓越质量管理等，以使本书尽量反映质量工程技术的全新进展。

第 2 版由重庆大学张根保担任主编，并承担了第十章的编写；重庆大学刘英担任副主编，并承担了第六章、第七章和第九章的编写。其他编写人员及其具体分工如下：北京理工大学刘佳编写了第五章，重庆工学院俞宁编写了第三章和第四章，重庆大学倪霖编写了第一章和第二章，中国计量学院胡献华编写了第八章。全书由张根保负责统稿，刘英协助。浙江大学吴昭同教授、西安交通大学苏秦教授分别审阅了全稿，在此表示衷心的感谢。

在编写过程中，我们参考了众多的教材和专著，但难免挂一漏万，可能存在部分参考资料没有列入参考文献的现象，在此我们向所有参考资料的作者表示感谢。

本书可作为普通高等院校机电类、工业工程、管理科学与工程等专业高年级学生的教学用书和研究生的教学参考书，也可供工业企业工程技术人员、质量检验人员、质量管理人员、研发部门的研究人员及企业各级领导参考。

质量工程技术发展非常快，尽管我们尽了最大努力，希望能为广大读者提供一本高质量的教材，但由于水平有限，缺点错误在所难免，希望广大读者对本书提出宝贵意见（gen. bao. zhang@263. net），以利于本书质量的提高。

编　者

第1版前言

本书是根据1998年8月在黄山召开的第二届全国高等学校机械设计及制造、机械制造及自动化专业教学指导小组第三次全体委员会会议上讨论通过的教材编写要求而组织编写的。

现代质量工程（Advanced Quality Engineering）是一门新兴的交叉性边缘学科，它涉及现代企业管理、产品质量控制、产品设计与制造技术、现代测试技术、技术经济学、管理信息系统、概率论及数理统计等多门学科。产品和服务质量的好坏，对企业的竞争力具有重要的影响，已成为企业生存和发展的重要影响因素。此外，产品和服务质量也是一个国家国民素质、整体经济和科技实力的集中体现。因此，世界各国政府和企业界都将提高产品质量、提供优质服务作为一件重要的大事来抓。

本书在全面论述现代质量工程基本概念的基础上，结合国内外的最新成果，以全面质量管理为主线，系统地介绍了现代质量工程的基本理论和方法。在结构上力求系统性、全面性、理论性、实用性和先进性相结合；在选材上力求全面反映现代质量工程的最新进展，并符合未来发展趋势；在撰写手法上力求新颖并便于自学。

全书共分九章，第一章主要介绍现代质量工程的基本概念、内容、发展概况及发展趋势；第二章详细介绍全面质量管理的基本理论和方法；第三章介绍主要的保证质量的设计方法；第四章全面介绍质量控制的概念和各种常用技术；第五章介绍制造过程质量自动控制技术；第六章系统地介绍质量检验的理论和方法；第七章介绍质量经济分析的基本概念和方法；第八章介绍质量体系和ISO 9000标准的概念及质量体系的认证；第九章介绍计算机在质量工程中的应用及计算机集成质量信息系统的设计、开发和实施。

本书的第一、四、五、六、七、九章由重庆大学张根保编写；第二章由大连理工大学滕素艳编写；第三章由北京理工大学刘佳编写；第八章由四川省机械工业质量技术保证中心程小泉编写。全书由张根保统稿并担任主编。本书由浙江大学吴昭同担任主审并审阅了第一章和第二章。参加审稿的还有浙江大学杨将新（第四章和第七章）、余忠华（第三章和第五章）和丁启全（第六章和第九章），以及杭州汽轮机动力集团公司韩君己（第八章）。

本书可作为普通高等院校机电类、工业工程、管理科学与工程等专业高年级学生用书和研究生的教学参考书，也可供工业企业工程技术人员、质量管理人员、科研部门的研究人员及企业各级领导参考。

在编写过程中，我们广泛参考了国内外多种同类著作、教材和教学参考书，在此我们谨向有关作者表示衷心的感谢。

由于编者水平有限,虽然尽了最大的努力,但在内容上仍不免有局限性和欠妥之处,竭诚希望使用本书的读者提出宝贵意见,以利于本书质量的改进和提高。

编　者

目　录

第 4 版前言
第 3 版前言
第 2 版前言
第 1 版前言
第一章　质量工程概述 ·· 1
　第一节　基本概念和定义 ·· 1
　第二节　提高质量的意义和重要性 ·· 7
　第三节　质量工程发展史 ·· 12
　复习思考题 ··· 17

第二章　质量工程的基本原理 ·· 18
　第一节　质量大师的质量哲学 ·· 18
　第二节　七项质量管理原则 ··· 23
　第三节　闭环质量控制 ··· 26
　第四节　卓越绩效模式 ··· 28
　第五节　质量经营及其战略管理 ··· 34
　第六节　质量策划与质量领导 ·· 37
　第七节　现代质量工程的基础性工作 ··· 42
　复习思考题 ··· 51

第三章　全面质量管理 ··· 53
　第一节　全面质量管理的基本概念 ·· 53
　第二节　全面质量管理的基本内容 ·· 56
　第三节　全面质量管理的工作方法 ·· 61
　第四节　全面质量管理的推进和实施 ··· 73
　第五节　实施全面质量管理成败的因素 ·· 79
　复习思考题 ··· 81

第四章　ISO 9000 质量管理体系 ··· 82
　第一节　ISO 9000 质量管理体系概述 ·· 82

第二节　ISO 9000 质量管理体系基本原理 ……………………………… 85
　　第三节　ISO 9001：2015 标准简介 ……………………………………… 88
　　第四节　质量管理体系的建立与运行 …………………………………… 91
　　第五节　质量管理体系的审核和认证 …………………………………… 95
　　第六节　质量、环境、职业健康安全三标一体化管理体系 …………… 101
　　复习思考题 ………………………………………………………………… 110

第五章　质量控制常用技术 ……………………………………………… 111
　　第一节　质量工程中的数据 ……………………………………………… 111
　　第二节　常用的统计分析工具 …………………………………………… 113
　　第三节　控制图理论 ……………………………………………………… 123
　　第四节　质量管理新七种工具简介 ……………………………………… 142
　　复习思考题 ………………………………………………………………… 152

第六章　质量检验理论与方法 …………………………………………… 155
　　第一节　质量检验概述 …………………………………………………… 155
　　第二节　质量检验计划的编制和实施 …………………………………… 162
　　第三节　抽样检验方法 …………………………………………………… 170
　　第四节　计数标准型一次抽样方案及其应用 …………………………… 181
　　第五节　计数调整型抽样方案及其应用程序 …………………………… 183
　　第六节　理化检验与计量管理 …………………………………………… 194
　　第七节　AUDIT 质量检查方法简介 …………………………………… 198
　　复习思考题 ………………………………………………………………… 204

第七章　面向质量的设计 ………………………………………………… 206
　　第一节　质量设计的基本概念 …………………………………………… 206
　　第二节　质量功能配置 …………………………………………………… 212
　　第三节　质量规划 ………………………………………………………… 219
　　第四节　参数设计 ………………………………………………………… 226
　　第五节　容差设计 ………………………………………………………… 236
　　复习思考题 ………………………………………………………………… 240

第八章　制造过程质量控制 ……………………………………………… 242
　　第一节　制造过程质量控制的基本概念 ………………………………… 242
　　第二节　工序能力分析 …………………………………………………… 244
　　第三节　工序控制 ………………………………………………………… 251
　　第四节　现场质量管理 …………………………………………………… 257
　　第五节　制造过程质量自动控制 ………………………………………… 269
　　复习思考题 ………………………………………………………………… 285

第九章　可靠性工程与技术 ··· 286
- 第一节　基本概念 ··· 286
- 第二节　产品可靠性的常用度量参数 ··· 288
- 第三节　产品故障率浴盆曲线 ··· 291
- 第四节　可靠性工程的整体框架 ··· 292
- 第五节　可靠性分析控制方法 ··· 298
- 第六节　可靠性设计控制 ··· 308
- 第七节　其他环节可靠性控制 ··· 320
- 复习思考题 ··· 322

第十章　质量经济性分析与控制 ··· 324
- 第一节　质量经济性概述 ··· 324
- 第二节　质量成本分析 ··· 326
- 第三节　质量经济分析 ··· 335
- 复习思考题 ··· 342

第十一章　先进质量工程技术 ··· 343
- 第一节　零缺陷质量管理 ··· 343
- 第二节　6σ 质量管理 ··· 346
- 第三节　数字化质量管理 ··· 352
- 第四节　质量工程的发展趋势 ··· 360
- 复习思考题 ··· 362

参考文献 ··· 363

第一章 质量工程概述

第一节 基本概念和定义

一、质量及其定义

质量（Quality）是一个大家都关心的话题，它与人们的日常生活、科技发展和国防安全都息息相关。质量不佳往往会给人们的生命财产造成严重损失，这类案例比比皆是。例如1986年1月28日，美国"挑战者"号航天飞机发射升空约73s后，突然发生爆炸，座舱内7名航天员全部遇难。这次事故是美国航天史上的灾难性事故，事故造成约14亿美元的巨大损失，其中航天飞机12亿美元，携带的卫星2亿美元。分析结果表明，"挑战者"号航天飞机发射升空后，挂在外燃料箱上的一枚助推火箭的密封装置破裂，喷出火焰，把液态氢燃料箱烧出一个洞，引起燃料箱猛烈爆炸，造成了这次严重事故。

毫无疑问，质量至关重要。那么，到底什么是质量呢？在生产力发展的不同历史时期，人们对质量的要求和理解都是不同的，因而给质量下的定义也不一样。目前有关"质量"的定义主要有以下三种：

1. 国际标准化组织在 ISO 9000：2015 质量管理体系标准中的定义

质量：客体的一组固有特性满足要求的程度。

该定义全面、准确，在全世界范围内具有权威性。我们可以对该定义做如下解释：

（1）**质量的载体称为客体，客体是"可感知或可想象到的任何事物"**。客体可以是产品、服务、过程、人员、组织、体系、资料等。客体可能是物质的（如一台发动机、一张纸、一颗钻石）、非物质的（如转换率、一个项目计划）或想象的（如未来组织的状态）。

固有特性是指存于客体的一组永久性的特性，它是产品、过程或体系的一部分（如螺栓的直径、机器的功率和转速、打电话时的接通时间等技术特性），而人为赋予的特性（如产品的价格）不是固有特性，不反映在产品的质量范畴中。

（2）**"要求"是指"明示的、通常隐含的或必须履行的需求或期望"**。

"明示"——供需双方业务洽谈和签订合同过程中，用技术规范、质量标准、产品图样、技术要求加以明确规定的内容。

"通常隐含"——组织和相关方的惯例或一般做法，所考虑的需求或期望是不言而喻的。

从上述定义可以看出，实体的固有特性必须尽可能满足要求，固有特性与要求越接近，其质量水平就越高；反之，质量水平就越低。

2. 日本著名质量管理学家田口玄一的定义

日本著名质量管理学家田口玄一（Taguchi Gen'ichi）从社会损失的角度给质量下了如下定义：

质量就是产品上市后给社会造成的损失，但是由于产品功能本身产生的损失除外。

事实上，任何产品在使用过程中都会给社会造成一定的损失，造成损失越小的产品，其质量水平就越高。例如，在汽车产品的使用过程中，会消耗大量的能源，同时还会由于排放废气而造成环境污染，从这个意义上讲，节油和污染小的汽车就是高质量的产品。但是，由于汽车喇叭而带来的噪声污染，以及由于汽车流量大而造成的交通堵塞和交通事故则不应被视为汽车的质量问题。

根据田口玄一的质量观，由于社会损失是可以计算的，因此质量变为一种可量化度量的量。

3. 美国著名质量管理学家朱兰的定义

美国著名质量管理专家约瑟夫·朱兰（Joseph M. Juran）早在 20 世纪 60 年代就给质量下了如下定义：

质量就是适用性（Fitness for Use）。

可以看出，朱兰是站在顾客的角度定义质量的，即顾客对一个产品（包括相关服务）满意程度的度量。也就是说，产品的质量水平应由顾客（包括社会）给出，只要顾客满意的产品，不管其特性值具体如何，就是高质量的产品。而没有顾客购买的所谓的"高质量"产品是毫无意义的。

在理解质量的概念时，除上述定义外，还应该考虑以下特点：

（1）质量要求的"动态性"。即人们对质量的要求不是固定不变的。随着科学技术的发展和人们生活水平的提高，人们对于产品、过程或体系会提出超越原有要求的、新的需求或期望。例如，早在 20 世纪初，人们对汽车的要求是能够载人即可。但到今日，人们要求汽车要造型美观、节省油耗、减少排放等。因此，企业应根据顾客需求的变化定期评定质量要求，修订规范，不断开发新产品、改进老产品，以满足已变化的市场要求。

（2）质量需求的"区域性"。不同国家、不同地区的顾客因自然条件、技术发达程度、消费水平和风俗习惯的不同，会对产品提出不同的要求。例如，销往欧洲地区的彩电要符合欧洲的电视制式、电压及电压的波动范围等质量要求，与内销的彩电不同。

（3）质量等次的"相对性"。相对性意味着同等次的产品才有比较意义，不同等次的产品是无法比较质量的。另外，等级和质量是两个不同的概念，等级高并不意味着质量好，等级低也并不意味着质量一定差。例如，有些豪华宾馆的服务质量可能很差，而有些硬件较差的小宾馆的服务质量却很好。

（4）质量观念的"演变性"。人们对质量的理解是随着社会的发展而逐渐演变的：在 20 世纪初到 50 年代，人们所理解的产品质量是指符合性质量，即产品满足规格要求的能力；在 50 年代到 80 年代，人们所理解的产品质量是指适用性质量，即产品应满足顾客的使用要求；在 80 年代以后，人们逐渐接受满意性质量的观念，即企业的产品应为顾客提供最大限度的满意。在 21 世纪，人们将普遍接受卓越性质量的概念，即制造企业要提供使顾客惊喜的产品，要为顾客创造价值。

（5）**质量的"经济性"**。由于对质量的要求汇集了价值的表现，所以价廉物美实际上反映了人们的价值取向。物有所值，就表明质量有其经济性的特征。虽然顾客和组织关注质量的角度不同，但对经济性的考虑是一样的。高质量意味着最少的投入，获得最大效益的产出。

二、质量相关概念

1. 产品质量

一般所讲的产品有以下四种类别：服务（如宾馆、饭店等）、软件（如计算机程序、百科全书等）、硬件（如汽车、金属切削机床、机械零件等）、流程性材料（如润滑油）。

根据质量的定义，产品质量是指产品的固有特性满足顾客要求的程度。

就机械工业的硬件产品而言，大致可以归纳为以下六个方面的质量特性：

（1）**性能**。性能是指产品为满足其使用目的而需要具备的技术特性，如机床的转速、功率、加工精度等，显示器的分辨率、用电量、使用方便性等。

（2）**可信性**。可信性反映了产品可用的程度及其影响因素，包括可靠性、维修性和维修保障性。产品的可靠性是指产品在规定的时间内和规定的条件下，完成规定任务的能力，如电视机的平均无故障工作时间，机床精度的稳定期限，材料与零件的持久性和耐用性等。维修性是指产品在规定的条件下和规定的时间内，按规定的程序和方法进行维修时，保持或恢复到规定状态的能力。可靠性和维修性决定了产品的可用性。维修保障性是指维修保障资源能满足产品维修过程需求的能力。

（3）**安全性**。安全性反映了产品在储存、流通和使用过程中不会产生由于质量不佳而导致的人员伤亡、财产损失和环境污染的能力，如机器的噪声程度、冲压机的防护能力、电器的漏电保护性等。

（4）**适应性**。适应性反映了产品适应外界环境变化的能力。这里所说的环境包括自然环境和社会环境，前者如振动与噪声、灰尘与油污、高温与高湿、电磁干扰等自然条件；后者如产品适应不同国家、不同地区顾客的需求的能力。

（5）**经济性**。经济性反映了产品合理的寿命周期费用，具体表现在设计费用、制造费用、使用费用、报废后的回收处理费用上。

（6）**时间性**。时间性反映了产品供货商满足顾客对产品交货期和交货数量的能力，以及满足顾客需求随时间变化的能力。产品的寿命和可靠性也属于时间性的范畴。

除硬件产品外，软件产品的质量一般包含以下八个方面的特性：功能性、安全性、可靠性、保密性、专用性、经济性、可维护性和可移植性。

2. 服务质量

服务也是一种经济活动，是向消费者个人或组织提供的，服务的目的旨在满足被服务方（顾客）某种特定的需求。服务通常是无形的，是在与顾客接触时完成的一项活动。服务的特性包括：服务可感知性、生产与消费的同时性、服务质量的差异性、服务活动的不可储存性等。

服务质量（Service Quality）指的是服务活动的特性满足顾客要求的程度。

服务的质量一般包括以下特性：功能性、经济性、安全性、时间性、舒适性和文明性。

服务过程的质量控制一般包括：服务提供前的质量控制、服务提供过程中的质量控制和服务提供结束后的质量控制。

3. 过程质量

过程是"利用输入实现预期结果的相互关联或相互作用的一组活动"。组织具有可被规定、测量和改进的过程。这些过程相互作用从而产生与组织的目标相一致的结果，并跨越职能界限。某些过程可能是关键的，而另外一些则不是。过程具有相互关联的活动和输入，以提供输出。

过程质量（Process Quality）是指过程中的活动满足过程标准的程度。

产品和服务质量最终要由过程或活动来保证，企业为提高质量，就必须确定内部各种相关过程和活动，并对其实施管理。

根据过程管理的观点，企业中的一切业务都是由过程来完成的。一般情况下，过程质量包括：规划过程质量、设计过程质量、制造过程质量、使用过程质量、报废处理过程质量和服务过程质量等。

4. 工作质量

工作质量（Working Quality）是指员工完成业务活动过程中遵守标准规定（量化或非量化）的程度。

工作质量涉及企业的各个部门和各级、各类人员，它决定了产品和服务质量。由于工作是由人来完成的，因此工作质量主要取决于人的素质，包括质量意识、责任心、业务水平等。其中，最高管理者的工作质量起主导作用，一般管理层和执行层的工作质量起保证和落实作用。

工作质量能反映企业的组织、管理和技术等各项工作的水平。工作质量的显著特点之一是它不像产品质量和服务质量那样直观地表现在人们面前，而是体现在生产、技术和经营活动中，并通过工作效率和成果最终体现在产品质量和经济效益上。

5. 寿命周期质量

一个产品的寿命总是有限的，从"摇篮"到"坟墓"，称为产品的寿命周期。

在产品寿命周期的各个阶段，都会有大量的质量活动，称为产品的寿命周期质量（Life Cycle Quality）。一个组织的质量活动非常强调系统性，强调在产品寿命周期的各个阶段对质量进行不断的改进。企业为了满足顾客提出的质量要求，使产品具有适用性，就应根据产品特点、企业规模和生产方式，将质量形成的全过程划分为若干阶段，明确每一阶段的质量目标，确定合理的工作程序，开展必要的质量活动，确保产品质量在其形成的全过程中均处于受控状态。

目前与寿命周期质量相关的概念主要有三个，即质量螺旋、质量圈和质量环。它们对组织的质量管理和质量体系的建立具有指导作用。

（1）**质量螺旋**。美国质量管理大师朱兰博士认为，产品质量的提升是按照螺旋上升的规律逐步完成的，每完成一个质量循环就应使产品质量有一定程度的提高，他将这种规律称为"质量螺旋"（Quality Spiral），又称为朱兰质量螺旋。如图1-1所示，产品质量是在市场调研、产品开发、设计、生产技术准备、制订制造计划、采购、资源配置、生产制造、工序控制、检验、测试、销售、服务（反馈）等全过程中形成的，同时又在这个全过程的不断循环中以螺旋的方式提高。朱兰质量螺旋反映了产品质量形成的客观规律，是质量管理的理论基础,对于现代质量管理的发展具有重大意义。

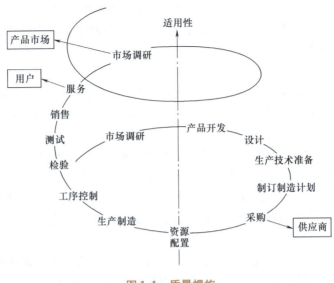

图 1-1 质量螺旋

（2）质量循环圈。质量循环圈（Quality Circle）是由瑞典质量管理专家桑德霍尔姆（L. Sandholm）博士提出的,他把产品质量形成的全过程划分为 8 个阶段,并把它们放在一个圈内,供应单位（产品提供者）位于圈子输入侧,用户位于圈子输出侧,如图 1-2 所示。

（3）质量环。质量环（Quality Loop）的概念最早是由国际标准化组织（International Organization for Standardization, ISO）在其 ISO 9000：1987 质量标准中提出的。质量环把产品质量形成的全过程划分为 12 个阶段,并用一个无头无尾、带方向的循环圆圈来表示,如图 1-3 所示。ISO 9000：1987 系列标准的过程架构就是根据质量环来划分的。

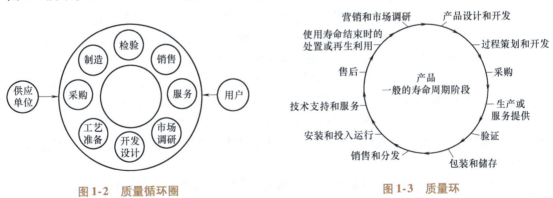

图 1-2 质量循环圈　　　　　　图 1-3 质量环

从上述三种概念中可以看出：质量螺旋主要强调质量的不断改进特性；质量循环圈侧重于企业内部的全面质量管理及其与外部的关系；质量环则从寿命周期的角度论述质量活动的不间断性。

6. 零缺陷、零废品、零故障、零事故、零污染

人们对质量的追求是永无止境的。在生产力不发达的时代,人们只能满足于有限的质量水平。在科学技术和生产力高度发达的今天,人们对质量（包括安全）的要求,或者说追求的目标是：制造过程零废品（Zero Reject）、上市产品零缺陷（Zero Defect）、运行过程零故障（Zero Fault）、寿命周期零污染（Zero Pollution）和零事故（Zero Accident）。当然，这种要求仅仅是质量的理想状态，人们可能永远达不到这种状态，但应坚持不懈地追求这种状态，使之成为质量改进的永恒动力。

7. 顾客满意

顾客是"能够或实际接受为其提供的，或按其要求提供的产品或服务的个人或组织"。如消费者、委托人、最终使用者、零售商、内部过程的产品或服务的接受者、受益者和采购方。顾客可以是组织内部的或外部的。

顾客满意是指："顾客对其期望已被满足程度的感受。"这种感受信息用来评价供方在满足顾客要求方面的状况和趋势。因此，供方需要站在顾客的立场上去了解顾客的需求和希望，用科学的手段和正确的方法分析所提供的产品和服务，以满足顾客要求。

顾客满意是企业的推动力。为了评价产品是否满足顾客的要求，应对顾客的满意度进行评价，并采取相应的措施。

为了提高顾客的满意度，就必须对满意度进行测评。目前，顾客满意度作为衡量组织质量的最新指标，被广泛地运用于对产品质量的评估和对组织业绩的评价。

通常情况下，顾客对质量的感受会有以下三种情况：

第一，当感知低于预期时，顾客会感到不满意，甚至会产生抱怨和投诉。此时，组织应采取积极的措施，妥善解决，虚心听取顾客的意见和建议，经过改进使顾客由不满意转化为满意。

第二，当感知接近期望时，顾客会感到满意，此时，依然要积极与顾客进行沟通，进一步了解他们的想法，争取超越他们的期望。

第三，当感知远远超过期望时，顾客就会对组织产生忠诚感。

因此，顾客满意度是一种预期与结果之间的差异函数，它会随着外界因素的影响而变换，可以具体表现为四个特性：

（1）顾客满意的主观性。顾客的满意程度是建立在其对产品和服务的体验上的，感受的对象是客观的，而结论是主观的。顾客满意的程度不仅与顾客的知识和经验、收入状况、生活习惯、价值观念等自身条件有关，还与媒体传闻等有关。

（2）顾客满意的层次性。处于不同层次需求的人对产品和服务的评价标准不同，因而不同地区、不同阶层的人或一个人在不同条件下对某个产品或某项服务的评价也不尽相同。

（3）顾客满意的相对性。顾客对产品的技术指标和成本等经济指标通常不熟悉，他们习惯于把购买的产品和同类其他产品，或和以前的消费经验进行比较，因此得到的满意或不满意有相对性。

（4）顾客满意的阶段性。任何产品都具有寿命周期，服务也有时间性，顾客对产品和服务的满意程度来自对过程的使用体验，是在过去多次购买和提供的服务中逐渐形成的，因而呈现出阶段性。

为了客观评价顾客的满意度，需要进行满意度测评。在进行顾客满意度测评时应遵循以下原则：

（1）测评因素的全面性原则。测评时，应尽可能全面地考查影响顾客满意度所涉及的各个方面，例如质量水平、服务方式、服务态度、服务效率、环境、人员素质、组织形象、信誉、顾客关系、服务设施等。

(2)测评内容的符合性原则。 测评内容应简明易懂,含意确切,不应使评价者产生多种理解。测评项目的设计要符合产品和组织的实际,因而对不同类型的产品和组织,其测评的内容应有所不同。

(3)测评内容的实用性原则。 测评的内容不仅要符合本产品和组织类型的特点,还应遵循实用性原则,即应抓住顾客所关注的重点内容,充分表达顾客的观点和立场,尽量考虑影响顾客满意度的各种因素,而不应该提出一些空洞、抽象、无价值的内容进行测评。

三、质量工程

质量工程是指采用工程学的手段从事质量活动,以提供满足顾客和社会对产品与服务质量的需求,它是组织与社会就质量所采取的一切相关活动的总和。

质量工程是一个系统工程,不仅包括质量管理活动,也包括技术方面的质量活动,同时还包括为保证质量而需要的社会和政策环境等。质量工程的内容如图1-4所示。

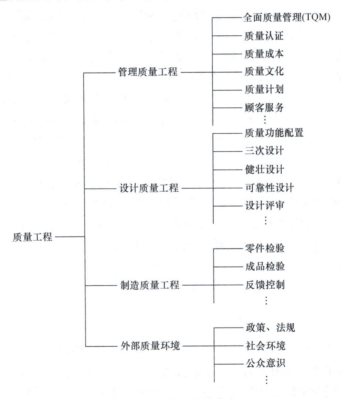

图1-4 质量工程的内容

从工作重心看,质量管理侧重于采用管理的理论和方法展开质量活动,而质量工程则强调采用工程的方法从技术和管理层面去进行质量控制活动。

第二节 提高质量的意义和重要性

朱兰博士于1994年曾经说过:"21世纪是质量的世纪。"这句话反映了质量是一个国家、一个组织应认真对待的永恒主题。事实上,自从人类开始制造产品以来,质量就一直是人们关注的焦点。特别是 20 世纪 80 年代以来，人们更是将质量提到一个前所未有的高度来对待，认为质量是影响组织生存和发展的核心要素之一。在 2008 年全球金融危机后，各国纷纷采取贸易保护措施，以产品质量为由限制我国产品出口，质量问题已成为许多国家设置贸易壁垒的主要手段之一。因此，提升以质量为核心要素的产品竞争实力，促进产品质量发展，将是我国应对新的国际贸易环境和实现对外贸易可持续发展的必然选择。截至 2013 年，世界上已有 88 个国家和地区设立了"国家质量奖"，我国也于 2013 年由国家质量监督检验检疫总局牵头组织开展了"中国质量奖"的评选及表彰活动。

一、质量是人们生活的保障

在经济高速发展的今天，产品质量已成为保障人们日常生活安全和幸福的"大堤"。产品质量与人们的工作和生活息息相关，一旦产品质量出现问题，轻则造成经济损失，重则导致人员伤亡。这个道理虽然人人都懂，但由于某些企业领导质量意识不强、管理不严、工艺及检测手段落后，使得产品质量大大低于规定的标准，不仅给人们带来经济损失乃至伤亡事件，也会造成社会资源的浪费，带来社会的不稳定隐患。同时质量不佳还会给企业本身带来巨大损失，造成市场不断萎缩，甚至致使企业消亡。更有些企业为了追求一时的利润，在生产过程中粗制滥造、偷工减料、以次充好、以假乱真，致使"假冒伪劣"现象屡禁不止，使得消费者的利益受到严重侵害。例如，电器漏电、电视机爆炸、高层建筑电梯失灵等，都会给消费者带来灾难。由于产品质量、工作质量或工程质量不佳而造成的火灾、爆炸、建筑物倒塌、毒气泄漏、机毁人亡等恶性事故给人们造成的灾难更是触目惊心，严重时还会影响社会的安定。曾经发生的假酒案、毒猪油案、毒米案、桥梁倒塌案、楼房倒塌案、企业锅炉爆炸案、校车失事案等恶性事件，都造成了相当大的损失。统计数据显示，2011 年全国共受理消费者投诉 607263 件，其中涉及产品质量问题（含质量安全、假冒、虚假品质等问题）的约占 57%。假冒伪劣产品不仅严重地损害国家、生产者和消费者的利益，也会对一国的投资环境和国家形象产生恶劣影响，同时还会助长腐败，败坏社会道德，加剧社会矛盾，造成严重的社会问题。因此，人们要想安居乐业、健康幸福地生活，就必须在全社会形成关注质量的风气，使产品质量这个"大堤"不断加高、加厚。

二、质量是企业生存和发展的需要

市场经济的主要特点之一是市场的竞争机制。市场竞争带来的一种必然结果就是优胜劣汰。其结果是，市场竞争能力强的企业不断发展壮大，而市场竞争能力弱的企业就必然会趋于消亡。企业的市场竞争能力体现在产品上，可以用以下六个要素来描述：①功能先进、实用、无冗余，花色品种多，外观造型美观；②寿命周期质量好（表现在性能、可信性、安全性和适用性上）；③寿命周期成本低；④优良的寿命周期服务；⑤市场响应周期短；⑥寿命周期可持续发展性好（节省资源、环保）等。

由上可见，产品的市场竞争能力均与质量有关。因此，凡是有战略眼光的优秀企业家，都懂得"质量是企业的生命"这一格言的深刻含义，并将之贯彻于企业的生产经营活动中，从而使企业在日趋激烈的市场竞争中立于不败之地。

例如，日本产品在 20 世纪 30 年代前曾被认为是劣质品的代名词。第二次世界大战后，日本企业从自身的经验教训中认识到：没有高质量的产品，就没有市场，也就会失去生存条件。因而,日本企业提出"工业产品质量是日本民族的生命线""质量关系到国家和企业的生死存亡""以质量打开市场"等口号,并将这些理念落实到实际行动中去,使得"以质量求生存,以品种求发展"成为企业的经营指南。从 20 世纪 60 年代开始,日本产品的质量大幅度提高,发展成为世界第一流的产品,大大提高了企业的市场竞争能力和经济效益。松下、索尼、丰田等名牌企业誉满全球,在人们的心目中,这些企业的产品就意味着高质量。

同样,德国的奔驰汽车公司、美国的固特异橡胶公司等世界知名企业都是依靠过硬的产品质量而大大提高了公司的市场竞争能力。

改革开放以来,我国的国民经济逐渐从计划经济转入市场经济。在转型过程中,有的企业被淘汰,有的企业经受住了经营机制转型阵痛的考验,不断地发展壮大。企业转型成功,其中很重要的一个原因就是重视产品质量,变"皇帝的女儿不愁嫁"为"质量是企业的生命"和"以质量打开市场"。经过长时间的努力,我国大部分产品的质量都有了大幅度的提高,有些产品的质量已达到世界先进水平。充满竞争的市场经济也孕育出像华为、海尔、长虹、格力、三一重工等一大批名牌企业,使得我国的经济实力大为增强。同时,这些企业也依靠高质量取得了走向国际市场的通行证。例如,三一重工董事长梁稳根先生有一句名言:质量是价值和尊严的起点,是唯一不可妥协的事情。正是在这一名言的指导下,三一重工狠抓产品质量不松懈,经过多年的努力,企业的技术水平和产品质量上了一个新台阶,极大地促进了企业的发展,使得企业迅速成为国内外工程机械制造领域的排头兵。

三、质量是效益的基础

在市场经济条件下,企业是一种营利性的经济实体。追求利润、讲求经济效益是很自然、很正常的事情。因为经济效益会直接影响员工的收入和福利,进而会影响企业的生存和发展。

企业要取得经济效益,就必须出售自己的产品或服务。因此,产品能否卖得出去,能否将产品转化为货币,是企业的头等大事;否则,企业的再生产过程就会中断,甚至企业有可能破产倒闭。产品能否销售出去,其关键条件之一是产品的质量应符合顾客的要求。

产品质量上去后,企业就可以扩大市场占有份额,反过来又可以促进产品上批量。批量达到一定规模后,单位产品的成本就可以降下来,企业就可以按较低的价格销售优质的产品,为自己带来更多的利润。另外,名牌产品虽然价格高,但人们仍然愿意花大价钱去购买,而那些价格虽然不高,但质量低劣的产品却无人问津。这说明人们是愿意花钱买质量的。从这个角度看,高质量就意味着高利润和高效益。

世界著名的企业管理咨询公司麦肯锡曾经选择德国、日本、美国的汽车供应部门作为调查对象,做了一项名为"卓越的质量管理"的国际性研究,得出的结论是:质量直接关系到利润和销售额的增长,质量上乘是企业获得成功的最佳途径。

这样的结论与过去流行的观念是相悖的。从 20 世纪初到 70 年代的普遍准则是:质量与经济效益相矛盾,一方的进展只能以牺牲另一方为代价,为了达到平衡,只需维持可接受的最起码的质量标准即可,即以可能的最低成本争取得到既定的产出。但是,日本企业首先意识到,持续改进质量方面所下的功夫有助于发现和克服现存的对产品和生产的各种限制,有助于提高生产率,降低成本,从而进一步增加销售额。此外,追求优秀质量也有助于形成一个良好的企业内部环境，提高员工的士气，能够发挥员工的主动性和创造性，有利于提高企业的效益。

当然，强调"质量是企业成功的关键"并不意味着片面追求"高质量"，即不惜工本，不讲效益，脱离实际需要，生产"剩余质量"。

产品质量不仅与企业本身的经济效益相关，而且与社会的经济效益密切相关。以灯泡为例，如果所有生产灯泡的企业都把灯泡的寿命延长1倍，虽然生产总量没有变化，但对全社会而言，灯泡的总的使用价值却增长了1倍，各种消耗和浪费也可减少1/2以上，相当于增加了社会的总财富，同时也减少了废物排放。

四、质量是民族素质和经济水平的综合反映

高质量的产品要靠严格、科学的管理，严肃认真的工作态度，高水平的工艺和装备来实现，但最根本的是要靠劳动者的素质来实现。从这一意义上讲，能否生产出优质产品并提供优良服务，是一个民族、一个国家是否成熟的重要标志。世界上能够提供优质产品和服务的国家，没有一个不是具有社会责任心、充满生机和积极进取民族精神的国家。以德国为例，德国的产品向来以精度高、可靠性好著称，德国产品的质量也一直是德国的骄傲。德国产品的高质量不仅反映了其先进的企业管理水平，更反映出德国人严谨、务实、勤奋的民族素质，只有高素质的民族才能生产出高质量的产品。而生产高质量的产品也是一个民族向世界展示自己民族素质的最好方式。

高质量的产品也是一个国家科技和经济水平的体现。因为高质量的产品是在设计、制造等过程中逐渐形成的，如果设计和制造水平不高，经济实力不强，是不可能生产出优质产品的。因此可以看出，能否生产出高质量的产品，对树立本民族在世界民族之林中的地位具有极其重要的意义。以日本为例，早在2005年日本的光电子产业就突破9万亿日元，成为世界第一。而且日本在半导体激光器、激光打印机、液晶显示器、光盘产业等方面长期处于垄断地位。高质量已成为日本电子类产品的基本特点，这主要依赖于日本在电子领域的科技实力，也反映出日本的经济实力。

五、质量管理是管理科学的重要组成部分

质量管理（与质量工程相辅相成）是应用管理科学的原理形成的一门实践性很强的学科。现代质量管理技术的应用促进了社会的进步和人类物质文明的发展。质量管理是企业生产运营的中心环节，也是管理工作的重要内容。

被称为科学管理之父的泰勒（F. W. Taylor）认为，提高劳动生产率是整个科学管理的根本目的。他还提出了科学管理原则、工厂作业管理、绩效工资制度和职能化原理等。他在改进作业、提高效率方面做出了重大贡献，特别是首次提出了作业定额、标准作业条件等标准化的原理，提出了在人员中进行科学分工，将计划职能与执行职能分开，中间增加一个检验环节，从而产生了专职的检验队伍和检验机构，这些原理和方法构成了质量管理的基础。

法国的法约尔提出了一般管理理论，他认为管理活动包括五项职能，即计划、组织、指挥、协调和控制。现在，一般将五项职能精简为四项管理活动的基本职能：计划、组织、领导、控制，这也是质量管理的基本要素。

从微观角度看，质量管理是通过建立质量方针和质量目标，并为实现规定的质量目标进行质量策划，实施质量控制和质量保证，开展质量改进等的活动；从宏观角度看，质量管理是指研究制定提高国家质量水平的战略措施，实施质量振兴规划，建立产品质量市场监管制度等。质量管理的过程包括计划、组织、领导和控制等管理活动，遵循管理科学的基本原理和原则。

质量管理是一门应用型学科，实践性很强。它主要应用管理学的基本理论和方法，同时也大量应用自然科学中的数学及其分支数理统计学、社会心理学、社会人类学、文化人类学、经济学等其他自然科学和社会科学的研究成果。在现代质量管理的实践中，产生了许多理论，如质量控制理论、质量保证理论、质量经济理论等。同时，也创立了一些质量管理的方法，这些理论和方法丰富了管理科学的内容。

统计质量管理应用了管理理论中过程控制的原理和数理统计的方法对产品质量进行控制。现代管理之父彼得·德鲁克（Peter F. Drucker）1990 年在《哈佛工商管理评论》上提出，统计质量管理既是一种生产工具，又对作为社会组织的企业有着巨大影响。因此，不能只看到它的工程技术特征，还要看到它的社会功能。

全面质量管理的产生是应用管理理论在质量管理方面的重大突破。20 世纪 60 年代在管理理论上出现了"行为科学"学派，主张调动人的积极性，注意人在管理中的作用。同期出现的"系统管理"理论要求人们用系统的观点，把质量问题作为一个有机整体进行综合分析，系统管理。在这种背景下，美国通用电气公司的阿曼德·费根堡姆（Armand Vallin Feigenbaum）于 1961 年首次提出了"全面质量管理"的概念，此后全面质量管理成为一种风靡全世界的潮流和运动，还没有哪种管理理论和方法在几十年间如此经久不衰。

以上所举例子都说明，管理理论是质量管理理论的基础，而质量管理理论反过来又极大地丰富了管理理论本身。

六、案例分析

案例一：美国和日本之间的质量竞争

从 20 世纪 80 年代初期到中期，短短几年时间，无论是在国际贸易中还是在美国本土，美国产品的市场大量被日本产品所挤占。这种状况极大地震撼了历来以制造业"老大"自居的美国人。为此，美国工商界的一些有识之士在政府的资助下组织力量进行调查。调查不但在美国本土展开，而且还深入到日本。调查结果显示：在美国本土，日本产品之所以能够打败美国产品，是因为美国产品质量差、经常出毛病、售后服务跟不上，顾客抱怨很多；而日本产品则十分精巧，在产品有效的使用期内，可靠性比较高，顾客满意程度也比较高。考察团的结论是：日本产品之所以能够在国际贸易中具有较强的竞争力，是因为日本产品质量好、可靠性高。进一步的调查则发现，日本产品之所以能够做到质量好、可靠性高，是因为日本企业的质量控制和全面质量管理工作做得好。

现代质量管理的理论和方法原本来自美国，可在一定历史时期内美国并没有给予足够重视，却在日本生根发芽并结出了丰硕的果实。美国人面对日本人通过加强质量管理，提高产品质量，提高竞争力对自己构成严重挑战的严峻形势，意识到"美国若想在世界上继续处于领导地位，获得质量领域的领导地位是最重要的，经济上的成功取决于质量"。1987 年

8月20日，里根总统签署了"马尔科姆·波多里奇国家质量提高法"，并据此建立了国家质量奖，以鼓励美国企业加强和改进质量管理，不断提高美国产品和服务的竞争力。1988年美国国会通过决议，规定每年10月为"质量月"，其口号是"质量第一"，并从1988年起，每年拨款490万美元，用于美国国家质量奖评审。马尔科姆·波多里奇（Malcolm Baldrige，第二十六届美国商务部长）国家质量奖的设立，使美国产品质量大为提高，经济迅速恢复活力，在提高美国国家竞争力和生活质量等方面起到了重要作用。

案例二：质量管理提升了我国企业的竞争力

改革开放以前，尽管我国也总结出了许多宝贵的质量管理经验，诸如大庆的"三老四严""四个一样""三个不放过""五个不施工"，我国"两弹一星"研制、生产、实验过程中的质量管理和质量保证经验，"鞍钢宪法"的"两参、一改、三结合"等，但从总体来说，我国产品质量水平不高，质量管理水平较差，从而导致我国出口产品的竞争力不强。一直到20世纪90年代初，我国出口产品结构不合理，产品质量差、档次低，高附加值、高技术产品比例较低，产品缺乏竞争力，价格非常低廉，在国际贸易中处于十分不利的地位。1978年，我国对外进出口贸易总额只有204.6亿美元，出口只有97.5亿美元。1988年，我国对外进出口贸易总额只有1027.8亿美元，出口只有475.2亿美元。20世纪80年代中期以前，我国出口的主要产品为猪鬃、桐油等农副产品，地毯等工艺品以及矿产品等资源性产品。在总的出口中，产成品特别是深加工产品和技术含量高的机电产品所占的份额非常少。

随着改革开放的深入和市场化进程的加快，面对国际市场的激烈竞争，我国在经济发展中注重提高质量和效益，在加速产业结构调整和产品结构调整的同时，也提升了质量档次，从而有效提高了市场竞争力。加入WTO以来，我国的出口产品质量快速提升，从廉价的最终产品生产国转向资本和技术密集型的中间产品生产地。例如，我国出口的个人计算机和相关组件就已超过了金属制品，我国的家电产品在龙头企业的带动下，产品质量稳步提升，已基本达到与国外产品同等的质量水平，不仅使得进口家电在国内市场节节败退，而且中国制造的家电产品在国际市场上也捷报频传。我国自改革开放以来进出口贸易的强劲增长和在市场竞争中的良好表现，也正是在市场竞争环境下，各级政府和企业界适应市场需求，不断加强管理，有效提高质量水平的重要反映。

从我国的区域经济发展也可以看出，严格的质量管理，可以生产出优质的产品，一个名牌产品可以带动一个企业的发展，一个名优企业可以促进一座城市、一个地区的进步，提高城市和地区的竞争力。

第三节 质量工程发展史

在人类历史发展的长河中，人们对质量的追求一直未曾停止。正是由于人们对质量的不懈追求，推动了生产力的快速发展和生产方式的巨大变革，促进了社会形态由低级向高级发展。马克思曾经说过，手推磨产生了封建主义，而机器生产则产生了资本主义。随着社会生产力的发展，科学技术水平的提高，人们对产品质量提出了更高的要求，质量管理也由初期的仅靠操作工匠的经验把关，发展到广泛应用管理科学、数理统计学、社会心理学、经济学和信息技术等，形成了一门实践性很强的对制造业和社会生活产生重大影响的新学科。

质量工程源远流长，中国早在东周战国时期就有审查武库兵器质量的文字记载。但在20世纪前，产品质量还主要靠工匠的实际操作技能和经验，靠手摸、眼看等感官估计和简单的计量器具测量而定。工匠既是操作者又是质量检验者和质量管理者，经验就是标准。20世纪后，机器工业生产取代了手工作坊生产，人类跨入了以加工机械化、经营规模化、资本垄断化为特征的工业化时代，质量工程的理论和实践取得了巨大的发展，这一时期的质量管理被称为现代质量管理。

质量工程理论伴随着企业管理的实践而不断地丰富和完善，到现在已成为一门独立的学科。概括起来，现代质量工程的发展经历了质量检验、统计质量控制、全面质量管理和标准化质量管理四个阶段。

一、质量检验阶段

20世纪初，美国工程师泰勒总结了工业革命以来的管理经验，根据大工业管理的实践，提出了一套"科学管理"理论。"科学管理"提出了在管理人员和工人之间进行合理的专业分工，建立专职管理队伍，并将计划职能与执行职能分开，中间再加一个检验环节，以便监督、检查对计划、设计、产品标准等项目的贯彻执行情况。这是历史上第一次把质量检验职能从生产操作中分离出来，把检验人员从生产工人中分离出来。为了保证产品质量，质量检验成为一道专门工序，并有专门机构负责此项工作。从20世纪初到40年代前，美国的工业企业普遍设置了集中管理的技术检验机构。

这一阶段的专职质量检验对出厂产品的质量起到明显的把关作用，但其缺陷也是很明显的。首先，专职检验属于事后把关，只能分离出不合格品，不能起到预防和控制的作用；其次，百分之百的全数检验增加了成本，在生产规模进一步扩大、大批量生产的情况下，经济上也不尽合理，尤其是在需要进行破坏性检验和由于某些产品的质量特性不可能被全数检验的情况下，技术上难以实现，更难以保证产品质量；再次，没有发挥操作一线员工在质量控制中的积极性；最后，导致企业质量管理的"三权"分立现象，即质量标准的制定部门、产品制造部门和检验部门各管一方，只强调相互制约的一面，忽视了相互配合、促进和协调的一面，缺乏系统的观念，当出现质量问题时，容易造成相互扯皮、推诿和责任不清等现象。

二、统计质量控制阶段

大规模生产的进一步发展，要求用更经济的方法来解决质量检验问题，并要求事先防止成批废品的产生。在质量检验阶段，一些著名的统计学家和质量管理专家就开始注意到仅靠检验进行质量管理的缺陷，并设法运用数理统计学的原理去解决质量问题。

第一次世界大战后期，为了在短时期内解决美国300万参战士兵服装的军需供应问题，美国贝尔实验室的工程师休哈特（W. A. Shewhart）认为："产品质量不是检验出来的，而是生产制造出来的。"所以质量管理不仅要搞事后检验，而且在发现有废品生产的先兆时就进行分析改进，从而预防废品的产生。他将数理统计的原理运用到质量管理中来，并于1924年发表了表征工序能力的"$\pm 3\sigma$ 质量"和控制图理论。贝尔实验室的另外两个工程师道奇和罗米格（Dodge-Romig）则于1944年提出了抽样检验理论。

从第二次世界大战开始到 20 世纪 50 年代中叶，战争刺激了科学技术的发展和军工生产能力的大幅度提高。由于军工产品数量猛增而又来不及和不可能实施全数检验，因而无法保证产品质量，大量废品使盟军蒙受重大损失。所以从美国国防部开始，强制推行抽样检验方法。战后，许多军工企业转入民品生产，由于已经尝到了统计质量控制的甜头，在民品生产中继续采用，以降低生产成本，保证产品质量。由于竞争的需要，其他企业也纷纷效仿。这样，数理统计和其他数学方法所取得的成果便被逐渐地运用到质量管理中来，把质量工程学从质量检验阶段推进到统计质量控制阶段（Statistical Quality Control，SQC 或 Statistical Process Control，SPC），这一阶段的基本特征是将数理统计方法应用到质量管理中，弥补了传统质量管理只能事后把关的不足。它的基本特点就是在产品生产过程中广泛采用抽样检验方法，并利用控制图对产品质量失控情况报警，以便及时采取措施，预防不合格的再次发生。SQC/SPC 是质量管理从单纯事后检验转入检验加事中控制和预防阶段的标志。

后来，这一先进的质量管理手段也逐渐被其他国家所采用，均产生了很好的经济效益，其中收效最大的是日本。

应当看到，在 SQC/SPC 发展的初期，由于过分强调数理统计方法，忽视了组织管理和人的积极作用，使人们产生了"质量管理就是数理统计方法""数理统计方法理论深奥""质量管理是数理专家的事情"等错误认识，使广大工人感到其高不可攀，因而曾一度影响了它的普及和推广。在我国的情况尤其如此。

三、全面质量管理阶段

全面质量管理（Total Quality Management，TQM）阶段大约从 20 世纪 60 年代开始，可以说一直延续到今天。从统计质量控制阶段发展到全面质量管理阶段，是质量工程发展史上的又一里程碑。由于产品质量的形成过程不仅与生产过程密切相关，而且还与其他一些过程、环节和因素密切相关，不是单纯应用统计质量控制方法所能解决的。全面质量管理更能适应现代市场竞争和现代化大生产对质量管理全方位、整体性、综合性的客观要求。从以前局部性的管理向全面性、系统性管理方向发展，以及从纯技术向管理方向发展是生产、科技以及市场发展的必然结果。

TQM 的概念是由美国通用电气公司质量总经理费根堡姆博士首先提出来的。1961 年，费根堡姆正式出版了《全面质量管理》一书，对全面质量管理的概念进行了系统的阐述。当时提出的全面质量管理概念主要包括以下几个方面的含义：①产品质量单纯依靠数理统计方法控制生产过程和事后检验是不够的，强调解决质量问题的方法和手段应是多种多样的，应综合运用。除此以外，还需要有一系列的组织工作。②将质量控制向管理领域扩展，要管理好质量形成的全过程，要实现整体性的质量管理。③产品质量是与成本连在一起的，离开成本谈质量是没有任何意义的，应强调质量成本的重要性。④提高产品质量是企业全体人员的责任，应当使全体人员都具有质量意识和承担质量责任的精神。这意味着质量管理并不仅仅是少数专职质量人员的事。因此，全面质量管理的核心思想是在一个企业内各部门中做出质量发展、质量保持、质量改进计划，从而以最经济的方式进行生产与服务，使用户或消费者获得最大限度的满意。

从费根堡姆提出 TQM 的概念开始，世界各国对它进行了全面深入的研究和实践，使全面质量管理的思想、方法、理论在实践中不断得到应用和发展。但是由于国情不同，各国企业在运用时又加进了一些自己的实践成果，在发展过程中逐渐形成了"美国体系""日本体系""苏联体系"。

（1）以美国为代表的"美国体系"。 在全面质量管理的发展过程中，我们不得不提到无缺陷运动。这项活动来源于第二次世界大战期间，当时为了能够确保军品的生产质量，各个工厂成立了一些最新的质量管理组织机构。同时美国在质量管理过程中第一次展开了质量成本或质量费用的研究，即认为质量管理是需要付出成本的，具体研究内容包括故障费用、评价鉴定费用和预防费用等。

（2）以日本为代表的"日本体系"。 1950年，美国质量管理专家戴明（W. Edwards Deming）博士在日本开展质量管理讲座，日本人从中学习到了这种全新的质量管理思想和方法。到1970年，日本已经在全国范围内开始推广全面质量管理理念和方法，在美国经验的基础上发展出了QC小组这种全员性的质量管理活动形式，QC小组成为全面质量管理活动的核心技术之一。费根堡姆等质量大师也曾到日本极力推动QC小组的活动。到20世纪70年代末期，日本国内已经发展出了70万个QC小组，共有500多万成员参与了QC小组活动，这样就形成了具有日本特色的质量管理系统。日本企业从质量管理中获得巨大的收益，充分认识到了全面质量管理的好处，开始将质量管理当作一门科学来对待，并广泛采用统计技术和计算机技术进行推广和应用，全面质量管理在日本获得了新的发展。

（3）以苏联为代表的"苏联体系"。 为了尽快恢复正常的工业生产，第二次世界大战结束后，苏联和东欧国家开始了质量管理方面的研究，代表人物主要有布拉钦斯基和杜布维可夫，他们在苏联从军品向民品的转型过程中提出了全面质量管理的思路和模式。为了鼓励质量改进，苏联将杜布维可夫创造出来的系列方法称为"萨莱托夫制度"，这个制度的四个核心为：①对产品或零件制定明确的规格和标准，使零件的使用相当便捷，而且能大幅度降低生产成本；②用合适的机器生产合乎规格要求的产品；③提供适当的信息、测定仪器和操作方法来生产；④充分进行培训。

四、标准化质量管理阶段

进入20世纪80年代，经济全球化趋势增强，世界各国广泛合作，资源自由配置，生产力要素广泛流动。此时全面质量管理在世界范围内以日本的成功经验为借鉴，得到了普及。随着全面质量管理理念的普及，越来越多的企业开始采用这种管理方法。1986年，国际标准化组织在全面质量管理的基础上把质量管理的内容和要求进行了标准化，并于1987年3月正式颁布了ISO 9000系列质量标准。从ISO 9000系列质量标准包含的内容看，可以大致认为ISO 9000系列质量标准是全面质量管理理论的规范化和标准化。当然，两者在内涵和表述方式上还是有很大区别的。

在质量管理的标准化阶段，企业进行质量管理主要包括以下工作：标准体系的建立，标准的制定、修改与废除，统计方法的运用，技术的积累，标准的运用等。

五、质量工程各阶段的特征比较及发展趋势

如前所述，质量工程已经经历了四个主要发展阶段，这四个阶段各有特点，质量工程四个发展阶段的比较如表1-1所示。

表 1-1 质量工程四个发展阶段的比较

比较项目	质量检验	统计质量控制	全面质量管理	标准化质量管理
管理对象	产品和零件质量	工序质量	产品寿命循环全过程质量	整个企业
管理范围	产品及零部件	工艺系统	全过程和全体员工	企业生产运营的各种过程
管理重点	制造结果	制造过程	一切过程要素	过程运行质量
评价标准	产品符合性技术标准	设计标准	产品适用性	市场满意程度
涉及技术	检验技术	抽样检验及控制图	各种质量工程技术综合应用	质量管理体系的建立和运行
管理思想和方式	事后把关	制造过程控制	寿命循环全过程控制	事前预防、事中控制
管理职能	剔除不合格品	消除产生不合格品的工艺原因	零缺陷	通过标准化技术全面提高管理水平
涉及人员	检验人员	质量控制人员	全体员工	全体员工

此外，伴随着标准化质量管理的进程，还同时出现了 6σ 质量管理、数字化质量管理、卓越绩效模式等新的质量管理理论和方法。这里简单介绍一下数字化质量管理：20 世纪 80 年代以来，随着计算机技术的飞速发展及其在企业管理和生产中的广泛应用，人们开始将计算机技术引入质量管理和质量控制中，先后发展了计算机辅助质量管理系统（Computer Aided Quality System，CAQS）、计算机集成质量信息系统（Computer Integrated Quality Information System，CIQIS）和 CIMS 环境下的质量信息系统（Quality Information System，QIS）等。数字化质量管理意味着采用信息技术管理与控制质量形成的全过程，并能够实现质量管理系统与企业其他信息系统的高度集成。目前数字化质量管理已经成为未来质量工程的主要发展趋势。

计算机进入质量工程领域，主要有以下优点：
（1）加快了质量信息的处理速度和质量。
（2）可以快速处理大量生产现场的质量数据，为提高质量提供了有力手段。
（3）进一步丰富了质量管理理论，促进了质量管理理论的发展。

六、我国质量工程发展概况

在 20 世纪 50 年代，我们主要是向苏联学习，在引进和建设重点项目时，也引进了一套以检验为主的质量控制体制。从 60 年代起，我国曾在个别企业推广使用数理统计方法进行质量管理，并取得了一些成绩，但应用不普遍。从 1978 年开始，我国陆续从西方工业国家引进全面质量管理理论和方法。1980 年，国家经济委员会正式颁布了《工业企业全面质量管理暂行办法》，在广大企业中及时贯彻执行，大大加快了推行全面质量管理的步伐，并取得了一定的经济效益，但后来全面质量管理逐渐被企业忽视。1986—1990 年的"七五"计划期间，中央决定要以质量为重点，加强全国大中型全民所有制企业的管理工作，并以产品质量和消耗水平分别达到国际水平、国内先进水平和地区先进水平等三级目标进行检查验收。同时，还在全国范围内开展了"质量月""质量万里行""3·15 消费者权益日"等活动,这些措施都收到了明显的效果,大大提高了全民族的质量意识,有力地促进了我国产品质量的提高。特别是从2013年开始,由国家质量监督检验检疫总局牵头组织开展了"中国质量奖"评选及表彰工作,对质量管理水平和产品质量的提高起到了很大的推动作用。

我国工业产品采用国际标准和国外先进标准所占比重越来越大,而采用企业标准或其他标准的比例越来越少,优等品率的上升反映了企业按照国际标准和国外先进标准改进产品质量的状况,在一定程度上有助于提高我国产品在国际市场上的竞争力。

复习思考题

1. 什么是质量?应如何理解质量的概念?
2. 产品质量包括哪些特性?
3. 何谓广义质量?何谓狭义质量?
4. 何谓工作质量?产品质量、过程质量与工作质量有何关系?
5. 如何考核工作质量?
6. 提高产品质量对企业有何意义?
7. 提高产品质量对国民经济有何重要意义?
8. 质量工程发展各个阶段各有什么特点?
9. 何谓寿命周期质量?
10. 质量螺旋、质量循环圈和质量环有何异同?试做比较。
11. 你认为零缺陷、零废品、零故障、零事故和零污染能完全实现吗?如果答案是否定的,那么为什么我们还要提倡?
12. 现代质量工程包括哪些内容?与质量管理有何异同?
13. 你认为我国的质量管理应采取何种模式?
14. 提高产品质量,意识是第一位的,你认为应该如何培育质量意识?
15. 根据你自己的理解,简述质量与经济性的关系。
16. 为什么说质量与国民素质密切相关?
17. 通过查询资料,列出几个工作质量与安全性相关的案例。
18. 质量定义中的产品包括哪几种类型?
19. 上网查资料,分析三一重工为什么能够取得快速发展。

第二章
质量工程的基本原理

 第一节　质量大师的质量哲学

一、戴明的质量哲学

戴明博士是世界著名的质量管理专家，他对世界质量管理发展做出的卓越贡献享誉全球，在管理大师的行列中占有重要地位。他是一位教会日本人关于质量控制并助推日本经济奇迹的美国人，他的名字在20世纪八九十年代被美国各界领导和管理人员所熟知。管理学之父彼得·德鲁克曾说他"对日本和美国都产生了难以估量的影响"，以戴明命名的"戴明质量奖"至今仍是日本质量管理的最高荣誉。作为质量管理的先驱，戴明学说对国际质量管理理论和方法产生了重大影响。

戴明学说的主要观点包括"质量管理十四要点"和PDCA循环，这也是全面质量管理的重要理论基础。

1. 戴明的"质量管理十四要点"

"质量管理十四要点"是戴明针对美国企业领导提出来的。

（1）**创造产品与服务改善的恒久目的**。最高管理层必须从短期目标的迷途中归返，转回到长远建设的正确方向，也就是把改进产品和服务作为恒久的目的，坚持质量经营，这需要在所有领域加以改革和创新。

（2）**采纳新的哲学**。必须绝对不容忍粗劣的原料、不良的操作、有瑕疵的产品和松散的服务。

（3）**停止依靠大批量检验来达到质量标准**。检验其实是等于准备有次品，检验出来已经太迟，且成本高而效益低，正确的做法是改良生产过程。

（4）**废除"价低者得"的做法**。价格本身并无意义，只是相对于质量才有意义。因此，只有管理层重新界定原则，采购工作才会改变。企业一定要与供应商建立长久的关系，并减少供应商的数目。采购部门必须采用统计工具来判断供应商及其产品的质量。

（5）**不断地、永不间断地改进生产及服务系统**。在每一项活动中，必须降低浪费和提高质量，无论是采购、运输、工程、维修、销售、分销，还是会计、人事、顾客服务及生产制造。

（6）**建立现代的岗位培训制度**。培训必须是有计划的，且必须是建立在可接受的工作标准之上的，必须使用统计方法来衡量培训工作是否奏效。

（7）建立现代的督导方法。督导人员必须让高层管理者知道需要改善的地方，当知道之后，管理层必须采取行动。

（8）驱走恐惧心理。所有同事必须有胆量去发问，提出问题或表达意见。

（9）打破部门之间的围墙。每一部门都不应只顾独善其身，而需要发挥团队精神，跨部门的质量小组活动有助于改善质量及降低成本。

（10）取消对员工发出量化的目标。激发员工提高生产率的指标、口号、图像、海报都必须废除，很多配合的改变往往是在一般员工控制范围之外的，因此这些宣传品只会导致员工反感。虽然无须为员工订立可计量的目标，但企业本身却要有这样的一个目标：永不停歇地改进。

（11）取消工作标准及数量化的定额。定额把焦点放在数量而非质量上。计件工作制更不好，因为它鼓励制造次品。

（12）消除妨碍基层员工工作顺畅的因素。任何导致员工失去工作尊严的因素必须消除，包括不明白什么是好的工作表现。

（13）制订严谨的教育及培训计划。由于质量和生产力的改善会导致部分工作岗位数目的改变，因此所有员工都要不断地接受训练及再培训，一切训练都应包括基本统计技巧的运用。

（14）创造一个每天都推动以上13项的高层管理结构。

2. PDCA 循环

戴明博士最早提出了 PDCA 循环的概念，所以又称 PDCA 循环为"戴明环"。PDCA 循环是能使任何一项活动有效进行的一种合乎逻辑的工作程序，特别是在质量管理中得到了广泛的应用。

PDCA 循环的具体内容将在第三章"全面质量管理"中进行介绍。

二、朱兰的质量哲学

朱兰博士是世界著名的质量管理专家，他所倡导的质量管理理念和方法始终深刻影响着世界企业界以及世界质量管理的发展。他的"质量计划、质量控制和质量改进"被称为"朱兰三部曲"。他最早把帕累托原理引入质量管理。《管理突破》（Management Breakthrough）及《质量计划》（Quality Planning）两本书是他的经典之作。由朱兰博士主编的《质量控制手册》（Quality Control Handbook）被称为当今世界质量控制科学的名著，奠定了全面质量管理（TQM）的理论基础。

1. 朱兰的"突破历程"七环节

（1）突破的需要。管理层必须证明突破的急切性，然后创造条件使这个突破实现。要去证明此需要，必须搜集资料说明问题的严重性，而最具说服力的资料莫如质量成本。

（2）突出关键的少数项目。利用帕累托法分析，突出关键的少数，再集中力量优先处理。

（3）寻求知识上的突破。成立两个不同的组织去领导和推动变革——其一可称之为"策导委员会"，另一个可称之为"诊断小组"。策导委员会由来自不同部门的高层人员组成，负责制订变革计划，指出问题根源所在，授权做试点改革，协助克服抗拒的阻力，并贯彻执行解决方法；诊断小组则由质量管理专业人士及部门经理组成，负责寻根问底，分析问题。

（4）**进行分析**。诊断小组研究问题的表现，提出假设以及通过试验来找出引起问题的真正原因。另一个重要任务是判定不合格产品的出现是操作人员的责任还是管理人员的责任。

（5）**决定如何克服变革的阻力**。变革中的关键人物必须明了变革对他们的重要性。单是靠逻辑性的论据是绝对不够的，必须让他们参与决策并制定变革的内容。

（6）**进行变革**。所有要变革的部门必须通力合作，每一个部门都要清楚知道问题的严重性、不同的解决方案、变革的成本、预期的效果以及估计变革对员工的冲击及影响。必须给予足够时间去酝酿及反省，并进行适当的训练。

（7）**建立监督系统**。在变革推行过程中，必须有适当的监督系统定期地反映变革的进度及有关的突发情况。正规的跟进工作非常重要，它足以监控整个过程并解决突发问题。

2. 朱兰的"80/20 原则"

朱兰博士尖锐地提出了质量责任的权重比例问题。他依据大量的实际调查和统计分析认为，在所发生的质量问题中，追究其原因，只有 20% 来自基层操作人员，而 80% 的质量问题是由于领导责任所引起的。在国际标准 ISO 9000 中，与领导责任相关的过程占有极其重要的地位，这在客观上证实了朱兰博士的"80/20 原则"所反映的普遍规律。

3. 生活质量观

朱兰博士认为，现代科学技术、环境与质量密切相关。他说："社会工业化引起了一系列的环境问题，影响着人们的生活质量。"随着全球社会经济和科学技术的高速发展，质量的概念必然拓展到全社会的各个领域，包括人们赖以生存的环境质量、卫生保健质量以及人们在社会生活中的精神需求和满意程度等。朱兰博士的生活质量观反映了人类经济活动的共同要求：经济发展的最终目的是不断地满足人们日益增长的物质文化生活的需要。

4. 朱兰三部曲

朱兰认为质量管理过程可以分成以下三个阶段：

（1）**质量计划**。目的在于建立有能力满足质量的标准化工作程序。

（2）**质量控制**。目的在于掌握何时采取必要措施纠正质量问题。

（3）**质量改进**。质量改进有助于发现更好的管理工作方式。

其中的每一个阶段都可以进一步展开。表 2-1 列出了开展各种质量活动的三部曲。

表 2-1 质量活动的三部曲

质 量 计 划	质 量 控 制	质 量 改 进
建立质量目标	选择控制对象	论证需求
确定顾客	选择计量单位	确定项目
发现顾客需求	设置目标值	组织项目小组
开发产品特性	选择测量手段	诊断原因
开发过程特性	测量实际的性能	提供修正办法，并证实其有效性
建立过程控制，转向实施	说明差异	应付变化阻力
	针对差异采取措施	控制收益的获得

除此之外，朱兰博士还认为，20 世纪日本作为世界经济强国的崛起，其中很重要的一个因素是实施了质量革命。20 世纪 50—70 年代的全面质量管理活动，使日本的经济实力大

幅度上升，仅次于美国而居于英国、德国之前。竞争的威胁，使其他国家进一步认识到质量的重要性。21世纪，各国必将展开大规模的质量革命和质量竞争，21世纪也因此被称作"质量世纪"。

三、克劳斯比的质量哲学

菲利普·克劳斯比（Philip B. Crosby）被誉为当代"伟大的管理思想家""零缺陷之父""世界质量先生"，终身致力于"质量管理"哲学的发展和应用，引发了全球源于生产制造业、继而扩大到工商业所有领域的质量运动，"零缺陷""符合要求""预防""第一次就把事情做对""不符合要求的代价""可靠的组织"等均是克劳斯比的思想。

克劳斯比对于质量管理的贡献主要表现在以下几个方面：

1. 力排众议催生美国现代质量管理

克劳斯比对于质量管理的最大贡献在于观念的启迪。20世纪70年代的美国企业眼睁睁地看到以电视为主流的家电产品市场，被高质量的进口日货打得阵脚大乱。当时美国国内一方面有提高质量的呼声，另一方面却又有"提高质量必将增加成本，而使竞争力更加脆弱"的顾虑。时任国际电话电报公司（International Telephone and Telegraph，ITT）质量副总裁的克劳斯比力排众议，针对这一顾虑于1979年出版了《质量免费》（Quality is Free）一书，他说质量和成本不是相排斥的，两者是相容的，质量搞好了，成本必然会降低，效益必然会提高，且收益比质量控制的投入要大得多，真正费钱的是第一次没把事情做对。

2. 著书立说为质量管理护航

克劳斯比通过演讲和著书，对于管理者在使企业、员工、供货商以及他们自己获得成功之中所扮演的角色，进行了发人深省和激发灵感的探讨。他以亲身经历为例，并以实用性很强的真人轶事为基础，使得讲座生动、鲜活，与听众的互动气氛热烈。他特别喜欢有机会回答听众的提问和倾听他们的评论。

作为一名质量管理专家，克劳斯比拥有40年"亲身参与"的管理经历。他的思想都来自亲身感受，没有空洞的说教，更没有故作高深的东西；他的思想不仅能有效地应用于每一项工作业务中，更能应用到每个人的生活里，通过管理和改进，使得人人都可以拥有完美的工作和幸福的人生。

克劳斯比一生总共出版了15部著作。他擅长讲故事，常以故事说明理论的意义，使读者在轻松的心情下，不知不觉地接受了质量管理理论。他的第一部著作《质量免费》由于引发了一场美国以及欧洲的质量革命而备受称赞。该书的销售量超过数百万册，并且被译成16种文字。其他畅销的著作包括：《永远成功的组织》（The Eternally Successful Organization）、《让我们谈质量》（Let's Talk Quality）、《达成目标的艺术》（The Art of Getting Your Own Sweet Way）等。

3. 零缺陷管理

克劳斯比和另一位质量管理专家马利塔（Martin Marietta）联合提出了质量"零缺陷"的突破性观念，至今仍深深影响着管理界。

在《质量免费》一书中，克劳斯比提出了一个响亮的口号："第一次就把事情做对。"事实上，只要事前做好规划，确实有可能毕全功于一役。此外，他还创造出了一些应用工具，"质量成熟方格"就是其中之一。

克劳斯比说，要想理解质量，必须剖析五种错误的质量观（摘自《质量无价》）：

（1）质量好意味着档次高。这种质量观不对，"质量"这个词通常被用来表示事物之间的相对价值。因此，必须把质量定义为"与要求认同"。如果一辆豪华车符合豪华车的标准，它的质量就好。如果一种经济型汽车达到经济型车的要求，它也就是高质量的。

（2）质量是无形的，因此无法衡量。这种质量观不对，质量是可以以做错事的成本来衡量的。

（3）存在着质量经济性（Economics of Quality）。这种质量观不对，一开始就把事做好，永远是最经济的。

（4）所有质量问题都是工人造成的，尤其在生产领域。这种质量观不对，事实上，工人比经理制造的麻烦少得多。

（5）质量是质量控制部门的事。这种质量观不对，人人都应该重视质量。

这正是克劳斯比零缺陷管理的精髓所在。

4. 质量成本

克劳斯比在费根堡姆的基础上全面总结了质量成本的含义。质量成本是产品总成本的一部分，它包括确保满意质量所发生的费用，以及未达到满意质量的有形损失与无形损失，如预防成本、评估成本和故障成本等。

四、其他质量管理专家的质量哲学

1. 田口玄一

田口玄一博士是日本著名的质量管理专家，他于20世纪70年代提出田口质量理论。他认为：产品质量首先是设计出来的，其次才是制造出来的，检验并不能提高产品质量。田口的这一观点与质量管理的"事前预防、事中控制、事后分析"的观点不谋而合，得到国际质量管理界的高度认可。

在其理论体系中，田口提出"三次设计"的概念，他把产品的设计分为系统设计（一次设计）、参数设计（二次设计）和公差设计（三次设计）。其中，系统设计解决产品的布局和结构设计问题，参数设计确定零部件各种最佳设计参数，公差设计用来确定各种设计参数的公差值。

此外，基于实验设计技术的健壮设计、质量损失函数、线内质量工程和线外质量工程等都是田口玄一为质量管理做出的突出贡献。

2. 石川馨

石川馨（Kaoru Ishikawa）博士是日本的质量管理专家，他率先将统计技术和计算机技术应用到了日本的质量管理过程当中。后来，他又总结和发明了质量管理的新七种工具，这七种管理工具实际上就是统计技术、计算机分析技术、系统思维在质量控制活动中的具体应用形式。

3. 新卿重夫

新卿重夫（Shigeo Shingo）也是日本著名的质量管理专家，他主要提出了一分钟更换模具的新方法。一分钟更换模具方法要求我们在更换产品的时候，以最快的速度更换模具从而不影响整个生产的进行。这一方法实际上就是JIT（Just in Time，准时制生产）的前身。此外，新卿重夫还提出了源头检验体系，将质量管理的范围从企业本身延伸到了供应商。他认为，一个产品的质量并不仅仅取决于生产企业本身，还取决于外协厂家，如原材料、附件、配件的供应厂商等。

4. 狩野纪昭

东京理工大学教授狩野纪昭（Noriaki Kano）是日本质量管理领域的教育家、作家、讲师和顾问，著名的顾客满意度模型的创立者。他于1979年10月发表了《质量的保健因素和激励因素》（Motivator and Hygiene Factor in Quality）一文，第一次将满意与不满意标准引入质量管理领域，并于1982年在日本质量管理大会第12届年会上宣读了《魅力质量与必备质量》（Attractive Quality and Must-be Quality）的研究报告。

传统观念认为，公司或企业增加任何一项有关产品或服务的属性都会提高顾客的满意度，而狩野纪昭却不认同。他认为不是所有的产品或服务特性在顾客眼里都是同等重要的，一些属性能更有效地提高顾客忠诚度，而一些则不然。为此，狩野纪昭根据顾客的感受和质量特性的实现程度，与同事一起以一种新的方法为基础对顾客满意度进行建模，并提出了一个新的质量模型，称为狩野质量模型，如图2-1所示。

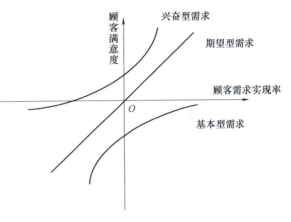

图2-1 狩野质量模型

狩野质量模型定义了三个层次的顾客需求：基本型需求（基本质量）、期望型需求（一元质量）和兴奋型需求（魅力质量）。这三种需求根据绩效指标分类就是基本因素、绩效因素和激励因素。

在实际操作中，企业首先要全力以赴地满足顾客的基本型需求，保证顾客提出的问题得到认真的解决，重视顾客认为企业有义务做到的事情，尽量为顾客提供方便，使顾客最基本的需求得到满足。然后，企业应尽力去满足顾客的期望型需求，这也是质量的竞争性因素。此外，提供顾客喜爱的额外产品或服务功能，使其产品和服务优于竞争对手并有所不同，引导顾客加强对本企业的良好印象，使顾客达到满意。最后争取满足顾客的兴奋型需求，为企业建立最忠实的顾客群。

第二节 七项质量管理原则

一、七项质量管理原则的提出

在现代质量管理的理论和实践中，经过多年的探索，形成了一些基本的质量管理原则和思想，但不同的专家学者对这些原则和思想有不同的表述，如戴明提出的"质量管理十四要点"、朱兰的"质量活动三部曲"等观点，这些理念和思想已在质量界广泛传播并被用来指导实践。

为使全世界普遍接受的ISO 9000系列质量标准能更有效地指导组织实施质量管理，ISO/TC 176技术委员会从1995年开始成立了一个工作组，用了约两年的时间，基于ISO

9000 系列质量标准实践经验及理论分析，吸纳了国际上广泛认可的质量管理理念，整理并编撰了八项质量管理原则。其主要目的是希望帮助管理者，尤其是最高管理者系统地建立质量管理理念，深刻理解 ISO 9000 系列质量标准的内涵，提高其管理水平。同时 ISO/TC 176 将八项质量管理原则系统地应用于 2000 版及后续的 2008 版和 2015 版（在 2015 版中被缩减为七项原则）ISO 9000 系列质量标准中，使得质量管理体系的内涵更加丰富，有力地支持了质量管理活动，这一成果得到了国际上众多国家和专家的赞同。

二、七项质量管理原则的基本思想

七项质量管理原则是在总结质量管理实践经验的基础上用高度概括的语言表述的关于质量管理的最基本、最适用的一般规律，是组织领导做好质量管理工作必须遵循的准则和应关注的重点，包含了质量管理的一般规律、思想方法、工作方法、领导作风和处理内外关系的正确态度。深刻理解并认真贯彻七项质量管理原则，对于每个组织特别是领导层和质量管理工作者均有十分重要的意义。七项质量管理原则如下：

1. 以顾客为关注焦点

顾客是组织的"衣食父母"，为了吸引和保持尽可能多的顾客，组织质量管理的主要关注点应该聚焦在顾客身上，应尽量满足顾客要求并且努力超越顾客期望。

从理论上看，组织只有赢得和保持顾客和其他有关相关方的信任才能获得持续成功。因此，要深刻理解顾客和其他相关方当前和未来的需求才能有助于组织的持续成功。在与顾客互动的每个方面都应该提供为顾客创造更多价值的机会。

将顾客作为关注焦点可能得到的益处有：提升顾客价值；增强顾客满意；增进顾客对组织的忠诚度；增加重复性业务；提高组织的声誉；扩展顾客群；增加收入和市场份额。

为了实现以顾客为关注焦点的目标，组织可开展的活动包括：识别从组织获得价值的直接顾客和间接顾客；理解顾客当前和未来的需求和期望；将组织的目标与顾客的需求和期望联系起来；在整个组织内沟通顾客的需求和期望；为满足顾客的需求和期望，对产品和服务进行策划、设计、开发、生产、交付和支持；测量和监视顾客满意情况，并采取适当的措施；在有可能影响到顾客满意的有关相关方的需求和适宜的期望方面，确定并采取措施；主动管理与顾客的关系，以实现持续成功。

2. 领导作用

组织的各级领导应该建立统一的宗旨和方向，并创造全员积极参与实现组织的质量目标的条件。

从理论上看，统一的宗旨和方向的建立以及全员的积极参与，能够使组织将战略、方针、过程和资源协调一致，以实现其目标。

加强领导作用可能得到的益处有：提高实现组织质量目标的有效性和效率；组织的过程更加协调；改善组织各层级、各职能间的沟通；开发和提高组织及其人员的能力，以获得期望的结果。

为了加强领导作用，可开展的活动包括：在整个组织内，就其使命、愿景、战略、方针和过程进行沟通；在组织的所有层级创建并保持共同的价值观，以及公平和道德的行为模式；培育诚信和正直的文化；鼓励在整个组织范围内履行对质量的承诺；确保各级领导者成为组织中的榜样；为员工提供履行职责所需的资源、培训和权限；激发、鼓励和表彰员工的贡献。

3. 全员积极参与

整个组织内各级胜任、经授权并积极参与的员工，是提高组织创造和提供价值能力的必要条件。

从理论上看，为了有效和高效地管理组织，各级人员得到尊重并积极参与其中是极其重要的。通过表彰、授权和提高能力，促进在实现组织的质量目标过程中的全员积极参与。

达到全员积极参与的目的后，组织可能得到的益处有：组织内人员对质量目标有更深入的理解，以及更强的加以实现的动力；在改进活动中，提高人员的参与程度；促进个人发展、主动性和创造力；提高人员的满意度；增强整个组织内的相互信任和协作；促进整个组织对共同价值观和文化的关注。

为了实现全员积极参与的目标，可开展的活动包括：与员工沟通，以增强他们对个人贡献的重要性的认识；促进整个组织内部的协作；提倡公开讨论，分享知识和经验；让员工确定影响执行力的制约因素，并且毫无顾虑地主动参与；赞赏和表彰员工的贡献、学识和进步；针对个人目标进行绩效的自我评价；进行调查以评估人员的满意程度，沟通结果并采取适当的措施。

4. 过程方法

组织运作过程中会涉及很多活动，只有将活动作为相互关联、功能连贯的过程组成的体系来理解和管理时，才可更加有效和高效地得到一致的、可预知的结果。

从理论上看，质量管理体系是由很多相互关联的过程所组成。理解体系是如何产生结果的，能够使组织尽可能地完善其体系并优化其绩效。

采用过程方法可能获得的益处有：提高关注关键过程的结果和改进的机会的能力；通过由协调一致的过程所构成的体系，得到一致的、可预知的结果；通过过程的有效管理、资源的高效利用及跨职能壁垒的减少，尽可能提升其绩效；使组织能够向相关方提供关于其一致性、有效性和效率方面的信任。

为了更好地采用过程方法进行管理，可开展的活动包括：确定体系的目标和实现这些目标所需的过程；为管理过程确定职责、权限和义务；了解组织的能力，预先确定资源约束条件；确定过程相互依赖的关系，分析个别过程的变更对整个体系的影响；将过程及其相互关系作为一个体系进行管理，以有效和高效地实现组织的质量目标；确保获得必要的信息，以运行和改进过程并监视、分析和评价整个体系的绩效；管理可能影响过程输出和质量管理体系结果的风险。

5. 改进

实践证明，所有成功的组织都会持续关注改进活动（也称为持续改进）。

从理论上看，改进对于组织保持当前的绩效水平，对其内、外部条件的变化做出反应，并创造新的机会，都是非常必要的。

在组织内持续实施改进活动，可能得到的益处有：提升过程绩效和组织能力及顾客满意度；增强对调查和确定根本原因及后续的预防和纠正措施的关注；提高对内外部风险和机遇的预测和反应能力；增加对渐进性和突破性改进的考虑；更好地利用学习来改进；增强创新的动力。

为了在组织内全面推行改进，可开展的活动包括：促进在组织的所有层级建立改进目标；对各层级人员进行教育和培训，使其懂得如何应用基本工具和方法实现改进目标；确保员工有能力成功地促进和完成改进项目；开发和展开过程，以在整个组织内实施改进项目；跟踪、评审和审核改进项目的策划、实施、完成和结果；将改进与新的或变更的产品、服务和过程的开发结合在一起予以考虑；赞赏和表彰改进。

6. 循证决策

循证决策即基于数据和信息的决策，基于数据和信息的分析和评价的决策，更有可能产生期望的结果。

从理论上看，决策是一个复杂的过程，并且总是包含某些不确定性。它经常涉及多种类型和来源的输入及其理解，而这些理解可能是主观的。决策过程最重要的是理解因果关系和潜在的非预期后果。对事实、证据和数据的分析可导致决策结果更加客观、可信。

遵循循证决策原则，组织可能获得的益处有：改进对过程绩效和实现目标的能力的评估；改进运行的有效性和效率；提高评审、挑战和改变观点和决策的能力；提高证实以往决策有效性的能力。

为了在组织中全面实现循证决策，可开展的活动包括：确定、测量和监视关键指标，以证实组织的绩效；使相关人员能够获得所需的全部数据；确保数据和信息足够准确、可靠和安全；使用适宜的方法对数据和信息进行分析和评价；确保人员有能力分析和评价所需的数据；权衡经验和直觉，基于证据进行决策并采取措施。

7. 关系管理

为了使组织的运作持续成功，组织需要管理与有关相关方（如供方）的关系。

从理论上看，有关相关方会影响组织的绩效。当组织管理与所有相关方的关系，以尽可能有效地发挥其在组织绩效方面的作用时，持续成功更有可能实现。对供方及合作伙伴网络的关系管理尤为重要。

加强关系管理可能获得的益处有：通过对每一个与相关方有关的机会和限制的响应，提高组织及其有关相关方的绩效；对目标和价值观，与有关相关方有共同的理解；通过共享资源和人员能力，以及管理与质量有关的风险，增强为有关相关方创造价值的能力；具有管理良好、可稳定提供产品和服务的供应链。

为了实现有效的关系管理，组织可开展的活动包括：确定有关相关方（如供方、合作伙伴、顾客、投资者、雇员或整个社会）及其与组织的关系；确定和排序需要管理的相关方的关系；建立平衡短期利益与长期考虑的关系；与有关相关方共同收集和共享信息、专业知识和资源；适当时，测量绩效并向有关相关方报告，以增加改进的主动性；与供方、合作伙伴及其他相关方合作开展开发和改进活动；鼓励和表彰供方及合作伙伴的改进和成绩。

第三节 闭环质量控制

在质量工程中，闭环控制是提升质量的基本理念和方法之一。所谓闭环质量控制，是指在发现质量问题后，采取"归零"措施使质量问题得到彻底解决，防止其重复发生。实现闭环质量控制的主要理念是质量螺旋，主要方法有 PDCA 循环和质量链等。

一、质量螺旋

1. 质量螺旋的含义

质量螺旋是一条螺旋式上升的曲线,该曲线把产品寿命周期全过程中各质量职能按照逻辑顺序串联起来,用以表征产品质量形成的整个过程及其规律,通常称为"朱兰质量螺旋",如图 1-1 所示。朱兰质量螺旋反映了产品质量形成的客观规律,是质量管理的理论基础,对于现代质量管理的发展具有重大意义。

2. 质量螺旋的内容

质量螺旋主要包含以下几个方面的内容:

(1)产品的质量形成过程包括市场调研、产品开发、设计、生产技术准备、制定制造计划、采购、资源配置、生产制造、工序控制、检验、测试、销售和服务等 13 个环节。各个环节之间相互依存,相互联系,相互促进。

(2)产品质量形成的过程是一个不断上升、不断提高的过程。为了满足人们生产和生活不断发展的需要,产品质量要不断改进,不断提高,类似于 PDCA 循环。

(3)要完成产品质量形成的全过程,就必须将上述各个环节的质量管理活动落实到各个部门以及有关的人员,要对产品质量进行全过程的管理。

(4)质量螺旋是一个社会系统工程,不仅涉及企业内各部门及员工,还涉及企业外的供应商、零售商、批发商以及用户等单位和个人。

(5)质量管理是以人为主体的管理。朱兰螺旋曲线所揭示的各个环节的质量活动,都要依靠人去完成。人的因素在产品质量形成过程中起着十分重要的作用,质量管理应该提倡以人为主体的管理。此外,要使"循环"顺着螺旋曲线上升,必须依靠人力的推动,其中领导是关键,要依靠企业领导者做好计划、组织、控制、协调等工作,形成强大的合力去推动质量循环不断前进,管理水平不断上升,质量不断提高。

二、PDCA 循环

PDCA 循环既是全面质量管理的重要工作方法,也是闭环质量控制的主要技术,PDCA 循环的主要内容见第三章第三节。

三、质量链

"质量链"的概念是由加拿大英属哥伦比亚大学(UBC)的学者首先提出的,他们综合了 QFD(Quality Function Deployment,质量功能展开)、SPC(Statistical Process Control,统计过程控制)、供应链及工序性能、产品特性值、工序能力等重要的质量概念,系统、全面地表示了它们之间的有机联系,如图 2-2 所示。质量链是一个动态的链式结构,它随着企业运作过程的变化而不断变化。

质量信息是质量链管理的主要内容,通过对质量信息的统计和分析,可以发现质量链中出问题以及可能出问题的环节,从而对这些环节进行针对性的改善,以提高产品质量。

质量链管理是以多个组织、多种要素共同参与质量形成与实现的过程为内容,以质量流、信息流、价值流为对象,通过控制关键链节点,建立协调耦合、增值高效的质量管理理论和方法体系。

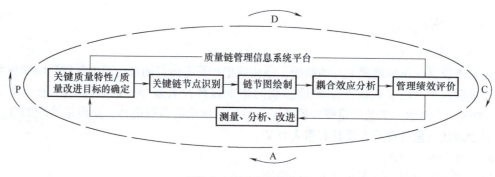

图 2-2 质量链基本架构

质量链管理的主要内容包括：
（1）确定关键质量特性和质量改进目标。
（2）识别质量关键链节点。
（3）进行耦合效应分析。
（4）搭建质量链管理信息系统技术平台。

以关键质量特性或质量改进目标的确定、关键链节点识别、耦合效应分析、管理绩效评价为主线，以质量链管理信息系统平台做支撑，在此基础上，对传统质量管理循环"PDCA"进行扩充和延伸，实现质量链管理循环，因此，PDCA 循环与质量链主要管理内容一起构成质量链的管理运行模式。

第四节 卓越绩效模式

一、三大国际质量奖

追求卓越质量不但是组织和顾客的需求，同时各国政府部门也在大力推进质量的改善，一个重要的举措就是设立国家质量奖。目前，全球近 90 个国家和地区相继设立了国家质量奖，其中以戴明奖（日本）、马尔科姆·波多里奇奖（美国）和 EFQM 卓越奖（原欧洲质量奖）（欧盟）最为著名。实践表明，在诸多国家和地区的质量奖中，美国国家质量奖（马尔科姆·波多里奇奖）最具典型性和代表性，在世界上影响巨大。

1. 马尔科姆·波多里奇质量奖

1987 年，美国总统里根为提高美国工业的竞争能力而建立了以美国前商业部长马尔科姆·波多里奇的名字命名的美国国家质量奖（Malcolm Baldrige National Quality Award）。通过分析世界上各个先进公司的管理和绩效，发现了许多共同特点，如能够从用户立场评价业务工作、擅长引进外部新思想等。将这些共同特点汇总起来，就构成了马尔科姆·波多里奇奖的评选大纲。

美国国家质量奖评分标准框架自 1988 年建立以来，曾于 1992 年和 1997 年做了两次重大修订，而其评分细则和分值分配则几乎年年有所变动和改进。目前使用的**国家质量奖标准框架**是 1997 年的模式，**包括以下七大要素**（满分为 1000 分）：

（1）**领导作用（满分 120 分）**。检查企业的领导在质量和社会责任方面的表现。①"领导系统"表述了高层领导该如何确立组织的价值观、发展方向、绩效期望，组织各层次员工投入质量活动和创造良好的持续改进环境；②"公共责任和公民义务"描述如何检查公司加强对公共责任的履行和道德行为规范的遵守，履行公民义务，包括社会责任、社团活动参与和环境保护方面的贡献。

(2) 战略策划（满分 85 分）。战略策划由战略制定和战略部署两个方面组成，主要检查组织如何展开、沟通、执行和改进公司的战略方针和战略目标的实现，以达到公司业绩的最佳化和竞争地位的加强。

(3) 以顾客和市场为关注焦点（满分 85 分）。检查的重点在于公司是否具有足够的能力了解顾客和市场，满足顾客需求和期望方面的要求，以及如何通过顾客获得市场信息和协调供需关系，达到扩大市场和提高信誉的目的。

(4) 信息和分析（满分 90 分）。描述如何检查组织本身的信息和数据选择、收集、分析和利用，包括内外部的质量信息、行业和市场信息，以用于组织绩效的测量和评价。

(5) 以人力资源为重点（满分 85 分）。检查企业的人力资源管理水平：①"人的管理"主要描述公司的人员管理，检查公司如何计划和进行人力资源开发，诸如教育培训、员工参与、权益维护和满意程度，以谋求人员最大潜力的充分发挥；②"资源"重点检查组织内的各种资源管理，即财务、材料、技术、知识产权、设备、工装和可利用资源的管理等。

(6) 过程管理（满分 85 分）。主要检查企业的过程管理水平：①"产品和服务过程、业务过程、支持过程"，这三大过程的设计、管理、评价和改进是各关键过程的检查手段，目的在于达到最终产品或服务的最佳化；②"供方/分部的管理业绩"是体现业务过程管理水平的一项重要内容，重点检查公司如何选择和管理其供方/分部的业绩，以保证期望的质量要求的实现。

(7) 经营成果（满分 450 分）。评价组织在经营方面的绩效改进和提高，包括财务和市场成效，以顾客为关注焦点所获得的业绩，人力资源利用的成果，以及组织的运行和操作有效性等方面的成果。

从美国国家质量奖评分标准可以看出，经营成果是最重要的，占 450 分，其次是领导力，占 120 分。也就是说，质量管理的好坏要用经营业绩来说话，质量管理的重点在领导层。

2. 戴明奖

世界范围内影响较大的质量奖中，日本戴明奖是创立最早的一个。它始创于 1951 年，是为了纪念已故的戴明博士，他为日本第二次世界大战后统计质量控制和质量管理的发展做出了巨大贡献。日本业界认为，他的教诲帮助日本建立了一个良好的质量管理基础，正是在这个基础之上，日本的产品质量才达到被世界广泛认可的水平。

戴明奖虽然诞生于日本，但现在已经成为享誉世界的质量奖项。

(1) 戴明奖的种类

1) 戴明奖：颁发给在以下三个领域做出突出贡献的个人或组织：①在全面质量管理的研究方面取得杰出成绩；②在全面质量管理的统计方法的研究方面取得杰出成绩；③在传播全面质量管理方面做出杰出贡献。

2) 戴明应用奖：颁发给组织或者领导一个独立运作的机构的个人。获奖条件是，在规定的年限内通过运用全面质量管理使组织获得与众不同的突出业绩。

3）质量控制奖：颁发给组织中的一个部门，这个部门通过使用全面质量管理中的质量控制和质量管理方法，在规定的年限内获得了与众不同的显著改进效果。

（2）委员会的组成和作用。戴明奖委员会负责戴明奖的考核和奖励工作。委员会主席由经济组织基金会主席担任，成员来自工业界和学术界，委员会下设五个小组负责处理有关事务。

总协调小组：负责与戴明奖有关的活动，广泛听取各界关于怎样改进这一奖项的意见，并将改进建议报告给委员会。

系统修正小组：对戴明奖的规则、程序进行评价，并提出改进意见。

戴明个人奖小组：考核选拔戴明奖的个人申请者。

戴明运用奖小组：为日本质量奖、戴明运用奖及质量控制奖考核选拔团体候选者，也负责由戴明奖委员会提供的全面质量管理诊断标准的实施。

质量控制文献奖小组：1954年，日本经济学家杂志建立质量控制文献奖，对在全面质量管理研究或数理统计研究（包括统计表及软件）方面做出杰出贡献的文献进行表彰。这一项目也被作为戴明奖的一部分，每年评选一次。

（3）戴明奖诊断。诊断是由第三方用来评价申请者全面质量管理状态的一个标准，该标准始建于1971年，它不是申请者接受审查的第一个程序，甚至一个公司是否进行过这一诊断，与它能否获得戴明奖也无直接关系。戴明奖委员会出台这一标准的目的仅仅是给企业一个完善全面质量管理的指南。

戴明奖的申请不需要任何考核费用，但是它需要承担考核者的现场费用，如考核者的差旅费、检验样本的费用等。如果获奖的话，还需要承担报告会的演讲费用。

3. EFQM 卓越奖

波多里奇质量奖和戴明质量奖在推动和改进制造业及服务业绩效方面所取得的成效，使欧洲企业有所感悟。欧洲企业认为欧洲有必要开发一个能与之相媲美的欧洲质量改进的框架，时任欧洲委员会（Europe Council，EC）主席的雅克·戴勒指出："为了企业的成功，为了企业竞争的成功，我们必须为质量而战。"EFQM 卓越奖是欧洲委员会副主席马丁·本格曼先生倡议，由欧洲委员会、欧洲质量组织（Europe Organization of Quality，EOQ）和欧洲质量基金组织（Europe Fund of Quality Management，EFQM）共同发起，于1991年正式设立。

EFQM 卓越奖的目的与美国波多里奇质量奖和日本戴明质量奖是一样的，都是为了推动质量改进运动、提高对质量改进重要性和质量管理技术方法的意识，对展示出卓越质量承诺的企业进行认可，以提高欧洲企业在世界一体化市场上的竞争力。

EFQM 卓越奖授予欧洲全面质量管理最杰出和有良好业绩的企业，只有营利性企业才能申请，它对企业所有权的类别和企业所有者的国籍并无要求，但申请企业的质量管理活动必须在欧洲发生。EFQM 卓越奖评价的领域广泛，它注重企业的经营结果、顾客满意和服务、人力资源开发，强调分享产品和技术信息的重要性。

欧洲质量基金组织负责 EFQM 卓越奖的评审和管理，其宗旨是帮助欧洲企业走向卓越。欧洲质量基金组织设有各种工作组负责企业培训、不同类型的质量项目和质量改进的研究。欧洲质量基金组织理事会对 EFQM 卓越奖的重大战略事务进行管理，以便 EFQM 卓越奖行动方式与其宗旨相一致。

从 EFQM 卓越奖设置起，欧洲质量基金组织就以帮助创建更强大的欧洲企业和产品为己任，通过实施全面质量管理的原则，从事它们的商业经营活动，并处理它们与雇员、股东和顾客的关系。

欧洲质量基金组织认为，EFQM 卓越奖的使命：一是激励和帮助欧洲的企业，改进它们的经营活动，并最终达到顾客满意和雇员满意，达到社会效益和企业效益的卓越化；二是支持欧洲企业的管理人员加速实施全面质量管理这一在全球市场竞争中获得优势的决定性技术的进程。在 EFQM 卓越奖卓越化模式的九个要素中，每个要素在评奖过程中所占的百分比如下：领导作用占 10%，战略与策划占 8%，员工投入占 9%，战略与合作关系占 9%，过程管理占 14%，顾客对产品的评价占 20%，人力资源效果评价占 9%，社会效益评价占 6%，经营结果占 15%。

EFQM 卓越奖对欧洲每一个表现卓越的企业开放，它着重于评价企业的卓越性。EFQM 卓越奖的奖项分为质量奖、单项奖、入围奖和提名奖。EFQM 卓越奖的奖励范围，1996 年扩大到公共领域的组织，1997 年奖励范围又扩大到 250 个雇员以下的中小企业以及销售、市场部门和研究机构等。

(1) **质量奖**。质量奖授予被认定是最好的企业。获奖企业的各类质量方法和经营结果是欧洲或世界的楷模，获奖企业可以在信笺、名片、广告等上面使用 EFQM 卓越奖获奖标识。

(2) **单项奖**。单项奖授予在卓越化模式的一些基本要素中表现优秀的企业。

(3) **入围奖**。EFQM 卓越奖的入围奖意味着企业在持续改进其质量管理的基本原则方面，获得了较高的水准。获入围奖的企业将在每年一度的 EFQM 卓越奖论坛上得到认可。

(4) **提名奖**。获提名奖的企业即它们已经达到 EFQM 卓越奖卓越化模式的中等水平。EFQM 卓越奖提名奖的设立有助于鼓励企业更好地进行质量管理，并激励它们继续努力。

2000 年，欧洲质量基金组织再次重申了对授予 EFQM 卓越奖的立场和观点。现在，该组织把目标集中于"建立一个欧洲企业在其中表现优秀的世界"，并加大力量推进欧洲企业的卓越化进程和可持续发展。由于欧洲质量基金组织的帮助和其他成员的榜样，欧洲企业已经逐渐接受了"全面质量管理"这样一种管理理念，并认为它是一种有效的、成功的管理模式，能够在全球市场竞争中获得优势。

美国国家质量奖、日本戴明奖与 EFQM 卓越奖的评价要素比较见表 2-2。

表 2-2 美国国家质量奖、日本戴明奖与 EFQM 卓越奖的评价要素比较

美国国家质量奖	日本戴明奖	EFQM 卓越奖
• 领导作用	• 领导能力、规划与战略	• 领导作用
• 战略策划	• TQC 的管理系统	• 战略与策划
• 以顾客和市场为关注焦点	• 质量保证系统	• 员工投入
• 信息和分析	• 经营要素管理系统	• 战略与合作关系
• 以人力资源为重点	• 人力资源	• 过程管理
• 过程管理	• 信息利用	• 顾客对产品的评价
• 经营成果	• TQC 的价值观	• 人力资源效果评价
	• 科学方法	• 社会效益评价
	• 组织活动	• 经营结果
	• 对实现企业目标的贡献	

二、卓越绩效模式

1. 卓越绩效模式的含义

卓越绩效模式（Performance Excellence Model）是当前国际上广泛认同的一种组织综合绩效管理的有效方法/工具。该模式源自美国国家质量奖评审标准，以顾客为导向，追求卓越绩效管理理念，包括领导，战略，顾客与市场，测量、分析与改进，资源，过程管理，结果等七个方面。目前该评奖标准盛行于世界发达国家与地区，成为一种新型的质量管理模式，即卓越绩效模式。它不是目标，而是提供一种评价方法，其核心是强化组织的顾客满意意识和创新活动，追求组织卓越的经营绩效。

朱兰认为，卓越绩效模式的本质是对全面质量管理的标准化、规范化和具体化。卓越绩效模式将质量作为为顾客创造价值的核心，并通过实践领导、战略、顾客与市场、资源等几个方面的要求，创造竞争性质量和战略性质量，以质量创造价值，提高企业的经营绩效和持久经营能力。也就是说，质量不仅是经营的内容，而且也是经营的手段；不仅是经营的一个直接的目标，而且也是经营的最直接的后果。卓越绩效模式反映了当今世界现代管理的理念和方法，是许多成功企业的经验总结，是激励和引导企业追求卓越，成为世界级企业的有效途径。卓越绩效模式的基本结构如图2-3所示。

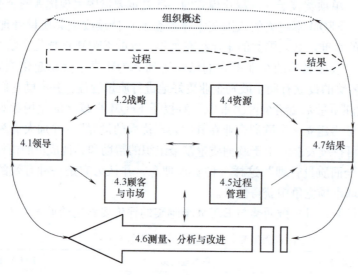

图2-3　卓越绩效模式的基本结构

2. 卓越绩效模式的核心价值观

卓越绩效模式的核心价值观，是卓越绩效模式的基石和浓缩，它反映了现代经营管理的先进理念和方法，是世界级企业成功经验的总结。

（1）**以改进管理追求卓越**。领导力是一个组织成功的关键。组织的高层领导应确定组织正确的发展方向，营造以顾客为中心的企业文化，并提出有挑战性的目标。高层领导应确保建立追求卓越的战略、管理系统、方法和激励机制，激励员工勇于奉献、成长、学习和创新。

（2）**以顾客为导向追求卓越**。组织要树立顾客导向的经营理念，认识到质量和绩效是由顾客来评价和决定的。组织必须考虑产品和服务如何为顾客创造价值，达到顾客满意，并使得顾客忠诚，由此提高组织的绩效。

组织既要关注现有顾客的需求，又要预测未来顾客期望和潜在顾客。顾客导向的卓越要体现在组织运作的全过程，包括组织与顾客建立良好的关系，增强顾客对组织的信任、信心和忠诚。

(3) 以持续学习追求卓越。要应对环境的变化，实现卓越的经营绩效水平，必须提高组织和个人的学习能力。组织的学习是组织针对环境变化的一种持续改进和适应的能力，通过引入新的目标和做法带来系统的改进。学习必须成为组织日常工作的一部分。企业实践卓越绩效模式是组织适应当前变革形势的一个重要学习过程。

个人的学习是通过获得新知识和能力来引起员工认知和行为的改变的。个人的学习可以提高员工的素质和能力，为员工的发展带来新的机会，同时使组织获得优秀的员工。要注重学习的有效性和方法，学习不限于课堂培训，可以通过知识分享、标杆学习和在岗学习等多种形式开展，进而增强组织的市场应变能力和绩效优势。

(4) 以协同合作追求卓越。组织的成功越来越取决于全体员工及合作伙伴不断增长的知识、技能、创造力和工作动机。企业要想让顾客满意，首先要让创造商品和提供服务的企业员工满意。重视员工意味着确保员工的满意、发展和权益。

组织与外部的顾客、供应商、分销商和协会等机构之间建立战略性的合作伙伴关系，将有利于组织进入新的市场领域，或者开发新的产品和服务，增强组织与合作伙伴各自具有的核心竞争力和市场领先能力。建立良好的外部合作关系，应着眼于共同的长远目标，加强沟通，形成优势互补，互相为对方创造价值。

(5) 以快速反应追求卓越。要在全球化的竞争市场中取得成功，组织要有应对快速变化的能力和灵活性，以满足全球顾客快速变化和个性化的需求。

为了实现快速反应，组织要不断缩短新产品和服务的开发周期、生产周期以及现有产品和服务的改进速度。组织不仅需要简化工作部门和工作程序，采用具备快速转换能力的柔性生产线，还需要培养掌握多种技能的员工，以便胜任工作岗位和任务变化的需要。各方面的时间指标已变得越来越重要，开发周期、生产周期和服务周期已成为关键的过程测量指标，时间指标的改进也必将推动组织在质量、成本和效率方面的改进。

(6) 以关注未来追求卓越。在复杂多变的竞争环境下，组织不能仅满足于眼前的绩效水平，还要有战略性思维，关注组织未来持续稳定发展，让组织的利益相关方，如顾客、员工、供应商、合作伙伴以及股东、公众对组织建立起长期信心。

要追求持续稳定的发展，组织应制定长期发展战略和目标，分析、预测影响组织发展的诸多因素，而且战略目标和资源配置需要适应这些影响因素的变化。此外，战略要通过长期规划和短期计划进行部署，保证战略目标的实现。组织的可持续发展需要实施有效的战略计划，创造新的机会。

(7) 以促进创新追求卓越。要在激烈的竞争中取胜，就要通过创新形成组织的竞争优势。创新意味着组织对产品、服务和过程进行有意义的改变，为组织的利益相关方创造新的价值，把组织的绩效提升到一个新的水平。创新不应仅仅局限于产品和技术，它对组织经营的各个方面和所有过程都是非常重要的。

组织应对创新进行管理，使创新活动持续、有效地开展。首先需要高层领导积极推动和参与革新，制定一套针对改进和创新活动的激励制度；其次要有效利用组织和员工积累的知识进行创新，而且要营造勇于承担风险的企业文化，创造更多创新的机会。

（8）**以科学管理追求卓越**。基于事实的管理是一种科学的态度，科学管理是指组织的管理必须依据对其绩效的测量和分析。测量内容取决于组织的战略和经营的需要，通过测量获得关键过程、输出和组织绩效的重要数据与信息。

通过分析测量得到的数据和信息，可以发现其中变化的趋势，找出重点的问题，识别其中的因果关系，不仅可以用于组织进行绩效的评价、决策、改进和管理，而且还可以将组织的绩效水平与其竞争对手或标杆的"最佳实践"进行比较，识别自己的优势和弱项，促进组织的持续改进。

（9）**以勇担社会责任追求卓越**。组织应注重社会责任和道德规范，并履行好公民义务。组织不应仅满足于达到国家和地方法律法规的要求，还应寻求更进一步改进的机会。要有发生问题时的应急方案，能做出准确、快速的反应，保护公众安全，提供所需的信息与支持。组织应严格遵守道德规范，建立组织内外相结合的有效监管体系。

履行公民义务是指组织在资源许可的条件下，对社区公益事业的支持。组织对于社会责任的管理应采用适当的绩效测量指标，并明确领导的责任。

（10）**以创造价值追求卓越**。组织的绩效评价应体现结果导向，关注关键的结果，主要包括顾客满意程度、产品和服务、财务和市场、人力资源、组织效率、社会责任等六个方面。这些结果能为组织关键的利益相关方——顾客、员工、股东、供应商、合作伙伴、公众及社会创造价值并平衡其相互间的利益。通过为主要的利益相关方创造价值，将培育起忠诚的顾客，实现组织绩效的持续增长。组织的绩效测量是为了确保其计划与行动能满足实现组织目标的要求，并为组织长短期利益的平衡、绩效的过程监控和绩效持续改进提供一种有效的手段。

（11）**以系统管理追求卓越**。卓越绩效模式强调以系统的观点来管理整个组织及其关键过程，实现组织的卓越绩效。美国国家质量奖七个方面的要求和核心价值观构成了一个系统的框架和协调机制，强调了组织的整体性、一致性和协调性。"整体性"是指把组织看成一个整体，组织整体有共同的战略目标和行动计划；"一致性"是指卓越绩效评价准则各条款要求之间具有计划、实施、测量和改进（PDCA）的一致性关系；"协调性"是指组织运作管理体系的各部门、各环节和各要素之间是相互协调的。

系统的观点体现了组织的所有活动都以市场和顾客需求为出发点，最终达到顾客满意的目的。各个条款的目的都是以顾客满意为核心，它们之间以绩效测量指标为纽带，各项活动均依据战略目标的要求，按照 PDCA 循环展开，进行系统的管理。

这些核心价值观反映了国际上最先进的经营管理理念和方法，也是许多世界级成功企业的经验总结，它贯穿于卓越绩效模式的各项要求之中，应成为企业全体员工，尤其是企业高层经营管理人员的理念和行为准则。

第五节　质量经营及其战略管理

一、质量经营

1. 什么是质量经营

质量经营是以质量文化为主导，以全面控制人的行为为基础，以零缺陷管理为出发点，以统计质量控制为手段，以提高质量效益为前提，以顾客满意为目标，以质量体系为保障的经营方式和经营战略。质量经营实质上是一种管理理念，它将质量作为企业管理的中心工作，以提供客户价值为目的，把追求顾客满意、顾客忠诚的产品质量和服务质量作为经营理念的核心，并将其融入企业发展战略、企业文化、产品开发、生产过程控制和市场营销的全过程，以此成为企业全体员工的共同信仰和习惯。

质量经营强调质量第一、顾客利益第一、社会效益第一，在顾客利益得到满足和保证的前提下追求企业的资本增值和利润最大化，它是企业降低成本、提高效益和竞争能力的最佳途径。

质量经营的最终目的是提升企业的质量竞争力，走质量效益型发展之路。正如费根堡姆所说："强有力的质量经营能力是当代公司的主要管理实力和工程实力之一，也是增强企业活力的中心环节。"

2. 质量经营的理论来源

质量经营理论有三个来源：全面质量管理理论、可持续发展理论、企业竞争和战略管理理论。全面质量管理的理念、精髓和技术方法为其基本内核，可持续发展理念使质量概念拓展为生态综合质量，企业竞争及战略管理理论是质量经营理论的基础。

3. 质量经营理论的核心思想

现代企业经营管理系统是一个复杂的多目标系统，它既要致力于提高产品和服务质量，又要致力于提高资本运营质量，还要致力于降低质量成本，提高质量效益，提高资本增值盈利等多重目标。企业目标是多元的，但其核心问题是质量问题，所以企业的生产经营和资本运营活动从本质上看就是质量效益的经营活动。

企业的产品和服务质量乃至资本运营质量，都取决于企业生产经营和资本运营过程中的工作质量，而工作质量无疑取决于企业整个经营管理系统的整体质量水平，包括管理质量水平和决策质量水平。这说明，产品和服务质量是企业经营活动的体现，只有认真抓好企业的各个生产经营环节，才能提高产品质量和服务质量。

既然质量管理的目标不能停留在狭义的产品质量上，就必须以广义质量为目标。因为消费者不只是追求好的产品性能，而且还希望产品的造型美、包装美、色彩美，产品价格可以接受，同时还要求产品安全、可靠、售后服务好，同时还要能够为顾客创造更多价值。这样，才能使顾客全面满意，企业才能赢得消费者的信任，才能扩大产品销售，实现规模经营，获得更多的资本增值利润。

质量竞争是非价格竞争的重要形式，具有更多的竞争优势。"质量无国界"，质量竞争不仅不会受到世贸规则的限制，而且在经济全球化的21世纪还可以打破贸易保护壁垒。因此，实施质量经营既是企业的经营战略，也是全新的经营管理方式。

从以上分析可以看出，质量经营的概念是对全面质量管理的发展和深化，它主要包括如下内容：制定有效的质量经营战略；确立质量第一、顾客满意的经营思想；采用以质量效益为中心的经营方式；确立并实施质量方针和质量目标；建立系统有效的质量管理和质量保证体系；以人为本，开展以质量效益为中心的持续性的质量改进活动；围绕质量效益进行系统化的质量管理等。

4. 质量经营与质量管理的区别

（1）在理念方面，质量管理侧重于提高产品和服务质量；质量经营则注重从质量意识和质量教育入手，改革企业风尚，促使全员树立正确的质量价值观，建设优质质量文化，树立质量精神，提高企业的形象。

（2）在技术方面，质量管理侧重于产品的符合性质量；质量经营则强调质量特性（内在质量）与精神质量（外显质量）的融合统一，注重产品的文化含量和审美质量，强调预防为主。

（3）在管理对象上，质量管理以产品质量、过程质量和工作质量为中心；质量经营则强调以人为中心，通过对人的行为的管理和激励，促使全员正确地工作，从而保证质量的持续改进和提高。

（4）从管理的观点看，质量管理侧重于产品和服务质量本身；质量经营则侧重于质量的经济性和效益性，注重在保证质量的前提下降低成本，提高效益，实现以质量效益为中心，从而持续地改善产品质量和服务质量。

（5）在管理方法上，质量管理侧重于维持性质量保证的检测与控制，全面质量管理侧重于利用PDCA循环改进质量；质量经营则着眼于持续性质量突破，实现质量领先，从而提高企业的质量竞争优势。

（6）在市场营销和顾客满意方面，质量管理侧重于产品和服务质量本身的满足和推销；质量经营则从经营的角度，以质量营销为出发点，着眼于品牌、形象等无形资产的建立，以顾客满意为目标，开展全方位的质量营销。

（7）从管理内容看，质量管理只是企业管理中的一个环节；而质量经营则是以质量为中心的企业管理，是个系统工程。

总之，质量经营可以说是对质量管理概念的拓展和理论深化，是更高层次的质量管理。

二、质量战略管理

1. 质量战略管理的含义

质量战略管理是现代质量管理与战略管理结合的产物，是战略管理在质量管理中的延伸和具体运用，是战略管理与质量管理结合应用而形成的一种新的管理模式。质量战略是部门或企业质量的全局性、长期性、根本性的规划，是以质量的战略目标为核心，在对部门或企业自身质量竞争条件充分认识的基础上制定的。其内容包括战略指导思想、战略目标、战略步骤、战略重点、战略布局、战略对策与措施等战略决策。质量战略管理是个过程，它包括战略准备、战略制定、战略规划、战略实施四个阶段。其中主要是依据战略规划制定战略计划和具体的项目计划并组织实施。

2. 质量战略管理的基本原则

（1）**社会性原则**。社会性原则就是从整个社会经济的发展看待质量问题，从保证国民经济的健康发展、保证人民群众的合法权益、保证社会资源的合理利用和投入产出的更高效益来对待质量问题。

（2）**综合性原则**。质量问题实际上是许多问题的一个综合反映，包括资源的合理利用、生产者和消费者的质量意识、民族的整体素质、科学技术的发展水平、企业的经营管理水平、社会道德水平、市场的规范化程度以及法律制度的健全和完善程度等。质量的提高必须从多方面进行综合治理。

（3）**长远性原则**。影响质量的因素不仅是多方面的，也是极其复杂和具有长期效应的。

对于每一个企业，质量问题均应该作为其发展中的一个长远性的问题，不仅要有长远的规划和预测，而且要常抓不懈，绝不能"头痛医头，脚痛医脚"，当成突击性的工作。但对于不同层次的问题，又要采取不同的处理方法，根据轻重缓急，区别对待。按照现实与可能，集中力量，有重点、有步骤、分层次搞好质量管理工作。

（4）系统性原则。 系统性原则是指基于"质量螺旋"或"质量环"的质量系统，即要站在系统的高度，从全局优化的思想出发，对产品质量形成过程中的各环节进行系统性的管理和控制。

3. 质量战略管理的特点

质量战略管理体现了战略管理的全局观、过程观和长期性的新思维，把质量管理深入到战略管理的每一个层次和环节，通过动态的全面质量管理，使传统质量管理提高到一个新的水平。其主要区别和特点表现在：

（1）外向性、长期性和全局性。质量战略管理重视企业外部环境的影响，注重对行业的价值链和竞争对手的价值链分析，把质量置于整个外部市场环境中予以全面考察，具有明显的外向性特点。质量战略管理将总体战略与具体的市场竞争战略相结合，通过整合战略来保证战略定位的长期性和全局性。在质量管理方面，质量战略管理不是单纯把眼光放在生产制造阶段的质量控制上，而是把质量置于研发设计、生产制造、销售、服务的整个价值链之中，通过系统综合的质量管理，增强企业价值，提高企业盈利，具有全局性的特点。

（2）以"战略质量定位"分析为核心，把质量管理放在战略管理的高度，从根源上实施质量管理，改变了传统质量管理以"产品"为对象的管理方式，根据战略定位不同，采取不同的质量管理策略。如果企业奉行的是低成本战略，就要制定相应的低成本质量策略；如果企业目标是想凭借优质产品树立企业形象，就需要对产品质量进行规划，把生产和销售优质产品作为工作的重中之重。

（3）以"质量动因"分析为导向，引导企业从质量发生的根源上寻求减少或消除不增值的质量作业，控制企业资源耗费，使企业质量管理更加有效，充分发挥质量战略管理的功效。

（4）以价值链分析和全面质量管理为重点，通过价值链分析和整合，力求各个质量作业中心和环节实现"零缺陷"，最大限度地消除不增值的作业，进行作业质量管理及质量成本控制，实现"零缺陷"的质量管理，促使体现以价值链分析为重点的质量战略管理模式有效运行，提高质量战略管理水平。

第六节 质量策划与质量领导

一、质量策划

质量管理过程主要包括质量策划、质量控制、质量改进三个主要过程。质量保证是一个贯穿于产品形成全过程的活动，其中质量策划（Quality Planning）是龙头。质量策划是围绕着组织目标所进行的质量目标策划、运行过程策划、确定相关资源等活动的过程，包括质量计划与作业质量改进。质量计划可以是质量策划的一项结果，表示确定适合于组织的质量标准并确定如何满足这些标准。

1. 质量策划的含义

ISO 9000：2015 对"质量策划"的定义是："质量管理的一部分，致力于制定质量目标并规定必要的运行过程和相关资源以实现质量目标。"

该定义可理解为：①质量策划是质量管理的一部分；②质量策划致力于设定质量目标；③质量策划要为实现质量目标规定必要的作业过程和相关资源；④质量策划的结果应形成质量计划；⑤质量策划是一个过程，有输入和输出。

2. 质量策划的种类

在组织中，质量策划的种类是相当多的，按质量策划的对象，可以分为质量管理体系策划、过程策划、产品（项目）质量策划和改进策划等；按质量策划的层次，可以分为组织的质量策划、部门的质量策划和班组（个人）的质量策划等；按质量策划的内容，可以分为综合性质量策划和项目质量策划；按质量策划涉及的时间，可以分为中长期质量策划、年度质量策划和滚动质量策划等。几种主要的质量策划如下：

(1) 质量管理体系的策划。这是一种宏观的质量策划，应由最高管理者负责，根据质量方针确定的方向，设定质量目标，确定质量管理体系过程，分配质量职能等。在组织尚未建立质量管理体系而需要建立时，或虽已建立却需要进行重大改进时，就需要进行这种质量策划。

(2) 质量目标的策划。组织已建立质量管理体系，虽不需要进行重大改变，但却需要对某一时间段（例如中长期、年度、临时性）的业绩进行控制，或者需要对某一特殊的、重大的项目、产品、阶段性的任务进行控制时，就需要进行这种质量策划，以便调动各部门和员工的积极性，确保策划的质量目标得以实现。例如每年进行的综合性质量策划（策划结果是形成年度质量计划）。这种质量策划的重点旨在确定具体的质量目标和强化质量管理体系的某些功能。

(3) 有关过程的策划。针对具体的项目、产品、合同进行的质量策划，需要设定质量目标，但重点在于规定必要的过程和相关的资源。这种策划包括对产品实现全过程的策划，也包括对某一过程（例如设计和开发、采购、过程运作）的策划，还包括对具体过程（例如某一次设计评审、某一项检验验收过程）的策划。其重点放在组织过去尚未开展或开展得不太理想的一些"新"的过程上，例如与顾客有关的过程，设计和开发评审，内部评审等过程。

(4) 质量改进的策划。质量改进是一种特殊的、可能脱离了企业常规的过程，因此更应当加强质量策划。一般来说，有关过程的策划一旦确定，这些过程就可以按策划规定重复进行，但质量改进则不同，一次策划只可能针对一次质量改进课题（或项目）。这样，质量改进策划可能是经常进行的，而且是分层次（组织及组织内的部门、班组或个人）进行的。质量改进策划越多，说明组织越充满生机和活力。

几种质量策划之间的关系：质量管理体系的策划是识别质量管理体系所需的重大过程。而产品实现的策划和测量、分析、改进的策划，都是对具体过程的策划。其中产品实现的策划包括设计和开发的策划、对生产和服务提供的策划，形成的文件可能是质量计划。测量、分析、改进的策划包括内审活动的策划，形成的文件可能是程序和作业指导书。

3. 质量策划的输入

在进行质量管理策划时，首先要确定针对什么样的质量管理活动进行质量策划，并力求将涉及该项质量管理活动的信息全部收集起来，作为质量策划的输入。下列内容是任何质量策划都需要加以考虑的，甚至是不可缺少的：①质量方针或上级质量目标的要求；②顾客和相关方的需求和期望；③存在的问题点或难点；④过去的经验教训；⑤质量管理体系已明确规定的相关要求或程序。

确定输入时还要确定参与策划的人员和质量策划的形式。一般来说，涉及组织层次的质量策划，应由最高管理者负责；由相关的管理人员组成相应的质量策划委员会或策划小组，由大家共同完成质量策划。如果质量策划的内容涉及的范围很大，还可以召开多次会议或分层召开会议来进行质量策划。

4. 质量策划的步骤

不管采用何种形式，质量策划都需要按下列步骤进行，以正确确定质量策划的内容并保证策划的结果有效：

（1）设定质量目标。
（2）确定达到目标的途径。
（3）确定相关的职责和权限。
（4）确定所需的资源。
（5）确定实现目标的方法和工具。
（6）确定其他的策划需求。

5. 质量策划的输出

质量策划都应形成文件输出，将上述质量策划内容用文字表述出来，就成为质量计划。一般来说，质量策划输出应包括以下内容：

（1）分析为什么要进行质量策划或为什么要制订质量计划，适当分析现状（问题点）与质量方针或上一级质量目标要求，以及顾客和相关方的需求和期望之间的差距。
（2）通过质量策划设定的质量目标。
（3）确定的各项具体工作或措施（即各种过程）以及责任部门或人员（即职责或权限）。
（4）确定的资源、方法和工具。
（5）确定的其他内容（其中质量目标和各项措施的完成时间是必不可少的）。

质量计划应经负责该质量策划的管理者批准后下发实施。

6. 策划的工具和技术

在质量策划过程中，应采用科学的方法和技术，以确保策划结果的可信性。常用的质量策划工具和技术有以下几种：质量功能展开（Quality Function Deployment）、"矩阵数据分析法"（Matrix Data Analysis Chart）、流程图（Flow Chart）、系统图（System Chart）、决策程序图法（Process Decision Program Chart）、成本分析（Cost Analysis）等。这些工具和技术将在后续章节中讨论。

二、组织行为与质量领导

1. 组织行为对质量的影响

产品质量取决于企业各方面的工作质量，是企业各方面、各环节、全体员工工作质量的综合反映。企业中每个科室、车间、班组、每个工作岗位、每个员工都直接或间接地影响着产品质量，组织中任何一个行为都不容忽视，这也是全面质量管理的出发点。

(1) 个体行为对产品质量的影响。 人的行为是非常复杂的，不仅要受意识和情感的制约，而且还要受客观环境、生理机制、社会因素等的制约。研究表明，组织中的每一个人都有自己的行为弱点，这些弱点都直接或间接地对产品质量产生不利影响。

人在组织中的表现有的是自觉的，有的是不自觉的；有些完全可以自我克服，有些则需要借助于外力。在质量管理中，人是最重要的，也是最难控制的因素。管理者不仅要运用行为科学的理论和方法去理解这些行为，调动人的潜能和积极性，更应该认清这些行为对质量的潜在影响，采取有效的措施加以防范和纠正。

(2) 组织氛围与质量的关系。 组织氛围是群体综合心理状态的反映，是群体的"个性"，是一种无形的力量和无声的命令，加强那些与群体心理差距过大的员工改变自己对待质量的态度，并逐步形成和谐的组织气氛。良好的组织氛围使员工经常处于一种强烈的情绪感染之中，给员工的质量行为以巨大的推动和鼓舞力量，于不知不觉中接受它的教育和感化，使自己的行为与组织的要求相一致。

良好的质量风气是保证和提高质量最重要的一种群体心理因素，对于完成组织的质量目标具有极大的推动作用，对员工的心理状态也是一种肯定性的刺激。浓厚的质量气氛、积极的质量舆论、严谨的质量作风，可以使员工精神振奋、心情舒畅，提高员工工作的积极性、主动性，发挥员工的创造精神。这种氛围，有助于企业的质量管理工作顺利进行，产品质量可以得到保证。相反，不良的组织氛围一旦形成，将很难改观。不良的气氛会从个别小群体的行为蔓延到企业的方方面面，质量标准得不到贯彻、质量教育难以推进、产品合格率下降等问题将接踵而至，其后果可想而知，企业将会身处困境。

综上所述，质量管理已经不仅仅是技术层面的问题，而是涉及整个组织的每一个层次。单纯靠机器设备的更新和生产技术的进步来提高产品的质量，其收效往往不能令人满意。而人的行为贯穿于质量管理的始终，无论个体还是群体的行为都将对组织的绩效产生不同程度的影响。如何发挥人的创造性，满足人的各层面需求，突出人的价值，保障人的权益，已经成为全面质量管理的重要环节。因此，对人的组织行为的合理规范是企业质量管理顺利实施的基础和保障。

2. 基于领导力规范组织行为的途径

为了有效地实施全面质量管理，管理者首先要对人的本性有正确的认识。如果管理者以传统的管理方式对员工进行管束，必然无法调动员工的积极性，不能使员工的潜在能力充分发挥出来。

按照麦格雷戈（McGregor）的 Y 理论，在现代社会，人的本性并不厌恶工作，而是把工作看作与游戏或休息一样自然；人们也不愿意接受别人的控制，更希望自我指导和自我控制。因此，只要创造适当的条件，在适当的激励下，人们都愿意为工作献身，这样一来，组织目标和个人目标完全可以统一起来。那么，组织目标与个人利益相统一的条件是什么呢？麦格雷戈认为，如果人们为实现组织目标努力奋斗，这就创造了满足个人需要，尤其是满足自主性需要和自我实现需要的条件。因此，规范组织行为的最佳途径就是激励员工为实现组织目标而努力奋斗。在全面质量管理的过程中，可以采用以下方式来达到规范组织行为的目的：

(1) 进行质量教育，树立强烈的质量意识。 我国企业要想从根本上改变产品的质量状况，首要的一点就是把决定企业生死存亡的产品质量、工程质量、服务质量观念融入员工的头脑之中，形成一种共同的价值观念来规范整个企业的行为。企业要自始至终坚持"质量第一"的思想教育，不断增强员工的质量意识；重视专业教育培训，提高全员素质；经常性地宣传、普及质量管理知识。

质量教育的重点是管理层。管理层的观念、能力与行为是影响产品质量的最重要的原因。虽然劳动者的素质有待提高，但如果管理者事先采取了有效的措施，很多质量问题都是可以避免的。实践证明，一个企业的产品质量低劣，主要是由于管理层质量意识淡薄，质量管理混乱和工作纪律松弛所致。管理层应制定明确的质量方针，设定明确的质量目标，组织专人全程跟进质量计划的实施，只有这样才能保证企业的全面质量管理取得预期的效果。

(2) 设立质量目标，实行目标管理。 目标管理以全体员工为对象，强调员工参与管理，发挥他们的潜能，激发团队意识，增进上下沟通。在全面质量管理的过程中实行目标管理，无形中引导员工重视质量，关心质量策划和质量改进，激发员工努力提高自身素质的热情，激励每一位员工追求上进，从而提高每一位员工的质量意识和个人工作能力，形成一种视质量为生命的组织氛围，并最终提高整个企业的质量水平。合理地制定质量目标是实行目标管理的前提条件。在制定质量目标时，企业的管理者应注意以下问题：①质量目标的确定必须与员工的需要和动机相结合，使其既是鼓舞人心的奋斗方向，又是员工满足需要的目的物。②无论是制定长期目标还是短期目标，群体目标还是分解个人目标，都要为员工提供参与机会，参与的程度越深，其责任感越强。③当员工受到阻碍而不能实现目标时，有两种可能的动向：一种是客观地分析原因，调整行为，制定更合适的目标；另一种是非理性的防范行为。管理者要善于引导，防止后一种行为的发生。

强化质量管理重在加强组织，重视人的因素，激励员工的积极性。而目标管理这一管理制度正是由于强调了参与管理的原则和对个人能力的开发，统一了企业内的个人目标和组织目标，故而是推动全面质量管理顺利进行的有效手段。

(3) 构建企业良好的质量文化。 质量对企业来说是一个永恒的主题，尤其是在市场机制逐步健全、平等竞争条件日益成熟的情况下，质量将成为企业的立业之本。然而，质量意识的形成不是一朝一夕的事，巩固和发展质量意识的任务就更为艰巨。只有使质量意识根植于每一位员工的心中，企业的质量观念才能成为全员经久不衰的工作精神和作风，企业的质量制度和规范才能成为一种精神力量，并最终转化为生产实践中的物质成果。而要做到使质量意识成为贯穿于企业生产经营过程的一种价值观、经营思想、群体意识和行为规范，就必须使之转化为企业的文化。

企业文化是企业前进的导向。企业质量文化一旦形成，将成为一面旗帜。企业和全体员工有了统一的行动方向，共同的利益和目标就会得到深化。文化的形成是一个循序渐进的过程，人们接受某种文化往往是无意识的。改变人们的文化观念也是一个长期的任务，不可能一蹴而就。企业的管理者要逐步统一员工的思想和行为，有意识地建立共同的价值体系，用先进的质量观念约束和规范员工的行为，最终使员工达到自我协调、自我控制。管理者要在日常的宣传教育中让员工认识到：企业的利益是员工与企业共存共荣的根本利益。产品或服务的质量是企业形象的折射，而只有企业蒸蒸日上，员工才能真正受益。"以质量求生存、求效益、求发展""以第一流的产品质量和服务，满足用户需求与期望"既应成为企业的经营哲学，也应成为员工的行为准则。

进行质量教育是树立质量意识的方法之一，只有将这种教育和熏陶持之以恒，立足于企业质量文化建设，才能根除各种对质量管理和企业发展不利的个体与群体意识，使质量观念深深地扎根于员工心中。

第七节 现代质量工程的基础性工作

一、标准化工作

国家标准 GB/T 20000.1—2002 指出：标准是指"为了在一定的范围内获得最佳秩序，经协商一致制定并由公认机构批准，共同使用的和重复使用的一种规范性文件。"所谓标准化，是指"为了在一定范围内获得最佳秩序，对现实问题或潜在问题制定共同使用和重复使用的条款的活动"。标准是企业各项生产活动和管理活动的重要依据，也是衡量产品质量和工作质量的重要尺度，是保证和提高产品质量的重要手段。在企业中进行标准化工作就是围绕标准的制定和实施，以及根据实施情况和环境、条件的变化对标准及时修订的过程。

企业的标准化是企业管理走向科学化和现代化的重要基础性工作。被誉为"科学管理之父"的泰勒，就是通过对工序作业的操作方法和操作时间进行科学测定、分析研究和优化处理，制定出标准指导书和标准作业时间的，这大大提高了企业的生产效率，为科学管理奠定了基础。美国福特汽车公司的创建人亨利·福特（Henry Ford），就是通过产品标准化、零部件标准化、作业标准化和设备标准化而创建了汽车工业的生产流水线，创立了大规模制造模式，不但大大降低了生产成本，而且使汽车这一当时的"奢侈品"进入到寻常百姓家，同时提高了产品质量，使企业获得了巨大的效益。

按照标准本身的属性，企业的标准化体系结构如图2-4所示。

1. 技术标准

技术标准是企业进行各项生产活动和确认产品质量水平的技术尺度，是直接用以衡量产品质量的依据，如产品标准、零部件标准、工艺标准等。其中最重要的是产品的技术标准，它是对产品结构、性能、规格、质量和检验方法所做的统一技术规定，是组织生产、检验产品质量、进行质量管理的主要依据。企业的技术标准主要是有关国家标准和专业标准的具体化。但为了确保竞争优势，有些企业的标准水平高于国家标准和专业标准，也有些企业直接采用国际标准。

2. 管理标准

管理标准是为保证企业各项经营管理活动的正常化和规范化，并确保工作质量而制定的各种基本规定和各项业务准则，如工作程序、业务规程、职责条例、考核标准等。管理标准是工作指南及衡量工作质量的主要依据。国际标准化组织制定的 ISO 9000 系列质量标准，正是由于反映了管理的标准化而在全世界得到广泛推广和应用。

企业要搞好标准化工作，首先，领导要高度重视。企业的标准化工作技术性强，工作量大，涉及大量的生产技术知识和社会科学知识，没有企业领导的充分重视和组织上的保证就很难做好。

其次，制定企业标准，特别是制定产品质量标准时，要做到技术先进、经济合理、安全

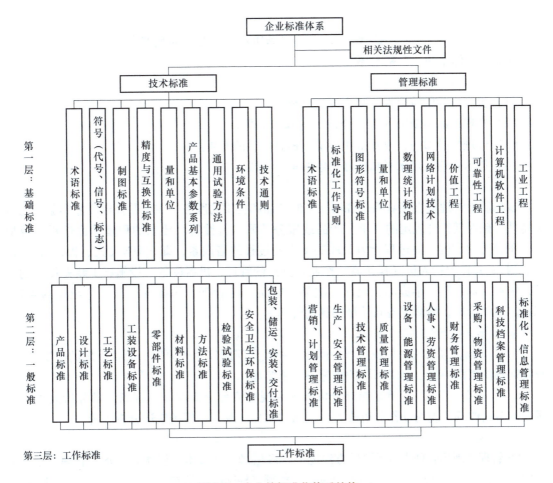

图 2-4 企业的标准化体系结构

可靠。达到标准的产品是合格品,但合格品不一定是用户满意的产品。要满足用户的需求,增强企业的竞争实力,使产品进入国际市场,就应尽量采用国际标准和国外先进标准。

再次,制定标准工作要走群众路线,制定出来的标准要成文,内容要明确,要求要具体,同时要注意各类标准之间的协调和配套。

最后,在标准的实施过程中,要严格执行,加强检查,通过各种反馈信息,总结经验和教训,为标准的修订积累资料,为质量管理工作的 PDCA 循环提供条件。

企业开展标准化工作对建立和运行质量管理体系有重要作用和意义,标准化是质量管理体系建立和运行的重要基础,并为质量管理体系的建立和运行提供前提条件,使其得到迅速推广和应用。标准化是质量管理体系建立和保证运行质量的关键,企业只有在实施标准化的基础上,才能使所建立和运行的质量管理体系成效显著。

二、现场质量管理

1. 基本概念

(1) 现场。现场是指完成工作和开展活动的场所。

(2) 现场质量管理。现场质量管理是指产品加工(或制造)和服务提供过程的质量管理。

(3) **现场质量管理与质量管理体系**。现场质量管理是质量管理体系的重要组成部分，也是质量管理体系的一个基本环节。

2. 现场质量管理的重要性

(1) 提高质量的符合性，减少废次品损失。

(2) 实现产品零缺陷（零不合格）的基本手段。

(3) 促进全员参与，改善工作环境，提高员工的素质。

(4) 展示企业管理水平和良好形象的重要手段。

3. 现场质量管理的主要对象

现场质量管理的直接对象是现场加工的产品和提供的服务，主要是控制产品和服务的质量特性，确保其符合规定的要求。产品或服务的质量特性符合要求的程度是由过程（或加工）的能力决定的，而过程能力又取决于影响过程的诸因素，即5M1E（人、机、料、法、环、测），具体包括人员（操作者、作业人员）的管理，机器设备（设施、工装夹具）的管理，物料（原材料、半成品、成品、次品、废品）的管理，作业方法与工艺纪律的管理，工作环境的管理，检测设备和计量器具的管理等。

4. 现场管理与改善的工作流程

(1) **现场管理流程**。发现现场的问题点→找到问题发生的原因→确认问题的事实真相→查找问题的根源→提出解决问题的措施→措施落地。

(2) **现场改善流程**。现场布局分析改善→现场流程分析改善→现场设备分析改善→现场时间分析改善→现场动作分析改善→现场物流分析改善→现场搬运分析改善。

5. 6S 管理

6S 管理是现场管理中最重要的方法之一。6S 管理是从日本人创立的"5S"管理的基础上发展起来的，主要内容包括：整理（Seiri）、整顿（Seiton）、清扫（Seiso）、清洁（Seiketsu）、素养（Shitsuke）和安全（Security），因为这六个词都是以"S"开头，故称为6S 管理。6S 管理的主要目的是保持现场的整洁，减少现场物品所占的空间，提高生产的安全性，提高工作效率和产品质量。6S 管理方法看起来很简单，但如果坚持不懈地推行下去，会收到意想不到的效果。

(1) **整理**。整理是区分要与不要的物品。现场只保留必需的物品（一般只保留一周内需要的物品），将暂时和长期不要的东西清理掉，其目的是将现场空间腾出来。

(2) **整顿**。整顿是将物品按照规定的方法定位，分类摆放整齐，标示明确，其目的是减少找东西和搬运东西的时间，提高工作效率。整顿工作可以与定置管理和可视化管理结合起来进行。

(3) **清扫**。清扫主要是清扫现场内的脏污，并防止污染的发生，目的是消除脏污，保持现场干净、明亮，在清扫过程中显现"异常"所在，发现安全隐患。

(4) **清洁**。清洁是对前三步实施的制度化和规范化，目的是通过制度化来维持成果。

(5) **素养**。素养是指人人依规定行事，从心态上养成好习惯，目的是提升人的"品质"，培养对任何工作都采用认真的工作态度。

(6) **安全**。安全是指在工作现场创造良好的安全环境，目的是确保人和企业财产的安全，消除一切安全事故苗头，减少安全和环境灾害。

在现场实施 6S 管理，可以获得提高质量，降低成本，提高效率，减少安全事故的发生，提升员工素质，提高顾客满意度等良好效果。

在企业的现场推行 6S 活动时，要做好下列事项：

第一步，"整理"的推行内容。①对现场进行全面检查；②区分必需品和非必需品；③整理非必需品；④对非必需品进行处理；⑤每天循环整理是做好 6S 的关键步骤之一；⑥每天自我检查；⑦对非必需品实行红牌作战。

第二步，"整顿"的推行内容。①分析目前现状；②对物品进行分类；③进行定量管理；④使用色彩或挂牌进行目视管理；⑤每天自我检查。

第三步，"清扫"的推行内容。①做好清扫的准备工作；②制定清扫的标准；③清扫工作场所和机器设备；④分析污染的发生源；⑤解决问题的产生点；⑥落实区域责任制；⑦每天自我检查。

第四步，"清洁"的推行内容。①进一步提高 6S 意识；②整理工作的自我检查/抽查；③清扫工作的自我检查和互查。

第五步，"素养"的推行内容。素养是指一个人的素质和教养，培养人人参与 6S 的习惯，自觉遵守各种规章制度，形成一种团队精神，使员工产生荣誉感和自豪感。事实上，良好的素养是前四步形成的必然结果。为此，企业要根据自己的经营战略，制定各种行之有效的规章制度，规范全体员工的行为准则，全体员工应自觉执行，形成企业文化。在形成规章制度后还必须不断学习，特别是新员工，更要规范其行为准则。在学习过程中，不但要学习规章制度，而且要自觉遵照制度去执行，不以善小而不为，不以恶小而为之，防微杜渐。

第六步，"安全"的推行内容。安全就是人身不受到伤害，财产不受到损失。做好安全工作有以下几个方面的内容：①做好上班前的准备工作；②上班前做好 6S 工作；③现场有标准作业指导书；④做好预防工作；⑤做好消防工作；⑥下班时做好 6S 工作。

三、计量工作

所谓计量，是指一个量与作为标准的量进行比较的过程。企业的计量工作是指运用科学的计量方法和手段，为实现计量的量值统一和标准量的正确传递所进行的全部技术工作和管理工作。计量工作是确保技术标准的贯彻和执行，保证零部件具有互换性，产品质量符合技术标准要求的重要手段。从某种意义上说，没有准确无误的计量工作，就无法测定产品质量的实际水平和生产状态，也就不可能有高质量的产品。

通常，计量包括测量、物理试验、化学分析等工作。企业计量工作的主要内容包括：保证各种计量器具处于良好的技术状态，示值准确一致；做好计量器具的保管、领用、检定、修理和报废等管理工作，确保计量器具配备齐全，完好无损；积极采用现代化的计量技术、先进的计量方法，不断提高计量的精度和速度。

企业要做好计量工作，应加强以下几个方面的工作：

(1) 建立计量组织机构，配备足够的计量人员。 企业应按照自身的生产规模、技术要求和计量工作量，建立相应的计量机构。计量机构应在企业主要技术负责人的领导下，协同各部门全面开展计量工作。计量人员的数量应根据使用计量器具的总数、工作量的大小和测试所需要的技术水平合理配备。计量人员应熟悉某项专业计量技术和计量管理业务，并具有一定的生产技术知识。企业计量人员一般包括计量管理人员、计量检定测试人员和计量器具维修人员等。

（2）**建立健全计量管理制度**。企业的计量管理制度主要有：建立人员的岗位责任制度、计量器具的鉴定制度、量值的传递制度、计量器具的周期检定制度、计量器具的维护保养制度和计量室的工作制度等。

（3）**正确合理地使用计量器具**。对计量器具的合理使用、正确操作和科学管理是保证计量准确、量值统一的关键。要通过经常性的教育和培训，使计量工作人员了解保持计量器具精度的重要意义，做到精心维护和正确使用，帮助他们掌握使用计量器具的技能，提高他们的技术水平。同时还要正确制定和严格执行有关计量器具使用和维护方面的规章制度。

（4）**定期进行计量器具的检定**。为了保证计量器具的质量，保证标准量的正确传递，对企业所有的计量器具都必须按照有关规定进行检定。计量器具的检定分为：入库检定、入室检定、定期检定、返回检定等内容。为了完成计量器具的检定，企业应拥有相应的技术装备、检定装置和计量标准。同时，企业要在建立计量标准和标准量传递系统的基础上，认真制订计量器具周期检定计划。通过委托政府计量部门或自行检定，确保企业所有的计量器具周期受检率达到100％。

（5）**对计量器具进行妥善保管，及时修理和报废**。计量器具的保管、存放等环境条件要符合技术要求，如适当的温度、湿度条件，周围无腐蚀物、无剧烈震动、无强电磁场等。对于因使用和其他原因造成磨损的计量器具，要根据检定的结果，按照损坏的程度及时进行处理，该报废的报废，该修理的修理。修复后的计量器具必须经过检定，合格后方可使用。

四、质量信息管理

所谓信息，是指对人们有用的各种数据和情报。质量信息是指反映产品质量和企业产、供、销、人、财、物各环节工作质量的基本数据、原始记录以及产品使用过程中反映出来的各种信息资料。质量信息是质量管理的窗口，是开展质量管理活动的重要资源。

从本质上讲，整个企业的管理活动就是信息流动的过程。信息是各项生产经营活动的基础、依据和载体。对质量信息而言，它是企业提高质量，满足用户需要，从而增强竞争力不可缺少的重要资源。从质量管理的角度来看，通过收集各种质量信息，能够为新产品开发决策、质量方针及具体改进措施的制定提供依据；从质量保证的角度看，质量信息是向用户证明质量保证能力、进行质量管理体系认证的客观证据；从质量控制的角度看，质量信息是反馈控制的基础和前提。因此，质量信息工作在企业的质量管理、质量保证和质量控制等方面都起着至关重要的作用，是企业质量管理的又一项重要的基础性工作。

在企业的经营环境日趋复杂、市场竞争日趋激烈的今天，质量信息对企业越来越重要，企业对质量信息工作的要求也越来越高。为了保证质量信息的准确、及时、全面、系统和具有可追溯性，企业应加强以下几个方面的工作：

1. 建立质量信息中心

进行质量信息管理必须有组织方面的保证，可以在质量管理部门的领导下建立质量信息中心，负责全企业质量信息的管理工作，及时向企业领导和管理部门提供准确、全面的质量信息，辅助他们进行决策。通过质量信息的全局化管理，实现全企业、全过程的闭环质量信息反馈，明确信息的传递路线和沟通渠道，保证信息的处理和流动及时准确，充分发挥质量信息应有的作用。

2. 做好质量信息的收集、分类、整理、分析和存储工作

企业的质量信息主要来源于产品在设计和制造过程中的质量信息、产品在使用过程中的质量信息、国内外同类产品的质量信息等方面。质量信息的收集是质量信息管理的首要环节，必须做到可靠、及时、全面。为此，要不断完善质量信息的收集制度，使信息的收集在时间期限、数量、频次、基本用语和计算公式等方面都有统一的规定。收集到的质量信息（数据）只有经过分析处理才能真正成为对决策者和管理者有用的信息。在企业内，质量信息的载体主要是企业生产活动中有关质量的各种原始记录和报表等。为了便于信息的分类、整理和统计分析，必须使各种原始记录、报表、文书等格式统一，一方面可提高信息整理分析的效率，另一方面也为计算机化的质量信息管理奠定了基础。另外，为了系统地积累和保管质量信息，还要通过建立质量信息档案存储质量信息，以便于重复利用和参考查询。档案的建立要注重信息内容的系统化和分类的代码化，以提高检索的效率，同时为计算机化的质量信息管理创造条件。

3. 提高质量信息管理的现代化水平

为了不断提高质量信息收集、整理、统计分析、传递、存储和检索等工作的科学化、现代化水平，企业要积极运用计算机技术和管理信息系统理论，建立计算机集成质量信息管理系统，以实现质量信息管理的现代化。

五、质量责任制

所谓质量责任制，是指为企业各个部门、各类人员明确其在质量工作上的任务、责任和权力，以便做到质量工作人人有专责、事事有人管、办事有准则、工作有考核、好坏有奖惩，把质量管理工作与发挥广大员工的积极性结合起来。

建立质量责任制是组织共同劳动、保证生产正常进行、确保产品质量的基本条件。现代工业生产具有组织复杂、分工精细、联系紧密、连续作业等特点，产品的生产是许多人共同劳动的结果。虽然每个人在产品形成的全过程中只承担一部分工作，但每个人工作质量的好坏却以不同的方式，通过不同的渠道直接或间接地影响着最终产品的质量。建立质量责任制，就是要明确规定每位员工应该做什么，应该怎样去做，有什么责任，又有什么权力，等等。这样，才能将质量管理各方面的任务和要求具体地落实到每个部门和工作岗位。建立质量责任制，还有利于处理人们在生产活动中的相互关系，消除遇到质量问题互相推诿和不负责任的现象，也有利于增强质量责任，实现质量的可追溯性。这样，质量管理工作才能真正成为各个部门和全体员工共同关心的事情，使每个人都从我做起，对自己的工作负责，共同为保证和提高产品质量认真、协同地工作。

企业在建立质量责任制时，应着重做好以下几方面的工作：

1. 明确质量责任制的实质，即责、权、利的关系

建立质量责任制的目的是增强员工的责任感，但是如果只有"责"而没有"权"和"利"，质量责任制就会成为一句空话而无法落实。因此要赋予责任人相应的权力，做到有责有权。同时，还要把质量与每个人的物质利益挂钩，奖优罚劣。只有结合经济利益，赋以责任，委以权力，这样的责任制才会收到良好的效果。

2. 质量责任制要职责明确、覆盖全面、层次分明

质量责任制可分为职能机构质量责任制和岗位质量责任制。前者主要明确各部门在质量管理中具有什么质量职能，以及发挥这些质量职能应具有什么职责和权限。岗位质量责任制是有关企业各类人员在质量管理中的分工，具体应承担的任务和责任，以及相应的权限和利益。通过对质量责任制和岗位质量责任制的制定，就将产品质量的产生、形成和实现等各个环节的质量职能，以及各类人员在质量管理活动中的任务、责任和权力条例化、制度化，使企业形成一个职责明确、覆盖全面、纵横有序、层次分明的质量责任制网络。

3. 从实际出发，做到具体化和数量化

规定质量责任制中的任务与责任时，要从企业的实际情况出发，先粗后细，逐步完善，尽量做到客观合理、具体化和数量化，这样才便于执行和考核。

4. 应有相应的质量考核和奖惩措施予以支持

没有质量考核和相应的奖罚措施，质量责任制就是不完善的，也是无法正常运行的，即使能够运行也不可能长久。因此，要建立企业各部门、各类人员的质量考核办法和奖惩制度，根据质量指标完成情况的考核结果给予精神上和物质上的奖励或惩罚。只有所制定的奖惩措施得到严格执行，才能确保质量责任制的贯彻和落实。

六、质量教育工作

所谓质量教育，就是围绕质量管理活动进行的教育和培训。在企业人、财、物等各种资源中，人力资源是最宝贵的，是企业竞争成败的关键，因而应该得到充分的开发和利用。日本长期的质量管理实践表明，质量管理应始于教育，终于教育。应从提高员工的素质开始，把质量教育工作视为"第一道工序"，视为提高产品质量、提高企业素质、提供合格人力资源的重要保证。

企业的质量教育工作，首要的一点是质量意识教育。进行质量意识教育，主要目的是使企业所有员工牢固树立"质量第一""用户至上""质量是企业的生命"等观念。这样，从企业的最高领导到一线员工，每个人都会对解决各自职责范围内的质量问题有一种责任感和使命感，从而真正提高质量，降低成本，增强企业的竞争力。企业的质量教育工作还包括质量管理知识教育。现代质量管理强调预防为主，凭数据说话，非常重视各种数理统计工具在质量控制和质量保证中的应用。要想使每位员工，特别是质量管理的骨干能够将质量管理的基本思想、理论和方法灵活运用到自己的工作中，必须普及现代质量管理知识。企业质量教育工作的最后一项内容是专业技术培训。产品质量的好坏，归根到底取决于员工队伍的技术水平和管理水平。通过专业技术培训，员工掌握了相关的基础知识和操作技能，提高了素质，能够适应新技术、新设备等客观环境的要求，保证生产出优质产品。

在企业进行质量教育工作时，应着重做好以下几方面的工作：

1. 领导要充分重视和支持

在企业推行和深化全面质量管理的过程中，领导的观念和意识是至关重要的。一方面，企业高层领导要接受质量管理指导思想和方法的培训，提高认识；另一方面，要积极支持和组织本企业的全员质量培训。

2. 内容要有针对性，因人而异

企业进行质量管理教育的内容和程度应根据企业的实际情况进行安排，并且应针对企业领导层、工程技术及管理人员和基层班组人员三个层次，选择适当的教育内容，编写适当的培训教材，制定适当的教育培训计划；否则，生搬硬套很容易使质量教育工作变成形式主义。

3. 方法要多样化，因材施教

在进行质量教育时，要注重教育方法的灵活多样，要增添趣味性、娱乐性，减少呆板性，如对于高层领导，可以聘请质量管理专家短时间授课，请领导参加企业内外的研讨会和讲演会，还可以提供适合领导阅读的书籍。对于表现好的一般员工，作为一种奖励方式，可以像日本企业那样，请他们参加类似"海上大学"的活动，一边旅游一边接受质量管理思想和方法的培训。

4. 要注重提高培训教师和工作人员的素质

在企业中负责教育培训工作的人员的教育与培训要另行安排，以促使企业教育方法标准化、规范化和高质量化。

七、质量文化建设

1. 什么是质量文化

质量文化是指企业在生产经营活动中形成的质量意识、质量精神、质量行为、质量价值观和质量形象等"软件"，以及企业所提供的产品和使用的试验检测设备等"硬件"的总和。

在以平等竞争为原则的市场竞争条件下，质量文化已成为企业文化的核心，企业质量文化的建设正受到世界各国企业家和专家们的高度重视。质量文化所指的质量是广义的质量概念，它不仅直接表现为产品质量、服务质量、管理和工作质量，而且还延伸表现为消费质量、生活质量和环境质量，直接体现了一个民族的整体素质。

2. 质量文化的层次结构

质量文化从结构上表现为三个基本层次：

首先是表层，表现为清新、怡人的厂容、厂貌，明晰的厂标，整洁的厂服等，是显在的企业形象的一部分，是质量文化的物质表现。

其次是幔层，表现为企业完善的质量组织机构、质量标准、质量法规、质量管理体系等，是质量文化的规范化表现。

最后是深层，表现为质量意识、质量观念、质量精神等，是质量文化的核心和精髓。

进行质量文化建设，对一个企业的生存和发展至关重要。良好的质量文化氛围可以增强企业员工的凝聚力，使员工产生对企业的向心力、认同感、归属感、荣誉感和使命感，使每位员工都能以厂为家，把企业的利益同个人的利益紧密联系在一起，与企业同呼吸、共命运，使每位员工及整个企业时刻具有高昂的士气和良好的精神状态。良好的质量文化氛围还有利于增强激励和约束功能。这里的激励是指一种竞相做好本职工作，"你好我比你更好"的激励机制；约束是指对于一切有害于产品和服务质量的行为和做法加以排斥，进行自我约束的机制。无疑，这两种机制都有益于企业产品与服务质量水平的不断提高。良好的质量文化还具有辐射功能，质量文化建设不仅在企业内部为保证和提高产品与服务质量提供有利的环境，还对社会风尚、道德水平甚至整个民族素质产生积极的影响。

3. 如何创建质量文化

克劳斯比指出:"质量是政策和文化的结果。只有改变员工的心智与价值观念,树立楷模与角色典范,才能使质量改进成为公司文化的一部分,质量管理就是有目的地创建这种组织文化。"

创建质量文化的基本要求是:

(1) 创建可信赖的组织。具体包括以下内容:

1)制定政策。政策是组织的行动大纲和指南,是组织领导诚信的表征。正如质量管理是企业管理的纲,质量文化同样是企业文化的核心,它指明的既是方向,更是前进的道路和方式。

2)教育组织。一旦管理者通过政策做出承诺,就必须教育每一个人,以便在组织中建立起质量管理的共同语言,并达成管理的共识,从而为创建可信赖的组织打下坚实的思想基础。

3)确定要求。必须识别与理清业务和管理的具体要求,以便为组织生产提供标准。

4)持之以恒。俗话说,笑到最后,才是真正的胜利者,质量管理者的职责就是为持之以恒的企业经营指明方向,提供保证。

(2) 培育正确的质量观。质量管理者的责任是要在组织中制定质量管理的"四个基本原则":①质量就是顾客满意、说到做到,而不是简单的"好";②预防产生质量问题,而不是"检查和纠正";③质量的工作准则是"零缺陷""第一次就把事情做对",而不是"可接受的质量水平"和"差不多";④质量是用不符合要求的代价和金钱来衡量的,而不是"指数"。

4. 进行质量文化建设时应注意的问题

(1) 重视企业最高决策者的作用。质量文化的确立,取决于高层管理者的主动参与和实践,因此企业的最高决策者要树立正确的质量价值观,不断强化质量意识,带领全体员工创造良好的质量文化。同时,最高决策者还要成为质量文化的保护者,特别是当企业处于困境,承受巨大的压力和挑战时,要坚守质量文化这一座右铭,与全体员工一起渡过难关。

(2) 不断加强质量意识。质量意识包括质量战略意识、质量竞争意识和质量参与意识。企业全体员工都应认识到,改进质量不仅是企业提高自身竞争力的需要,而且关系到国民经济的持续发展。此外,质量文化的真正接受者、贯彻者和受益者是企业的全体员工,没有他们的参与,没有他们的积极性、主动性和创造性,保证和提高质量就是一句空话。因此,企业要从思想上明确实施质量战略的重要意义,不断加强质量意识教育,牢固树立"质量第一"的理念。通过持续的质量教育和培训,使企业最高领导者及至每位员工充分认识到质量是企业的生命,形成人人关心质量、人人以搞好质量为己任的良好质量文化氛围。

(3) 创造良好的工作环境。通过开展定置管理和6S等活动,实现现场管理的优化和文明生产。良好的工作秩序和整洁的工作环境是减少浪费、保证质量、提高工作效率的基础,会大大增强员工的士气,有利于营造良好的质量文化氛围。

(4) 实施质量文化工程。首先,要通过深化全面质量管理、加强质量管理体系建设、积极开展质量体系认证等工作,努力提高产品和服务质量,在广大消费者及每位员工心目中塑造良好的企业形象。其次，要加强图书资料、广播影视等硬件设施建设，还要开展培训、宣传、知识竞赛、质量月等活动，以一定的物质条件和方法措施，营造良好的质量文化氛围。另外，还要不断发挥先进人物和先进集体的示范作用。

企业质量文化建设的步骤如图 2-5 所示。

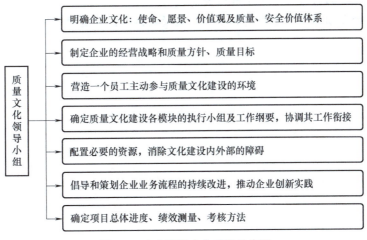

图 2-5　企业质量文化建设的步骤

复习思考题

1. 你认为戴明的质量哲学是否完全符合中国的实际情况？为什么？
2. 有人认为"零缺陷"只是一种理想状态，根本无法实现，因此，"零缺陷"的思想没有多大用处，你怎么看待这个问题？
3. 为什么说 PDCA 循环不仅仅是一种质量管理方法，它对一切活动都适用？试举一个日常生活中的例子说明 PDCA 循环的应用。
4. 质量螺旋说明质量改进是个螺旋式上升的过程，其中包含哪些环节？
5. "80/20 原则"是具有普适性的原则，试举一个质量管理以外的例子说明该原则的应用。
6. 进一步理解和解释朱兰的质量三部曲。
7. 试比较几个质量管理大师的质量哲学。
8. 质量链的主要特点是什么？
9. 说明质量策划的作用和操作程序。
10. 为什么说人的行为对质量非常重要？人的行为是如何影响质量的？
11. 为什么说领导的质量意识对质量的提高是第一位的？
12. 阐述七项质量管理原则的要点。
13. 何谓卓越质量？通过网络查找美国质量管理奖的评选办法，并对之进行分析。
14. 试比较质量经营与质量管理的异同。
15. 为什么说企业实施质量经营战略至关重要？

16. 为什么说质量工程的基础性工作非常重要?
17. 标准化在质量管理中起什么作用?包括哪些内容?
18. 现场质量管理如何实现?现场质量管理在质量管理中起什么作用?
19. 质量工程的基础性工作包括哪些内容?试论述质量工程的基础性工作之间的关系。
20. 试对图 2-1 的狩野质量模型进行解释。
21. 对比解释七项质量管理原则和卓越绩效模式核心价值观的异同。

第三章
全面质量管理

 第一节　全面质量管理的基本概念

一、质量管理的相关概念

2015 版 ISO 9000 质量管理体系标准将质量管理定义为:"关于质量的管理。"

质量管理可包括制定质量方针和质量目标,以及通过质量策划、质量保证、质量控制和质量改进实现这些质量目标的过程。

质量方针是关于质量的方针。通常质量方针与组织的总方针、组织的愿景和使命相一致,并为制定质量目标提供框架。七项质量管理原则可以作为制定质量方针的基础。

质量目标是与质量有关的目标。质量目标通常依据组织的质量方针来制定。一般情况下,在组织内的相关职能、层级和过程均应分别规定各自的质量目标。

质量策划是质量管理的一部分,致力于制定质量目标并规定必要的运行过程和相关资源以实现质量目标。编制质量计划可以是质量策划的一部分。

质量保证是质量管理的一部分,致力于提供质量要求会得到满足的信任。

质量控制是质量管理的一部分,致力于满足质量要求。

质量改进是质量管理的一部分,致力于增强满足质量要求的能力。质量要求可以是有关任何方面的,如有效性、效率或可追溯性。

二、全面质量管理的内涵

在全面质量管理的发展过程中,许多国内外专家和学者都给出了不同的定义。

最早提出全面质量管理概念的是美国通用电气公司的费根堡姆,他认为全面质量管理是为了能够在最经济的水平和充分考虑客户要求的条件下进行市场调研、设计、生产和服务,将企业各部门的研制质量、维持质量和提高质量的活动构成一个有机整体。

1992 年,美国九大公司的主席及首席执行官联合了一些著名的教授和经济顾问,确定了全面质量管理的定义。他们认为,全面质量管理是一种以人为本的管理系统,其目的是持续降低成本,持续增长顾客满意。全面质量管理是系统方法而不是一个独立领域或程序,是高水平战略的必需部分。全面质量管理水平作用于所有职能,涉及从高层到基层的所有员工,并向前和向后扩展至供应链与顾客链。全面质量管理强调企业不断学习并适应持续不断的变化,最终实现企业的整体成功。

1994 年，国际标准化组织给出了全面质量管理的定义：一个组织以质量为中心，以全员参与为基础，目的是通过顾客满意和本组织所有成员及社会受益而达到长期成功的管理途径。2005 年，国际标准化组织发布的 ISO 9000：2005《质量管理体系　基础和术语》标准，将全面质量管理的定义修改为：基于组织全员参与的一种质量管理模式。

可以看出，虽然上述几种定义在叙述方式上有一定的区别，但它们的实质内容是基本一致的。

全面质量管理并不等同于一般的质量管理，它是质量管理更深层次、更高境界的管理，它将组织的所有管理职能纳入质量管理的范畴。全面质量管理强调一个组织以质量为中心，以全员参与为基础，让顾客满意和组织员工受益，全员的教育与培训，最高管理者强有力的和持续的领导，谋求长期的经济效益和社会效益。

三、全面质量管理的特点

全面质量管理的特点主要体现在全员参与、全过程管理、管理对象的全面性、管理方法的全面性和经济效益的全面性等几个方面。

1. 全员参与的质量管理

产品质量的好坏是许多生产环节和各项管理工作的综合反映。企业中任何一个环节、任何一个人的工作质量，都会不同程度地直接或间接地影响产品质量。全面质量管理中的"全面"，首先是指质量管理不是少数专职人员的事，而是企业各部门、各阶层全体人员共同参与的活动。但全面质量管理也不是"大家分散地搞质量管理"，而是"为实现共同的目的，大家系统地共同搞质量管理"。因此质量管理活动必须是使所有部门的人员都参与的"有机"组织的系统性活动。同时，要发挥全面质量管理的最大效用，还要加强企业内各职能和业务部门之间的横向合作，这种合作甚至已经逐渐延伸到企业外的用户和供应商。

全员参与的质量管理要求组织的最高管理者坚持强有力的领导、组织、扶持以及开展有效的质量教育和培训工作，不断提高员工的素质。

2. 全过程的质量管理

产品质量首先在设计过程中形成，并经过加工装配阶段制造出来，最后通过销售和服务环节传递到用户手中。在这里，产品质量产生、形成和实现的全过程，已从原来的制造和检验过程向前延伸到市场调研、设计、采购、生产准备等过程，向后延伸到包装、发运、使用、用后处理、售前和售后服务等环节；向上延伸到经营管理过程，向下延伸到辅助生产过程，从而形成一个从市场调研、设计、生产、销售直至售后服务的寿命循环周期全过程，如图3-1所示。此外，为了实现全过程的质量管理，就必须建立企业的质量管理体系，将企业的所有员工和各个部门的质量管理活动有机地组织起来，将产品质量的产生、形成和实现全过程的各种影响因素和环节都纳入到质量管理的范畴，只有这样才能在日益激烈的市场竞争中及时地满足用户的需求，不断提高企业的竞争实力。

3. 管理对象的全面性

全面质量管理的对象是质量，而且是广义的质量，不仅包括产品实体质量，还包括全体员工的工作质量。只有将工作质量提高，才能最终提高产品和服务质量。除此之外，管理对象全面性的另一个含义是对影响产品和服务质量因素的全面控制。通常认为，影响质量的因素主要有人员、机器、材料、工艺方法、工作环境和检测手段。只有对这些因素进行全面控

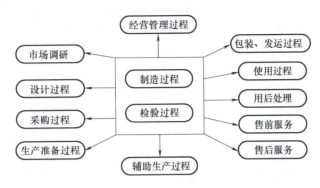

图 3-1 全过程的质量管理

制,才能够从本质上提高产品质量和工作质量。

4. 管理方法的全面性

尽管数理统计技术在质量管理的各个阶段都是最有效的工具,但由于影响产品质量的因素非常复杂——既有物的因素,又有人的因素,既有生产技术的因素,又有经营管理的因素,因此要搞好全面质量管理,就不能单靠数理统计技术,而应该根据不同的情况,针对不同的因素,灵活运用各种现代化管理的方法和手段,将众多的影响因素系统地控制起来,实现统筹管理。在全面质量管理中,除统计方法外,还经常用到各种质量设计技术、工艺过程的反馈控制技术、最优化技术、网络评审技术、预测和决策技术以及计算机质量管理技术等。

5. 经济效益的全面性

企业是一个经济实体,在市场经济条件下,它的主要目的是取得最大的经济效益。但全面质量管理中经济效益的全面性,除保证制造企业能取得最大经济效益外,还应从社会的角度和产品寿命周期循环全过程的角度考虑经济效益问题。要以社会的经济效益最大化为目的,使股东、生产者、物流公司、销售公司、用户和产品报废处理者均能取得最大效益。

四、全面质量管理的核心观点

1. 用户至上

从全面质量管理的定义可以看出,它的核心是满足用户的需求。全面质量管理的用户包括企业内用户和企业外用户两大类。

企业内用户是指"下一道工序"。在企业的生产流程中,前道工序是保证后道工序质量的前提,如果某一道工序出现质量问题,就会影响后道工序甚至整个产品的质量。因此,应在企业的各个工作环节都树立"为下道工序服务的思想",使每道工序的工作质量都能经受住下道工序"用户"的检验。

企业外用户是企业的生命线。因为没有用户,企业就无法获利,就会面临破产的命运,所以满足用户的需求,其主要目的就是要赢得用户,留住用户。如果我们将企业外用户再进行分类的话,那么可以把直接使用本企业产品的用户称为"最终用户",而把那些不直接使用本企业产品,但却受到产品影响的用户称为"公共用户",如被动吸烟者就应该属于卷烟厂的公共用户。随着"绿色产品""绿色营销"等概念的出现,人们保护生态环境的意识不断增强,产品质量的概念也更加广义化,产品质量不但要满足最终用户的需求,还要满足公共用户、环境保护以及资源优化配置等方面的要求。

2. 一切凭数据说话

凭数据说话就是凭事实说话,因为数据是对客观事物的定量化反映。数据的可比性最强,一目了然,因此用数据判断问题最真实、最可靠。在企业的生产现场,往往存在许多技术和管理问题,影响着产品的质量、成本和交货期。要解决这些问题,需要收集生产过程中产生的各种数据,应用数理统计的方法对它们进行加工整理。全面质量管理强调用数理统计方法将反映事实的数据和改善活动联系起来,及时发现、分析和解决问题,这与 ISO 9000 中的七项质量管理原则是不谋而合的。

3. 以预防为主

优质的产品质量是设计和制造出来的,而不是检验出来的。通过检验最终把关难以保证和提高产品质量,只能防止不合格品流入下一道工序或进入用户手中。而对于已经出现的不合格品,不论是报废还是返工修理,都会给企业造成经济损失。所以,不论是在保证产品质量方面,还是在提高企业的经济效益方面,"以预防为主"的观点都是非常重要的。因此,全面质量管理提倡把质量管理工作的重点从"事后把关"转移到"事先预防"上来,从管"结果"变为管"因素"、管"过程",强调将产品质量问题消灭在萌芽状态。

4. 以质量求效益

提高经济效益的巨大潜力蕴藏在产品质量之中,此观点已经被世界上许多成功企业的经验所证实。例如,有些分析家认为,在 1986 年,由于产品和服务不符合标准或未达到质量标准,IBM 公司损失了 56 亿美元,至少占全年销售收入的 11%(分析家们暗示规模相似的公司具有可比的损失)。由此可见,通过质量改进,企业可以获得巨大的额外收益,而且这种收益与靠增加产品销量获得的收益迥然不同。如图 3-2 所示,随着销售额的增加,虽然利润会增加,但必然也会导致经营成本的上升;

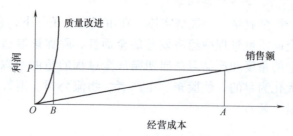

图 3-2 质量改进与利润、经营成本的关系

而通过质量改进能够以较低的成本为企业获得可观的经济效益。著名质量管理专家朱兰博士曾经说过:"在次品上发生的成本等于一座金矿,可以对它进行有力的开采。"企业可以以质量求效益的另一个原因在于改进质量可以大大提高用户满意度,从而争取到更多的用户,使产品在市场上的销量迅速增加。因此企业必须充分认识到效益来自质量,以质量求效益是企业取得长远发展的必由之路。

第二节 全面质量管理的基本内容

全面质量管理的基本内容包括市场调研阶段的质量管理、产品设计开发过程的质量管理、制造过程的质量管理、辅助过程的质量管理、销售和售后过程的质量管理、报废处理的质量管理、工作质量管理等。

一、市场调研阶段的质量管理

市场调研是确保产品质量满足用户要求的起点。市场调研阶段的重点任务是把握市场和用户的需求，如用户需要什么样的产品，产品质量指标是多少，用户对质量的期望是什么等，调研数据为在设计阶段将用户的需求融入产品设计，更好地应用质量功能配置等质量设计技术提供基础和依据。市场需求分为现实需求和潜在需求两大类。现实需求是指消费者对某种产品的质量、品种等方面的具体要求。潜在需求是指处于隐蔽状态的需求，例如，用户在客观上对还没有研制出来的产品具有某种需求，但主观上并没有意识到这种需求。企业可以通过对用户的潜在需求进行科学预测，将潜在需求变为现实需求；还可以通过引导用户需求，为企业开发新产品、开拓新市场提供依据，比如，苹果智能手机就是通过引导用户需求来开发新产品的典型例子。

在开展市场调研前，应着重抓好以下两方面工作：一是对市场调研人员进行严格的挑选和培训，使每个市场调研人员都能准确地理解市场调研的目的和要求；二是要做好市场调研其他各项基础工作，在实地调研之前就对市场调研对象的特征进行初步了解，比如调查的背景以及相关工具的准备等。

在市场调研过程中，应根据不同的市场调研方法采取相应的质量控制措施。如采用文案调研法，就应该注意所收集资料的可靠性和真实性，同时要加强对现有资料的审核和选用；如采取抽样调查法，就应该在调研中严格遵循随机原则，并对抽样误差进行控制。在访问调查中，市场调研质量的高低在很大程度上取决于访问员与被访者的合作程度，因此，做好被访者的工作有重要意义。另外，在市场调研过程中，市场调研人员要对市场调研资料采取多种方式进行复查。例如，入户访问的复核可以采取电话复核和实地复核等方式，并根据问卷的逻辑关系进行检查，这样就可以使调研结果更符合用户需求。

二、产品设计开发过程的质量管理

设计开发是产品质量的源头。统计资料表明，在用户索赔和产品使用意见中，设计问题所占的比例呈明显的上升趋势。因此，人们已经越来越深刻地认识到设计开发对产品质量的重要性，并且应将质量（包括用户需求）设计进产品中。产品设计开发过程主要包括：对设计和开发进行策划，控制设计和开发的输入和输出，开展设计评审，对新产品进行试验与试制等。全面质量管理要求每个过程都是受控的。

1. 策划

策划是根据顾客的要求和组织质量方针，为提供预期结果建立必要的目标和过程。根据产品设计输出的要求，对各类产品的实现过程进行策划并形成文件，明确产品制造及检验等各个过程的要求。

在进行产品策划时，首先要确立质量目标，对产品质量目标具体化，识别产品质量特性，建立目标质量要求和约束条件，满足顾客和法律法规的全部要求；其次要明确过程，识别并确定产品实现所需要的过程，确定这些过程需要的文件和资源，确保过程有效运行并得到控制，保证产品质量能够经济地实现；最后确定检验活动及其验收的有关准则，检验活动包括评审、验证和确认、产品和服务提供活动中的监视和测量、产品交付前的检验和试验等。另外，还应当明确记录要求，确保过程的运行和过程的结果（即中间产品质量和最终产品质量）有证据资料。

2. 设计开发的输入和输出

设计开发输入是开展质量设计开发工作的依据，对产品来说，可以是合同、技术协议等。对产品的分系统来说，可以是产品总体方案、总体向分系统提出的任务书等。设计开发输入要清晰，否则会影响任务的验收和交付。

设计开发输出是设计开发过程的结果，证明设计任务已经完成，通常以图样、文件、实物等形式体现。设计开发输出应满足输入的要求，实现预期的质量。

3. 设计评审

设计评审的目的是及时发现和纠正设计方案中存在的缺陷与不足，以提高设计质量。因此，设计评审要尽量全面，充分考虑产品在技术、经济、社会等方面是否可行。具体内容包括：设计方面的产品功能、性能、可靠性、安全性、可维修性等；经济方面的质量成本分析、使用经济性、报废处理经济性等；社会方面的标准化、节能、节省资源和环境保护等情况；其他方面如设计资料的规范化和齐全化。在评审时，可以成立"设计评审小组"，成员可以由用户、销售、设计、工艺、设备管理、质量管理、采购等各方人员组成。

4. 试验与试制

对试验进行质量控制的目的是保证试验结果的真实性、有效性。主要内容包括：试验大纲是否经过签署，是否有效；受试项目状态如何；试验组织建立情况如何；试验人员的责任是否明确；试验使用的测试设备有效性情况如何；试验环境条件（温度、湿度、场地）是否满足试验要求；为试验配置必要的工具情况如何；试验场地用水、用电、用气情况如何；故障应急处理人员落实情况如何等。

对试制进行质量控制是为了充分估计到在批量生产时可能出现的波动，减少试制品和批量生产品之间的差异。在试制时，要充分运用统计分析法、正交实验设计法等质量控制方法，用少数的试制品准确地估计出批量产品在生产中的质量水平及其波动状况。要对试制品的试用条件和环境进行分析，分析出试制品与上市产品使用条件和环境的差异。此外，还要对试制的产品数据资料进行认真分析，提出改进产品质量的措施。

三、制造过程的质量管理

制造过程的质量管理又称为生产现场管理，生产现场是影响产品质量的5M1E（人员、机器、材料、方法、环境、测量）诸要素的集中点，因此搞好现场质量管理可以确保生产现场生产出稳定和高质量的产品，使企业增加产量，降低消耗，提高经济效益。

制造过程质量管理的任务是使生产系统始终处于受控状态，即生产过程能够稳定、持续地生产出符合设计质量要求的产品。它包括的主要内容有：

1. 进行工序质量控制

工序质量控制是制造过程质量管理的核心内容，是"预防为主"这一全面质量管理思想的具体体现。通过工序质量控制，及时发现和预测制造过程中的质量问题，并加以处理和控制，可以有效地减少甚至完全消除不合格品的产生。在控制时应注意：一是对重点工序建立管理点，进行重点控制，使用各种手段和方法，使生产过程始终处于受控状态，保证产品质量的稳定；二是进行日常工序控制，要加强工序管理，特别是加强工序质量信息的收集、传递和处理工作，使质量信息的收集更加全面、传递更加畅通、反馈更加及时，这样，工序质量信息的汇总分析才会准确、可靠,才能及时发现问题,预防工序质量问题的发生;三是分析和提高工序能力指数,减少废次品的产生;四是开展全员生产维护(Total Productive Maintenance,TPM)活动,保证设备的完好。

2. 抓好现场文明生产管理

现场文明生产是制造过程质量管理的重要内容,良好的生产秩序、整洁的工作场所是保证产品质量的必要条件。目前企业普遍开展的 6S 活动,被称为制造过程质量管理的基础性工作。

3. 做好质量检验工作

通过质量检验,严格把好各工序的质量关,保证按质量标准进行生产,防止不合格品转入下道工序和出厂。质量检验一般包括原材料进厂检验、工序间检验和产品出厂检验。

4. 认真进行质量分析工作

进行质量分析的目的是全面掌握质量动态。要充分利用各种报表资料提供的数据,运用排列图、直方图、鱼刺图、控制图等数理统计工具以及现场分析法,从成品、不合格品、质量指标等方面进行质量分析。进行成品分析的目的是全面掌握产品达到质量标准的状况,以便改进和提高产品质量。进行不合格品分析的目的是找出造成不合格品的原因和责任,发现和掌握产生不合格品的规律,以便采取措施防止和消除不合格品。

除此之外,制造过程质量管理还包括精益生产、产品标识和可追溯性管理等内容。

四、辅助过程的质量管理

辅助过程是指为使制造过程正常进行而提供各种资源保障的过程,包括物资供应、工具供应、设备管理等环节。进行辅助过程的质量管理,主要是提升这些部门的工作质量,提供适用的方法和工具,为保证和提高产品质量提供优质的服务和良好的资源保障。

1. 物资供应的质量管理

物资供应包括原材料、外购件、外协件、配套件等在内的物资供应,是影响产品质量的重要环节之一。因此,要保证和提高产品质量,首先要加强物资供应这一源头的质量管理。在市场竞争日趋激烈的今天,物资供应对企业的生产越来越重要。优良的物资供应是指合理、稳定、经济地获得所需的高质量物资。最主要的工作是慎重选择供货厂商,加强与供应商的合作。为了选择优良的供应商,物资供应部门的质量管理应做到:制定以质量为主的采购政策;进行供应商的质量资格鉴定;制订检验计划和抽样方案;保管好库存物资;做好入库前和投料前的质量检验等。

2. 工具供应的质量管理

对于企业新购置的工具工装,要按物资供应质量要求进行管理;对于企业自制的工具,要按制造过程质量要求进行管理;对于企业正在使用的工具,注意实行定期维修、检验、校准和检定。

3. 设备的质量管理

要对设备进行日常的维护保养和定期检修。特别是要运用全员生产维护的概念,定期对生产设备进行全面、预防性维修,以便提高生产率,稳定生产过程,提高产品质量。全员生产维护的核心思想是通过决定最佳的维修周期,坚持定期维修和保养来优化机器设备的性能,保持设备良好的技术状态。为了更好地实施全员生产维护,要强调全员参与,经常培训

维修人员和工人，保证他们能够完成维修和保养任务。

五、销售和售后过程的质量管理

生产线上生产出了合格产品并不等于质量控制的终结，全面质量管理的控制应当贯穿在产品生命周期全过程，因此实现产品销售和售后阶段的质量控制也是十分必要的。在产品使用过程中实施质量控制不仅仅是为了向用户提供良好的售后服务，更是为了实现企业自身更好的发展。企业可以在销售和售后过程中了解到产品的不足和用户对于产品的更多需求，因而可以广泛收集到新的市场信息，了解客户的需求，拓宽销售渠道，提高企业信誉，改进和提高产品质量，完善产品功能，更好地满足用户的需要。在产品销售和售后过程中实施全面质量管理工作可以从以下两个方面着手：

1. 在销售过程中加强与用户沟通

产品从出货到交付至用户手中，再到产品安装等后续活动的过程应列为企业质量控制的重点过程之一。这一过程要求销售和品质保证人员在与用户沟通交流时，对用户的明显需求和潜在需求进行识别，并对用户的投诉信息进行受理和统计分类，及时将有效的信息反馈给品质保证部、工程技术部和生产部门，使问题能够得到及时解决，并且为以后产品的设计制造等工作提供改进依据。

2. 对售后过程中的质量进行跟踪控制

为了保证产品售后阶段的质量，企业应当提供规范的售后服务，例如，在售后阶段向用户提供产品说明书、用户使用手册、专用工具、技术咨询、产品维护培训、建立售后维修网点等售后工具和服务，便于用户对产品进行规范的使用和保养。同时，企业还可以执行产品责任制以便对售后产品的质量进行更加全面的监督和控制。

六、报废处理的质量管理

全面质量管理中的"全面"体现在对产品整个寿命周期的管理，报废处理的质量管理是全面质量管理的必要组成部分，是在产品进行回收、销毁、重新利用过程中减少对环境的污染，提高资源的利用率。主要包括以下内容：

1. 销毁处理

对于危及社会环境、影响人类安全的产品，报废后必须妥善处理。在产品设计阶段就应考虑并注明销毁方式，选择易于销毁的材料等。

2. 回收处理

产品尽量采用可拆卸和便于拆卸的结构，为各种材料的回收利用提供条件，对可回收材料应进行分类保管。

3. 重新利用

对于可再利用的回收零部件，应对零部件进行严格的质量检验和记录。对于修复后实现再利用的零部件，应符合规定的质量要求。

七、工作质量管理

工作质量是指企业各方面与人有关的工作的质量水平。它虽然不如产品质量那样直观，但却存在于企业生产活动的整个过程中，最终通过产品质量和服务质量表现出来。因此，良好的工作质量是优质产品和服务的保证。进行工作质量管理时，应加强以下几个方面的工作：

1. 明确每位员工的工作目标和责任

要提高工作质量，首先，要让每位员工知道应该干什么和怎么干，这也是管理工作的主要内容之一；其次，要采用科学、合理的绩效评估方法，对工作目标的完成情况进行考核；最后，还要制定奖惩条例和措施，根据考核结果，严格执行奖惩条例。只有让每位员工都明确自己的工作目标，知道评价标准和奖惩措施，才能更积极有效地去完成本职工作。

2. 对员工进行经常性的质量教育和培训

工作质量的好坏主要取决于员工的素质，高素质是良好工作质量的保证。要不断创造条件和提供机会，加强质量意识教育和岗位技能培训，培养员工的敬业精神和主人翁意识，提高他们的技术水平，使他们有决心、有能力出色地完成自己的本职工作。

3. 创建良好的企业质量文化

良好的企业质量文化可以营造人人参与质量、人人关心质量的氛围，使每位员工树立责任感、紧迫感、荣辱感和道德感，从而提高工作质量。

第三节　全面质量管理的工作方法

一、持续改进与 PDCA 循环

持续改进是全面质量管理的主要方法之一。持续改进工作应该不断进行，并且管理层应该把更多的注意力集中到持续改进管理和持续改进质量文化建设上。ISO 9000 标准中对持续改进的定义是："提高绩效的循环活动。"具体而言，持续改进是指循序渐进的质量改进，它是以产品、体系或过程为对象，以提高过程的效率和有效性为目标的活动，还应包括对产品固有质量特性的改进，以适应顾客和其他相关方的质量要求。持续改进是针对当前不满意（不合格水平）的现状，或针对已发生的不合格情况，或针对潜在的不合格状况制定改进目标和寻求改进机会的持续的过程。因此，持续改进有利于增加顾客和其他相关方满意的机会。只有持续改进才能不断满足顾客的变化需求和期望。对于组织而言，持续改进组织的产品质量、服务过程和质量管理体系过程，既是市场经济的客观要求，同时也是组织自身生存和发展的客观需要。

1. PDCA 循环的四个阶段

PDCA 循环是持续改进乃至全面质量管理的重要方法，PDCA 循环是英语 Plan（计划）、Do（执行）、Check（检查）和 Action（处置）四个词首字母的组合。PDCA 循环就是按照这四个阶段的顺序来进行管理和改进工作的，如图3-3所示。事实上，PDCA 循环不仅是一种质量管理方法，也是一套科学的、合乎认识论的通用办事程序。PDCA 循环首先由美国质量管理专家戴明博士提出，因而也称戴明环。

图3-3　PDCA 循环示意图

在全面质量管理中，开展 PDCA 循环需经历以下四个阶段、八个步骤：

（1）第一阶段：P（计划）阶段。P 阶段就是以满足顾客需求、取得最大经济效益为目的，制订质量目标和质量计划，选定要突破的质量问题点，并围绕实现质量目标、质量计划和要解决的质量问题，制定相应的实施措施。一般来说，在计划阶段需要明确：为什么要制订措施和计划（Why）、预期达到什么目标（What）、在何处执行计划和措施（Where）、由什么人执行（Who）、什么时候执行、何时完成（When）及怎样执行（How）等问题，即5W1H。具体来说，计划阶段可分为以下四个步骤：

第一步，分析质量现状，找出存在的质量问题。首先应建立不断发现质量问题、改善质量的意识。在分析质量现状时，要强调用数据说话，运用统计分析表、排列图、直方图、控制图等数理统计分析工具来分析和发现质量问题。

第二步，分析产生质量问题的各种原因和影响因素。运用因果图、排列图等工具从影响产品质量的六大方面，即人员、机器、材料、工艺方法、检测方法和工作环境等因素来分析。

第三步，找出影响质量的主要原因。在第二步的基础上，应用排列图、相关图、因果图等工具，从影响质量的各因素中找出主要原因，解决主要矛盾。

第四步，针对影响质量的主要原因，拟订管理、技术和组织等方面的措施，提出质量改进活动的计划和预期要达到的效果。可以采用目标管理方法，明确目标、进度、负责人、参加人、检查人和具体措施等。

（2）第二阶段：D（执行）阶段（第五步）。D阶段就是按照所制订的计划、目标和措施去具体实施，可以采用质量管理新的七种工具。

（3）第三阶段：C（检查）阶段（第六步）。C阶段就是根据预定的计划和目标，检查计划的执行情况和实施效果，并及时发现和总结计划执行过程中的经验与教训，可以采用排列图、直方图和控制图等工具。

（4）第四阶段：A（处置）阶段。A阶段就是根据检查的结果进行总结，巩固成绩，吸取教训。它包括以下两个步骤：

第七步，总结经验教训。根据成功的经验和失败的教训对原有的制度和标准进行修正，以巩固取得的成绩，同时防止再次出现同样的问题。

第八步，将本次PDCA循环没有解决的问题作为遗留问题转入下一次PDCA循环，为下一次循环的计划阶段提供资料和依据。

2. PDCA循环的特点

（1）大环套小环，小环保大环，相互促进。整个企业质量目标计划和实施的过程是一个大的PDCA循环，各个车间、科室、班组以至个人也要根据企业总的质量方针和目标，制订自己的工作目标和实施计划，并进行相应的PDCA循环。这样就形成了大环套小环的综合管理体系。上一级PDCA循环是下一级PDCA循环的依据，下一级PDCA循环是上一级PDCA循环的贯彻落实和具体体现。因此，企业的大循环是靠内部各个环节的小循环来保证的，小循环又是由大循环来带动的，如图3-4a所示。通过各级PDCA循环的不停转动，把企业各个环节、各项工作有机地组织在一个统一的体系中，保证总的质量方针目标的实现。

（2）不断转动，逐步提高。PDCA循环每转动一次，质量就提高一步，它是一个如同爬楼梯般的螺旋上升的过程。如图3-4b所示，每循环一次，解决一批问题，质量水平就会上升到一个新的高度，这样下一次循环就有了更新的内容和目标。如此循环往复，不断解决质量问题，企业的工作质量、产品质量和管理水平就会不断得到提高。

（3）推动PDCA循环的关键是A（处置）阶段。只有经过总结、处理的A阶段，才能将成功的经验和失败的教训纳入到制度和标准中，才能进一步指导实践。因此，推动PDCA循环，不断提高质量水平，一定要始终如一地抓好A阶段。

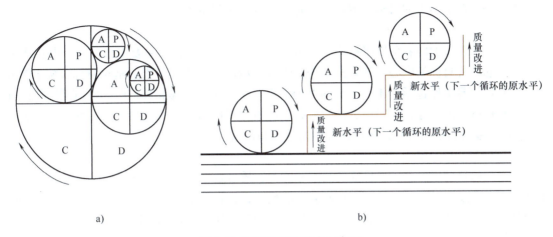

图 3-4 PDCA 循环特点示意图

二、质量目标管理

1. 目标管理的基本概念

目标管理（Management By Objectives）创始于 20 世纪 50 年代的美国。1954 年，管理大师德鲁克在《管理的实践》一书中提出了"目标管理和自我控制"的理论，并对目标管理的原理做了较全面的概括。他认为，企业的目的和任务必须转化为目标，各级主管人员必须通过目标对下级进行领导并以此来保证企业总目标的实现。每个主管人员或员工的分目标就是企业总目标对他的要求，也是他对企业总目标的贡献，目标同时还是主管人员对下级进行考核和奖罚的依据。他还主张，在目标实施阶段，应充分信任下属人员，实行权力下放和民主协商，使下属人员充分发挥主观能动性和创造性，进行自我控制，独立自主地完成各自的任务。

目标管理指的是根据组织所面临的形势和需要，最高领导层制定出一定时期内组织经营活动所要达到的总目标，然后层层分解和落实，要求下属各部门以至每位员工根据上级的目标制定出自己的工作目标和相应的保证措施，形成一个完整的目标体系，并把目标完成情况作为各部门或个人工作绩效评定的依据。

2. 目标管理的特点

（1）**以人为中心，强调自我控制**。德鲁克认为，员工是愿意负责的，愿意在工作中发挥自己的积极性和创造性。用"自我控制的管理"代替"压制性的管理"正是目标管理的主旨，这种"自我控制"可以激励员工尽自己最大努力把工作做好，而不是敷衍了事，勉强过关。

（2）**注重授权，促使权力下放**。推行目标管理，就要在目标制定之后，授予个人以相应的权力。否则，再有能力的下级也难以顺利完成既定的目标，"自我控制""自主管理"也就成了一句空话。因此，授权是实现目标管理效果的关键。

（3）**注重效果**。实行目标管理之后，建立一套完善的目标考核体系，就能够根据员工的实际贡献如实地评价员工的表现，克服凭印象、主观判断等传统管理方法的不足。

（4）**促进管理的定量化和系统化**。在质量管理中，目标管理是实现全面质量管理的一种有效方法。自上而下的目标分解和考核有助于定量化和系统化管理。

3. 质量目标管理的内容

质量目标管理的内容可以概括为：一个中心、四个环节、八项主要工作。一个中心就是以企业的总经营目标为中心，统筹安排企业的全部活动。四个环节指的是对目标实施 PDCA 循环。八项主要工作包括：①企业质量目标的制定；②质量目标的展开；③保障措施的制定；④目标体系的实施；⑤实施过程的控制和诊断；⑥目标实施情况的考核与评价；⑦激励（奖惩）措施的制定和落实；⑧目标管理的总结和提高。

4. 质量目标管理的实施程序

质量目标管理主要由质量目标的制定和展开、质量目标的实施以及质量目标的考核和成果评价三个阶段构成，并形成一个周而复始的循环，预定的质量目标实现后，又要制定新的质量目标，进行新一轮循环，实现质量管理水平和产品质量的持续改进。

（1）质量目标的制定和展开

1）对目标的要求。 对目标的要求主要包括以下几个方面：

① 目标应有主次，不要面面俱到。要对各种目标确定一个优先顺序，剔除从属目标和必要性不大的目标，尽量突出主要目标，以免因过于注重小目标而影响了主要目标的实现。

② 目标必须具体明确，具有可考核性。目标应该是单一的，可以落实到具体部门和具体工作中。目标要尽量定量化，有具体的衡量标准，便于考核。同时，具体、明确的目标还为主管人员提供了一个客观标准，通过目标的实现程度来评价主管人员及员工的工作绩效。

③ 各项目标要统筹安排，避免相互矛盾。企业中各个管理层次都应该确立自己的目标，但这些目标不是孤立的，而是相互联系、相互支持的。特别是企业低层目标要与高层目标保持一致，各层次的员工在实现目标时，不仅要考虑本部门的利益，还要考虑整个企业的利益。一旦上下级目标发生冲突，就要按照局部服从全局的原则解决。

④ 目标要有可行性和激励作用。目标应该是经过努力可以实现的，而不是可望而不可即的。同时，目标又必须具有挑战性，否则实现了目标也不会有成就感和满意感。

2）企业质量总目标的制定。 实行质量目标管理，首先要建立一套以企业质量总目标为中心的一贯到底的质量目标体系。企业质量总目标主要由最高管理者制定并颁布。一般来说，制定企业质量总目标的依据主要有：企业的经营环境，企业的质量方针和发展规划，企业前一计划期的遗留问题和质量管理中的突出问题。

3）企业质量总目标的展开。 目标展开的方法是自上而下层层展开，自下而上层层保证。质量目标展开时应注意以下几个方面的问题：

① 各个分目标的实现应能保证企业总目标的实现。

② 目标展开不但要有指标性内容，还必须有工作性内容，即要提出具体实现措施。

③ 要注意各分目标之间时间上的协调和平衡，要同步进行以免出现时差而影响企业总目标的实施进程。

④ 应充分考虑完成各分目标所需要的条件及限制因素。

⑤ 所制定的措施应是可控制的和可检查的。

⑥ 下级的目标和措施应得到上级的认可。

⑦ 具体措施的内容应明确，要有责任人、监督人。

（2）质量目标的实施。 质量目标的实施过程就是企业内各部门及全体员工按照各自的分目标、所赋予的责任、被授予的权力以及相应的实施计划、措施开展活动的过程。实施过程的重点在企业的中层和基层，而高层的主要任务是抓进度、抓协调、抓考核、抓重点目标的管理。

实施质量目标管理时，第一，要做好实施的准备工作，如人员、技术文件、设备工具、原材料和资金的准备等。第二，要注意目标责任制度化，在企业经济责任制、质量责任制的基础上，按层次、按人员落实质量目标责任，并坚持责、权、利三者的结合。在委以一定的责任，授予相应权力的同时，还要做到奖罚分明。第三，要注重自我控制，使员工感到不是被迫接受上级的指令完成任务，而是自己想要积极配合上级完成任务，从而在工作中发挥最大的积极性和创造性。第四，要充分运用 PDCA 循环以及其他质量管理方法和技术，并与各种质量活动的开展结合起来，如 QC 小组活动、合理化建议活动、产品质量信得过活动、各种质量竞赛活动等。

（3）质量目标的考核和成果评价

1）**质量目标的考核**。对各级质量目标的完成情况，要按规定的期限定期进行考核和评价，以确定成果和考核业绩，并与个人的利益和待遇结合起来，考核对象为质量目标管理所涉及的所有部门和个人。考核内容包括两个方面：一是根据目标展开图的要求，对目标和措施规定进度的实现程度及其工作态度、协作精神进行考核；二是对实现目标而建立的规范、标准和规章制度的执行情况进行考核。

2）**质量目标的成果评价**。评价是对考核结果的分析和确认。评价的内容一般包括：对目标执行情况的评价，对措施实施情况的评价，对重要问题点的评价，对协同工作精神的评价，对目标管理主管部门工作的评价，对整个目标管理工作的评价等。对于质量目标的成果评价，一般采用综合评价法，即按目标的实现程度、目标的复杂困难程度和在实现目标过程中的努力程度三个要素对每一项目标进行评定，确定各要素的等级分值，再加上修正值，得出单项目标的分值，再结合各单项目标在全部目标中的重要性权数，得出综合考评的目标成果值，作为绩效评价和采取激励措施的依据。

三、QC 小组管理

1. QC 小组的基本概念

QC 小组（Quality Control Circle）即质量管理小组，是在生产或工作岗位上从事各种劳动的员工，围绕企业的经营战略、方针目标和现场存在的问题，以改进质量、降低消耗以及提高人的素质和经济效益为目的组织起来，运用质量管理的理论和方法开展活动的小组。QC 小组是企业中群众性质量管理活动的一种有效组织形式，是员工参加企业民主管理的经验同现代科学管理方法相结合的产物。

QC 小组的含义可以从四个方面来理解：第一，凡是企业的员工，不论高层领导、中层管理人员、工程技术人员还是工人，都可以参加 QC 小组；第二，在选择 QC 小组活动课题时，可以围绕企业的方针目标和生产现场存在的问题进行选择；第三，QC 小组的活动主要是以提高和改进质量、降低消耗、提高人的积极性和创造性、提高经济效益为目的；第四，QC 小组的活动可以采用全面质量管理的理论和多种管理方法开展。

按照 QC 小组参加的人员与活动课题的特点，可以把 QC 小组分为"现场型""服务型""攻关型""管理型"四种类型。

(1)"现场型"QC小组。"现场型"QC小组是以稳定工序质量、改进产品质量、降低物资消耗、改善生产效率为目的，活动的范围主要是在生产现场。这类小组选择的活动一般课题较小，问题集中，活动周期较短，容易出成果。

(2)"服务型"QC小组。"服务型"QC小组是以提高服务质量，推动服务工作标准化、程序化、科学化，提高经济效益和社会效益为目的，小组成员以从事服务性工作的员工为主。

(3)"攻关型"QC小组。"攻关型"QC小组以解决技术问题为目的。这类小组选择的课题难度较大，活动周期较长，需投入较多的资源，通常技术经济效果显著。小组成员是由领导干部、技术人员和操作人员组成的。

(4)"管理型"QC小组。"管理型"QC小组是以提高管理水平和工作质量为目的。这类小组的选题有大有小，如果只涉及本部门具体管理业务工作方法改进的，选题可能就小一些；而涉及全企业各部门之间的协调的，课题就可能较大些。课题难度不相同，效果差别也较大。小组成员以管理人员为主。

2. QC小组的组建

(1) QC小组的人数。为便于自主地开展现场改善活动，小组人数一般以3~10人为宜。每个QC小组的成员具体应该多少，应根据所选课题涉及的范围、专业以及课题的难度等因素确定，不必强求一致。

(2) QC小组成员与职责。QC小组成员主要包括组长和组员。QC小组组长不仅是企业的业务骨干，而且要对开展QC小组活动有热情。QC小组组长要具有一定的组织能力，能够调动组员的积极性和创造性，善于集思广益，团结全体组员协同工作，使QC小组不仅能解决企业的质量、消耗等方面的问题，还能在改善管理、改善人际关系和加强班组建设等方面做出贡献。

QC小组组长的职责主要有以下几方面：

第一，抓好QC小组的质量意识教育。全面质量管理始于教育，终于教育，QC小组组长要通过教育增强全体组员的质量意识、问题意识、改进意识和参与意识，加深对QC小组活动宗旨的理解。

第二，制订小组活动计划，按计划组织好小组活动。QC小组组长应带领组员一起讨论制订本小组活动的计划，与组员一起认真分析并确定活动课题，以及活动欲达到的目标，运用全面质量管理的理论和方法，按照PDCA循环的工作程序，结合岗位职能开展活动。QC小组组长还应在活动中注意检查活动计划的实施情况，发现偏差，应及时与组员一起研究，找原因，采取纠正措施，以保证预定目标的实现，甚至在必要时修订原计划，报主管部门批准后实施。

第三，做好QC小组的日常管理工作。QC小组组长要按照企业制定的QC小组管理制度，经常组织全体组员开展QC小组活动，做好活动记录和出勤考核，组织整理与发表活动成果报告，并做好活动总结与诊断等工作，以不断改进小组活动的方式，提高活动的有效性。

QC小组是实施全面质量管理的基本单元，只有每个组员都能按小组分工按时完成自己的任务，QC小组要解决的课题才能如期实现预定目标。

QC小组组员的职责有：根据小组活动计划按时参加活动，在活动中积极发挥自己的聪明才智和特长，完成小组分配的任务，为企业提出各种合理化建议，为 QC 小组提供更多的活动课题。

（3）QC 小组的组建程序。由于每个企业的情况不同，QC 小组的类型以及所选择的活动课题特点等不同，所以组建 QC 小组的程序也不尽相同。一般可以分为以下三种情况：

第一种，自下而上的组建程序。由同一班组的几个人（或一个人），根据想要选择的课题内容共同商定课题，确认组长人选。基本取得共识后，由组长向所在车间（或部门）申请注册登记，经主管部门审查认为具备建组条件后，即可发给小组注册登记表和课题注册登记表。组长按要求填好注册登记表，并交主管部门编录注册登记号，该 QC 小组组建工作便告完成。

第二种，自上而下的组建程序。由企业主管 QC 小组活动的部门，根据企业的实际情况提出全企业开展 QC 小组活动的设想方案，然后与车间（或部门）的领导协商，达成共识后，由车间（或部门）与 QC 小组活动的主管部门共同确定本单位应建几个 QC 小组，并提出组长人选，进而与组长一起物色每个 QC 小组所需的组员，确定所选的课题内容。然后由企业主管部门会同车间（部门）领导发给 QC 小组组长注册登记表，组长按要求注册登记。

第三种，上下结合的组建程序。这是介于上面两种组建程序之间的一种。它通常是由上级推荐课题范围，经下级讨论认可，上下协商来组建。主要涉及组长和组员人选的确定、课题内容的初步选择等问题，其他程序与前两种程序相同。

（4）QC 小组的注册登记。为了便于管理，组建 QC 小组应认真做好注册登记工作。注册登记表由企业 QC 小组活动主管部门负责发放、登记编号和统一保管。QC 小组注册登记后就被纳入企业年度 QC 小组活动管理计划之中，这样才能得到企业和上级部门的认可，并可参加各级优秀 QC 小组的评选。QC 小组的注册登记不是一成不变的，而是每年要进行一次重新登记，以便确认该 QC 小组是否还存在，或有什么变动。如果 QC 小组活动连续半年或一年没有任何成果，则应予以撤销。

3．QC 小组活动的推行程序

（1）分析研究本岗位或现场存在的问题。在 QC 小组活动会上，小组成员要把各自收集到的部门内的问题提出来讨论，如工作现场的质量问题、成本问题、效率问题、浪费问题等。在讨论时，组长要注意引导，避免议题脱离主题。

（2）选定阶段性活动课题。选题时要注意以下几点：第一，要选择周围易见的课题，这样的课题大家都熟悉，容易解决；第二，选择小组成员共同关心的关键问题和薄弱环节，这样大家能积极踊跃地参加活动；第三，要"先易后难"，注重现场和岗位能解决的问题。否则，课题选得不合适，过大或过难，一旦失败，将会挫伤员工的积极性，违背 QC 小组活动的初衷。

（3）确定改善目标。选定课题后，就要确定需要改善的目标。首先要分析现状，了解改善空间的大小。制定目标要掌握目标管理的 SMART 原则，即目标要清晰，主题应明确（Specific）；目标应该是可衡量的，要尽量定量化（Measurable）；目标经努力是可以实现的（Attainable）；目标是企业和个人都关心和需要的（Relevant）；目标的实现和衡量是有时限的（Time-bound）。

（4）制订实现目标的工作计划。目标确定后，小组全体成员应探讨实现目标的具体做法，进行分工，确定每一个做法的时限。每个人应为自己分得的任务制订工作计划，注意按时检查进度。

(5) 探讨原因。分析原因时,首先要运用分层法将收集到的数据资料进行分类整理,然后运用排列图找出造成问题的关键项目。从关键项目入手,使用因果分析图、头脑风暴法等,经过小组成员的共同努力,找出可能的原因,最后找出主要原因。

(6) 改善措施的制定和实施。对策措施的内容包括需要改善的项目、发生的原因、采取的对策和措施、对策和措施责任者和预定完成的时间等。这里应注意,要先召集相关人员进行说明和培训,对相关人员进行指导。

(7) 效果评价。可以使用控制图、直方图等工具对改善效果进行评价和确认。如果效果不理想,应重新探讨,可能是找错了原因,也可能是对策和措施不当。这时要考虑是否重新回到步骤(5)或步骤(6)。通过 PDCA 的反复循环,最终取得预期的效果。

(8) 效果维持。在改善活动取得效果之后,要按新的做法将原有的标准或制度进行修订,为将来的工作提供指导,以避免同类问题的再次发生。否则,如果人员有变动,可能使新的做法不能完整地维持下去,QC 小组活动的成果就付之东流了。

4. QC 小组活动成果的评审

对 QC 小组活动成果的评审,就是按照评审标准衡量小组活动达到标准的程度,审查小组活动成果是否完整、正确、真实和有效。

根据评审目的,QC 小组活动成果的评审包含两部分内容:一是肯定成绩,二是指出不足。为此,评审时要按以下原则进行:

(1) 找主要问题。在评审 QC 小组活动成果时,除帮助总结成功经验外,还要与评审标准对照,找出其中的主要问题。评审的重点一般是:

1)成果所展示的活动过程是否符合 PDCA 的活动程序。
2)各个环节是否做到以客观事实为依据,是否用数据"说话",是否准确、有效。
3)统计方法的运用是否正确、恰当。

(2) 要客观并有依据。提出评审意见,特别是指出问题和不足,一定要站在客观的立场上提出。所谓客观,就是要依照事物的本来面目去考察,不带有个人偏见,提出的每一条不足都要有依据。

(3) 侧重从管理技术方面评审。QC 小组活动成果一般包括两方面的内容:一个是专业技术方面,另一个是管理技术方面。每一个 QC 小组活动成果,其专业技术是各不相同的。同一个专业,各企业之间由于设备条件不同、工艺不同、操作习惯不同、环境不同,技术也会有很大差异,有的甚至关系到专业技术的秘密。而在管理技术方面则有较多的共性,可以交流,互相启发。因此,应主要对其管理技术方面进行评审,避免在专业技术上钻牛角尖。

(4) 不单纯以经济效益为评选依据。在评审 QC 小组成果时,如果经济效益越好打分就越高,那么一些非常有实用价值的"现场型""服务型"成果就无法进入各级优秀 QC 小组的行列,这必然会挫伤广大员工参加 QC 小组的积极性。因此,在评审和评选 QC 小组活动成果时,不仅要看经济效益,也要看社会效益;不仅要重视有形成果,也要重视无形成果。

四、标杆瞄准

1. 标杆瞄准的定义与内涵

罗伯特·C. 坎普(Robert C. Camp)在他的专著《标杆瞄准——寻找产生卓越业绩的行

业最佳管理实践》一书中，将标杆瞄准定义为："寻找行业中能够产生卓越绩效的最佳的管理实践。"

施乐公司前首席执行官（CEO）大卫·T. 柯恩斯（David T. Kearns）认为，标杆瞄准就是"持续不断地将自己的产品、服务以及管理实践活动与最强的竞争对手或那些被公认为是行业领袖的组织的产品、服务以及管理实践活动进行对比分析的过程"。

《韦氏新大学辞典》（第9版）（Webster's Ninth New Collegiate Dictionary）将标杆瞄准（标杆）定义为"一个可以以此制定测量标准的参照点"以及"担当某种他人可以据此进行测量和评判的标准的东西"。

美国生产力和质量中心下设的国际标杆管理交流中心制定的《标杆瞄准行为规范》在序言中指出：瞄准——从世界任何地方确认最佳实践并从中学习的过程，是寻求持续提高和突破的有力工具。

综合上述观点，可以给出以下定义：标杆瞄准是寻找并评价最佳的项目标杆，从而将其最有价值之处整合到组织自身的标杆瞄准项目中来的过程，实质上也是一种为促进组织绩效的真正改进和提高的系统方法和过程。其基本内涵是：以行业中的领先企业作为标杆和基准，通过资料收集、分析比较、跟踪学习等一系列规范化程序，改进绩效、赶超竞争对手，并成为强中之强。

2. 标杆瞄准的类型

（1）内部标杆瞄准。 内部标杆瞄准是各种标杆瞄准活动的起点，也是任何组织开始对外部组织进行考察之前所应该完成的工作。如果组织是第一次开展标杆瞄准活动，那么内部标杆瞄准是探索标杆瞄准的一般运作流程，也是教会组织成员运用标杆瞄准的有效方法。其流程包括以下内容：首先，对组织内部处于不同地理区域的部门进行考察，了解它们各自所从事的业务是否相同或相近；然后，对观察到的各个业务单位的经营管理情况进行比较分析，以确定最佳的管理实践对象。

（2）外部竞争对手标杆瞄准。 对于那些行业内部竞争异常激烈，且竞争对手各自的经营哲学、管理理念、发展历史迥然不同，以及受新技术、新方法冲击较大的行业，运用外部竞争对手标杆瞄准法是非常有效的标杆瞄准方法。竞争对手标杆瞄准法的常用形式包括倒序制造与竞争对手产品购买分析，要求组织对竞争对手的产品、服务、流程等进行详尽的分析，常用的方法就是购买竞争对手的产品或服务，并对其进行认真分析，找出产品或服务的竞争优势。

（3）外部行业标杆瞄准。 外部行业标杆瞄准又可分为外部行业内标杆瞄准和外部跨行业瞄准。外部行业内标杆瞄准是指将标杆瞄准项目与同行业中全球范围内最优秀组织中的相应项目进行对比。由于与该组织之间并不是直接的竞争对手，因而这种标杆瞄准所涉及的标杆项目在标杆瞄准组织与被瞄准组织之间并没有直接的利益冲突。外部跨行业标杆瞄准是将标杆瞄准流程扩展到具体的组织或行业之外，也就是说，这种标杆瞄准方法将非相关行业也纳入到标杆瞄准的范围之内。事实上，组织中的许多业务流程（如库存管理、供应商管理、生产管理、信息系统服务、广告与招聘等）在不同的行业中都是相似的。因此，运用外部行业标杆瞄准法对这些项目实施瞄准和改进，尤其是运用不同的行业对同一项目实施标杆瞄准时，对组织的参考价值更大。

（4）内外部综合标杆瞄准法。 最常用的标杆瞄准法就是将内部瞄准与外部瞄准（竞争对手标杆瞄准、行业内标杆瞄准以及跨行业标杆瞄准）进行综合，效果更为理想。

3. 标杆瞄准的实施

根据国内外标杆瞄准的成功经验，标杆瞄准的实施一般可概括为五个阶段十个步骤，其流程如图3-5所示。

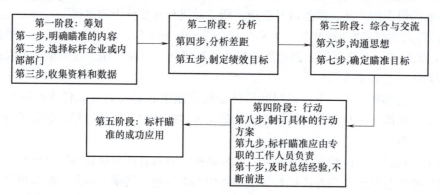

图3-5 标杆瞄准的实施流程

第一阶段：筹划。第一步，明确瞄准的内容；第二步，选择标杆企业或内部部门，选择时应遵循两个原则，一是标杆应有的卓越业绩，二是标杆企业被瞄准的领域应与本企业或部门具有相似的特点，选择的唯一标准是，具有可比性的任何一个企业或部门；第三步，收集资料和数据。

第二阶段：分析。第四步，分析差距；第五步，制定绩效目标。

第三阶段：综合与交流。第六步，沟通思想；第七步，确定瞄准目标。

第四阶段：行动。第八步，制订具体的行动方案；第九步，标杆瞄准应由专职的工作人员负责；第十步，及时总结经验，不断前进。

第五阶段：标杆瞄准的成功应用。标杆瞄准活动的最终成果应具备以下两个特点：①组织在瞄准内容的所属领域应与领先企业具有相同甚至超越的竞争实力；②单独进行的各项标杆瞄准活动应融入组织的日常活动中去。

标杆瞄准实施起来并非易事，需要持久的耐心和努力的工作，而且这种努力绝不能半途而废。标杆瞄准对企业有很多益处，如改善标杆瞄准项目的绩效，提供提高顾客满意度的有效方法，确认组织的优势和劣势，增强组织业务流程的有效性、适应性等。标杆瞄准将有助于企业了解自己的组织，认清竞争对手，确定最优流程，并且可以将标杆瞄准有效地整合到组织的经营活动当中，而且当组织开始实施标杆瞄准的时候，组织内部员工的态度将发生明显的改变。

五、8D方法

1. 8D方法的定义

在组织进行生产和经营管理的实践中，当碰到一个问题时，往往因为事发突然而不知所措，如顾客投诉、生产线质量突然出现异常、出现环境或安全事故、设备故障停机等。针对这样的问题，一些有经验的人员研究了一套逻辑方法，把处理问题的流程归纳为八个步骤，这就是8D（Eight Disciplines Steps）方法。它作为一种解决复杂问题的系统方法，给出了解决问题的基本程序和步骤，有助于客观地认识和解决问题，并防止类似问题的再次发生。

8D方法最早是美国福特汽车公司使用的问题分析和改进方法，又称"团队导向问题解决方法"。它以团队协作为基础，以事实数据为依据，以质量分析工具为方法，使问题的解决更具系统性、条理性。8D方法与克莱斯勒汽车公司的"七步纠正措施法"在本质上是相同的，都是解决问题的有效方法之一。它可适用于重复发生的问题、一直难以解决的问题、比较重大的质量问题等，已经被汽车、电子等行业广泛认可和接受。

2. 8D方法的步骤及实施要点

运用8D方法解决问题有八个具体的步骤，而且每一个步骤中都有一些需要注意的实施细节。如果不把每个步骤都做好，那么就无法圆满地解决问题。

D1：成立工作小组。一般来说，一个人很难具备所有必需的资源、知识和技能来解决一个复杂的问题，因此，需要组织一组具有相应能力和工作动力的人员来共同解决问题。小组成员不限于本组织，也可以由供应商、顾客、协作方等相关人员组成，但应具备工艺或产品的知识、配给时间和相应的权限，同时也应具有解决问题和实施纠正措施的技术素质。另外，小组中需要有一个懂技术，具有管理工作背景、有一定的职位和技能、有足够支配时间的人员担任小组组长。

D2：描述问题。要有效地解决问题，必须在采取行动前了解关于问题的详尽描述。在这个阶段，任何不清楚和不准确的描述，都会导致整个团队得到错误的信息或采取错误的改进行动。这时，可以将所遇到的内外部问题通过量化的方法来确定该问题的"5W2H"，即何人、何事、何时、何地、为什么、如何、多少。

D3：确定并实施临时性措施。确定和执行临时性控制措施，只是针对问题本身而不是针对其根本原因，主要用来削减正在发生问题的不利影响。在这个环节中要注意：①由于临时性措施会导致成本增加，在选择临时性措施前应仔细考虑；②所执行的临时性措施应避免产生新的问题，对可预见的风险采取适当的控制措施或应急对策；③临时性措施应持续到永久性纠正措施有效实施为止，并应验证其有效性。

D4：寻找并确定根本原因。通过分析，找出根本原因是解决任何问题的关键环节，只有确定了根本原因，才能在最根本的层面上解决问题。这一步骤就是要对可能影响问题的诸多原因进行鉴别，把确实影响问题的关键原因找出来，为确定对策提供依据，对症下药。在这一过程中，需要特别注意：①分析原因要彻底，应针对问题层层剖析，直到找到末端原因（例如采用问五个为什么的方法）；②分析原因要全面，应从各种角度把有影响的原因都列出来，尽量避免遗漏；③要注意识别不可抗拒因素，不可抗拒因素不应该作为确定主要原因的对象。

D5：选择并验证永久性措施。选择永久性措施，可以从两个角度出发：一是选取最佳的永久改进行动来消除引发问题的根本原因；二是选取最佳的永久改进行动来控制根本原因产生的后果。一般可以采用"七步法"来选择永久性对策：①描述所期望的最终结果；②列出"强制满足的要求"和"希望满足的要求"；③确定"希望满足的要求"的相对重要性；④确定所要选择的对策；⑤将每一个选择对策与标准比较，确定最能满足标准和提供最大好处的选择；⑥分析风险，评估可行性、经济性和时间；⑦做出最佳选择。

D6：实施永久性措施。为了有效地执行永久性措施，需要制订一个详细的实施计划，这个计划应当包括改进目标、改进方法、关键实施步骤、完成期限、责任人、所需资源等，并应将计划与每个团队成员进行充分交流和传达,保证相关人员按计划实施永久性措施,消除根本原因。对于永久性措施,必须验证其长期效果,如果未能达到预期的效果,可能是由于问题描述不准确、根本原因未完全找到、对策措施定得不妥、措施执行有偏差等因素造成的,所以要重新评估前面几个环节的有效性,重新按各个步骤进行改善,直到达成目标、彻底解决问题,这就是 PDCA 循环原理的现实应用。

D7:预防问题再次发生。预防再发生,就是为防止当前问题、相似问题或系统问题再次发生而采取的行动。一般可以通过修改现有的管理制度、工作程序、作业流程、操作方法、职责权限等,将有效的对策作为经验予以文件化、标准化,作为今后作业和管理活动的执行依据,以防止这一问题和其他类似问题的重复发生。

D8:肯定团队及个人的贡献。一个问题得到了有效的解决后,管理者应当承认团队的集体努力,真诚地表扬团队和个人的贡献并予以祝贺,以此来表达对参与者的感谢。这样不但可以让每一个人都知道问题改进过程已经圆满结束,更加重要的是,可以让每一位参与者感觉到他们的努力是有价值的。在具体实践中,应尽可能地采用公开表彰的方式,如在公司内部通报、宣传报道、成果发表、经验交流等。当参与者的努力得到组织认可和公开表彰后,参与者将会更有动力地进行工作。

当企业发现问题,需要运用 8D 方法来解决时,其具体的流程如图 3-6 所示。

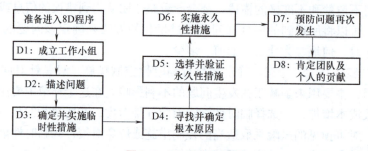

图 3-6　8D 程序流程图

3. 应用 8D 方法的基本原则

(1) **合作性原则**。8D 方法的首要原则是团队作战,它极力倡导集体解决问题的精神,由全组人员共同分析和研究,这样可以集思广益,对问题的分析更全面、更细致、更透彻,有利于找出根本症结并彻底根除。

(2) **必要性原则**。组织应当通过问题的症状表现、复杂程度、发生概率等来评估一个问题,从技术性、时效性、经济性等角度来分析是否需要用 8D 程序分析和改进该问题。比如有些问题尽管看起来似乎很突出,但如果它的产生原因很清晰,或者采取一些简单的措施就能容易地解决,那么可以不用 8D 方法,否则就会犯教条主义或形式主义错误,而且还会耗费不必要的管理和技术资源。相反,对于一些复杂、系统的问题,比如产品性能不稳定、员工离职率上升之类的问题,如果只是进行简单的分析和处理,往往无法发现并消除其根本原因,问题的症结可能会一直存在。

(3) **客观性原则**。8D 方法强调精确地描述、分析问题,能够量化的问题要尽可能量化,不能主观、武断地来看待问题的现状及原因,否则所做出的决策往往会缺乏针对性,最终还是不能有效地解决问题。因此,在 8D 方法的各个环节中,尤其在问题描述、原因分析、效果对比等环节，应当充分考虑把8D方法与其他管理工具和方法结合起来使用，诸如通过合理运用调查表、排列图、因果图、直方图、趋势图、潜在失效模式及后果分析、控制图、系统图、网络图等统计方法，可以帮助我们使用量化的数据来说明问题，以事实为依据来分析问题、改进问题，评估解决问题的有效性。

(4) 预防性原则。一个问题的系统解决，除了要消除其现象以外，更重要的是消除产生问题的根本原因，防止问题的再次发生。此外，还要考虑类似的产品、过程或管理环节是否也存在类似的问题，这种预防思想是8D方法能够成功解决问题的关键所在。

(5) 激励原则。8D方法是一项团队改进行为，那么就需要激励团队中的每一位成员，激发他们的积极性和创造性。8D方法中的第八个步骤就是需要管理者充分肯定团队及每一位团队成员在解决问题上所付出的努力和贡献，对他们圆满解决问题表示诚挚的祝贺，并给予一定的物质和精神奖励，这是使8D方法能够持续有效开展的组织保障。

第四节　全面质量管理的推进和实施

一、全面质量管理的推进

在企业推进全面质量管理是个系统工程，主要内容包括：明确推进全面质量管理的目的、确定推进全面质量管理的目标、建立推进全面质量管理的组织机构及职责、建立健全全面质量管理的规章制度、开展宣传教育和培训、建立完善的全面质量管理运行监督体系、建立全面质量管理激励机制、建立推进计划（包括试点、全面推进、总结及持续改进）等。

下面结合《XH集团全面质量管理推进方案》介绍全面质量管理具体的推进内容。

1. 明确推进全面质量管理的目的

企业在决定推进全面质量管理后，必须首先明确推进的目的，目的是推进全面质量管理的纲。

XH集团是一家大型机械制造企业，主要生产注塑机，其产品在国内市场具有良好的声誉，但在企业管理和产品质量方面仍然存在一定的问题，因此集团领导决定在集团内部推进全面质量管理。因此，明确了推进全面质量管理的目的：①通过科学地推行全面质量管理，提高部门（车间）关于产品、服务、安全等方面的质量管理水平，进而推进集团的各项工作，实现又好又快及构建和谐企业文化的需要；②确保企业增收节支，巩固或提升集团在行业中的地位，做顾客最满意的企业，打造国际知名品牌。

2. 确定推进全面质量管理的目标

目标是推进目的的指标性表述，目标要尽可能细化、可执行、可考核。例如XH集团推进全面质量管理的目标如下：

（1）通过推行全面质量管理，全面提高工作和服务效率，优化组织人员结构，定编定岗，进一步明确职责和权限。

（2）深化集团管理，提高服务质量，人人讲质量，使集团的全面质量管理工作达到：QC小组活动普及率达到85%以上，注册课题实现率达到80%以上，培养分布于各部门（车间）的QC小组活动小组长50名以上，生产、质量管理、仓储部门QC小组活动成果发表各6件/年以上（其中争创国优1个、省优2个以上）。

(3) 通过活动激发员工的工作热情，提高员工分析问题和解决问题的能力，增强员工自主改善的意识，科学运用质量管理的工具和方法，统计和分析集团在生产、研发、技术、质量管理、仓储等部门管理中存在的问题及其原因，通过要因确认采取对应措施来加以改进和完善，并形成文件化管理。

(4) 不断提升集团整体质量管理水平，严控产品质量，构建具有 XH 特色的质量文化和质量理念，为落实目标责任制管理和集团今后推行卓越绩效模式管理打好基础。

(5) 争取 3～5 年在行业首创全国质量管理奖、中国及世界名牌，最终成为业内标杆的卓越企业，为 XH 集团高效、稳健发展不断创新管理。

3. 建立推进全面质量管理的组织机构及职责

推进全面质量管理，组织是保障，因此要建立相应的组织机构。由于推进全面质量管理是个系统工程，一般情况下，企业的主要领导都应该参与进来。全面质量管理推进的组织机构包括由决策层组成的推进委员会，由执行层组成的推进小组、推进过程检查和考核小组。在建立组织机构后，还应制定相应的职责。

XH 集团推进全面质量管理的组织机构及职责如下：

(1) 成立全面质量管理推进委员会。 集团总裁任主任，质量副总裁任常务副主任，总工程师、总会计师、生产副总裁、机器事业部经理、塑胶事业部经理、电气事业部经理任副主任，全面负责集团全面质量管理推进的策划、动员和具体实施的统筹安排等领导工作。其他部门经理及车间主任为全面质量管理推进委员，负责向所在部门、车间宣贯全面质量管理知识，负责全面质量管理具体推进及指导落实等管理工作。

(2) 制定各部门职责

1) 综合管理办、质量管理部、质量协调组为全面质量管理推进的职能部门，具体负责全面质量管理各项活动的组织、跟进、协调及管控工作。

2) 综合管理办会同总裁办及相关部门制定、修改集团生产、管理方面的质量目标、指标和全面质量管理相关制度，协助各相关部门制定管理、服务工作规范（或准则）、岗位工作标准等（拓展部、客户服务部、工程技术服务部、销售部等部门要制定《部门服务工作手册》）。

3) 工程技术和生产等部门要制定、修改和完善集团的生产技术文件（含工艺技术文件、产品质量标准等）；研发中心要制定、修改和完善集团的产品资料及技术文件。

4) 质量协调组协调相关部门制定或修改质量事故防范与处理预案，对产品缺陷、生产纠纷、流程及市场质量信息的反馈等问题进行调查和处理；成立集团内外部产品质量信息收集、反馈中心，并制定相关操作流程，明确工作责任，落实信息管理（含收集、分类保存、反馈、结果跟进等）和奖惩等管理制度。

5) 质量管理部为 QC 小组活动日常管理部门，负责 QC 小组活动的归口管理和指导，具体负责 QC 小组活动的注册，定期组织集团内部活动成果发布会，公布奖励成果的评选结果及活动小组成员，成果资料的收集和管理；负责 QC 小组在集团内外部活动交流与 QC 小组活动诊断师与 QC 小组活动管理专员的管理，QC 小组相关资料的宣传，协助相关部门进行活动培训，向集团其他部门就 QC 小组活动的经验进行交流和推广等。

6) 人力资源部为全面质量管理推行培训组织部门，负责相关培训的统筹安排。

(3) 成立集团全面质量管理检查考核小组。 成立集团全面质量管理检查考核小组以健全质量监督考核体系。该小组由管理者代表任组长,安全监察部、管理协调组、质量协调组、质量管理部等部门负责人任副组长,各正副组长所在部门人员为成员。全面质量管理检查考核小组主要负责各部门(车间)质量目标及全面质量管理推进工作的检查与考核。

4. 建立健全全面质量管理的规章制度

在推进全面质量管理时,还应建立相应的规章制度。以 XH 集团的规章制度为例,具体如下:

(1)坚决执行以岗位责任制为中心内容的各项规章制度,认真履行岗位职责,严格执行各项采购、研发、生产、质量、技术、储运、销售等管理的有关制度规定。

(2)重点对以下关键性制度的执行进行监督检查:

1)有关质量管理制度及文件的规范编写。

2)安全、研发、生产、质量、技术、销售服务目标责任制度。

3)工作及交接班制度。

4)QC 小组活动管理制度、现场 6S 管理执行制度、全面质量管理执行制度等。

(3)集团设定每年的 9 月为"质量月"。"质量月"活动由总裁办督导,质量管理部具体策划和负责推进。期间开展质量评比活动,奖励优胜者;对检查发现的部门工作(服务)质量、产品质量(缺陷或质量事故等)要通过展览(可采用图文并茂的形式)的形式在集团内部给予曝光,吸取教训。

5. 开展宣传教育和培训

经验表明,全面质量管理的成功始于教育,终于教育。因此,要高度重视全员质量教育和培训工作。培训工作可以分为三个层次:第一层是企业决策层的培训,要重点进行全面质量管理意识和理念的培训与教育,明确推行全面质量管理的态度和决心。第二层是管理层培训,除了全面质量管理的理念和意识外,对管理层还要重点培训质量管理的理论和方法。第三层是操作层培训,培训的主要内容为质量意识和岗位技能。XH 集团确定的培训内容如下:

(1)实行上岗资格准入制度,严格按照集团的"特殊工种"的有关规定安排上岗。

(2)新进人员岗前教育,必须进行安全生产、法律法规、部门规章制度、工作技能、产品规范、质量标准、企业文化等内容的培训。

(3)不定期举行全员、全过程、全集团全面质量管理教育,并纳入专业人员(含技术人员)的考核内容。

(4)对违反安全生产管理、法律法规、规章制度及技术操作规程等的人员,除进行处罚外,相关部门需定期组织这些人员一起进行限日期、限课时的强化教育和培训,帮助其改进。

(5)全面质量管理推进委员会相关人员定期对各类生产、管理人员进行 QC 小组活动、现场 6S 管理活动、看板管理活动、全面质量管理活动、QC 七大工具等内容的强化培训和现场辅导,达到人人积极参与、人人会应用的目的。要把 QC 小组、现场 6S 管理、看板管理、8D 方法、全面质量管理等活动的作用贯彻到各项生产、技术改良、业务服务和产品质量等管理的始终。人人了解全面质量管理概念和要求,工作中科学运用 QC 七大工具。

6. 建立完善的全面质量管理监督体系

由于推进全面质量管理包括的范围广,涉及的人员多,所以必须建立相应的监督体系,才能保证全面质量管理的顺利实施并取得预期的效果。XH 集团建立的监督体系如下:

（1）分级管理及考核

1）各级生产管理部门定期对采购、设计开发、生产过程、检验过程、包装、仓储、运输管理等过程的质量进行监督、检查和评价，提出改进意见及措施，并把资料及时上报全面质量管理推进委员会。

2）质量检查小组定期对生产、职能部门进行质量检查，重点检查质量目标、安全以及法律法规和规章制度的执行情况，人力资源部和质量管理部检查"QC方法"的培训、执行情况等。

（2）定期召开会议。全面质量管理推进委员会应定期召开会议，总结、评价质量管理措施并进行效果分析，讨论存在的问题，交流全面质量管理推进经验，制订整改计划及措施，并督促落实。

7. 建立全面质量管理激励机制

全面质量管理作为一个管理项目，激励机制至关重要，因此必须建立完善、行之有效的激励机制并严格执行，达到奖优罚劣的激励目的。XH集团建立的激励机制如下：

制定全面质量管理奖惩办法（可分现场6S、QC小组活动和全面质量管理等几个部分），奖优罚劣。全面质量管理检查、考核的结果与部门、个人工资、职务晋升、年度和月度考核、劳动聘用等挂钩，实行全面质量管理单项否决。

8. 建立推进计划

根据PDCA循环工作方法，应该制订推进的工作计划，全面质量管理的推进计划包括前期准备阶段、试点推进阶段、全面推进阶段和总结提升阶段。XH集团制订的推进计划如下：

（1）前期准备阶段

1）教育培训

① 内部培训师外训、教材购买、培训课件制作。

② 基础知识培训，内容主要包括全面质量管理的基本概念和原理、全面质量管理的实施与推进、全面质量管理的工具和方法、全面质量管理的基本知识等。

③ 技能知识及专项知识培训，内容主要包括六西格玛管理、QC小组活动、6S管理与推行、全面质量管理、质量目标管理、持续改进等。

④ 培训对象：决策层领导，各车间主任，部门经理（主管），质量管理部、检测中心、计量室、各车间班组长，工艺员、技术员、一线员工等人员。

2）**QC小组诊断师队伍建设**。在推进工作开始之前，要建立QC小组诊断师队伍：由15人（综合管理办1~2人，工程技术部2~3人，机器事业部2人，电器事业部2人，塑胶事业部1~2人，仓储部1人，客户服务部1人，工程技术服务部1人，研发设计部1人）组成。

3）**制度健全**。制度健全包括：修改、确认各部门质量管理目标；修改、完善生产安全责任制、交接班管理办法、管理或服务工作规范（手册或准则）、岗位工作标准等文件；制定全面质量管理推进委员会职责并明确分工；制定质量检查小组职责，明确各成员分工，同时制定活动时间及活动内容；制订QC小组活动方案，明确QC小组的组建、培训、工作开展、成果发布、奖励措施等事宜；成立QC小组活动成果评审小组等。

（2）试点推进阶段

1）**质量管理部门**。质量管理部须在3个月内至少组建2个QC活动小组，并开展活动；

在半年内至少组建 5 个 QC 活动小组，要培养出 8 个 QC 活动小组骨干，可以担当活动小组组长一职；半年内机器事业部和电器事业部质量管理部门至少要各组建 1 个 QC 活动小组，并开展活动。

2) 生产部门、仓储部门。 各生产车间下半年至少组建一个 QC 小组，并开展活动（可先选一个车间推行，待有成功经验后再全面铺开）；仓储成品部排水系统、给水系统、线槽线管及其他系统下半年须各至少组建一个 QC 小组，并开展活动；仓储材料部的五金仓库、材料仓库下半年须各组建一个 QC 小组，并开展活动；必要时要安排质量管理部活动骨干指导相关 QC 活动小组开展工作；要求生产各车间、仓储部门在 4 个月内都要成立 6S 推行小组，全面推行现场 6S 管理，完善现场看板管理，不断总结、交流、巩固深化 6S 管理成果；塑胶事业部、机器事业部、电器事业部在 4 个月内都要成立全面质量管理执行小组，进行全面生产维护。

3) 管理部门。 管理部门（综合管理办、两个协调组、人力资源部、安全监察部等）、行政部、客户服务部、工程技术服务部、研发设计部、计量室必须各自至少组建一个 QC 小组，并开展相关活动。

4) 扩大试点。 在上述部门试点取得初步成果的基础上，集团其他部门可以根据自身的实际情况自由试点，自行组建 QC 小组并开展活动，不作强制要求；但在试点半年后，必须组建一定的 QC 小组并开展活动，且参加集团的 QC 小组活动成果发布会。

(3) 全面推进阶段。 在试点取得经验的基础上，开始在集团内部开展全面质量管理推进工作。

1) QC 小组推进。 各生产部门（车间）根据实际情况，相应建立部门（车间）的全面质量管理领导小组及质量检查小组，还没有开展 QC 小组活动的部门（车间）主动派人员到质量管理部学习，同时学习有关 QC 小组活动的宣传资料。试点职能部门主动援助，讲授有关 QC 小组活动方面的知识，并在活动过程中给予具体指导，同时就推行全面质量管理过程中出现的问题给予解答并提供帮助，树立 QC 小组活动的自信心。

2) 普及培训及培养。 在质量管理部门成功推行全面质量管理的基础上有步骤地向生产部门、仓储部门、其他管理部门推行，组织相关部门参与活动成果的内部发布，培养员工全面参与 QC 小组活动的兴趣，提升员工运用 QC 管理工具的技能，直至集团全面有效推行全面质量管理工作。集团将根据实际情况，每年安排 1 次 QC 小组活动成果发布会，评选优秀 QC 小组，对优秀成果进行奖励；每年至少安排 2~3 批次优秀 QC 小组参加集团外的（市、省级、国家级）QC 小组活动成果交流发布会，对评选、获优成果按集团《QC 小组活动管理办法》进行奖励。

3) 专注攻关效益课题的推进。 QC 小组活动课题注册将严格把关，试点完成以后，各部门 QC 小组活动推行将全面成熟，开始逐步把 QC 小组活动课题引至效益、创新方面，如节能降耗、产品改良、提高工作效率等方面。

(4) 总结提升阶段。 经过试点和全面推进，要不断总结经验，分析不足，采取 PDCA 四个阶段八个步骤的循环管理方式，不断改进产品、服务、工作质量，巩固已有成果，形成书面文件、制度等。通过推行全面质量管理，使员工对全面质量管理的认识由被动到主动，由少数到全员、全过程、全企业参与，在集团上下自觉形成下道工序是上道工序内部顾客的概念，致力于满足顾客需求；通过 QC 小组活动，员工不断沟通交流，团队意识加强，激发员工积极主动参与到集团全面质量管理工作中去,把集团抓质量管理提升到员工自主改善、自主进行质量管理,逐步形成集团新的质量文化,集团各项管理、服务达到新的层次,并向更高的卓越绩效管理模式目标迈进,最终达到全面质量管理推进的目标。

二、全面质量管理的实施

以某电气公司为例,介绍全面质量管理的实施。

某电气公司成立于 2005 年,为持续改进业绩,公司开始推行全面质量管理,在推行全面质量管理之后,企业的工作效率在原来的基础上提升了 5%,产品合格率提高了 0.8%,企业效益提高了 3%,成为行业内成功推行全面质量管理的示范企业。全面质量管理的实施使得该公司凭借其独有的技术优势、成功的管理经验、优秀的制造能力和良好的经济效益在行业内奠定了领头羊的地位。

在该电气公司实施全面质量管理之前,质量管理工作一直未得到足够重视。首先是质量管理组织结构不合理,原组织机构中品保部和生产部、市场部等其他部门属于同级组织,得不到最高管理层领导的足够重视;其次,质量管理员的技术和检验专业水平较低,没有经过良好的培训;再次,质量问题得不到有效处理,没有及时采取纠正和预防措施。结果导致当时公司的质量管理工作效果甚微,问题主要集中表现在产品合格率低、生产效率低以及企业效益差这三项主要指标上。

后来,公司领导意识到如果再不重视质量,企业将没有发展前途。为此,公司领导端正了态度,高度重视存在的质量问题,分析了质量管理中主要存在的四方面问题:①质量管理工作采用传统的管理模式;②高层管理者缺乏质量意识;③员工质量意识淡薄;④质量问题处理不及时。公司还对产生质量问题的原因进行了分析,认为导致企业存在这些问题的主要原因是:①质量控制措施滞后;②生产工艺规划不合理;③质量管理体系不够健全、有效。

为解决这些问题,该公司决定全面推行全面质量管理。首先,从学习培训、提高认识着手。2006 年,公司组织管理人员到专门做质量管理的咨询机构接受全面质量管理教育,邀请国内外质量管理专家对企业进行管理咨询,这些培训学习活动使得企业领导和员工对开展全面质量管理有了深入的认识。

接着,公司为落实全面质量管理采取了以下措施:

(1) 实施了过程化管理。公司提出了以产品的设计开发、生产、控制、检验、销售和售后服务的全过程作为一个核心流程,明确提出了全过程质量管理的举措。在该电气公司的《质量管理手册》中描述的质量包括内部质量和外部质量,产品质量控制包括设计、生产制造、辅助过程和销售使用等四个过程,并且提出了"第一次就把事情做对"的要求、培育合格的供应商、加强生产过程控制、创建良好的售后服务等一系列具体措施。

(2) 制定了标准作业时间。为了保持流水线生产的均衡性,使各个工序质量处于受控状态,该公司在科学分析和实测的基础上规定了标准作业时间。

(3) 建立了质量目标管理体系。2007 年,该公司在产品质量控制过程化管理中,制定了适应全面质量管理的质量方针,明确提出质量管理的总体目标,同时将质量总目标分解到各个职能部门及各个层次。

(4) 完善了质量管理体系。在公司明确制定了质量方针和提出目标之后,立即着手从健全组织机构、完善质量管理体系、建立绩效考核机制三个方面来完善公司的质量管理体系。

（5）不断强化员工质量意识。在全面质量管理活动推行过程中，该电气公司持续不断地对员工开展质量意识培训，灌输和培育良好的质量理念，同时建立了配套的质量管理制度，主要有以下几项活动：①早会制度；②教育训练；③绩效考核；④建立内部质量审核小组等。

（6）该电气公司依据全面质量管理的理论，以 PDCA 为基本的工作方法，认真落实了戴明环的四个阶段和八个步骤，实现了对产品质量的持续改进。

（7）该电气公司成立了 QC 技术攻关小组。QC 小组强调全员参与，严格遵循选择主题、确定目标、分析原因、制定对策、组织实施、检查效果以及成功总结等科学的操作步骤。

该电气公司通过坚持开展全面质量管理，客户的满意度有明显的提升，员工的质量意识不断提高，质量管理体系得到系统建立与有效运行，并且通过持续改进和绩效考核机制的有效落实，使公司不断地达到更高的目标，全体员工都力争上游，力求实现最好的工作效率。

第五节　实施全面质量管理成败的因素

尽管全面质量管理的概念从提出至今已经有半个多世纪了，但作为一种系统性的经营管理思想，全面质量管理仍然在现代企业得到越来越广泛的应用。当然，并不是所有的企业实施全面质量管理都能取得成功，一些企业的实施结果甚至令人失望。有调查表明，只有 1/3 的被调查者相信，通过全面质量管理增强了企业的竞争实力。归纳起来，在失败的实施企业中，以下因素是影响全面质量管理能否成功实施的关键。

一、领导的重视及参与程度

有些企业的高层领导虽然口头上重视质量，但在实际行动上却往往是两样，主要是因为理念和意识不到位。例如，认为质量改进方案只是针对企业基层员工的，因而各种质量改进方案、培训教育工作都是为基层人员而设的，质量改进活动也是基层员工的工作，QC 小组不应出现在董事会议程中，统计质量控制也不是高层主管人员的工作范围等。但实际情况正如戴明博士所说，在引起产品质量的诸多问题中，80% 在于企业高层领导。因为他们是企业生产系统的设计者和推动者，产品或服务质量不好，80% 是因这个系统设计得不好或推动不力。事实上，如果领导重视和积极参与，能够重新检验和设计更实际、更有用的系统，有更强有力的组织推动，那么大部分质量问题将迎刃而解。如果再调动员工的积极性，让他们参与系统的设计和组织推动，给他们权力去解决问题，那么质量就不会成为问题了。的确，企业领导在有效推行全面质量管理过程中，无论是创建良好质量文化这样的软环境方面，还是构造企业的组织机构、业务流程等硬环境方面，都起着决定性的作用。

二、对全面质量管理的认识

不应把全面质量管理看作是一个质量改进方案，而应认为是一种系统性、全面性、持续改进的过程。持续改进是全面质量管理的有机组成部分，是全面质量管理的精髓。因为产品和业务流程的质量改进是一个永无休止的、不断取得微小进步的过程。企业界特别是日本企业界的实践已经证明，持续改进是推行全面质量管理最有效的方式和手段。但是，有些企业并不是把全面质量管理看作一种持续改进的过程，而只是把它看成是一项质量改进的计划方案。言外之意就是要安排适当的人员，选择特殊的方法和技术，在一段时间内完成这项工作。而等到这阵热潮过去之后，它就会退出历史舞台，完成使命，由别的计划方案来取代。显然，这与全面质量管理的全员参与、持续改进等核心思想是背道而驰的。从质量管理的发展历程看，目前处于标准化质量管理阶段，但这并不意味着全面质量管理已经过时，相反，全面质量管理作为 ISO 9000 质量管理体系的基础，不仅不应忽视，反而应该加强。因此，企业要特别注意处理好全面质量管理与 ISO 9000 质量管理系列标准的关系，重视全面质量管理在取得 ISO 9000 认证以及保持认证成果中的重要作用，不要把 ISO 9000 认证看作是另一个质量改进计划而取代全面质量管理。

三、对全面质量管理的期望值过高

管理阶层对全面质量管理的期望值过高，没有耐心等待成果是另一个误区。全面质量管理强调持续改进，每一个微小的进步都是非常重要而且值得赞许的。因为它是另一个更大进步的基础和前奏。今天的废品率由 6% 降到 5%，经过努力和改进，明天就有可能降到 4%。这样一步一步最终就会实现"零缺陷"的目标。如果高层管理人员期望的是一次性的、重大的、突破性的、立竿见影的质量改进，他们很容易对持续改进的微小进步不满，认为全面质量管理的效果不显著。特别是当管理人员意识到质量管理需要一定的资金支持时，就会采取措施削减这项支出。这种采取短视近利行动的结果，会造成全面质量管理的实施以失败告终。

四、对质量成本的错误认识

主管人员认为质量改进太昂贵，既需要资金又需要时间，对"全面质量""零缺陷"持怀疑态度。由于传统的质量管理是通过质量检验终端把关来保证产品质量的，它无法消除废品和次品，也就无法消除因它们而产生的成本损耗，再加上检验的高额费用，使人们形成了一种习惯性的认识，即质量控制是以成本为代价的，高质量必然高成本。另外，从时间和效率的角度讲，有些企业购置了先进、昂贵的生产线，可以随时报告产品质量状况。但为了保证进度和效率，即使有异常情况也不中断生产，等到换班时再进行必要的调整，结果本来可以生产 95% 合格品率的生产线，合格品率可能只能达到 70%。全面质量管理强调事前预防，通过将生产过程控制在稳定状态，实现预防缺陷，以"零缺陷"为目标。这不但可以减少校验的费用和处理残次品的费用，还可以大大提高产品的质量。

五、业务流程重组与全面质量管理的关系

注重企业的业务流程重组（Business Process Reengineering，BPR），为实施全面质量管理创造良好的组织机构和业务流程等方面的环境是全面质量管理成功的关键。这里举一个实例：一位工作积极性很高的员工，在自己的工作中发现一个反复出现的质量问题，由于他对设备了如指掌，自然知道如何解决，于是他提出了工具改进方案。但这个方案的命运如何呢？经过班组长、本车间主任、工具车间主任、决策部门领导，甚至研发部门，到最终将对方案的意见反馈到提出者手中时，已经过去了 10 周的时间。可以想象，此时制造出的废品

已经可以装满几大集装箱了。更严重的是，从此以后那位员工可能再也不会主动提出改进意见了。

传统的组织体制大多是建立在亚当·斯密的劳动分工原则上的，它的特点是分工细、部门多、层次多、流程长。一方面，这种组织结构使得企业的工作离用户的需求越来越远，不适应当今瞬息万变的市场需求及日新月异的经营环境；另一方面，由于企业内部层次划分繁多，造成决策过程复杂，信息反馈速度慢、周期长，不利于领导及时倾听员工的声音，容易挫伤员工的工作积极性。企业的这种环境与全面质量管理所倡导的以用户为中心、以全员参与为基础的经营思想是不相适应的。因此，要善于学习和运用国内外先进的业务流程重组的思想和方法，注重组织机构的调整与业务流程的重组，为全面质量管理的有效实施提供良好的环境。

复习思考题

1. 你对全面质量管理的定义是如何理解的？
2. 全面质量管理有哪些主要特点？
3. 全面质量管理有哪些核心观点？
4. 全面质量管理包括哪些基本内容？
5. 产品设计开发过程质量管理主要包括哪些过程？
6. 制造过程质量管理的主要内容有哪些？
7. 为什么说工作质量非常重要？
8. 全面质量管理的工作方法有哪些？
9. 为什么说持续改进非常重要？如何实现持续改进？
10. 简述你对 PDCA 循环的理解，为什么说 PDCA 循环是个通用的工作方法？
11. 质量目标管理的特点是什么？
12. QC 小组对质量管理有什么作用？
13. 如何组建 QC 小组？如何推行 QC 小组活动？
14. 什么是标杆瞄准？标杆瞄准有哪几种类型？
15. 实施 8D 方法的基本原则有哪些？
16. 企业应如何实施全面质量管理？
17. 企业实施全面质量管理为什么可能失败？
18. 企业实施全面质量管理失败的主要原因有哪些？
19. 在企业实施全面质量管理时应如何避免失败？

第四章
ISO 9000 质量管理体系

第一节 ISO 9000 质量管理体系概述

一、ISO 9000 质量管理体系标准的产生和发展

20 世纪 50 年代末，美国发布了 MIL-Q-9858A《质量大纲要求》，该质量大纲是世界上最早的有关质量保证方面的标准。之后，美国国防部又制定和发布了一系列对武器生产商和承包商进行质量评定的标准。

美国在军品生产质量保证活动的成功经验，在世界范围内产生了很大的影响。一些工业发达国家，如英国、法国和加拿大等国家在 20 世纪 70 年代末先后制定和发布了用于民品生产的质量管理和质量保证标准。随着世界各国经济的相互合作和交流，对供方质量管理体系进行审核已逐渐成为国际贸易和国际合作的共同需求。但是，由于各国制定的质量管理和质量保证标准不同，给经济合作和贸易往来带来了阻碍，因此，国际社会普遍要求建立一个世界范围内统一公认的"质量管理和质量保证标准"。为此，国际标准化组织（International Organization for Standardization，ISO）于 1979 年成立了质量管理和质量保证技术委员会（ISO/TC 176），专门负责制定质量管理和质量保证方面的标准，以避免由于国与国之间在质量标准上的差异造成的各种问题。在求同存异的大前提下，ISO 于 1987 年 3 月发布了 ISO 9000：1987 版质量管理和质量保证系列标准。该标准采纳了很多优秀企业的优良运作模式，特别是全面质量管理的经验。该标准一经颁布就成为各国质量管理体系建立和审核所遵循的统一规范，并在世界范围内掀起了 ISO 9000 质量认证的热潮。

在标准的使用过程中，人们发现 1987 版的 ISO 9000 系列标准存在一些不完善的地方，为此，ISO/TC 176/SC 2（国际标准化组织质量管理和质量保证技术委员会质量体系分技术委员会）对标准内容进行了技术性的局部修改，并在 1994 年发布了 ISO 9000：1994 系列标准。随后，在标准的应用过程中，人们发现 1994 版 ISO 9000 系列标准仍然存在着一些不足，与现代组织的运作模式不相适应。此外，1994 版标准主要是针对规模较大的制造企业制定的，规模较小、机构简单的组织或其他行业采用时会带来不便。在这种情况下，ISO/TC 176 工作组对 ISO 9000：1994 系列标准的总体结构和技术内容又进行了较大修改，并于 2000 年 12 月 15 日发布了 2000 版 ISO 9000 系列标准。该系列标准可以帮助组织实施并有效运行质量管理体系，可广泛适用于各种行业、各种类型、不同规模和提供不同产品和服务的组织。为更准确地表述 2000 版 ISO 9001 标准的内容，并加强与 ISO 14001：2004 的兼容性，

ISO/TC 176 工作组对 2000 版标准进行了有限修正，并在 2008 年 11 月 15 日发布了 2008 版 ISO 9000 系列标准，该标准修改的内容相对较少。随着社会和经济的快速发展，当今社会已由工业社会转向信息化社会，经济体系已由工业经济转向以信息和知识为基础的服务型经济，企业面临着市场全球化、竞争激烈化、业务国际化的新形势，创新变革已成为世界经济发展的永恒动力。为此，2015 年 9 月，ISO 组织对 ISO 9000 系列标准进行了较大的改版，并发布了 ISO 9001：2015 版本，并希望该标准能在"世界范围内被认识和关注，希望这些标准能成为组织主动实现持续发展的组成部分"。

我国对口 ISO/TC 176 技术委员会的全国质量管理和质量保证标准化技术委员会（CSBTS/TC 151）是国际标准化组织的正式成员，参与了有关国际标准和指南的制定工作。CSBTS/TC 151 承担着将 ISO 9000 系列标准转化为国家标准的任务。1988 年 12 月，正式发布了等效采用 ISO 9000：1987 版系列标准的 GB/T 10300《质量管理和质量保证》系列国家标准，并于 1989 年 8 月 1 日起在全国范围内实施；1992 年 5 月发布了等同采用 1987 版 ISO 9000 系列标准的 GB/T 19000 系列标准；1994 年发布了 1994 版 GB/T 19000（等同采用 ISO 9000：1994 系列标准）；2001 年 2 月 13 日发布了 2001 版 GB/T 19000（等同采用 ISO 9000：2000 系列的三个核心标准）；2008 年 10 月 29 日发布了 2008 版 GB/T 19000（等同采用 ISO 9000：2008 系列标准）；2016 年 12 月 30 日发布了 2016 版 GB/T 19000（等同采用 ISO 9000：2015 系列标准）。

二、ISO 9000 质量管理体系标准的作用

ISO 9000 系列标准是世界上许多经济发达国家质量管理实践经验的科学总结，具有通用性和指导性。实施 ISO 9000 系列标准，可以促进组织质量管理水平和产品质量的改进和完善，对促进国际经济贸易活动，消除贸易技术壁垒，提高组织的管理水平、产品和服务质量都能起到良好的作用。概括起来，主要有以下几个方面的作用：

1. 有利于提高产品质量，保护消费者权益

现代科学技术的飞速发展，使产品向高科技、多功能、精细化和复杂化方向发展。但是，消费者在采购或使用这些产品时，一般都很难对产品质量加以鉴别。即使产品是按照技术标准生产的，但当技术标准本身不完善或组织质量管理体系不健全时，就无法保障持续提供满足要求的产品。ISO 9000 系列标准充分体现了世界各国质量管理的先进经验，按照 ISO 9000 系列标准建立质量管理体系并通过体系的有效运行，可以促进组织持续地改进产品和过程，提高产品的质量和稳定性，这无疑是对消费者权益的一种最有效的保护，也提高了消费者对产品的可信度。

2. 为提高组织的运作能力提供了有效的方法

ISO 9000 系列标准鼓励组织在制定、实施质量管理体系时采用过程方法，通过识别和管理众多相互关联的活动，以及对这些活动进行系统的管理和连续的监视与控制，以持续提高产品质量和顾客满意度。ISO 9000 质量管理体系为组织提供了持续改进的框架，能增加顾客和其他相关方满意的机会。因此，ISO 9000 系列标准为有效提高组织的运作能力和增强市场竞争能力提供了有效的方法。

3. 有利于增进国际贸易，消除技术壁垒

在国际经济技术合作中，ISO 9000 系列标准被作为相互认可的技术基础，其认证制度也

在国际范围内得到互认,并纳入 WTO/TBT(世界贸易组织/技术壁垒协定)合格评定的程序之中。因此,贯彻 ISO 9000 系列标准为国际经济技术合作提供了国际通用的共同语言和准则;取得质量管理体系认证,已成为参与国内和国际贸易,增强竞争能力的有力武器。所以,贯彻实施 ISO 9000 系列标准对消除技术壁垒、排除贸易障碍起到了十分积极的作用。

4. 有利于组织的持续改进并持续满足顾客的需求和期望

顾客要求产品具有满足其需求和期望的特点,这些需求和期望必须在产品的技术要求或规范中表述。由于顾客的需求和期望是不断变化的,这就促使组织需要持续地了解顾客的需求和期望并改进其产品和过程。而 ISO 9000 质量管理体系恰恰为组织改进其产品和过程提供了一系列的标准和指南。因而 ISO 9000 系列标准将质量管理体系要求和产品质量要求区分开来,它不是取代产品要求而是把质量管理体系要求作为对产品要求的补充和保障。这样就有利于组织的持续改进并持续满足顾客的需求和期望。

三、ISO 9000 系列标准的构成

2015 版 ISO 9000 系列标准的构成如表 4-1 所示,该标准由四项核心标准和其他支持性标准及文件组成。

表 4-1 2015 版 ISO 9000 系列标准的构成

分类	标准号	标准名称
核心标准	ISO 9000:2015	质量管理体系 基础和术语
	ISO 9001:2015	质量管理体系 要求
	ISO 9004:2018	追求组织的持续成功 质量管理方法
	ISO 19011:2018	管理体系审核指南
支持性标准和文件	ISO 10001:2018	质量管理 顾客满意 组织行为规范指南
	ISO 10002:2018	质量管理 顾客满意 组织处理投诉指南
	ISO 10003:2018	质量管理 顾客满意 组织外部争议解决指南
	ISO 10004:2018	质量管理 顾客满意 监视和测量指南
	ISO 10005:2018	质量管理体系 质量计划指南
	ISO 10006:2017	质量管理体系 项目质量管理指南
	ISO 10007:2017	质量管理体系 技术状态管理指南
	ISO 10008:2013	质量管理 顾客满意 商家对消费者电子商务交易指南
	ISO 10012:2016	测量管理体系 测量过程和测量设备的要求
	ISO/TR10013:2001	质量管理体系文件指南
	ISO 10014:2006	质量管理 实现财务和经济效益的指南
	ISO 10015:1999	质量管理 培训指南
	ISO/TR10017:2003	ISO 9001:2000 的统计技术指南
	ISO10018:2012	质量管理 人员参与和能力指南
	ISO 10019:2005	质量管理体系咨询师的选择及其服务的使用的指南

2015 版 ISO 9000 系列标准的四项核心标准分别如下:

(1) ISO 9000:2015《**质量管理体系 基础和术语**》,表述质量管理体系基础知识,并规定质量管理体系的基本概念、原则和术语。标准包含质量管理的七项原则(详见第二章

第二节）是组织改进其业绩的框架，能帮助组织获得持续成功，它也是 ISO 9000 系列质量管理体系标准的基础。

(2) ISO 9001：2015《质量管理体系 要求》，规定了质量管理体系的具体要求，指出"采用质量管理体系是组织的一项战略决策，能够帮助其提高整体绩效，为推动可持续发展奠定良好基础"。根据本标准实施质量管理体系可获得以下益处：①稳定提供满足顾客要求以及适用于法律法规要求的产品和服务的能力；②促成增强顾客满意的机会；③应对与组织环境和目标相关的风险和机遇；④证实符合规定的质量管理要求的能力。本标准可用于组织的内部和外部各方。

(3) ISO 9004：2018《追求组织的持续成功 质量管理方法》，提供质量管理方法，为组织持续成功提供指南和工具。在 ISO 9001：2015 系列标准中，将它单列成为一个独立的标准。ISO 9004：2018 标准的所有内容都是针对组织的业务发展的，而其初心就是关注组织的持续成功。ISO 9004：2018 标准第 4 章 "一个组织的质量和持续成功"中，明确指出这个标准新的关注重点是组织的成功：" '一个组织的质量' 是组织为了实现持续成功，其固有特性满足其顾客和其他相关方需求和期望的程度。" ISO 9004：2018 标准所提供的指导建立在对于相关因素做了全面说明的基础之上，而这些因素应当得到组织优秀管理者的有效管理。ISO 9004：2018 标准从可持续发展观点出发，致力于改进并以其提供的方法和指导，服务于质量领域乃至商业界中的每一个人。

(4) ISO 19011：2018《管理体系审核指南》，帮助组织实现其目标，对组织进行审核具有积极的意义。由于组织意识到应该应用管理体系标准来管理相关的过程以实现其目标，管理体系标准越来越受欢迎，从质量或能源管理到食品或交通安全，旨在帮助组织建立有效的管理体系的标准清单越来越长。仅 ISO 就有 70 多项管理体系标准，这些标准建立在国际专业知识和最佳实践的基础之上，旨在帮助组织更好地运作、节约资金以及发挥竞争优势。为充分利用管理体系确保持续改进，需要定期对管理体系的有效性进行审核。ISO 19011《管理体系审核指南》提供了一种统一的、协调的方法，能够同时对多个管理系统进行有效审核。ISO 19011：2018 更新该标准，以确保它继续提供有效的指导，以应对市场变化、不断发展的技术以及最近发布或修订的许多新的管理体系标准。2018 版 ISO 19011 的主要变化包括在审核原则中增加了基于风险的方法，以反映管理标准和市场对风险的更大关注。

从以上可以看出，在四个核心标准中，ISO 9001《质量管理体系 要求》规定了组织质量管理体系的基本要求，是组织贯标、认证审核的依据，是上述四个标准中最基本的，故 ISO 9000 系列标准的版本号通常以它的发布时间来确定。

第二节 ISO 9000 质量管理体系基本原理

一、质量管理体系基本概念

组织拥有许多与人一样的特征，是具有生命和学习能力的社会有机体。质量管理体系具有适应能力并由相互作用的系统、过程和活动组成。为了适应变化的环境，它需要具备应变能力。组织需要经常创新以实现突破性改进。组织的质量管理体系模式认识到并非所有的体系、过程和活动都可以被预先确定，因此，在复杂的内外部环境中，组织需要具有灵活性和适应能力。

组织寻求理解内部和外部环境，以识别相关方的需求和期望。这些信息被用于质量管理体系的建立，以实现组织的可持续发展。同时，质量管理体系是通过周期性改进，随着时间的推移而逐步发展的动态系统。

质量管理体系包括组织识别其目标以及确定实现预期结果所需的过程和资源的活动。

质量管理体系管理相互作用的过程和所需的资源，以向有关相关方提供价值并实现结果。

质量管理体系能够使最高管理者通过考虑其决策的长期和短期影响而充分利用资源。

质量管理体系给出了在提供产品和服务方面处理预期和非预期结果所采取措施的方法。

二、质量管理体系总则

采用质量管理体系是组织的一项战略决策，能够帮助其提高整体绩效，为推动可持续发展奠定良好基础。

组织根据 ISO 9001 标准实施质量管理体系具有如下潜在益处：
(1) 稳定提供满足顾客要求以及适用的法律法规要求的产品和服务的能力。
(2) 促成增强顾客满意的机会。
(3) 应对与组织环境和目标相关的风险和机遇。
(4) 证实符合规定的质量管理体系要求的能力。

组织的内部和外部各方均可使用 ISO 9001 标准建立自己的质量管理体系。

实施 ISO 9001 标准并不意味着各方均需要建立统一的质量管理体系架构，也不必要形成与本标准条款结构相一致的文件，也不强制在组织内使用本标准的特定术语。

ISO 9001 标准规定的质量管理体系要求是对产品和服务要求的补充。

ISO 9001 标准采用过程方法，该方法结合了 PDCA（策划、实施、检查、处置）循环与基于风险的思维。

过程方法能使组织策划其过程及其相互作用。

PDCA 循环使得组织确保对其过程进行恰当管理，提供充足资源，确定改进机会并采取行动。

基于风险的思维使得组织能够确定可能导致其过程和质量管理体系偏离策划结果的各种因素，采取预防控制措施，最大限度地降低不利影响，并最大限度地利用出现的机遇。

在日益复杂的动态环境中持续满足要求，并针对未来需求和期望采取适当行动，这无疑是组织面临的一项挑战。为了实现这一目标，组织可能会发现，除了纠正和持续改进，还有必要采取各种形式的改进，比如变革突变、创新和重组等。

三、质量管理原则

ISO 9001 标准是在 ISO 9000《质量管理体系　基础和术语》标准中所描述的质量管理原则基础上制定的。每项原则的介绍均包含其释义、该原则对组织的重要性的依据，应用该原则的主要益处示例，以及应用该原则提高组织绩效的典型措施示例。

质量管理原则包括七项内容：①以顾客为关注焦点；②领导作用；③全员积极参与；

④过程方法；⑤改进；⑥循证决策；⑦关系管理。

七项质量管理原则的具体论述详见本教材第二章第二节。

四、基于风险的思维

风险，即不确定性对预期结果的影响。风险通常以潜在的"事件"和"后果"或其组合作为特征，通常表达为事件的后果和发生的可能性的组合，有时只用于存在负面后果的可能性。基于风险的思维对质量管理体系的有效运行是至关重要的。ISO 9001：2015 标准以前的版本已经隐含基于风险思维的概念，例如：采取预防措施消除潜在的不合格，对发生的不合格进行分析，并采取适当措施防止其再次发生等。

为了满足 ISO 9001 标准的要求，组织需策划和实施应对风险和利用机遇的措施，它可为提高质量管理体系的有效性、实现改进效果以及防止不利影响奠定基础。

某些有利于实现预期结果的局面可能导致机遇的出现，例如：有利于组织吸引顾客、开发新产品和服务、减少浪费或提高生产率的一系列情形。利用机遇也可能需要考虑相关风险。风险是不确定性的影响，不确定性可能是正面的影响，也可能是负面的影响。风险的正面影响可能提供机遇，但并非所有的正面影响均可提供机遇。

（1）ISO 9001：2015 标准中应对风险的条款如表 4-2 所示。

表 4-2　ISO 9001：2015 标准中应对风险的条款

条款		要　求
4	组织环境	组织应确定风险和机会，并策划和实施适宜的措施去应对
5	领导作用	最高管理者应通过确保影响产品和服务合格以及增强顾客满意的能力的风险和机会得到确定和应对，展示以顾客为关注焦点的领导作用和承诺
6	策划	组织应策划措施以应对风险和机会，并将措施整合进质量管理体系过程并实施，评价这些措施的有效性
8	运行	组织应策划、实施和控制在 4.4（要求确定并控制风险和机会）中规定的过程
9	绩效评价	应对风险和机会所采取措施的有效性应作为管理评审的输入
10	改进	组织应考虑分析和评价的结果及管理评审的输出，以确定应作为部分改进的机会

（2）"基于风险的思维"的工作内容

1）识别组织的风险和机会是什么——取决于环境。

- ISO 9001：2015 没有要求进行全面、正式的风险评价，或者保存"风险登记簿"。
- ISO 31000：2018（《风险管理　原理及其指南》）是有用的参考标准（但不是强制的）。

2）分析组织的风险和机会，并排定优先级。

3）策划措施去应对风险，包括避免、消除或减轻风险。

4）实施策划，采取措施。

5）检查措施的有效性。

6）经验学习，持续改进。

第三节 ISO 9001：2015 标准简介

一、ISO 9001：2015 标准的整体结构

ISO 9001：2015《质量管理体系 要求》主要由十项条款组成：1 范围；2 规范性引用文件；3 术语和定义；4 组织环境；5 领导作用；6 策划；7 支持；8 运行；9 绩效评价；10 改进。其中，第 4 条到第 10 条构成标准的主要内容。ISO 9001：2015 标准的条款结构如图 4-1 所示，图中的数字与标准中的条款章节相对应。

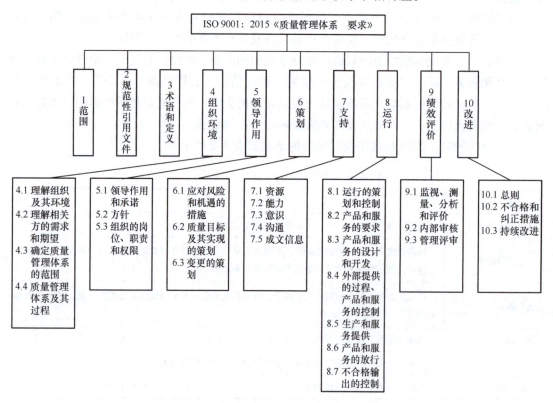

图 4-1 ISO 9001：2015 标准的条款结构

二、ISO 9001：2015 标准的核心思想

ISO 9001：2015《质量管理体系 要求》标准的核心思想是 PDCA 循环，标准的整体结构完全是按照 PDCA 循环的原理进行设计的，如图 4-2 所示。从图 4-2 可以看出，左边部分的组织及其环境、顾客要求、相关方的需求和期望构成质量管理体系建设和运行的输入；右边部分的顾客满意、质量管理体系的结果、产品和服务是质量管理体系运行的输出，这三者也同时对质量管理体系的运行提供反馈信息。中间的圆环部分集中体现了质量管理体系 PDCA 循环的核心思想：第 6 条是质量管理体系策划，根据策划的结果提供资源支持并实施体系的运行（第 7 条和第 8 条），运行结果作为绩效评价（第 9 条）的依据，通过绩效评价

时对运行过程的检查发现的问题制定有针对性的改进措施以实现持续改进（第10条），最后将改进措施标准化后对策划方案进行改进并进入下一轮循环。需要指出的是，领导作用（第5条）在质量管理体系的PDCA循环中起着重要的支持和引导作用。

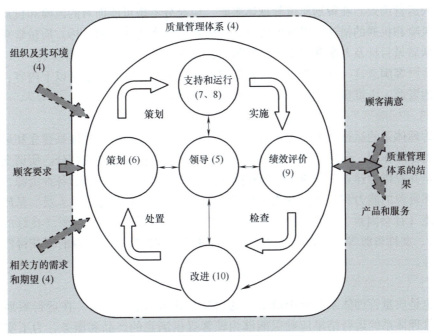

图 4-2　ISO 9001：2015 标准的 PDCA 循环概念

三、ISO 9001：2015 标准的主要条款释义

1. 组织环境（标准第4条）

组织是在环境中生存的，包括内部环境和外部环境，组织能否适应环境对组织的成功是至关重要的。组织环境中共包括四项内容：理解组织及其环境、理解相关方的需求和期望、确定质量管理体系的范围、质量管理体系及其过程。设置这一条款的主要目的是：根据组织自身的情况（价值观、文化、知识和绩效等相关因素）、所处的外部环境（国际、国内、地区或当地的各种法律法规，技术、竞争、市场、文化、社会和经济环境等因素）、相关方对组织的需求和期望，明确质量管理体系的边界，建立科学合理的文件化的质量管理体系，包括所需过程及其相互作用。

2. 领导作用（标准第5条）

如前所述，组织的领导在建立、运行和改进质量管理体系中起着不可替代的作用，是决定质量管理体系成败的主要因素。最高管理者首先要向组织内外进行承诺：要对质量管理体系的有效性负责；确保制定的质量方针和质量目标与组织环境和战略方向相一致；确保提供质量管理体系所需的资源；确保实现质量管理体系的预期结果；确保以顾客为关注焦点并始终致力于增强顾客满意等。在建立、实施和保持质量方针时，最高管理者应确保所建立的质量方针适应组织的宗旨和环境并支持其战略方向，并在组织内得到沟通、理解和应用。领导还应确保整个组织内相关岗位的职责、权限得到分配、沟通和理解。

3. 策划（标准第6条）

这里的策划是指质量管理体系的策划。质量管理体系策划的好坏，决定着体系的运行质量和组织的运营绩效。在策划质量管理体系时，应充分考虑可能面对的风险和机遇，并提出应对这些风险和机遇的措施，以确保质量管理体系能够实现其预期目标。质量管理体系的策划还应包括质量目标及其实现的策划，所策划的质量目标应与质量方针保持一致，可测量，且紧密围绕顾客满意这一基本要求。策划如何实现质量目标时，应包括以下内容：采取的措施、需要的资源、由谁负责、何时完成、如何评价结果等。

4. 支持（标准第7条）

质量管理体系的运行离不开各方面的支持，这一条款在质量管理体系建立和运行中具有非常重要的保障作用，包括资源、能力、意识、沟通和文件五个组成部分。所谓支持，是指组织应确定并提供为建立、实施、保持和持续改进质量管理体系所需的各种资源，组织应充分考虑内部资源的能力和约束，以及外部资源的可获得性。资源包括：人员、基础设施、过程运行环境（社会因素、心理因素、物理因素等）、知识资源、能力资源（良好的意识和有效的沟通）、文件资源等。组织应采取监视或测量活动等措施确保资源的可获得性、可追溯性和可靠性。

5. 运行（标准第8条）

运行也是质量管理体系要求中最重要的内容，共包括七大子项。在运行策划和控制方面，质量管理体系的运行结果应确保能够为顾客提供满意的产品和服务，为了实现这一目标，应通过监视和测量措施证实过程已经按策划进行；在产品和服务的要求方面，要保持与顾客良好的沟通，通过沟通明确产品和服务的要求，这些要求必须经过评审，在产品和服务要求发生更改后，必须形成文件化的更改体系；在产品和服务的设计和开发方面，首先要对设计和开发进行策划，应明确设计和开发输入，并通过对设计和开发过程进行控制，得到期望的设计和开发输出，在设计和开发更改时，应保留更改的文件信息；在对外部提供过程、产品和服务的控制方面，组织应该明确控制的类型和程度，并明确外部供方的信息；在生产和服务的提供方面，组织应对提供的生产和服务进行控制，包括：标识和可追溯性、顾客或外部供方的财产处理、采取的防护措施、交付后的活动、更改的控制等；在产品和服务的放行方面，明确了放行的条件和放行过程中必须形成的文件；在不合格品输出的控制方面，明确了不合格品的控制措施，强调了应形成的文件。

6. 绩效评价（标准第9条）

组织存在的前提条件是必须取得必要的绩效，因此，质量管理体系必须明确对绩效的评价措施和方法。本条款包括三个子项：监视、测量、分析和评价，内部审核，管理评审。在监视、测量、分析和评价方面，明确了以顾客满意度作为绩效评价的主线，要监视和测量与实现顾客满意有关的过程，并采用适当的方法对监视和测量获得的数据和信息进行分析和评价；在内部审核方面，标准提出来对内部审核的要求；在管理评审方面，主要给出了管理评审的输入和输出要求，并强调输入和输出都应形成文件化的信息。

7. 改进（标准第10条）

实践证明，改进是提高产品质量和组织管理水平的不二法则，因此，ISO 9001：2015《质量管理体系　要求》专门将改进作为一项重要的要求。标准条款中强调了改进的重要性，给出的改进例子包括纠正、纠正措施、持续改进、突破性变革、创新和重组等。不合格是产品和服务过程中不可避免的现象，标准条款中专门针对不合格和纠正措施提出了具体要求。该条款的最后一部分是持续改进，强调组织应持续改进质量管理体系的适宜性、充分性和有效性。

第四节 质量管理体系的建立与运行

建立、完善质量管理体系并保持其有效运行是提高企业产品和服务质量的重要环节，也是一项极其复杂的系统工程。质量管理体系的建立与运行过程如图4-3所示。

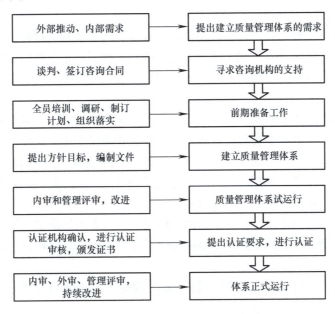

图 4-3 质量管理体系的建立与运行过程

一、质量管理体系构建的总体思路

质量管理体系是通过周期性改进，随着时间的推移而逐步发展的动态系统。无论其是否经过正式策划，每个组织都有质量管理活动。ISO 9000 系列标准为如何建立正式的体系提供了指南，以管理这些活动。在建立体系时，有必要确定组织中现有的活动和这些活动对组织环境的适宜性。ISO 9000 和 ISO 9001 及 ISO 9004 一起，可帮助组织建立一个统一的质量管理体系。良好的质量管理体系为策划、实施、监视和改进质量管理活动的绩效提供了框架。质量管理体系无须复杂化，而是要准确地反映组织的需求。在建立质量管理体系的过程中，ISO 9000 系列标准（包括核心标准、支持性标准和文件）中给出的基本概念和原则可提供有价值的指南。

质量管理体系策划不是一件简单的活动，而是一个持续的过程。计划会随着组织的学习和环境的变化而逐渐完善。计划要考虑组织的所有质量活动，并确保覆盖 ISO 9000 系列标准的全部指南和 ISO 9001 的要求。计划应经批准后实施。

组织应定期监视和评价质量管理体系计划的实施及其绩效。周密考虑的指标有助于这些监视和评价活动的实施。

审核是一种评价质量管理体系有效性的方法，目的是识别风险和确定是否满足要求。为了有效地进行审核，需要收集有形和无形的证据。基于对所收集证据的分析，采取纠正和改进措施。知识的增长可能会带来创新，使质量管理体系绩效达到更高的水平。

二、质量管理体系的策划与设计

在对质量管理体系进行策划与设计时，主要需做好以下工作：教育培训，统一认识；组织落实，拟订计划；确定质量方针，制定质量目标；现状调查和分析；调整组织机构，配备必要的资源；质量管理体系总体设计等。

1. 教育培训，统一认识

质量管理体系建立和完善的过程，是个始于教育、终于教育的过程，也是提高认识和统一认识的过程。教育培训要分层次、循序渐进地进行。特别是企业领导层要有一个统一的意志和清醒的认识，积极参与，坚持不懈，一抓到底。

2. 组织落实，拟订计划

尽管质量管理体系建立涉及一个企业的所有部门和全体员工，但对多数组织来说，成立一个精干的工作班子是绝对必要的。这个班子一般可分为以下三个层次：

第一层次，成立以行政主要领导（厂长、总经理等）为组长、质量主管为副组长的质量管理体系建设领导小组（或委员会）。其主要任务包括：①体系建设的总体规划；②检查、协调重大活动；③制定质量方针和目标。

第二层次，成立由职能部门领导参加的工作班子。这个工作班子一般由质量管理部门和计划部门的领导共同牵头，其主要任务是按照体系建设的总体规划拟订工作计划，具体组织实施质量管理体系。

第三层次，成立部门小组。根据各职能部门的分工，明确质量管理体系要素的责任单位。

3. 确定质量方针，制定质量目标

质量方针代表了企业的质量宗旨和质量方向，是企业精神和企业文化的重要体现。各企业的情况不同，对社会做出贡献的方式、程度和内容也不相同，应制定符合企业实际情况的质量方针。质量方针的内容包括：对质量、质量管理的态度，对质量的承诺，实现承诺的手段等。

以下是某企业的质量方针要点：

（1）对应 ISO 9000 要求的责任由经营管理组织和全体员工负责。

（2）在整个企业开展与顾客要求一致的质量活动、零缺陷活动和防止再发生活动。

（3）制定工序和质量管理体系文件，质量部门和其他部门协调合作，并搞好维护活动。

（4）经理以下的经营管理人员要对这些质量方针的实施付出极大的努力。

4. 现状调查和分析

在建立质量管理体系之前，首先要对企业的现状进行调查和分析，包括：

（1）对体系的应用环境（合同、非合同的）进行分析，得出质量管理体系应用范围和实施深度的要求。

（2）对产品的特点进行分析，根据产品的技术密集程度、应用对象、产品安全特性等，

确定标准的采用程度。

（3）对组织机构进行分析，明确企业的管理机构设置是否适应质量管理体系的需要，建立与质量管理体系相适应的组织机构并确定各机构之间的隶属关系、质量职能和沟通方法。

（4）研究生产设备和检测设备的技术水平能否适应质量管理体系的有关要求。

（5）对技术、管理和作业人员的知识结构及能力状况进行分析。

（6）对企业管理的基础工作情况，例如标准化、技术管理、计量、设备、质量责任制、质量教育和质量信息工作等进行分析。

5. 调整组织机构，配备必要的资源

为完成落实质量管理体系要求的质量活动，必须将与这些活动相应的工作职责和权限分配、落实到各职能部门。另外，在质量活动开展过程中，必然会涉及相应的硬件、软件和人员配备，根据需要进行适当的调配和充实。

6. 质量管理体系总体设计

在完成上述诸项工作后，应参照 ISO 9000 标准对企业的质量管理体系进行总体设计，作为最终建立和完善质量管理体系的大纲和指南。总体设计方案应由最高管理者或管理者代表领导下的体系设计小组负责提出，由最高管理者主持的决策会议审定。其主要内容包括：

（1）确定质量方针和质量目标。

（2）确定质量管理体系覆盖的范围。

（3）确定组织机构及质量职能的分配。

（4）明确质量管理体系涉及的产品和过程。

（5）明确质量管理体系过程网络及接口关系。

（6）明确质量管理体系文件结构及编制要求。

（7）制订资源配置计划。

三、质量管理体系文件的编制

在编制质量管理体系文件时应注意以下问题：

（1）质量管理体系文件既是对现有管理活动的规范化，又为进一步的改进和创新奠定基础。作为一个管理标准，它既有规范的功能，又有制约的机制。从某种意义上讲，产品质量的改进，总是伴随着质量管理体系的创新，而这些又都会伴随着质量管理体系文件的实施和文件的更改完善。

（2）在编制质量管理体系文件时，"体系建立的合理性"是应当遵守的基本原则。体系文件应符合 ISO 9000 系列标准的适用要求，符合组织的实际情况，注重实效，不搞表面文章。质量管理体系有效运行的前提是有一套适用的质量管理体系文件，使之成为开展各种质量活动的依据。

（3）企业可以运用灵活的方式将其质量管理体系形成文件。文件与组织的全部活动或所选择的部分活动有关，可采用任何形式或类型的介质。没有文件不行，但并不是文件越多越好或越细越好。组织所制定的文件的多少和详略程度应以能够证实其对质量管理体系及过程进行有效的策划、运作、控制和持续改进为宜，文件的多少和详略程度取决于组织的规模、活动的类型、过程及其相互作用的复杂程度以及人员的能力。

（4）为了使质量管理体系文件协调统一，在文件编制时应对现有的各种文件进行收集整理，与相应的质量管理体系要求进行比较，并在此基础上编制"质量管理体系文件明细表"，确定新编、修订、合并及废止的文件目录，落实所编文件的责任人、编制要求和完成日期。体系文件的编制要制定统一的规范，做到结构层次清晰、编写格式规范、术语统一、体系完整。

（5）除质量手册应由组织统一编写外，其他层次的文件可按分工要求由相关部门分别编制，一般是"谁主管，谁编制，谁实施，谁修改"。提出草案后统一由组织印制，贯彻"把质量方针与目标写实，职责和权限写准，过程展开及质量活动写全"的原则。

四、质量管理体系的试运行阶段

质量管理体系文件编制完成后，将进入试运行阶段。其目的是通过试运行考验质量管理体系的有效性和协调性，并对暴露出的问题采取改进措施，以进一步完善质量管理体系文件。其中，"体系运行的有效性"是应该遵循的基本原则。

在质量管理体系试运行过程中，要重点抓好以下工作：

（1）有针对性地宣传贯彻质量管理体系文件，使全体员工都认识到，新建立的质量管理体系是对过去质量管理体系的改进和完善，是为了与国际标准接轨，要适应新的质量管理体系就必须认真学习，努力贯彻质量管理体系文件。

（2）实践是检验真理的唯一标准。体系文件通过试运行阶段必然会发现一些问题，要随时把实践中发现的问题和改进意见如实地反馈给有关部门，以便采取纠正措施。

（3）体系建设的工作班子对体系试运行中暴露出的问题，如体系设计不周、内容不全、体系环境不适应等进行协调和完善。

（4）加强信息管理不仅是体系试运行本身的需要，也是保证体系运行成功的关键。所有与质量活动有关的人员都应按照体系文件的要求，做好质量信息的收集、分析、传递、反馈、处理和归档等工作。

五、质量管理体系审核与评审阶段

质量管理体系的内审和管理评审是为保证质量管理体系有效运行的一项有力措施。不论是在体系的试运行中还是在以后的正常运行阶段都必须周期性地开展质量管理体系的内审与管理评审活动。

在质量管理体系试运行阶段，体系内审与管理评审的目的主要是对新建立体系的有效性和合理性进行验证，以便及时发现问题，采取纠正措施和改进措施。

（1）正常情况下的内部体系审核，一般是按计划进行的；而试运行阶段的体系审核则比较灵活，可以视试运行的情况，临时安排内部审核。

（2）在试运行阶段要对所有体系过程全面审核一遍，即审核的内容要能覆盖体系的所有过程。

（3）参加审核的人员应由与审核领域无直接关系的人员担任。但仅此还不够，企业领导还应发动参与体系试运行的人员主动提供体系试运行过程中存在的问题，特别是接口不清晰和体系不协调的问题。

（4）只有当体系试运行通过审核和评审且取得一定成效后，由单位领导为主体的体系评审（也称管理评审）的效果才会更好。

（5）虽然质量管理体系审核和评审的目的是验证体系的有效性和适宜性，但也必须考虑质量管理体系对产品质量的保证作用。必要时可对产品或关键过程进行质量审核，作为对质量管理体系内部审核和管理评审的一种补充。

六、质量管理体系建立和运行中应注意的问题

（1）每个企业在客观上都存在一个质量管理体系，但应明确这个体系还存在许多问题，需要不断地加以改进和完善。

（2）一个企业只能建立一个质量管理体系，这个体系应覆盖多种产品，适应不同环境的要求，但有时可以根据不同的产品建立不同的质量保证模式，例如同时进行军民品生产的企业，由于要求不同，就可以在一个质量管理体系框架下同时建立两套质量保证模式。

（3）质量管理体系的建立和运行过程是一项复杂的系统工程，涉及企业的每一级领导、每一位员工、每一个部门和每一项质量活动，所以必须得到各级领导的高度重视和每一位员工的积极参与，以及各个部门间的通力合作。

（4）必须根据企业的实际情况制定质量方针和质量目标，并层层分解到部门和个人，使之得到贯彻和落实。

（5）体系文件必须上下协调，接口清晰，可操作性强。文件应该是实际工作成功经验的体现，各项工作都应严格遵照有关文件执行。体系文件不仅应包括质量管理性文件，也要包括与产品质量和工作质量有关的技术文件与作业指导书，以及工作完成后的证实性文件即质量记录。

（6）确定一名熟悉质量管理、了解企业实际情况、具有较强组织协调指挥能力的管理者代表，建立一个业务能力强、具有较高权威性的工作机构，对能否顺利建立和有运行质量管理体系是十分重要的。

（7）必须制订较严密的工作计划，使一切工作都"按部就班"地进行，以达到预期目标。

（8）质量管理体系文件一旦发布，必须严格实施，照章办事。如果执行过程中发现属于文件的问题，则应按规定对文件进行及时修改，使体系文件更加完善。

 第五节 质量管理体系的审核和认证

一、质量管理体系的审核

1. 审核的概念

审核（Audit）是指对某项工作进行独立的审查，即由与被审查方无直接责任关系、具有相应资质的机构进行的一种检查和评价活动。在 ISO 9000：2015 标准中，审核的定义是：为获得客观证据并对其进行客观的评价，以确定满足审核准则的程度所进行的系统的、独立的并形成文件的过程。

审核准则（Audit Criteria）是：用于与客观证据进行比较的一组方针、程序或要求，如质量手册、程序及相关质量文件等都是审核的主要依据，包括质量管理体系要求、质量方针、目标、政策、承诺、程序、作业指导书和记录等，这些内容一般反映在质量管理体系文

件中，但也可以以其他形式存在。

2. 质量审核的原则

为确保审核的有效性和效率，质量审核要遵循以下六项原则：

（1）审核员和审核方案管理人员应具备敬业精神、具有相应的能力、公正无偏见等基本素质。

（2）提交的审核发现、审核结论和审核报告应真实和准确地反映审核活动。

（3）审核人员应能够在所有审核情况下做出合理的判断。

（4）审核人员不应为个人利益不适当地或以损害受审核方合法权益的方式使用审核信息。

（5）审核人员应独立于受审核的活动，在整个审核过程中应保持客观性，并且在任何情况下都应不带偏见，没有利益上的冲突。对于内部审核，审核员是独立于被审核职能的运行管理人员。

（6）在审核过程中，要应用合理的方法得出可信和可重现的审核结论，审核证据应是能够验证的。

3. 质量体系审核的分类

质量体系审核可以从不同的角度和方法进行分类。

（1）审核主体分类法。这种分类方法可以把审核分为第一方审核、第二方审核和第三方审核三种。

1）第一方审核。第一方审核是指组织用于内部管理的目的，由组织自己或以组织的名义进行的对其自己的产品、过程或质量管理体系的审核。第一方审核的目的是保持组织质量体系正常有效地运行，通过审核可以综合评价组织质量管理体系的运行状态，评价各项质量活动及其结果的有效性，同时对审核中所发现的不符合项采取纠正和改进措施。第一方审核的结果可以作为组织声明自身合格的基础。第一方审核的审核员通常是本组织内部经过培训的内审员，但必要时也可聘请外部人员参加。

2）第二方审核。第二方审核是指组织的用户、顾客等需方对组织进行的审核。在市场经济中，组织总是要不断寻求新的市场和需方，而需方也要在众多可供选择的组织中挑选合格的供应商，或对新的潜在供应商进行审核，以此作为最终采购的依据。第二方审核通常由需方派出审核人员或委托外部代理机构对供方组织的质量管理体系进行审核评定。

3）第三方审核。第三方审核是指由有资质的第三方（认证/注册机构）对申请审核或认证的组织所进行的审核。但第三方审核的目的不一定是认证注册。第三方审核的关键是独立、公正的第三方，与组织和需方（顾客）均无利益关系。

（2）审核对象分类法。依据审核对象进行分类，可将审核分为质量管理体系审核、产品质量审核、过程/工序质量审核和服务质量审核四类。

1）质量管理体系审核。质量管理体系审核是独立地对一个组织的质量管理体系进行的审核。质量管理体系审核应覆盖组织所有的部门、区域和过程，应围绕产品形成的全过程进行。通过对质量形成相关各部门、区域和过程的审核，全面、准确地评价质量体系的符合性、有效性和适宜性。

2）产品质量审核。产品质量审核是通过对产品形成过程各阶段的质量和成品质量进行实物评价的活动，用以确定产品质量的符合性和适用性。产品质量审核可以由组织内部的审核人员独立地进行，也可委托第三方进行。

3）过程/工序质量审核。过程/工序质量审核一般是针对产品形成过程中的特殊过程、关键过程进行的审核，重点是检查过程/工序能力的可靠性和适宜性，以及过程的受控状态。过程/工序质量审核可以从过程的 5M1E 各因素分析入手，也可以进行必要的分析计算，如工序能力指数计算等。

4）服务质量审核。通常以产品的技术服务为主，产品服务为辅，服务审核的重点是服务的适用性和适宜性。

4. 质量管理体系审核的步骤

不管是第一方审核、第二方审核还是第三方审核，其基本步骤都大同小异，主要包括：制订审核计划、成立审核小组、编制审核提纲、实施审核、提交审核报告、跟踪审核等。

（1）**制订审核计划**。根据审核目的和要求，以及被审核方提供的审核文件，由审核组长制订审核活动计划和审核文件。审核文件通常包括：质量手册、程序文件、工作记录、现场审核记录、不合格报告等。

（2）**成立审核小组**。根据审核的主题不同，分别成立相应的审核小组。第一方审核的审核小组主要由管理者代表和品质部的相关内审人员组成；第二方审核的审核小组则是由需方委托或派出的审核人员组成；第三方审核的审核小组通常由具有资质的审核机构的人员组成。

（3）**编制审核提纲**。通常包括审核日程安排、编制检查表等。

（4）**审核实施**。以首次会议开始现场审核，在现场审核中，审核员运用各种审核方法和技巧，收集审核证据，得出审核发现，进行分析判断，开具不合格项报告，并以末次会议结束现场审核。审核组长应对审核的全过程进行控制。

（5）**提交审核报告**。现场审核结束后，应提交审核报告。审核报告的内容包括：审核报告的编撰、批准、分发、归档、考核奖惩，纠正、预防和改进措施的提出，确认分层分步改进的要求。

（6）**跟踪审核**。应加强对审核后的过程的实施及纠正情况进行跟踪审核，并在下一次审核时对措施的实施情况及效果进行复查，评价后写入报告，实现审核闭环管理，以推动持续的质量改进。

二、质量管理体系认证

1. 质量认证的概念

质量认证也称为合格性认证（Conformity Certification）。在国际标准化组织 1991 年出版的第 2 号指南《标准化、认证与实验室认可的一般术语及定义》中，对"合格性认证"的定义是："第三方依据程序对产品、过程或服务符合规定的要求给予书面保证（合格证书）"。该定义主要用于对产品质量的认证。当用于质量管理体系认证时，只需将"质量管理体系"取代上述定义中的"产品、过程或服务"即可。

2. 质量管理体系认证的概念

自 ISO 9000 系列标准问世以来，已被世界上 100 多个国家和地区所采用。贯彻 ISO 9000 系列标准并获得第三方质量管理体系认证，已成为当今质量管理的一股潮流。我国自 1992

年等同采用 ISO 9000 系列标准以来，全国出现了贯彻标准和进行认证的热潮。

质量管理体系认证是依据 ISO 9001：2015 标准和相应的技术文件要求，由国家主管部门认可的第三方认证机构确认，并通过颁发认证证书和认证标记来证明某一质量管理体系符合 ISO 9001 质量管理体系的要求。其目的在于通过审核、评定和事后监督等活动，对供方的质量保证能力给予证实。从其性质来讲，它来源于质量认证中的"企业质量保证能力评定"，是质量认证基本形式中的一种。从其活动方式和对企业质量管理体系的作用来讲，它又是质量审核中的第三方质量管理体系审核，由第三方权威机构派出的国家注册的质量管理体系审核员负责开展的活动。质量管理体系认证除核动力、压力容器等安全性要求特别高的产品外，一般以企业自愿申请为原则。

3. 质量管理体系认证的实施程序

进行质量管理体系认证一般要经过认证申请、审核准备、实施审核、编写审核报告、注册和注册后的管理等过程。

(1) 认证申请

1) 提出认证申请。申请认证的单位（申请方）首先要与认证机构交换信息，并按认证机构的要求和规定的表格填写申请书，提供所需的附件。申请书一般包括以下内容：①申请方名称、地址、邮政编码、主要业务、负责人姓名，以及联系人姓名、职务、电话、传真、电子邮件地址、QQ、微信等；②企业质量管理体系及其过程的一般信息；③申请方表示愿意遵守认证管理办法规定的声明；④申请书的填报日期、申请方负责人的签名等。申请书的附件是指说明申请方质量管理体系状况的文件，一般包括以下几个方面：①覆盖所申请认证质量管理体系的质量手册；②申请认证质量管理体系所覆盖的产品；③申请方的基本情况，如申请方的性质和经营状况，主要产品及生产特点，人员、生产设施和装备、验证手段状况，其他足以说明申请方质量保证能力的证明。

2) 认证申请的审查与批准。认证机构收到申请方的正式申请后，将对申请方的申请文件进行审查。经审查符合规定的申请要求，决定接受申请，由认证机构向申请方发出"接受申请通知书"，并通知申请方做好下一步与认证有关的工作安排，并预交认证费用。若经审查不符合规定的要求，认证机构将及时与申请方联系，要求申请方做必要的补充或修改，符合规定后，再发出"接受申请通知书"。如果确定不符合规定的申请要求，决定不接受申请，认证机构将向申请方发出"不接受申请通知书"，说明不接受的理由，并退回有关文件。

3) 非正式访问。如果有必要，认证机构可以派员去申请单位进行非正式访问。这种访问的目的在于了解申请方的规模、产品和生产特点、认证准备情况、是否需要聘请专家等。

(2) 审核准备

1) 组织审核组。审核组长由认证审核机构提名，选定的审核组长将负责审核计划的制订，审核的组织、实施及控制，签署审核报告和不合格项报告等工作。审核组成员由审核组长与认证审核机构领导商定。必要时，可聘请对审核范围所涉及的技术熟悉的专业人员参加审核工作。审核员确定后，审核组长应在征求有关审核员的意见后，为每一位审核员指派由其负责审核的具体质量管理体系过程或职能部门。

2) 制订审核计划。审核计划是对审核活动的具体安排，由审核组长负责编制，审核机构批准确认,一般在审核前10~30天通知受审核方,使其有充分的时间按审核计划要求做好安排。审核计划的内容包括:审核的目的和范围,审核依据的标准,审核涉及的部门、人员和场所,审核组成员,审核日程安排,保密事项和要求等。

3)审核员准备工作文件。审核组长按审核计划要求将任务分配给审核员,审核员按照分工进一步审查申请方的质量管理体系文件并编制检查表。编制检查表的依据是:受审单位的质量管理体系文件,有关支持性标准,受审单位的质量管理历史等。所编制的检查表应起到以下作用:确定与审核目标有关的样本、要点,使审核覆盖面完整;合理确定审核秩序,使审核工作有条不紊地进行,提高审核效率,作为审核工作的文字记录,有利于受审核方做好审核准备。

(3) 实施审核

1)首次会议。首次会议是实施审核的开端,是审核组全体成员与受审核方领导及有关人员共同参加的会议,是第三方审核必须召开的一次重要会议。首次会议由审核组长主持。其作用和内容是:双方相互介绍;重申审核的范围和目的;介绍审核的方法和程序;建立双方的正式联系,明确审核分工及陪同人员或联络人员;确认审核组所需要的资源和设施;确认中间会议和末次会议的时间;澄清审核计划中不明确的内容;保密原则声明等。

2)现场审核。首次会议结束后,即进入现场审核过程。现场检查的主要目的是验证受审方质量管理体系的有效性。在现场检查时应注意收集证据,要从适用性和有效性两个方面取证。对收集到的证据要进行分析、整理,以确定哪些是不符合项。发现有重大不合格项,明显不能通过时,审核组长应及时告知受审核方,并终止审核。如受审核方要求继续审核,可视情况决定是否继续进行。

3)审核组内部会议。在现场检查后召开审核组内部会议。会议内容是:审查不符合项报告,判定质量管理体系的有效性,为末次会议做准备。

4)末次会议。实施审核以末次会议结束。末次会议的主要目的是向受审核方说明审核结果,宣读审核报告,以使他们能够清楚地理解审核结论。审核组长就受审核方的质量管理体系宣布审核结论。审核结论包括推荐注册、不推荐注册和纠正措施有效实施后推荐注册三种。若有要求时,审核员还可以对改进质量管理体系提出建议,这些建议对受审核方不是约束性的,由受审核方决定采取改进措施的程度、方式和方法。向受审核方提交审核报告后,现场审核即告结束。

若审核结果为"纠正措施有效实施后推荐注册",则应对不合格项进行纠正措施跟踪,确认纠正结果符合要求。整个跟踪过程一般在正式审核后一个月内完成,并需提交跟踪审核报告。

(4) 编写审核报告

1)审核报告的内容。审核报告应包括下列内容:报告的唯一性标识(编号);受审核方的名称、地点、审核日期,目的与范围,依据性文件,审核组成员,审核计划(作为附件),对不符合项的说明(不符合项报告作为附件),总结和建议等。

2)对不符合项的说明。对不符合项说明应是综合性的,包括不符合项总数、按重要性分类、按原因分类等。

3)综合分析。综合分析可按不符合ISO 9001:2015《质量管理体系 要求》的条款和部门做矩阵分析。

4) 总结。在总结中应明确给出下述结论：提出主要问题以及薄弱环节的部门和环节；未发现问题的部门和好的方面；针对审核目的明确给出结论意见：同意推荐注册，经采取纠正措施后推荐注册，不同意推荐注册。

5) 审核报告的提交、分发和存档。审核报告应由审核组长提交给审核机构，并附以观察结果记录、凭证材料表及其他文件。审核报告的进一步发放，应征得受审核方的意见后再确定。审核报告应尽可能及时发布，反之，应向受审核方说明推迟发布的理由，并确定新的发布日期。向委托方递交审核报告之后，审核即告结束。

(5) 注册和注册后的管理

1) 审批与注册。认证机构对审核组提出的审核报告进行全面审查。若批准通过认证，则认证机构予以注册并颁发注册证书。所谓注册，是指认证机构将通过认证的供方的特点和已评定的能力范围登记在注册表中。注册证书一般包括：证书号，注册供方的名称、地址，所认证质量管理体系覆盖的产品范围，颁发证书的机构、签发人和日期。获准体系认证的供方可以利用认证机构的注册证书及准予使用的注册标志做广告宣传，表明本组织具有的质量信誉。经审查，若需改进后方可批准通过认证，则由认证机构书面通知申请方需要纠正的问题及完成纠正的期限，到期再做必要的复查和评价，证明确实达到了规定条件后，方可批准认证，并注册发证。经审查，若决定不予批准认证，则由认证机构书面通知申请方，并说明未予以通过认证的理由。

2) 注册后的监督管理。注册有效期一般为3年。在有效期内，认证机构应对注册单位实施跟踪监督管理，包括供方通报、监督检查、认证暂停、认证撤销、认证有效期的延长等。

① 供方通报。认证合格的供方质量管理体系在运行过程中出现以下较大变化的情况时，供方需及时向认证机构通报：质量手册已做重大调整或修改；质量管理体系覆盖的产品结构发生了重大变化；供方负责人或管理者代表发生变动；质量管理体系覆盖的产品发生了重大质量事故。认证机构在接到供方的上述通报后，将视具体情况采取必要的监督检查措施。

② 监督检查。监督检查是指认证机构对认证合格的供方质量管理体系维持情况进行的监督性现场检查，包括定期和不定期监督检查。定期监督检查通常为每半年或每一年一次，不定期监督检查视需要临时安排。监督检查的程序与批准认证的初次检查相似，但在检查内容上有很大的精简。监督检查应重点检查以下内容：上次检查时发现缺陷的纠正情况；质量管理体系是否发生变化，以及这些变化对质量管理体系的有效性可能产生的影响；质量管理体系中关键项目的执行情况等。

③ 认证暂停。认证暂停是认证机构对认证合格的供方质量管理体系发生不符合认证要求的情况时采取的警告措施。在认证暂停期间，供方不得使用质量管理体系认证证书进行宣传。认证暂停由认证机构书面通知供方，同时也指明取消暂停的条件。发生以下情况时，认证机构将做出认证暂停的决定：供方提出暂停；监督检查中发现供方质量管理体系存在不符合有关要求的情况，但尚不需要立即撤销认证；供方不正确使用注册、证书、标志，但又未采取使认证机构满意的补救措施。

④ 认证撤销。认证撤销是指认证机构撤销对供方质量管理体系的合格性证明。认证撤销由认证机构书面通知供方，并撤销注册，收回证书，停止供方使用认证标志。发生以下情

况时，认证机构将做出撤销认证的决定：供方提出撤销认证；认证机构发出认证暂停通知后，供方未在规定的期限内采取纠正措施并达到规定的条件；监督检查中发现供方质量管理体系存在严重不符合有关要求的情况；认证要求发生变更时，供方不愿或不能确保符合新的要求；供方不按规定向认证机构缴纳费用。

⑤ 认证有效期的延长。在认证合格有效期满前，如果供方愿意继续延长时，可向认证机构提出延长认证有效期的申请。获准延长认证有效期的程序，原则上与初次认证相同，但由于连续性监督的因素，在具体实施过程中将大为简化。

第六节 质量、环境、职业健康安全三标一体化管理体系

一个组织具有不同的管理内容，包括质量管理、环境管理、安全健康管理等，这些管理内容可以整合成为一个单一的管理体系。这种单一的管理体系有效运行时，可以更加有效和高效地利用资源对组织进行管理，对组织的质量、成长、资金、利润率、环境、职业健康和安全、能源、公共安全以及组织其他方面有关目标的实现起到很大的作用。目前，应用较多的是对质量管理体系（QMS）、环境管理体系（EMS）和职业健康安全管理体系（QHSMS）三种管理标准的一体化整合，国际标准化组织（ISO）于2018年发布的《管理体系标准综合指南手册》可提供有用的指导，为此，要求这些标准采用相近的MSS高阶结构，即整合后三标一体化管理体系的十个章节均符合PDCA循环的结构。

一、建立三标一体化管理体系的意义

三标一体化管理体系是将ISO 9001：2015《质量管理体系 要求》、ISO 14001：2015《环境管理体系 要求及使用指南》、ISO 45001：2018《职业健康安全管理体系 要求及使用指南》三个管理体系标准，结合组织的具体情况，整合成一套包含质量、环境、职业健康安全的一体化管理体系，以达到不断提高产品质量、提高环保水平、改进员工健康和生产安全条件的目的。

建立三标一体化管理体系具有以下重要意义：

（1）充分利用组织的管理资源。把组织的主要管理活动纳入一个整体，可以充分利用管理资源，提高管理效率。

（2）有利于实现组织对产品的全面控制。企业生产的产品，要有利于顾客使用，有利于社会文明（包括对环境的影响），也要有利于员工健康。

（3）简化评审认证活动。如果对三个标准分别进行体系评审与认证，会造成工作重复。实行一体化管理体系可以提高认证工作效率，也会减轻企业的负担。

总之，建立一体化管理体系有利于企业制定综合的管理目标和方针，有利于优化资源配置、降低成本、提高效率，有利于提高企业总体的管理水平。因此，实施一体化管理体系可以产生良好的社会效益和经济效益。

二、ISO 14000系列标准的概念

1. ISO 14000系列标准的产生背景

为了既满足当代人的需求，又不损害后代人满足其生存需求的能力，必须实现环境、社

会和经济三者之间的平衡。通过平衡这"三大支柱"的可持续性,以实现可持续发展目标。同时,随着国家法律法规的日趋严格,以及因污染、资源的低效使用、废物管理不当、气候变化、生态系统退化、生物多样性减少等给环境造成的压力不断增大,社会对可持续发展、透明度和责任的期望值已发生了变化。因此,各组织通过实施环境管理体系,采用系统的方法进行环境管理,以期为"环境支柱"的可持续性做出贡献。

从20世纪80年代起,美国和欧洲的一些企业为提高公众形象,减少污染,率先建立起自己的环境管理方式,这就是环境管理体系的雏形。1992年在巴西的里约热内卢召开的"环境与发展"大会通过了《21世纪议程》等文件,标志着在全球建立清洁生产,减少污染,谋求可持续发展的环境管理体系的开始。1993年6月,国际标准化组织成立了ISO/TC 207环境管理技术委员会,正式开展环境管理系列标准的制定工作,以规范企业和社会团体等所有组织的活动、产品和服务的环境行为,支持全球的环境保护工作。国际标准化组织于1996年底正式颁布了ISO 14000系列标准。ISO 14000被称为是国际标准化组织继成功推出ISO 9000之后的又一重要贡献。为了更加清晰和明确ISO 14001标准的要求,国际标准化组织对该标准进行了修订,并于2004年11月15日颁布了新版标准ISO 14001:2004《环境管理体系 要求及使用指南》。2015年9月15日发布新版本的ISO 14001:2015《环境管理体系 要求及使用指南》。

1996年12月,中国国家质量监督检验检疫总局发布了我国正式的国家标准,即GB/T 24001—1996(《环境管理体系 规范及使用指南》),等同采用ISO 14001:1996标准;2005年5月又发布了GB/T 24001—2004(《环境管理体系 要求及使用指南》),等同采用ISO 14001:2004标准;2016年10月13日发布GB/T 24001—2016标准,等同采用ISO 14001:2015。

2. ISO 14000系列标准的构成

ISO 14000系列标准包括环境管理体系、环境审核、环境标志、生命周期评价等与环境有关的内容。国际标准化组织给ISO 14000系列标准预留了100个标准号,编号为ISO 14001~ISO 14100。根据ISO/TC 207各分技术委员会的分工,这100个标准号的分配如表4-3所示。

表4-3 ISO 14000系列标准号分配表

	名 称	标 准 号
SC1	环境管理体系(EMS)	14001~14009
SC2	环境审核(EA)	14010~14019
SC3	环境标志(EL)	14020~14029
SC4	环境行为评价(EPE)	14030~14039
SC5	生命周期评估(LCA)	14040~14049
SC6	术语和定义(T&D)	14050~14059
WG1	产品标准中的环境指标	14060
	备用	14061~14100

这一系列标准以 ISO 14001 为核心，针对组织的产品、服务、活动逐渐展开，为组织的环境管理提供了一套全面、完整的环境管理标准，体现了市场条件下"自我环境管理"的思路和方法。

3. 核心标准 ISO 14001

ISO 14001《环境管理体系　要求及使用指南》是 ISO 14000 系列标准中的主体标准。

（1）环境管理体系的目的。ISO 14001 标准旨在为各组织提供框架，以保护环境，响应变化的环境状况，同时与社会经济需求保持平衡。

ISO 14001 标准规定了环境管理体系的要求，使组织能够实现其设定的环境管理体系的预期结果：预防或减轻不利环境影响以保护环境；减轻环境状况对组织的潜在不利影响；帮助组织履行合规义务；提升环境绩效；运用生命周期观点，控制或影响组织的产品和服务的设计、制造、交付、消费和处置的方式，能够防止环境影响被无意地转移到生命周期的其他阶段；实施环境友好的，且可巩固组织市场地位的可选方案，以获得财务和运营收益；与有关的相关方沟通环境信息。

（2）ISO 14001 标准的内容。ISO 14001 标准符合国际标准化组织对管理体系标准的要求。这些要求包括一个高阶结构、相同的核心正文以及具有核心定义的通用术语，目的是方便使用者实施多个 ISO 管理体系标准。

ISO 14001 标准不包含针对其他管理体系的要求，例如质量、职业健康安全、能源或财务管理。然而，本标准使组织能够运用共同的方法和基于风险的思维，将其环境管理体系与其他管理体系的要求进行整合。

ISO 14001 标准包括了评价符合性所需的要求。任何有愿望的组织均可能通过以下方式证实符合本标准：进行自我评价和自我声明；寻求组织的相关方（例如：顾客）对其符合性进行确认；寻求组织的外部机构对其自我声明的确认；寻求外部组织对其环境管理体系进行认证或注册。

（3）ISO 14001 标准的范围。标准规定了组织能够用于提升其环境绩效的环境管理体系要求。标准可供寻求以系统的方式管理其环境责任的组织使用，从而为"环境支柱"的可持续性做出贡献。标准可帮助组织实现其环境管理体系的预期结果，这些结果将为环境、组织自身和相关方带来价值。

标准适用于任何规模、类型和性质的组织，并适用于组织基于生命周期观点所确定的活动、产品和服务中能够控制或能够施加影响的环境因素。标准能够全部或部分地用于系统地改进环境管理。然而，只有当本标准的所有要求都被包含在组织的环境管理体系中且全部得到满足，组织才能声明符合本标准。

4. ISO 14000 系列标准的特点

ISO 14000 系列标准以极其广泛的内涵和普遍的适用性在国际社会引起了极大的反响，它具有以下主要特点：

（1）**以市场驱动为前提**。由于环境污染中相当大一部分是由于管理不善造成的，而强调管理，正是解决环境问题的重要手段和措施，因此促进了企业开始进行全面改进环境管理工作。ISO 14000 系列标准一方面满足了各类组织提高环境管理水平的需要，另一方面为公众提供了一种衡量组织活动、产品和服务中所含有的环境信息的工具。

（2）**强调污染预防**。ISO 14000 系列标准体现了国际环境保护领域由"末端控制"到

"污染预防"的发展趋势。环境管理体系强调对组织的活动、产品和服务中具有或可能具有潜在环境影响的环境因素加以管理，建立严格的操作控制程序，保证企业环境目标的实现。生命周期分析和环境表现（行为）评价则将环境方面的考虑纳入产品的最初设计阶段和企业活动的策划过程，为决策提供支持，预防环境污染的发生。这种预防措施更彻底有效，更能对产品发挥影响力，从而带动相关产品和行业的改进与提高。

（3）可操作性强。ISO 14000 系列标准体现了可持续发展战略的思想，将先进的环境管理经验加以提炼浓缩，转化为标准化的、可操作的管理工具和手段。例如，标准不仅提供了对体系的全面要求，还提供了建立体系的步骤和方法指南。标准中没有绝对量和具体的技术要求，使得各类组织能够根据自身情况"量身定做"并运用。

（4）标准具有广泛的适用性。ISO 14000 系列标准应用领域广泛，涵盖了企业的各个管理层次，生命周期评价方法可以用于产品及包装的设计开发、绿色产品的优选；环境表现（行为）评价可以用于企业决策，以选择有利于环境和市场风险更小的方案；环境标志则起到了改善企业公共关系，树立企业环境形象，促进市场开发的作用；而环境管理体系标准则进入企业的深层管理，直接作用于现场操作与控制，明确员工的职责与分工，全面提高员工的环境意识。各类组织都可以按标准所要求的内容建立并实施环境管理体系，也可向认证机构申请认证。

（5）强调自愿性原则。ISO 14000 系列标准的应用是基于自愿原则的。国际标准只能转化为各国国家标准而不等同于各国法律法规，不可能要求组织强制实施，因而也不会增加或改变一个组织的法律责任。组织可根据自己的经济、技术等条件选择采用。

三、ISO 45001 标准的概念

1. ISO 45001 标准产生的背景

在全球经济一体化的大背景下，随着企业规模扩大和生产集约化程度的提高，企业的社会责任和劳工标准等问题越来越引起社会的关注。为了适应现代化的管理模式，企业必须使包括安全生产管理在内的所有生产经营活动实现科学化和标准化。

1996 年，英国标准化协会（BSI）制定并发布了英国国家标准 BS 880：1996《职业健康安全管理体系指南》，美国工业健康协会（AIHA）制定了《职业健康安全管理体系 AIHA 指导性文件》。1997 年，澳大利亚/新西兰标准协会（AS/NZS）联合制定了澳大利亚/新西兰国家标准 AS/NZ 4804：1997《职业健康安全管理体系——原则、体系和支持技术的总则》，日本工业安全卫生协会（JISHA）推出了《职业健康安全管理体系 JISHA 指南》，挪威船级社（DNV）制定了《职业健康安全管理体系认证标准》。1999 年，英国标准化协会、挪威船级社、爱尔兰国家标准局、南非标准局等 13 个组织联合制定了 OHSAS（Occupational Health and Safety Assessment Series）职业健康安全评价系列标准：OHSAS 18001：1999《职业健康安全管理体系——规范》，OHSAS 18002：2000《职业健康安全管理体系——指南》。2007 年，OHSAS 18001 得到进一步修订，使其与 ISO 9001 和 ISO 14001 标准的语言和架构得到进一步融合。直到 2013 年，国际标准化组织开始编制一项新的标准——ISO 45001《职业健康安全管理体系 要求及使用指南》，用于取代 OHSAS 18001 标准，2018 年 3 月 12 日正式发布 ISO 45001：2018。

2. ISO 45001：2018《职业健康安全管理体系　要求及使用指南》简介

本标准规定了对职业健康安全管理体系的要求及使用指南，旨在使组织能够提供健康安全的工作条件以预防与工作相关的伤害和健康损害，同时主动改进职业健康安全绩效。这包括考虑适用的法律法规要求和其他要求并制定和实施职业健康安全方针和目标。

本标准适用于任何有下列愿望的组织：

（1）建立、实施和保持职业健康安全管理体系，以提高职业健康安全；消除或尽可能降低职业健康安全风险（包括体系缺陷）；利用职业健康安全机遇，应对与组织活动相关的职业健康安全体系的不符合情况。

（2）持续改进组织的职业健康安全绩效和目标的实现程度。

（3）确保组织自身符合其所阐明的职业健康安全方针。

（4）证实符合本标准的要求。

本标准旨在适用于不同规模、各种类型和活动的组织，并适用于组织控制下的职业健康安全风险，该风险考虑了组织运行所处的环境以及员工和其他相关方的需求和期望。本标准使组织能够通过组织的职业健康安全管理体系，整合健康和安全的其他方面，比如员工健康/福利。本标准能够全部或部分地用于系统地改进职业健康安全管理。但是，只有本标准的所有要求都被包含在了组织的职业健康安全管理体系中且全部得以满足，组织才能声明符合本标准。

四、建立三标一体化管理体系的基础

1. 三大体系标准的共同点

（1）组织实施管理的总方针和目标相同。

（2）三项标准使用共同的过程模式结构，结构相似以方便使用。

（3）体系的原理都是 PDCA（策划-实施-检查-处置）循环。

（4）都需要有文件化的管理体系，且文件相似。

（5）都明确要有文件化的职责分工。

（6）都提出了通过体系运行实现预防和持续改进。

（7）都提出了遵守法规和其他要求的承诺。

（8）都提出了用内部审核和管理评审来评价体系运行的有效性、适宜性和符合性。

（9）都要求对不符合项进行管理评审并加强培训教育。

（10）都要求组织的最高管理者任命管理者代表，负责建立、保持和实施管理体系。

2. 三大体系标准的不同点

实施三个标准最大的不同点是针对的对象不同。

（1）组织按 ISO 9001：2015 标准建立的质量管理体系，其主要对象是顾客。

（2）组织按 ISO 14001：2015 标准建立的环境管理体系，其主要对象是社会和相关方。

（3）组织按 ISO 45001：2018 标准建立的职业安全健康管理体系，其主要对象是员工。

3. ISO 9001、ISO 14001、ISO 45001 三标一体化框架整合

在国内，组织都希望将各个管理体系进行整合，质量、环境、职业健康安全管理体系均作为 ISO 标准发布，均使用了相同的高阶结构，为体系的整合提供了便利，如表 4-4 所示。

表 4-4 ISO 9001、ISO 14001、ISO 45001 整合框架

		ISO 9001: 2015	ISO 14001: 2015	ISO 45001: 2018
1 范围		描述方式相似	描述方式相似	描述方式相似
2 规范性引用文件		描述方式相似	描述方式相似	描述方式相似
3 术语和定义		描述方式相似	描述方式相似	描述方式相似
4 组织环境	4.1	理解组织及其环境	理解组织及其环境	理解组织及其环境
	4.2	理解相关方的需求和期望	理解相关方的需求和期望	理解工作人员和其他相关方的需求与期望
	4.3	确定质量管理体系的范围	确定环境管理体系的范围	确定职业健康安全管理体系的范围
	4.4	质量管理体系及其过程	环境管理体系	职业健康安全管理体系
5 领导作用	5.1	领导作用与承诺 总则 / 以顾客为关注焦点	领导作用与承诺	领导作用与承诺
	5.2	方针 / 制定质量方针 / 沟通质量方针	环境方针	职业健康安全方针
	5.3	组织的岗位、职责和权限	组织的角色、职责和权限	组织的岗位、职责和权限
	5.4			工作人员协商和参与
6 策划	6.1	应对风险和机遇的措施	应对风险和机遇的措施 / 总则 / 危险源辨识、风险和机遇评估 / 合规义务 / 措施的策划	总则 / 危险源辨识、风险和机遇评估 / 合规义务 / 措施的策划
	6.2	质量目标及其实现的策划	环境目标及其实现的策划	职业健康安全目标及其实现的策划 / 目标 / 实现目标的策划
	6.3	变更的策划		

7 支持	7.1	资源			
	7.2	能力			
	7.3	意识			
	7.4	沟通	信息交流	信息和沟通	
			总则		
			内部信息交流		
			外部信息交流		
	7.5	成文信息	文件化信息	文件化信息	
			总则	总则	
			创建和更新	创建和更新	
			文件化信息的控制	文件化信息控制	
8 运行	8.1	运行的策划和控制	运行策划和控制	运行策划和控制	
				总则	
				消除危险源和降低职业健康安全风险	
	8.2	产品和服务的要求	顾客沟通		
			产品和服务要求确定		
			产品和服务要求评审		
			产品和服务要求更改		
	8.3	产品和设计的服务和开发	总则		
			设计和开发策划		
			设计和开发输入		
			设计和开发控制		
			设计和开发输出		
			设计和开发更改		

（续）

		ISO 9001：2015	ISO 14001：2015	ISO 45001：2018
8 运行	8.4	外部提供的过程、产品和服务的控制	运行策划和控制	外包
		总则		采购
		控制类型和程度		承包商
		提供给外部供方的信息		
	8.5	生产和服务提供		
		生产和服务提供的控制		
		标识和可追溯性		
		顾客或外部供方的财产		
		防护		
		交付后活动		
		更改控制		变更管理
	8.6	产品和服务的放行		
	8.7	不合格输出的控制	应急准备和响应	应急准备和响应
9 绩效评价	9.1	监视、测量、分析和评价	监视、测量、分析和评价	监视、测量、分析和响应
		总则	总则	总则
		顾客满意	合规性评价	合规性评价
		分析与评价		
	9.2	内部审核	内部审核	内部审核
			总则	总则
			内部审核方案	内部审核方案
	9.3	管理评审	管理评审	管理评审
		管理评审输入		
		管理评审输出		
10 改进	10.1	总则	总则	总则
	10.2	不合格和纠正措施	不合格和纠正措施	不合格和纠正措施
	10.3	持续改进	持续改进	持续改进

五、三标一体化管理体系的建立和实施

质量、环境、职业健康安全一体化管理体系的建立与实施是一项复杂的系统工程，需要组织所有相关部门都按三个标准办事，涉及每个岗位和所有成员。

三标一体化管理体系的建立和实施过程与质量管理体系的建立与实施过程基本一致，因此组织在贯彻标准（简称"贯标"）时可参考质量管理体系建立与实施的步骤进行，只是在实施过程中要把握住三标一体化管理体系与原管理体系（质量管理体系、环境管理体系、职业健康安全管理体系）的区别，重点注意以下几点：

1. 分析原有体系，确定关键问题

（1）分析组织的原有体系，找出问题的薄弱环节。

（2）最高管理者承诺：除关注质量外，重点还应对组织的环境、职业健康安全管理体系的持续改进、事故预防与污染预防做出承诺；对遵守适用的环境与职业健康安全法律法规及其他要求做出承诺，并确定组织实现环境、职业健康安全方针的目标和指标。

（3）梳理组织原有规章制度和汇集相关法律法规及相关要求。

（4）实现"七定"：①定企业对环境、职业健康安全影响的主要活动，识别、评价环境因素，从而确定重要环境因素；实施风险评价，确定重大危险源。②定资源配备，包括人力资源及设备设施的需求。③定推动方式及认证范围。④定管理者代表（一般由常务副总裁担任）。⑤定机构，组成以最高管理者为首的贯标领导小组，组成贯标办公室，组成一体化管理体系文件编制组。⑥定一体化管理体系框架及一体化管理体系文件结构。⑦定贯标认证规划及实施步骤计划。

2. 一体化管理体系设计

（1）前期策划。在宏观上进行系统设计，在微观上提出编制要求和详细规定，保证文件的统一性、协调性和整体性。在统一规划框架下下达具体编制任务和计划。

（2）确定编制原则。编制时要遵循上下协调原则，三标协调原则，前后标准体系相照应原则，谁主管谁编制原则。

（3）确定文件结构与层次。可以按ISO 9001标准要求确定为三个层次（A、B、C），A层次为包括管理方针和管理目标的管理手册；B层次为程序文件；C层次为其他文件、记录。

（4）在修订质量方针的基础上，制定环境与职业健康安全管理方针。

（5）修订确认质量目标，确定环境、职业健康安全管理目标和指标，目标要具体，指标要量化。

（6）识别本企业的过程网络，分析对质量、环境、职业健康安全有影响的主要活动及关键环节。

（7）设计、分析和调整质量、环境、职业健康安全管理职能。

（8）配备资源。

（9）规定组织结构和职责权限。

（10）策划程序文件分类、结构及与原质量管理体系文件的关系。B层次文件和C层次文件具体由各职能部门和责任单位编制。充分利用原有文件，做好各类文件接口的协调配合，最终汇编成程序文件、其他文件以及其相适应的记录、管理细则，要设计出标准化、格式化的一体化管理记录格式。其中，环境、职业健康安全管理标准要素与质量管理体系标准

过程要求相同的程序文件可合并在一起编制与执行。

（11）制定环境职业健康安全管理实施方案。

复习思考题

1. 简述 ISO 9000 质量管理体系标准的基本概念。
2. 简述 ISO 9000 质量管理体系标准的作用和发展历程。
3. 简述 ISO 9000 系列标准的构成要素。
4. 质量管理体系原理包括哪些内容？
5. 简述 ISO 9001：2015 标准的构成。
6. ISO 9001 的基本条款包括哪些内容？
7. 简述如何建立和运行质量管理体系。
8. 审核对质量管理体系有什么作用？
9. 如何对质量管理体系进行评价？有哪些方法？
10. 质量管理体系审核方式有哪几种？审核步骤有哪些？
11. 简述质量体系认证的基本过程。
12. 在建立和运行质量管理体系中应该注意哪些事项？
13. ISO 14000 标准与 ISO 9000 标准的联系与区别是什么？
14. 三标一体化对企业有什么好处？
15. 为什么三个管理体系可以纳入一个体系实施？
16. 三标一体化实施中会遇到哪些矛盾？例如，管理者代表应该由谁担任？

第五章
质量控制常用技术

 第一节 质量工程中的数据

一、质量数据的基本概念

定量分析是现代质量工程的基本特征之一。为了进行定量分析,就必须有数据。因此,在质量工程中要特别重视对数据的收集、整理和分析。质量管理中的数据可以大致分成两大类:计量值数据和计数值数据。

计量值数据指的是可以用仪器测量的连续性数据,如长度、强度、力、时间、成分等。

计数值数据指的是不能连续取值的,只能用自然数表示的数据,如合格品件数、废品数、疵点数等。

计数值数据还可以进一步细分为计件值数据和计点值数据。计件值数据是按产品个数计数的数据,如合格品件数、废品件数等;计点值数据是按点计数的数据,如缺陷、气孔数等。

二、质量数据的统计特征

现代质量工程的主要特征就是用数理统计的方法进行质量管理和控制。其基本做法是用有限样本数的统计特征来分析推断总体特征。因此,必须研究数据的统计特征。

常用的统计特征有两类:一类是表示数据集中性趋势(位置)的特征,如平均值、中位数等;另一类是表示数据分散性大小的特征,如极差、标准差等。常用统计数据的计算方法如下:

(1)平均值 $\bar{x}$。设 n 个质量数据分别为 x_1,x_2,$\cdots$,x_n,则它们的平均值为

$$\bar{x} = \frac{\sum_{i=1}^{n} x_i}{n}$$

(2)中位数 $\tilde{x}$。把质量数据按大小顺序排列,处于中间位置的数称为中位数。但当 n 为偶数时,中位数为两个中间位置数据的平均值。

(3)极差 R。极差是一组质量数据 x_1,x_2,$\cdots$,x_n 中最大值 x_{max} 与最小值 x_{min} 的差值,即

$$R = x_{max} - x_{min}$$

极差 R 能反映出质量数据的分散程度，计算简单方便，但不够精确。

（4）标准偏差 S。 当计算精度要求较高时，可以用样本的标准偏差来表征质量数据的分散程度，其计算公式为

$$S = \sqrt{\frac{\sum_{i=1}^{n}(x_i - \bar{x})^2}{n-1}}$$

在实际工作中，为了简化计算，也可采用下式

$$S = \sqrt{\frac{\sum_{i=1}^{n} x_i^2 - \frac{1}{n}\left(\sum_{i=1}^{n} x_i\right)^2}{n-1}}$$

质量数据的以上几个统计特征在质量控制中会经常用到。

三、质量数据的收集

1. 数据收集的目的

（1）掌握和了解生产状况。
（2）分析质量问题，查找产生质量问题的原因。
（3）对工序进行分析，以判断其是否处于受控状态。
（4）自动调节工序状态，使之达到规定的标准状态。
（5）评价产品质量。

2. 数据收集的要求

数据是进行各种分析计算的基础，分析计算结果在很大程度上取决于数据的准确性、完整性和及时性。在准确性方面，要求数据必须准确，必须杜绝"假数据"现象，收集的数据也必须去除明显不合理的"粗大误差"数据；在完整性方面，数据必须反映事物的本来面目，杜绝以局部数据替代整体数据的现象；在及时性方面，数据必须具有较强的时效性，过时数据作为历史数据有时还会发挥作用，但在进行实时分析时，必须使用现场收集的数据。

3. 数据收集的方法

收集数据的方法很多，如实验法、检验法、过程记录法等，但采用最多的是抽样方法（详见第六章），即按照一定的规则从一批产品中抽取一定数量的样品，然后经过测量或判断，并将数据记入相应的表格中供分析之用。在现代质量工程中，为了确保收集的质量数据具有代表性，多采用随机抽样的方法获取产品的质量数据。随机抽样法就是使待检产品中的每个单位产品都具有同等被抽到机会的一种方法。

四、质量数据的整理

对收集到的数据进行科学的整理，去除明显不合理的数据，得到有用的信息，才能用来进行质量控制。数据的整理方法一般分为两种：图表整理法和数量整理法。图表整理法是将获得的数据填在表中或画在图上；数量整理法是用样本的统计特征来推断总体的特征。

在分析计算方面，可以选用国际上流行的软件，如 MATLAB、Mathematica、Maple、Minitab 等，这些软件的统计计算功能强大，均能够满足质量控制的需要，读者可以参考这

方面的书籍。

第二节 常用的统计分析工具

质量工程中使用的统计分析工具有新老七种工具，其中老七种工具包括分层法、调查表、排列图、因果图、直方图、散点图和控制图等，新七种工具包括关联图法、KJ法、系统图法、矩阵图法、矩阵数据分析法、网络图法、过程决策程序图法等。本节介绍老七种工具中的前六种，它们主要应用于制造阶段，用来实现工序质量控制。

一、分层法

分层法也称**分类法**或**分组法**，它是将质量数据归类整理的一种统计分析方法。在生产过程中，造成质量波动的原因是多方面的，因此收集的质量数据往往带有综合性。为了真实地反映质量问题的实质性原因和变化规律，将收集到的大量质量数据按其来源进行分类后，再进行质量分析的方法就称为分层法。分层法是分析质量影响因素的一种有效工具，它能将杂乱无章的数据和错综复杂的因素按不同的分类目的、性质、来源等加以分类，使之条理化和系统化，以便抓住主要矛盾，找到影响质量的主要因素，从而采取相应的措施。分层法可以和其他方法联合使用，形成分层排列图、分层相关图等，以提高分析研究的效率和质量。

在确定分层依据时，应使同一层内的质量数据在性质上的差异尽可能小，而层与层之间的差异尽可能大。在分析质量影响因素时，一般可按以下几种特征进行分层：

（1）按时间分层。如按季、月、周、日、班次、上午、下午等进行分层。

（2）按操作人员分层。如按男工人、女工人、老工人、新工人、不同的技术等级等进行分层。

（3）按使用的机器设备分层。如按设备种类、型号、精度等级、工装夹具等进行分层。

（4）按操作方法分层。如按操作方法、操作条件、速度、温度、压力、流量、切削用量等进行分层。

（5）按原材料分层。如按产地、生产厂、成分、尺寸、批量、型号等进行分层。

（6）按检测手段分层。如按测量者的资质、所用仪器、抽样方法等进行分层。

（7）按操作环境分层。如按噪声、清洁程度、采光、运输形式等进行分层。

（8）其他分层。如按部位、工序、原因、故障项目等进行分层。

下面结合实例来说明分层法的应用。

[例5-1] 某发动机装配车间，气缸体与气缸盖装配好后，经常发生漏油现象，试用分层法分析其主要原因。

解 通过现场调查研究得知漏油的主要原因是密封不好。该装配工序是由甲、乙、丙三个工人各自独立完成的，并发现漏油的主要原因是三个工人涂黏结剂的方法不同，所使用的气缸垫分别来自A和B两个协作厂。

调查的数据结果如下：

调查总数50个，漏油19个，漏油发生率38%。

现采用分层法按操作者和协作厂分层收集整理数据，如表5-1和表5-2所示。

表 5-1　按操作者分层数据表

操 作 者	漏油数（个）	不漏油数（个）	漏油发生率（%）
甲	6	13	32
乙	3	9	25
丙	10	9	53
合计	19	31	平均 38

表 5-2　按协作厂分层数据表

协 作 厂	漏油数（个）	不漏油数（个）	漏油发生率（%）
A 厂	9	14	39
B 厂	10	17	37
合计	19	31	平均 38

对表 5-1 和表 5-2 进行分析，发现操作者乙的漏油发生率最低，B 厂生产的气缸垫漏油发生率也比较低，因此建议采用乙的操作方法，选用 B 厂的产品。然而结果是事与愿违，漏油发生率反而高了。经过研究分析发现，失败的原因是没有综合考虑操作方法与气缸垫两者之间的联系，应重新进行分层，考虑操作者与气缸垫之间联系的分层结果如表 5-3 所示。

表 5-3　操作者与协作厂联合分层数据表　　　　（单位：个）

			协 作 厂		合 计
			A	B	
操作者	甲	漏油	6	0	6
		不漏油	2	11	13
	乙	漏油	0	3	3
		不漏油	5	4	9
	丙	漏油	3	7	10
		不漏油	7	2	9
合 计		漏油	9	10	19
		不漏油	14	17	31
总 计			23	27	50

从表 5-3 可知，在使用 B 厂的气缸垫时应采用工人甲的操作方法，而在使用 A 厂的气缸垫时应采用工人乙的操作方法。结果显示，采用以上对策使该车间发动机漏油的问题得到了圆满解决。

二、调查表

调查表也称<u>检查表</u>，它是收集和整理质量原始数据的一种表格。因产品对象、工艺特点、调查目的和分析方法等不同，其调查表的格式也不一样。常用的调查表有：缺陷位置调查表、不合格项目调查表、不合格原因调查表、工序分布调查表等。

1. 缺陷位置调查表

这种调查表是用来调查产品各部位的缺陷情况的。可将产品的草图或展开图勾画在调查表上，不同类型的缺陷可采用不同的符号或颜色来标记，如表5-4所示，它就是一张用来检查汽车车身喷漆质量的调查表。

表5-4　汽车车身喷漆质量调查表

车　型		检查部位	车身表面
工序		检查者	×××ｘ年×月×日
调查目的	漆缺陷	调查台数	2100

○色斑　×流漆　▲尘粒

2. 不合格项目调查表

不合格项目是指产品不能满足质量要求的项目。为了查找不合格项目发生的原因，需要调查发生了哪些不合格项目，它们的比率有多大，为此可以采用不合格项目调查表。表5-5为某合成树脂成型工艺过程的不合格项目调查表。表中一目了然地记载了该工艺所产生的不合格项目及发生频率。

表5-5　某合成树脂成型工艺过程的不合格项目调查表

品名：　　　　　　　　　　　　时间：
工序：最终检验　　　　　　　　工厂：
不合格种类：缺陷和尺寸不合格等　班组：
检验总数：2250　　　　　　　　检验员：
备注：　　　　　　　　　　　　合同号：

不合格种类	检　　验	小　计
表面缺陷	正正正正正正丅	32
砂眼	正正正正下	23
尺寸不合格	正正正正正正正下	43
形状不合格	正	5
其他	正丅	8
合　　计		111

3. 不合格原因调查表

为了弄清各种不合格产品或不合格项目产生的原因，可以按影响工艺过程的人、机、料、法、环、测等分层标志进行分层调查，并填写不合格原因调查表。

4. 工序分布调查表

工序分布调查表是用来调查工序过程中各种质量特性出现频率的一种表格。在使用时，每测量一个数据,就在相应的栏目中做一标记,测量完毕,频数的分布状态也就显示出来了。表5-6为某工序分布情况调查表。可以看出尺寸1.5和3.2发生的频率最低,尺寸2.5发生的频率最高。

表5-6 某工序分布情况调查表

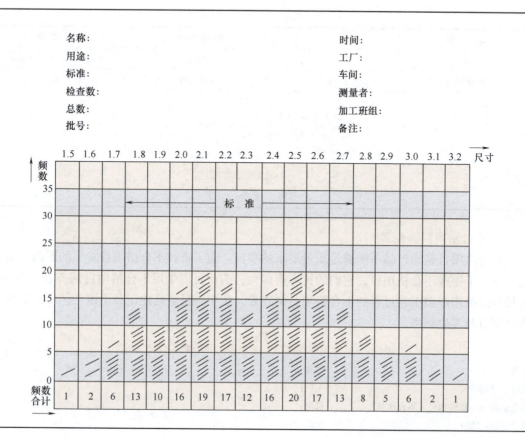

三、排列图

排列图又称为**帕累托图**或**主次因素分析图**。利用排列图,可以快速地从影响质量的众多因素中找出主要的因素。排列图最早是由意大利经济学家帕累托(Vilfredo Pareto)提出来的,他用该图分析社会财富的分布状况时,发现少数人占有绝大多数财富,从而总结出"关键的少数,次要的多数"这一客观规律。朱兰博士把该原理应用到质量管理中,并认为影响一个质量问题的因素可能有很多,但其中总有少数因素对质量问题起着决定性的作用,这就是"关键的少数",如大多数废品是由少数人造成的,大部分设备故障是由少数几个原因引起的等。在解决质量问题时,如果能有效地掌握"关键的少数",就会取得事半功倍的效果。

通常把影响质量的因素分为 A、B、C 三大类。

(1)A类因素。**A类因素**也称为主要因素,累积频率在 0~80% 区间的因素为 A 类因素,它们的数量不多,但却是影响质量的关键因素。

(2)B类因素。**B类因素**也称为次要因素,它们是积累频率在 80%~90% 区间的因素。一般情况下,B类因素数量较 A 类因素数量多,但对质量的影响较 A 类因素小。

(3) C 类因素。**C 类因素**又称为一般因素,它们是累积频率在 90%~100% 区间的一类因素,通常它们的数量较多,但对质量的影响极小。

排列图由两个纵坐标、一个横坐标、若干个矩形柱和一条折线组成。具体地讲,左边的纵坐标表示频数或损失金额;右边的纵坐标表示累积频率或累积比例;横坐标表示影响质量的各种因素,并按频率大小依次排列;矩形柱的高度表示该因素发生的频数;折线代表各因素的累积频率曲线。折线按每个矩形柱右侧的最高点描出。下面结合实例说明排列图的作法。

[**例 5-2**] 试用排列图分析某电信局电话故障缺陷的主要影响因素。

解 1) 收集数据。一般是收集影响因素与结果频率之间的数据,本例收集的电话故障缺陷数据如表 5-7 所示。

表 5-7 电话故障缺陷数据统计表

序 号	因 素	频数(次)	百分比(%)	累计百分比(%)
1	噪声	240	48	48
2	串线	120	24	72
3	信号器	70	14	86
4	无反应	30	6	92
5	不响	10	2	94
6	其他	30	6	100
合 计		500	100	

2) 频数排序。将电话故障缺陷的各影响因素按频数从大到小排列,并计算各自所占的百分比和累计百分比,把计算结果填入表 5-7 中。

3) 作直方图。按频数大小从左到右用直方表示,使图形呈逐个下降的趋势,但"其他"一个直方例外,"其他"项无论量值大小均应排列在最右端,所绘图如图 5-1 所示。

4) 描线。以各个矩形柱的右纵坐标为累计百分比,依次将表示各影响因素的矩形柱连成一条折线,如图 5-1 所示。

从图 5-1 可知,在 500 次电话故障投诉中,主要是噪声和串线两项,其累计百分比

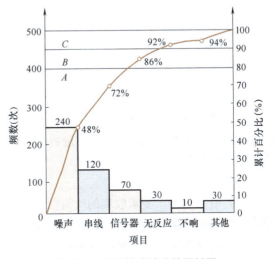

图 5-1 电话故障缺陷帕累托图

达到了 72%。因此,电信局如果集中技术力量消除通信中的噪声和串线故障,就可以有效地减少用户的投诉。

四、因果图

因果图是分析质量缺陷与其影响原因之间关系的有效工具。因果图又称为**鱼刺图**、**树枝图**或**石川馨图**,它是日本质量管理学家石川馨博士首先提出来的,在质量管理中应用非常

广泛。

因果图的一般形式如图 5-2 所示。主干线表示要解决的质量问题；操作者、机器、原材料、工艺方法和环境表示造成质量问题的五大要素，称为大原因；每个大原因可能包括若干个中原因；中原因下还可能有小原因或更小原因等。可以看出，利用因果图可以分门别类地将影响质量的各种原因全部找出来，并在图上一目了然地表示清楚。

图 5-3 是某活塞杆弯曲的因果分析图，图中清楚地显示了活塞杆弯曲与其产生原因之间的关系。如图 5-3 所示，造成活塞杆弯曲的主要原因有三个：磨削时进给量过大；杆太长但中间无支撑，刚性差；操作人员不知道校直的影响。

在作因果图时，分析人员应熟悉工艺过程，要开质量分析会；大原因并不一定是主要原因，主要原因可以用排列图或投票方法确定；原因分析的层次应精细到能采取措施为止，要针对主要原因采取措施，最后用排列图检查实施效果。

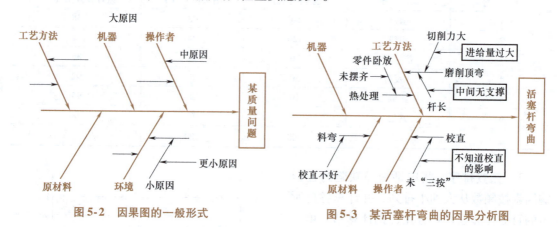

图 5-2　因果图的一般形式　　　图 5-3　某活塞杆弯曲的因果分析图

五、直方图

在质量管理中，直方图是应用很广的一种统计分析工具。直方图通过对收集到的貌似无序的数据进行处理，来反映产品质量数据的分布特征、过程能力指数等，并能判断和预测产品的质量状况及不合格率。

1. 直方图的应用程序

（1）收集数据。 要求收集的质量数据 $n \geq 100$ 个。数据收集过少则难以反映数据的统计特性，容易做出错误的判断；收集数据过多则计算分析工作量太大，一般可取 $n=100$，然后将收集到的数据按顺序填在一张表中。

本例中所收集的质量数据如表 5-8 所示，它是某零件外径加工的质量数据值，该零件外径尺寸要求为 $\phi 19^{+0.04}_{-0.03}$ mm。表中的质量数据值 =（实测数据值 − 19）× 100。

表 5-8　零件外径加工的质量数据

3	−1	2	0	−2	1	3	0	1	4
1	0	−1	2	1	0	2	0	0	1
2	1	2	2	4	1	2	1	2	4
1	0	2	1	1	1	5	2	−1	−2

(续)

-1	1	1	2	4	0	-1	1	1	2
1	1	1	1	0	2	0	0	2	1
1	-1	-1	3	0	1	2	0	-2	3
1	-2	1	-1	3	1	2	1	1	3
-1	0	1	1	1	0	0	1	3	0
2	1	3	1	-3	3	0	1	-1	1

（2）找出数据的最大值 x_{max} 和最小值 x_{min}，并计算极差 R。本例中：

$$x_{max}=5, x_{min}=-3, R=x_{max}-x_{min}=8$$

（3）数据分组。把收集到的数据初步分成若干组。组数的多少应根据样本量决定，组数太少反映不出真实情况，组数太多又会减弱分布的规律性，一般情况下可按表5-9进行选择。本例中，样本总数为100，所以取 $k=10$。

表5-9 样本总数与组数

样本总数 n	分组数 k
<50	5~7
50~100	6~10
100~250	7~12
>250	10~12

（4）计算组距。组距 h 是组与组之间的间距，可按下式计算

$$h=\frac{R}{k}$$

本例中：

$$h=\frac{R}{k}=\frac{8}{10}\approx 1$$

（5）决定分组界限。各组的界限值可以从第一组开始依次计算。本例中：
第一组的下界：$-3-h/2=-3.5$
第一组的上界为其下界值加上组距，即为：$-3.5+1=-2.5$
依次类推便可得到各组的下、上界值，填入表5-10中。

表5-10 频数分布表

组 号	组 界 限	中 心 值	频 数
1	-3.5 ~ -2.5	-3	1
2	-2.5 ~ -1.5	-2	4
3	-1.5 ~ -0.5	-1	10
4	-0.5 ~ 0.5	0	18
5	0.5 ~ 1.5	1	35
6	1.5 ~ 2.5	2	17
7	2.5 ~ 3.5	3	9
8	3.5 ~ 4.5	4	4
9	4.5 ~ 5.5	5	1
合 计			100

(6) 填写频数分布表。统计各组数据出现的频数，填入表 5-10 中。

(7) 作直方图。以组距为底长，高为频数，作各组的矩形图，如图 5-4 所示。

2. 直方图的观察与分析

作直方图的目的是研究工序质量的分布状况，判断工序是否处于正常状态。因此，在直方图作好后，还要进一步对它进行分析。

(1) **图形分析**。在正常生产条件下，所得到的直方图应该呈正态分布，否则，就要分析原因，采取措施。图 5-5 是实践中经常出现的非标准直方图的形状，现分析如下：

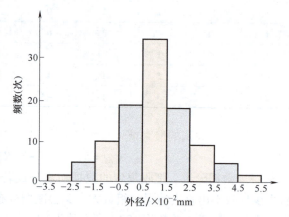

图 5-4 零件外径加工的直方图

1) **正常形**（图 5-5a）：直方图基本符合正态分布，说明过程处于正常状态。

2) **孤岛形**（图 5-5b）：在直方图旁边出现一个小直方图，形同孤岛，这种形式的直方图通常是由于工艺条件，如人、机、料、法、环、测等发生突变造成的。

3) **偏向形**（图 5-5c）：直方图的图形偏向一侧，形成不对称的图形，这是操作者倾向性加工所造成的，如加工轴时倾向于最大尺寸，加工孔时倾向于最小尺寸。

4) **双峰形**（图 5-5d）：直方图出现两个高峰，这是质量数据来源于两种不同生产条件所造成的。

5) **平顶形**（图 5-5e）：直方图的顶部呈现较大范围的平顶状，这是由于过程中有缓慢变化的异常因素在起作用。

6) **锯齿形**（图 5-5f）：直方图的各组长方形出现参差不齐的形状，一般是由于分组过多或测量方法、工具上的差别过大所致。

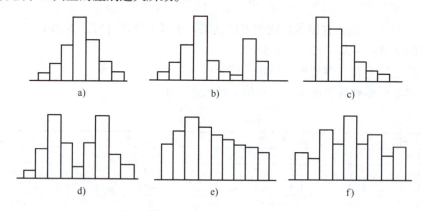

图 5-5 非标准直方图的形状

a) 正常形　b) 孤岛形　c) 偏向形　d) 双峰形　e) 平顶形　f) 锯齿形

(2) **直方图与质量标准（公差 T）的关系分析**

1) **理想型**（图 5-6a）：分布中心与公差中心重合，尺寸分散范围 $B < T$ 且略有富裕，表

明工序处于受控状态,产品全部合格。

2) **无富裕型**(图5-6b):分布中心虽无偏移,但 $B = T$(工序能力指数 $=1$),表明工序能力不足,应立即采取措施提高工序能力。

3) **能力富裕型**(图5-6c):分布中心无偏移,且 $B \ll T$,表明工序能力过强,虽然未产生废品,但工艺过程的经济性差。

4) **能力不足型**(图5-6d):分布中心虽无偏移,但 $B > T$,表明工序能力不足,会产生大量的废品,应采取措施提高工序能力。

5) **偏心型**(图5-6e):分布中心偏离公差中心,虽然 $B < T$,但过程也可能产生不合格品,应采取措施消除偏移量。

6) **能力严重不足型**(图5-6f):分布中心严重偏离公差中心,且 $B > T$,过程将有大量废品产生,应采取措施消除偏移量,提高工序能力。

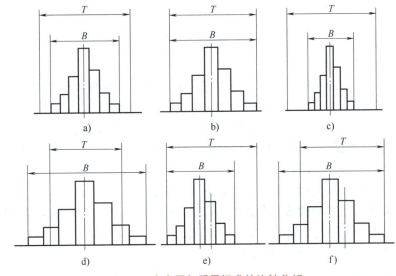

图5-6 直方图与质量标准的比较分析

a) 理想型 b) 无富裕型 c) 能力富裕型 d) 能力不足型 e) 偏心型 f) 能力严重不足型

六、散点图

散点图又称为**相关图**,它是研究两个变量之间关系的一种图形工具。

1. 散点图的类型

典型的散点图有六种类型,如图5-7所示,工程应用时将所绘制的散点图与这六种典型散点图进行比较,可以定性地确定其相关关系和程度。

如图5-7所示,a图为正强相关,即当 x 增大时,y 也增大,两者表现为明显的相关关系;b图为正弱相关,即当 x 增大时,y 也有增大的趋势,但这种趋势并不明显,说明还有其他不可忽视的影响因素;c图为不相关,即当 x 增大时,y 的变化趋势很不明显;d图为曲线相关,即当 x 增大时,y 以某种曲线的形式随之变化;e图为弱负相关,即当 x 增大时,y 有减小的趋势,但这种趋势并不明显,说明还有其他不可忽视的影响因素;f图为强负相关,即当 x 增大时,y 随之减小。

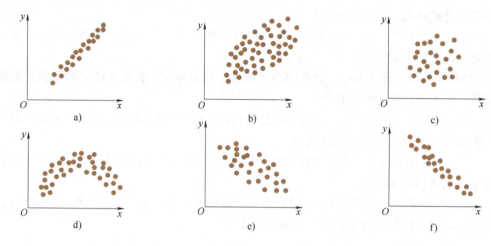

图 5-7 六种典型的散点图

a）正强相关 b）正弱相关 c）不相关 d）曲线相关 e）弱负相关 f）强负相关

2. 散点图的观察与分析

利用散点图上点子云的形态来确定两变量之间的相关关系是我们应用散点图的主要目的，而确定两变量相关关系的判断方法最常用的是符号检验法，这是一种定性分析方法。如果要想做定量分析，可以采用相关系数法，此处只简单介绍符号检验法。

符号检验法又称象限法，它是显著性检验中的一种方法。符号检验法是利用符号检验表来判断相关关系的，其步骤如下：

（1）收集数据并将收集到的数据填入表中（见表 5-11）。

（2）作散点图。将表中的数据在直角坐标系上打点。图 5-8 是利用某组合钻床钻孔时，钻床轴心距随室温和主轴箱内油温差变化的散点图。

（3）在散点图上作两条分别平行于纵轴和横轴的平行线，将散点图中的点子均分，在本例中共有 30 个点子，可均分为上、下和左、右各 15 个。

（4）计算十字线所形成的四个区域中的点子数。如图 5-8 所示，Ⅰ区内 $n_1=2$；Ⅱ区内 $n_2=13$；Ⅲ区内 $n_3=2$；Ⅳ区内 $n_4=13$。

（5）计算对角线区域内点数之和。

令　　$n_+ = n_1 + n_3 = 2 + 2 = 4$

　　　$n_- = n_2 + n_4 = 13 + 13 = 26$

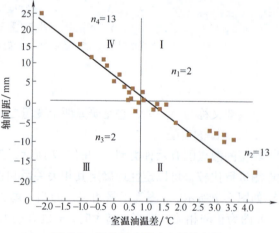

图 5-8 组合钻床轴心距随室温和主轴箱内油温差变化的散点图

（6）相关性质判断。若有 $n_+ > n_-$，则判断为正相关；若 $n_+ < n_-$，则判断为负相关。

本例中 $n_+ = 4, n_- = 26$，则 $n_+ < n_-$，故判断为负相关。

（7）相关程度判断。相关程度判断可以利用表 5-11 所示的符号检验表进行判断。查符号检验表取得显著性检验临界值 s_α（在显著水平即风险度 α 下的临界值）。

判断规则为：$s = \min(n_+, n_-)$

当 $s \leq s_\alpha$ 时，则判断为强相关；

当 $s > s_\alpha$ 时，则判断为弱相关。

查表 5-11 得知，若 $N = 30$，有

当 $\alpha = 0.05$ 时，$s_\alpha = 9$；当 $\alpha = 0.01$ 时，$s_\alpha = 7$。

在本例中：

$$s = \min(n_+, n_-) = n_+ = 4 \leq s_\alpha$$

故判断为强相关，即轴心距与室温油温差强相关。

在表 5-11 中，α 称为判断的风险率，它表示发生错判的可能性。α 值越小说明判断的风险越小，把握也就越大。具体的相关关系可用回归分析法或相关系数法求得。限于篇幅，此处不做介绍，感兴趣的读者可参考有关专著。

表 5-11 符号检验表

N	α 0.01	α 0.05	N	α 0.01	α 0.05	N	α 0.01	α 0.05	N	α 0.01	α 0.05	N	α 0.01	α 0.05
11	0	1	29	7	8	47	14	16	65	21	24	83	29	32
12	1	2	30	7	9	48	14	16	66	22	24	84	29	32
13	1	2	31	7	9	49	15	17	67	22	25	85	30	32
14	1	2	32	8	10	50	15	17	68	22	25	86	30	33
15	1	3	33	8	10	51	15	18	69	23	25	87	31	33
16	2	3	34	9	10	52	16	18	70	23	25	88	31	34
17	2	4	35	9	11	53	16	18	71	24	26	89	31	34
18	3	4	36	9	11	54	17	19	72	24	27	90	32	35
19	3	4	37	10	12	55	17	19	73	25	27	当 N 大于 90 时，用右式计算：$\frac{N-1}{2} - K\sqrt{N-1}$		
20	3	5	38	10	12	56	18	20	74	25	28			
21	4	5	39	11	12	57	18	20	75	25	28			
22	4	5	40	11	13	58	18	21	76	26	29			
23	4	6	41	11	13	59	19	21	77	26	29			
24	5	6	42	12	14	60	19	21	78	27	29			
25	5	7	43	12	14	61	20	22	79	27	30			
26	6	7	44	13	15	62	20	22	80	28	30	α	0.01	0.05
27	6	7	45	13	15	63	20	23	81	28	31	K	1.2879	0.9800
28	6	7	46	13	15	64	20	23	82	28	31			

第三节 控制图理论

控制图是一种常用的工序质量控制工具，它可以有效预防废次品的产生，控制和提高产

品及零部件的制造质量。控制图理论自出现以来,就在质量工程中发挥了非常重要的作用。

一、控制图概述

1. 控制图的基本概念

控制图是用来分析和判断工序是否处于稳定状态的一种图形工具。它通过监视生产过程中工序质量随时间波动的情况,判定工艺过程中是否出现异常因素,并采取相应的控制措施,使工艺过程的质量状态得到控制。控制图是美国质量管理专家休哈特在20世纪20年代后期首创的,经过几十年的不断发展和完善,至今已成为生产过程中质量控制的主要方法之一(当然也可用于管理过程的质量控制)。

控制图的基本形式如图5-9所示,其纵坐标表示要被控制的质量特性值,横坐标为时间,时间的刻度为样本号。控制图在应用过程中,必须按规定的时间间隔抽样检验(或全检),来获取过程质量的变化信息,正因为如此,控制图能反映出质量数据随时间变化的情况,这也是控制图与其他统计工具的主要区别所在。

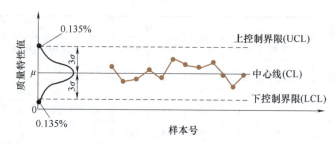

图5-9 控制图的基本形式

控制图中设有三条平行于横轴的控制线。如图5-9所示,中间一条实线为控制中心线,简称中线,符号记为CL(Central Line),中线表示质量特性的标准值。上下两条虚线分别为上控制界限UCL(Upper Control Line)和下控制界限LCL(Lower Control Line),上下控制界限反映了质量控制的范围。在应用控制图时,首先通过抽样检验,测量需要控制的质量特性值数据,并用点描在控制图相应的位置上,这样便得到一系列坐标点,再将这些点用线连接起来,就得到一条能反映质量特性值随时间波动状况的折线。通过分析质量折线的形状和变化趋势以及折线与三条控制线之间的相互关系,便可以知道工序的质量状态。

控制图的基本功能是利用抽样检验的样本数据去分析、判断工序的质量状态,以预防工序失控,减少工序波动和不合格品的产生。其作用主要有以下三点:

(1)**工序分析**。利用控制图可以分析工序是否处于受控状态。在进行工序分析时,应按照抽样检验理论收集质量数据,绘制控制图,通过观察折线的形态和变化趋势,判断工序的质量状态。在实际应用中,这一过程应实现标准化和制度化。

(2)**控制工序质量状态**。通过工序分析,若发现工序出现异常现象,应立即分析操作人员、机器、材料、操作程序、环境、测量仪器及测量方法等因素,查找发生异常的原因,并采取相应的控制措施消除工序异常现象,从而使工序始终处于受控状态,以防止不合格品的产生。

(3)**为质量评定积累数据**。通过绘制控制图,可以为质量评定、产品和工艺设计积累各种数据。

2. 控制图的种类

（1）按控制图的用途划分，可分为分析用控制图和控制用控制图。

1）分析用控制图。分析用控制图就是利用控制图对已经完成的生产过程进行分析，以此评估该过程是否稳定，也可以利用分析用控制图确认改进的效果。

2）控制用控制图。控制用控制图是对正在进行的生产过程实施质量控制，以保持过程的稳定状态所采用的控制图。

从控制图原理可知，控制图的主要功能是使生产过程（或工序）处于稳定状态，因此，在应用上述两种控制图时，应首先采用分析用控制图对要控制的生产过程（或工序）进行分析和诊断，当确认生产过程处于稳定受控状态时，再将分析用控制图的控制界限延长，转化为控制用控制图。

（2）按控制对象质量数据的性质划分。常用的质量数据有计量值和计数值之分，因此，按质量数据的性质可将控制图分为计量值控制图和计数值控制图两大类。

1）计量值控制图。质量控制中常用的计量值控制图有以下四种：

① 均值-极差控制图（$\bar{x}$-R 图）。

② 均值-标准差控制图（$\bar{x}$-S 图）。

③ 中位数-极差控制图（$\tilde{x}$-R 图）。

④ 单值-移动极差控制图（x-R_S 图）。

2）计数值控制图。质量控制中常用的计数值控制图有以下四种：

① 不合格品率控制图（p 图）。

② 不合格品数控制图（p_n 图）。

③ 单位缺陷数控制图（μ 图）。

④ 缺陷数控制图（c 图）。

3. 控制界限的确定

控制图中的上下控制界限是判断工艺过程或工序是否失控的主要依据。因此，在应用控制图时，如何经济、合理地确定上下控制界限便成为关键。

在产品的生产过程中，如果工序处于稳定状态，即使有各种偶然性因素的影响，产品总体的质量特性值还是呈正态分布的。根据正态分布曲线的性质可知，质量特性值在 $\mu \pm 3\sigma$ 范围内的概率值为 99.73%，如果取 $\mu \pm 3\sigma$ 作为控制图的上下控制界限，则产品质量特性值出现在 3σ 界限以外的概率很小，只有 0.27%，并在 $\mu \pm 3\sigma$ 范围内能使 99.73% 的产品处于合格状态，从而使生产过程基本上处于受控的状态。

如图 5-9 所示，以质量特性值的平均值 μ（或 $\bar{x}$）作为中线，取质量特性值的平均值加减 3σ 作为上下控制界限，这样作出来的控制图称为 μ 控制图，这就是休哈特博士最早提出来的控制图形式。在传统的工业企业中，人们一般都是按照 $\pm 3\sigma$ 原理控制质量的，这样就可以保证不合格品率在千分之三以下，这时采用的控制图又称为 3σ 控制图。在 3σ 质量管理中，控制图的上下控制界限是根据 $\pm 3\sigma$ 法来计算的，计算公式为

中心线：$CL = \mu$

上控制界限：$UCL = \mu + 3\sigma$

下控制界限：LCL $= \mu - 3\sigma$

式中，μ 为质量特性的平均值。

控制界限更一般的表达式为

上控制界限：UCL $= E(x) + 3D(x)$

下控制界限：LCL $= E(x) - 3D(x)$

中心线：CL $= E(x)$

式中，x 为样本统计量；$E(x)$ 为 x 的平均值；$D(x)$ 为 x 的方差。

下面以最常用的均值-极差控制图（$\bar{x}$-R 图）为例，介绍控制图上下控制界限的确定方法。

由数理统计理论可知，当质量特性值 x 服从总体为 $N(\mu, \sigma)$ 的正态分布时，n 个样本 $x_1, x_2, \cdots, x_n$ 的平均值 $\bar{x}$、极差 R 有下面的性质：

$\bar{x}$ 的期望值：$E(\bar{x}) = \mu$，$\bar{x}$ 的标准偏差：$D(\bar{x}) = \sigma/\sqrt{n}$

R 的期望值：$E(R) = d_2 \sigma$，R 的标准偏差：$D(R) = d_3 \sigma$

μ 和 σ 可通过样本容量为 n 的 k 组样本数据求得

μ 的估计值 $= \bar{\bar{x}}$，σ 的估计值 $= \dfrac{\bar{R}}{d_2}$

式中，$\bar{\bar{x}}$ 为 $\bar{x}$ 的平均值；$\bar{R}$ 为 R 的平均值；d_2、d_3 是由 n 确定的系数，可由控制图系数表 5-12 查出。

所以，$\bar{x}$ 图的控制界限为

$$\text{UCL} = E(\bar{x}) + 3D(\bar{x}) = \mu + 3\frac{\sigma}{\sqrt{n}} = \bar{\bar{x}} + 3\frac{\bar{R}}{d_2\sqrt{n}} = \bar{\bar{x}} + A_2\bar{R}$$

$$\text{LCL} = E(\bar{x}) - 3D(\bar{x}) = \mu - 3\frac{\sigma}{\sqrt{n}} = \bar{\bar{x}} - 3\frac{\bar{R}}{d_2\sqrt{n}} = \bar{\bar{x}} - A_2\bar{R}$$

$$\text{CL} = \bar{\bar{x}}$$

R 图的控制界限为

$$\text{UCL} = E(R) + 3D(R) = d_2\sigma + 3d_3\sigma = \left(1 + 3\frac{d_3}{d_2}\right)\bar{R} = D_4\bar{R}$$

$$\text{LCL} = E(R) - 3D(R) = d_2\sigma - 3d_3\sigma = \left(1 - 3\frac{d_3}{d_2}\right)\bar{R} = D_3\bar{R}$$

$$\text{CL} = \bar{R}$$

式中，A_2、D_4、D_3 是由 n 确定的系数，其值可以通过计算得到，也可由表 5-12 直接查出。

表 5-12 控制图系数表

系数 n	A_2	A_3	A_4	D_4	D_3	d_2	d_3	B_3	B_4
2	1.880	2.659	1.880	3.267	—	1.128	0.893	—	3.267
3	1.023	1.954	1.187	2.579	—	1.693	0.888	—	2.568
4	0.729	1.628	0.796	2.282	—	2.059	0.880	—	2.266
5	0.577	1.427	0.691	2.115	—	2.326	0.864	—	2.089

（续）

系数 n	A_2	A_3	A_4	D_4	D_3	d_2	d_3	B_3	B_4
6	0.483	1.287	0.549	2.004	—	2.534	0.848	0.030	1.970
7	0.419	1.182	0.509	1.924	0.076	2.704	0.833	0.118	1.882
8	0.373	1.099	0.432	1.864	1.136	2.847	0.820	0.185	1.815
9	0.337	1.032	0.412	1.816	0.184	2.970	0.808	0.239	1.761
10	0.308	0.973	0.363	1.777	0.223	3.078	0.797	0.284	1.716

其他类型控制图的控制界限的确定方法与 $\bar{x}$-R 图类似，而且几种常用控制图的控制界限目前已经标准化，见国家标准 GB/T 4091—2001。常用控制图控制界限计算公式如表 5-13 所示，因此，在工程实际应用中，不需要再去推导烦琐的控制界限公式，只需要按照表 5-13 给出的公式直接计算就可得到所需控制图的控制界限了。

表 5-13 常规控制图的控制界限及应用范围

序号	质量数据分布形式	控制图名称	代号	图名	中心线	控制界限	标准	应用范围
1	正态分布（计量值数据）	均值-极差控制图	$\bar{x}$-R	$\bar{x}$ 图	$\bar{\bar{x}}$	$\bar{\bar{x}} \pm A_2 \bar{R}$	GB/T 4091	计量值数据控制，检出力较强
				R 图	$\bar{R}$	$D_4 \bar{R}$, $D_3 \bar{R}$		
2		均值-标准差控制图	$\bar{x}$-S	$\bar{x}$ 图	$\bar{\bar{x}}$	$\bar{\bar{x}} \pm A_3 \bar{S}$	GB/T 4091	计量值数据控制，检出力最强
				S 图	$\bar{S}$	$B_4 \bar{S}$, $B_3 \bar{S}$		
3		中位数-极差控制图	$\tilde{x}$-R	$\tilde{x}$ 图	$\bar{\tilde{x}}$	$\bar{\tilde{x}} \pm A_4 \bar{R}$	GB/T 4091	计量值数据控制，检验时间应短于加工时间
				R 图	$\bar{R}$	$D_4 \bar{R}$, $D_3 \bar{R}$		
4		单值-移动极差控制图	x-R_S	x 图	$\bar{x}$	$\bar{x} \pm 2.66 \bar{R}_S$	GB/T 4091	计量值数据控制，用于一定时间内只能取得一个数据的场合
				R_S 图	$\bar{R}_S$	UCL = 3.267 $\bar{R}_S$		
5	二项分布（计件值数据）	不合格品率控制图	p	p 图	$\bar{p}$	$\bar{p} \pm 3\sqrt{\bar{p}(1-\bar{p})/n}$	GB/T 4091	关键件全检场合
6		不合格品数控制图	p_n	p_n 图	$\overline{pn}$	$\overline{pn} \pm 3\sqrt{\overline{pn}(1-\bar{p})}$	GB/T 4091	零部件的样本容量一定的场合
7	泊松分布（计点值数据）	单位缺陷数控制图	μ	μ 图	$\bar{\mu}$	$\bar{\mu} \pm 3\sqrt{\bar{\mu}/n}$	GB/T 4091	全数检验单位缺陷数的场合
8		缺陷数控制图	c	c 图	$\bar{c}$	$\bar{c} \pm 3\sqrt{\bar{c}}$	GB/T 4091	要求每次检验样本容量一定的场合

4. 控制图的应用程序

（1）明确采用控制图的目的。 应用控制图时，应首先明确控制图的使用目的。通常应用控制图的目的有：发现工序异常点，追查原因并加以消除，使工序保持受控状态；对工序的质量特性数据进行时间序列分析，掌握工序的质量状态。

(2) 确定受控对象的质量特性。确定受控对象的质量特性就是选出符合应用控制图目的、可控、易于评价的主要质量特性。如对产品的使用效果有重大影响的质量特性;对下道工序加工质量有重大影响的质量特性;本工序的主要质量指标;生产过程中波动大的质量特性;对经济性、安全性和可靠性有重大影响的质量特性等。

(3) 选择控制图的类型。控制图的类型要根据质量特性和质量数据的收集方式来决定,其选择过程如图 5-10 所示。

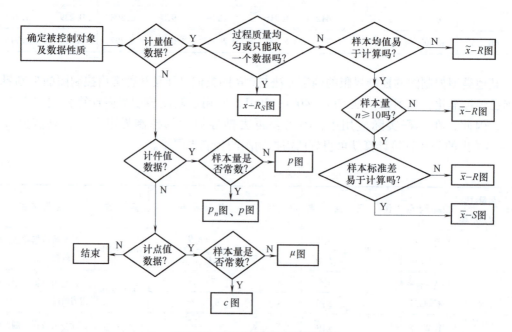

图 5-10 控制图类型的选择过程

(4) 绘制分析用控制图。随机收集 20~25 个以上的样本,绘成控制图,描出质量波动折线,分析判断过程是否处于受控状态。如果判定过程处于受控状态,则转入下一步骤;否则,追查原因,采取措施,直到过程回到受控状态。

(5) 绘制控制用控制图。当判定过程处于受控状态,且过程能力指数达到规定要求时,可延长控制线,作为控制用控制图。

(6) 进行日常工序质量控制。在日常生产活动中,按规定时间间隔取样,进行测量和计算,在控制图上描点并观察分析过程状态。如果无异常现象,则维持现状进行生产;如果出现质量降低的倾向,则应采取措施消除异常;如果出现质量提高的情况,则应总结经验,进行标准化和制度化。

(7) 修订控制界限。为使控制图的控制界限能反映工序的实际质量状况,应定期修订控制界限。除定期修订外,当遇到下列情况时,还应进行不定期的修订:

1) 通过积累的数据分析,表明工序质量发生了显著的变化。
2) 工序条件如材料成分、工艺方法、工艺装备和环境条件发生了显著变化。
3) 取样方法发生了改变。

修订时,应重新收集数据,通过第 (4)、(5) 两步,得到新的控制界限。

二、控制图的绘制与应用

(一) 计量值控制图的绘制与应用

根据概率论知识可知,计量数据服从正态分布,其均值 μ 和标准差 σ 等特征量都是各自独立的不相关参数,应分别加以控制,如采用 $\bar{x}$ 图、$\tilde{x}$ 图、x 图来控制质量值数据的分布中心 μ,而用 R 图、S 图、R_S 图来控制质量特性值数据的标准差 σ。在计量值控制图中,在数据分布中心方面,$\bar{x}$ 图检出力最强,$\tilde{x}$ 图检出力次之,x 图检出力最弱;在数据的标准差方面,S 图检出力最强,R 图检出力次之,R_S 图检出力最弱。当 $\bar{x}$ 图与 S 图结合时,其检出力最强,但由于样本标准差 S 的计算比较复杂,而且要求样本容量 $n \geq 10$,这就限制了 $\bar{x} - S$ 控制图的应用。相反,极差 R 的计算非常简单,因此在生产过程中 $\bar{x} - R$ 控制图成为首选。

1. $\bar{x} - R$ 控制图

$\bar{x} - R$ 控制图是计量值控制图中最常用、最基本的一种控制图,它常用于控制对象为长度、重量、强度、纯度、时间和生产量等计量值的场合。$\bar{x}$ 图主要用于观察质量特性值均值的变化,R 图用于观察质量特性值分散程度的变化。

现以例 5-3 来说明 $\bar{x} - R$ 控制图的应用步骤。

[**例 5-3**] 某汽车发动机制造厂要求对活塞环零件的制造过程建立 $\bar{x} - R$ 控制图,对直径进行质量控制。

解 活塞环零件 $\bar{x} - R$ 控制图的应用步骤如下:

(1) 数据的收集。随机抽取近期生产的 25 组活塞环直径样本,每个样本包含 5 个活塞环直径的观察值,如表 5-14 所示。

表 5-14 活塞环直径的数据表 (单位:mm)

样本序号	观 测 值					$\bar{x}_i$	R_i
1	74.030	74.002	74.019	73.992	74.008	74.010	0.038
2	73.995	73.992	74.001	74.001	74.011	74.001	0.019
3	73.988	74.024	74.021	74.005	74.002	74.008	0.036
4	74.002	73.996	73.993	74.015	74.009	74.003	0.022
5	73.992	74.007	74.015	73.989	74.014	74.003	0.026
6	74.009	73.994	73.997	73.985	73.993	73.996	0.024
7	73.995	74.006	73.994	74.000	74.005	74.000	0.012
8	73.985	74.003	73.993	74.015	73.998	73.997	0.030
9	74.008	73.995	74.009	74.005	74.004	74.004	0.014
10	73.998	74.000	73.990	74.007	73.995	73.998	0.017
11	73.994	73.998	73.994	73.995	73.990	73.994	0.008
12	74.004	74.000	74.007	74.000	73.996	74.001	0.011
13	73.983	74.002	73.998	73.997	74.012	73.998	0.029
14	74.006	73.967	73.994	74.000	73.984	73.990	0.039
15	74.012	74.014	73.998	73.999	74.007	74.006	0.016

(续)

样本序号	观测值					$\bar{x}_i$	R_i
16	74.000	73.984	74.005	73.998	73.996	73.997	0.021
17	73.994	74.012	73.986	74.005	74.007	74.001	0.026
18	74.006	74.010	74.018	74.003	74.000	74.007	0.018
19	73.984	74.002	74.003	74.005	73.997	73.998	0.021
20	74.000	74.010	74.013	74.020	74.003	74.009	0.020
21	73.998	74.001	74.009	74.005	73.996	73.996	0.033
22	74.004	73.999	73.990	74.006	74.009	74.002	0.019
23	74.010	73.989	73.990	74.009	74.014	74.002	0.025
24	74.015	74.008	73.993	74.000	74.010	74.005	0.022
25	73.982	73.984	73.995	74.017	74.013	73.998	0.035
					小 计	1850.024	0.581
					平 均	$\bar{\bar{x}}=74.001$	$\bar{R}=0.023$

(2) 计算统计量

1) 计算每一组样本的平均值 $\bar{x}_i = \frac{1}{5}\sum_{j=1}^{5} x_{ij}$，记入表5-14中。如第一组为

$$\bar{x}_1 = \frac{(74.030+74.002+74.019+93.992+74.008)\text{mm}}{5} = 74.010\text{mm}$$

2) 计算每一组样本的极差 R_i，记入表5-14中。如第一组为

$$R_1 = x_{\max} - x_{\min} = (74.030 - 73.992)\text{mm} = 0.038\text{mm}$$

3) 计算25组样本平均值的总平均值 $\bar{\bar{x}} = \frac{1}{25}\sum_{i=1}^{25} \bar{x}_i$。本例为

$$\bar{\bar{x}} = 74.001\text{mm}$$

4) 计算25组样本极差的平均值 $\bar{R} = \frac{1}{25}\sum_{i=1}^{25} R_i$。本例为

$$\bar{R} = 0.023\text{mm}$$

(3) 计算 $\bar{x}$ 图和 R 图的控制界限。由表5-12，当 $n=5$ 时，可查得：$A_2 = 0.577$，$D_4 = 2.115$，D_3 不考虑（当 $n=5$ 时，D_3 为负数）。

又由表5-13查询并计算 $\bar{x}$ 图的控制界限为

$$\text{UCL} = \bar{\bar{x}} + A_2\bar{R} = (74.001 + 0.577 \times 0.023)\text{mm} = 74.014\text{mm}$$
$$\text{LCL} = \bar{\bar{x}} - A_2\bar{R} = (74.001 - 0.577 \times 0.023)\text{mm} = 73.988\text{mm}$$
$$\text{CL} = \bar{\bar{x}} = 74.001\text{mm}$$

R 图的控制界限为

$$\text{UCL} = D_4\bar{R} = 2.115 \times 0.023\text{mm} = 0.049\text{mm}$$
$$\text{LCL} = D_3\bar{R}（由于 D_3 为负数，导致极差 R 下控制界限为负值，故不考虑）$$
$$\text{CL} = \bar{R} = 0.023\text{mm}$$

(4) 作分析用控制图。根据所计算的 $\bar{x}$ 图和 R 图的控制界限数值，分别建立两个图的

坐标系，并对坐标轴进行刻度。分别以各组数据的统计量、样本号相对应的一组数据，在控制图上打点、连线，即得到 $\bar{x}-R$ 控制图，如图5-11所示。

（5）作控制用控制图。从图5-11可以看出，$\bar{x}$ 图和 R 图都处于稳定状态，且又知道该活塞环零件生产的过程能力指数达到规定要求，因此可将上述图5-11的控制界限延长，作为控制用控制图。

（6）记入有关事宜。在控制图的空白处记载零件名称、件号、工序名称、质量特性、测量单位、标准要求、使用设备、操作者、记录者、检验者等内容，并记载查明原因的经过和处理意见等，计算过程和数据也应保留。

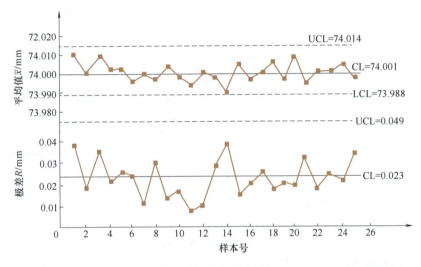

图5-11　$\bar{x}\text{-}R$ 控制图

2. $x\text{-}R_S$ 控制图

单值-移动极差控制图（$x\text{-}R_S$ 图）是根据测得的质量数据直接在控制图上打点，由于样本容量 $n=1$，故不用对数据进行分组处理，也不用计算各样本的平均值，所以简单省事，它主要应用于以下场合：

（1）希望尽快发现和消除异常原因。
（2）只能获得一个测定值。
（3）过程质量均匀，不需要测取许多数据。
（4）数据的取得需要很长的时间。
（5）测量数据需要高额的费用。

单值-移动极差控制图具有判断过程状态时间短的特点，缺点是不易发现过程平均值的变化。

[例5-4]　在炼钢过程中，需要对某种化学成分进行控制，由于化学成分的化验需要很长时间，试采用 $x\text{-}R_S$ 控制图对其进行控制。

解　应用 $x\text{-}R_S$ 控制图的过程如下：

（1）收集数据。在生产稳定时，通过抽样检验测得25组数据，如表5-15所示，每组样本容量 $n=1$。

表 5-15 化学成分的测定数据

组 号	测定值 (x)/mm	移动极差 (R_{Si})/mm	组 号	测定值 (x)/mm	移动极差 (R_{Si})/mm
1	67.00	—	14	66.98	0.05
2	67.05	0.05	15	66.97	0.01
3	66.99	0.06	16	67.02	0.05
4	67.09	0.10	17	66.93	0.09
5	67.07	0.02	18	66.90	0.03
6	67.26	0.19	19	67.06	0.18
7	67.00	0.26	20	66.89	0.17
8	67.06	0.06	21	67.19	0.30
9	66.92	0.14	22	67.03	0.16
10	67.11	0.19	23	67.22	0.19
11	67.02	0.09	24	67.03	0.19
12	67.15	0.13	25	67.04	0.01
13	66.93	0.22	小计	1676.01	2.94

(2) 计算统计量

1) 计算每一组样本的移动极差 R_{Si}，记入表 5-15 中。如表 5-15 所示，第一组样本的移动极差 R_{S1} 不存在；第二组样本的移动极差 R_{S2} 为

$$R_{S2} = |x_2 - x_1| = |67.05 - 67.00| \text{mm} = 0.05 \text{mm}$$

其余各组移动极差值的计算类推。

2) 计算 25 组样本的平均值 $\bar{x}$

$$\bar{x} = \frac{1}{k}\sum_{i=1}^{k} x_i = \frac{1}{25}\sum_{i=1}^{25} x_i = \frac{1676.01 \text{mm}}{25} \approx 67.04 \text{mm}$$

3) 计算 25 组样本移动极差的平均值 $\bar{R}_S$

$$\bar{R}_S = \frac{1}{k-1}\sum_{i=2}^{k} R_{Si} = \frac{1}{24}\sum_{i=2}^{25} R_{Si} = \frac{2.94 \text{mm}}{24} \approx 0.12 \text{mm}$$

(3) 计算 x 图和 R_S 图的控制界限。由表 5-13 查询并经计算 x 图的控制界限为

$$\text{UCL} = \bar{x} + 2.66\bar{R}_S = (67.04 + 2.66 \times 0.12) \text{mm} \approx 67.36 \text{mm}$$
$$\text{LCL} = \bar{x} - 2.66\bar{R}_S = (67.04 - 2.66 \times 0.12) \text{mm} \approx 66.72 \text{mm}$$
$$\text{CL} = \bar{x} \approx 67.04 \text{mm}$$

R_S 图的控制界限为

$$\text{UCL} = 3.267\bar{R}_S = 3.267 \times 0.12 \text{mm} \approx 0.39 \text{mm}$$
$$\text{LCL} = 0$$
$$\text{CL} = \bar{R}_S \approx 0.12 \text{mm}$$

(4) 作分析用控制图。根据所计算的 x 图和 R_S 图的控制界限数值作 x-R_S 控制图，如图 5-12 所示。

(5) 作控制用控制图。从图 5-12 可以看出，x 图和 R_S 图都处于稳定状态，表明炼钢过程的质量稳定，可将图 5-12 的控制界限延长，作为控制用控制图。

(6) 记入有关事宜 (略)。

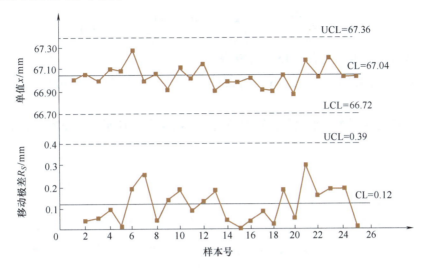

图 5-12 x-R_S 控制图

(二) 计数值控制图的绘制与应用

计数值控制图分为两大类：计件值控制图和计点值控制图。计件值控制图主要用来控制不合格品数（使用 p_n 控制图）和不合格品率（使用 p 控制图）；计点值控制图主要用来控制缺陷数（使用 c 控制图）和单位缺陷数（使用 μ 控制图）。

1. 不合格品数控制图（p_n 图）

设 n 为样本大小，p 为不合格品率，则 pn 为不合格品数，所以人们采用 p_n 作为样本中不合格品数的记号。p_n 控制图主要用来控制生产过程中可能出现的不合格品数，为此需要设置不合格品数控制界限，当不合格品数超过这个界限时，就需要对生产过程进行调整。

[**例 5-5**] 某厂生产一种零件，规定每天抽 100 件为一个样本，试用 p_n 控制图对其质量进行控制。

解 该零件生产过程质量控制的 p_n 控制图的建立步骤如下：

(1) 收集数据。通过连续 25 天的抽样检验共收集 25 组零件样本数据，每组样本容量 $n=100$ 件，共计 2500 个数据，查得各组的不合格品数 (pn) 如表 5-16 所示。

表 5-16 某零件的不合格品数　　　　　　（单位：件）

样本号	1	2	3	4	5	6	7	8	9	10	11	12	13	14	15	16	17	18	19	20	21	22	23	24	25
不合格品数 (pn)	3	4	0	4	3	3	2	2	2	5	4	1	1	2	0	3	0	6	0	4	4	1	0	6	4
样本容量 $n=100$，样本组数 $k=25$，不合格品总数 $\sum pn = 64$																									

(2) 计算统计量

1) 计算平均不合格品率 $\bar{p}$

$$\bar{p} = \frac{\sum pn}{\sum n} = \frac{\text{不合格品总数}}{\text{检查样品总数}} = \frac{64}{2500} = 0.0256$$

(2) 计算25组样本的平均不合格品数 $\overline{pn}$

$$\overline{pn} = \frac{\sum \overline{pn}}{k} = \frac{\text{不合格品总数}}{\text{样本组数}} = \frac{64\text{ 件}}{25} = 2.56\text{ 件}$$

(3) 计算控制界限。查表 5-13 并计算得

$UCL = \overline{pn} + 3\sqrt{\overline{pn}(1-\overline{p})} = [2.56 + 3\sqrt{2.56 \times (1-0.0256)}]\text{件} \approx 7.30\text{ 件}$

$CL = \overline{pn} = 2.56\text{ 件}$

(4) 作分析用控制图。根据所计算的控制界限数值作 p_n 控制图，如图 5-13 所示。

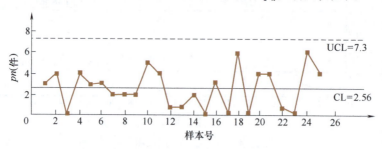

图 5-13 某零件生产的 p_n 控制图

(5) 作控制用控制图。从图 5-13 可以看出，该零件生产过程处于稳定状态，若过程能力指数达到规定要求，可将图 5-13 的控制界限延长，作为控制用控制图。

(6) 记入有关事宜（略）。

2. 不合格品率控制图（p 图）

不合格品率控制图是每组样本不固定时，利用不合格品率进行质量控制的一种图形。

[例 5-6] 某产品验收的交验数批量不等，试用不合格品率控制图对其批质量进行控制。

解 该产品的不合格品率控制图应用步骤如下：

(1) 收集数据。本例中，共收集了 25 批产品的数据，每组的批量和不合格品数 pn 如表 5-17 所示。

表 5-17 某产品验收数据表

样本号	样本容量（n）（件）	不合格品数（pn）（件）	不合格品率（p）（%）	UCL（%）	LCL（%）
1	835	8	1.0	2.55	0.15
2	808	12	1.5	2.57	0.13
3	780	6	0.8	2.58	0.12
4	252	6	2.4	3.52	—
5	430	7	1.6	3.02	—
6	600	5	0.8	2.75	—
7	822	11	1.3	2.56	0.14
8	814	8	1.0	2.56	0.14
9	206	6	2.9	3.75	—

(续)

样本号	样本容量 (n)（件）	不合格品数 (pn)（件）	不合格品率 (p)（%）	UCL（%）	LCL（%）
10	703	8	1.1	2.65	0.05
11	850	19	2.2	2.53	0.17
12	709	11	1.6	2.65	0.05
13	350	5	1.4	3.10	—
14	250	8	3.2	3.54	—
15	830	14	1.7	2.55	0.15
16	798	7	0.9	2.57	0.13
17	813	9	1.1	2.56	0.14
18	818	7	0.9	2.56	0.14
19	581	8	1.4	2.79	—
20	464	4	0.9	2.95	—
21	807	11	1.4	2.57	0.13
22	595	7	1.2	2.76	—
23	500	12	2.4	2.89	—
24	760	7	0.9	2.60	0.10
25	420	8	1.9	3.03	—
合计	15795	214			

（2）计算统计量

1）计算各组的不合格品率 $p_i = \dfrac{pn_i}{n_i}$，记入表 5-17 中。如第一组为

$$p_1 = \frac{pn_1}{n_1} = \frac{8}{835} = 0.01$$

2）计算 25 批产品的平均不合格品率 $\bar{p}$

$$\bar{p} = \frac{\sum pn}{\sum n} = \frac{214}{15795} = 0.0135$$

（3）计算控制界限。由表 5-13 查得

$$UCL = \bar{p} + 3\sqrt{\frac{\bar{p}(1-\bar{p})}{n}}$$

$$LCL = \bar{p} - 3\sqrt{\frac{\bar{p}(1-\bar{p})}{n}}$$

从上式可以看出，p 控制图的控制界限与每批产品的容量 n 有关，样本容量不同，其控制界限不一样。计算每批产品的控制界限，记入表 5-17 中。如第一批产品为

$$UCL_1 = 0.0135 + 3\sqrt{\frac{0.0135 \times (1 - 0.0135)}{835}} = 0.0255$$

$$LCL_1 = 0.0135 - 3\sqrt{\frac{0.0135 \times (1 - 0.0135)}{835}} = 0.0015$$

（4）绘制分析用 p 控制图。根据以上计算得到的数据作图。由于不合格品率越小越好，一般不画出下控制界限（LCL）。结果如图 5-14 所示。

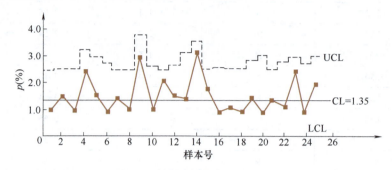

图 5-14　某产品验收的 p 控制图

与 p_n 控制图比较来看，p 控制图的计算和作图均较复杂，表现为每个组的上、下控制界限都必须单独计算，在图上表现为上、下控制界限都是折线。因此，只要各组样本容量 n 大小不变，使用 p_n 图更为方便。

对于 p_n 图和 p 图来讲，实际上起控制作用的是上控制界限，中线只表明 p_n 和 p 的平均水平，下控制界限只用来检查生产过程中是否发生好的变化。如果点子越出下控制界限，只说明生产过程更加稳定。因此，建议可以不画出下控制界限。

3. 缺陷数控制图（c 图）

当样本容量 n 相同时，可以用 c 控制图来控制产品的缺陷数。如可用 c 图来控制铸件的砂眼、气孔、缩孔、渣孔、粘砂、冷陷，喷漆件表面的斑点等缺陷数。

[例 5-7]　某铸件产品缺陷数控制图的应用。

解　c 控制图的应用步骤如下：

（1）收集数据。一共检查了 20 个铸件，每个铸件上的缺陷数如表 5-18 所示。

表 5-18　某铸件产品缺陷数数据表

样本号	缺陷数（c）（个）	样本号	缺陷数（c）（个）	样本号	缺陷数（c）（个）
1	7	8	3	15	2
2	5	9	4	16	4
3	3	10	3	17	7
4	4	11	6	18	4
5	3	12	3	19	2
6	8	13	2	20	3
7	2	14	7	合计	82

（2）计算统计量

20 个铸件的平均缺陷数 $\bar{c} = \dfrac{\sum c}{k} = \dfrac{\text{样本中的总缺陷数}}{\text{样本组数}} = \dfrac{82 \text{ 个}}{20} = 4.1$ 个

（3）计算控制界限。由表 5-13 查得并经计算

$$CL = \bar{c} = 4.1 \text{ 个}$$

$$\text{UCL} = \bar{c} + 3\sqrt{\bar{c}} = (4.1 + 3\sqrt{4.1}) \text{个} \approx 10.17 \text{个}$$
$$\text{LCL} = \bar{c} - 3\sqrt{\bar{c}} = (4.1 - 3\sqrt{4.1}) \text{个} \approx -1.97 \text{个（无意义）}$$

（4）绘制 c 控制图，如图 5-15 所示。

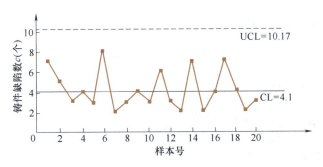

图 5-15　某铸件缺陷的 c 控制图

4. 单位缺陷数控制图（μ 图）

在样本容量不固定时，可利用经计算后的单位缺陷数控制图进行质量控制。

[**例 5-8**]　试用单位缺陷数控制图（μ 图）对某电子仪器组装车间的焊接质量进行控制。

解　（1）收集数据。该电子仪器组装车间月度检验记录的焊接缺陷如表 5-19 所示。

表 5-19　焊接缺陷

组号	检验台数（n）	焊接不合格数（c）（个）	平均每台不合格数（μ）（个）	UCL（个）	LCL（个）
1	9	89	9.9	14.3	7.7
2	10	93	9.3	14.1	7.8
3	12	132	11.0	13.8	8.1
4	7	71	10.1	14.7	7.2
5	11	144	13.1	14.0	8.0
6	9	97	10.8	14.3	7.7
7	13	112	8.6	13.7	8.2
8	11	155	14.1	14.0	8.0
9	10	129	12.9	14.1	7.8
10	11	109	9.9	14.0	8.0
11	12	128	10.7	13.8	8.1
12	8	74	9.3	14.5	7.5
13	11	140	12.7	14.0	8.0
14	12	123	10.3	13.8	8.1
15	10	87	8.7	14.1	7.8
16	11	131	11.9	14.0	8.0
17	12	104	8.7	13.8	8.1
18	8	125	15.6	14.5	7.5
19	11	135	12.3	14.0	8.0
20	9	92	10.2	14.3	7.7
合计	207	2270			

(2) 计算统计量

1) 检查与统计各样本中的缺陷数 c，并转换成单位缺陷数 μ。即

$$\mu_i = \frac{c_i}{n_i}$$

将结果记入表 5-19 中。如第一组为

$$\mu_1 = \frac{c_1}{n_1} = \frac{89\ \text{个}}{9} = 9.9\ \text{个}$$

2) 计算平均单位缺陷数 $\bar{\mu}$

$$\bar{\mu} = \frac{\sum c}{\sum n} = \frac{\text{样本中的总缺陷数}}{\text{样本总数}} = \frac{2270\ \text{个}}{207} \approx 11\ \text{个}$$

(3) 计算控制界限。由表 5-13 查得

$$CL = \bar{\mu} = 11\ \text{个（各组均相同）}$$
$$UCL = \bar{\mu} + 3\sqrt{\bar{\mu}/n}$$
$$LCL = \bar{\mu} - 3\sqrt{\bar{\mu}/n}$$

计算每一组样本的控制界限，记入表 5-19 中。如第一组为

$$UCL_1 = \bar{\mu} + 3\sqrt{\bar{\mu}/n_1} \approx (11 + 3\sqrt{11/9})\ \text{个} \approx 14.3\ \text{个}$$
$$LCL_1 = \bar{\mu} - 3\sqrt{\bar{\mu}/n_1} = (11 - 3\sqrt{11/9})\ \text{个} \approx 7.7\ \text{个}$$

(4) 绘制分析用 μ 控制图，如图 5-16 所示。

从图 5-16 中可以看到第 8 点、第 18 点超出控制界限，说明该组装焊接过程有异常因素，应进行进一步的质量分析。

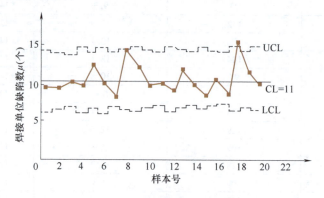

图 5-16 焊接单位缺陷数 μ 控制图

三、控制图的观察与分析

人们对控制图进行观察与分析的目的是判断生产过程是否处于受控状态，以便决定是否采取措施，消除过程中的异常因素，使生产过程保持稳定。

利用控制图对过程异常的分析判断主要是依据概率理论中的"小概率原理"进行的，即小概率事件一般是不会发生的，但如果经过一次或几次试验，这些小概率事件发生了，这就意味着生产过程中有异常情况发生。

1. 受控状态的判定

利用控制图分析生产过程是否处于受控状态，主要是通过分析控制图中质量折线所处的位置及其走向来实现的。

当生产过程处于受控状态时，控制图上的点子应随机地分散在中线的两侧附近，分布在中线附近的点子越多，接近上、下控制界限分布的点子就越少。

在国家标准 GB/T 4091—2001《常规控制图》中，对生产过程是否处于受控状态是这样规定的：收集 25 个样本容量为 4 或 5 的样本，若控制图上被控制的质量数据服从正态分布或近似正态分布，并同时满足以下两个条件时，可以认为生产过程处于受控状态。

条件一：控制图上没有点子越出控制界限外。

条件二：点子在控制界限内的分布是随机的，并且无长链、连续变化趋势和其他异常模式。

在判断时，最少应该连续判断 25 个点子，因为用少量数据作控制图容易产生错误的判断，所以控制图上至少应有 25 个点子才能做出相对正确的判断。

2. 失控状态的判断

当生产过程发生异常变化时，就说生产过程处于失控状态，应立即采取措施，消除发生异常变化的原因。通过对控制图进行观察，可以对失控状态做出判断。一般将控制图中线两侧到控制界限划分为 3 个区间，从控制界限到中线分别记为 A 区、B 区和 C 区，如图 5-17 所示。

在国家标准 GB/T 4091—2001《常规控制图》中，对生产过程是否失控是这样规定的：只要质量数据服从正态分布或近似正态分布，当控制图出现以下八种变异模式之一时，即可以判定过程失控。

模式一：有 1 个点落在控制界限外。如图 5-18 所示，在 $\mu \pm 3\sigma$ 界限的控制图上，在正常情况下，点子超出界限外的概率只有 0.27%，这是个小概率事件。但如果仅在控制图上打了几个点子，便发生了越界点的情况，则可以认为生产过程出现了异常变化，即处于失控状态。

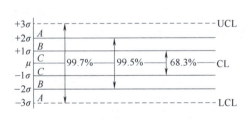

图 5-17　控制图的分区

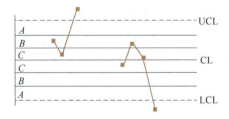

图 5-18　有 1 个点落在控制界限外

模式二：连续 9 点落在中线同一侧。如图 5-19 所示，当过程处于受控状态时，连续 9 点落在中线同一侧的概率为 0.39%，这是一个小概率事件。出现这种情况可能是由生产过程出现异常造成的。

模式三：连续 6 点递增或递减。如图 5-20 所示，当过程处于受控状态时，连续 6 点递增或递减的概率为 0.27%，这也是一个小概率事件。出现这种情况可能是设备、工具逐渐磨损或操作者疲劳等原因造成的，例如，在车外圆或内孔时，由于刀具逐渐磨损，加工尺寸会逐渐增大或减小。

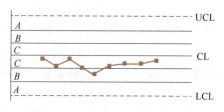
图 5-19　连续 9 点落在中线同一侧

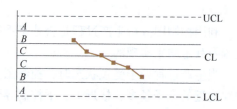
图 5-20　连续 6 点递增或递减

模式四：**连续 14 点中相邻点交替上下**。如图 5-21 所示，当过程处于受控状态时，连续 14 点中相邻点交替上下的概率大约为 0.40%，这也是一个小概率事件。出现这种情况可能是两台设备交替使用所带来的系统影响等原因所造成的。

模式五：**连续 3 点中有 2 点落在中线同一侧 B 区以外**。如图 5-22 所示，当过程处于受控状态时，连续 3 点中有 2 点落在中线同一侧 B 区以外的概率大约为 0.30%，这也是一个小概率事件。出现这种情况可能是设备不稳定、操作有误或过程调整等原因造成的。

模式六：**连续 5 点中有 4 点落在中线同一侧 C 区以外**。如图 5-23 所示，当过程处于受控状态时，连续 5 点中有 4 点落在中线同一侧的 B 区以外的概率大约为 0.53%，这是一个小概率事件。出现这种情况可能是过程偏移、量具需要调整或设备不稳定等原因造成的。

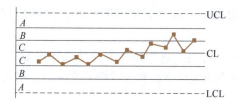
图 5-21　连续 14 点中相邻点交替上下

图 5-22　连续 3 点中有 2 点落在中线同一侧 B 区以外

模式七：**连续 15 点落在中线两侧 C 区内**。如图 5-24 所示，当过程处于受控状态时，连续 15 点落在中线两侧 C 区内的概率为 0.33%，这也是一个小概率事件。出现这种情况可能是质量数据分层问题、控制界限过宽或存在虚假数据等原因造成的，应重新制定控制界限。

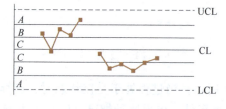
图 5-23　连续 5 点中有 4 点落在中线同一侧 C 区以外

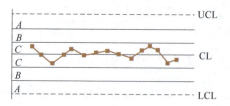
图 5-24　连续 15 点落在中线两侧 C 区内

模式八：**连续 8 点落在中线两侧且无一在 C 区内**。如图 5-25 所示，当过程处于受控状态时，连续 8 点落在中线两侧且无一在 C 区内的概率为 0.01%，这是一个小概率事件。出现这种情况可能是质量数据来自两个或更多的过程等原因造成的。

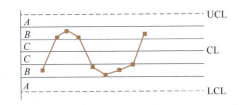

图 5-25　连续 8 点落在中线两侧且无一在 C 区内

四、控制图的两类判断错误及其检出力

1. 控制图的两类判断错误

应用控制图来判断生产过程是否稳定，主要是根据控制图上点子的分布状况来进行的，而点子又是通过抽样检验得来的，它具有不确定性。因此，在控制图的应用过程中可能会犯以下两类判断错误：

(1) 虚发警报的错误。虚发警报的错误也称第Ⅰ类错误。在生产过程稳定的情况下，纯粹出于偶然因素而使点子出界的概率虽然很小，但是这类事件总还是有可能发生的，可是如果它发生，我们就据此判定生产过程出现异常，则犯了虚发警报的错误，从而不必要地去分析查找原因，给生产者带来损失。如图 5-26 所示，如果所抽检的产品正好位于曲线 A 的 α 区间（阴影区间），这种错判的概率为 α，当控制图的控制界限取 $\mu \pm 3\sigma$ 时，$\alpha = 0.27\%$。

(2) 漏发警报的错误。漏发警报的错误也称第Ⅱ类错误。当生产过程出现异常情况时，产品质量的特性值会偏离典型分布（如图 5-26 中的 B 曲线），但总还是有一部分产品的质量特性值是落在上下控制界限之内的，如图 5-26 中 B 曲线的阴影部分。如果抽检时正好抽到 B 曲线阴影部分的产品，这时由于点子未出界而判定生产正常，就犯了漏发警报的错误，发生这种错误的概率就等于图 5-26 中 B 曲线阴影部分的面积，通常记为 β。

虚发警报的错误会无谓地增加人们的工作量，漏发警报的错误又会使人们失去控制生产过程的良好机会，这两类错误都会造成不良后果。因此，在应用控制图时，应尽量减少这两类错误的发生。

由于控制图是通过抽样来获取产品质量数据的，因此发生上述两类错误是不可避免的。在控制图上，中线一般是对称轴，所能变动的只是上下控制界限的间距，在应用控制图时，若将间距增大，则犯第Ⅰ类错误的概率 α 减少，而犯第Ⅱ

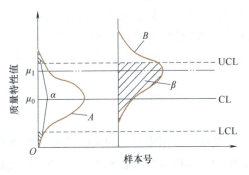

图 5-26　两类错误发生的概率

类错误的概率 β 增加；反之，则 α 增大，而 β 减少。因此，在应用控制图时，往往只能根据这两类错误造成的总损失最小的原则来确定控制图的上下控制界限。

2. 控制图的检出力

控制图的检出力是控制图的重要特性，它是指当生产过程出现异常时，控制图可以把这种异常状况正确地检测出来的概率，通常用 P 表示。

$$P = 1 - \beta$$

根据概率论原理，如图5-26所示，在控制图应用过程中，犯第Ⅱ类错误的概率β为

$$\beta = \Phi\left[\frac{k-\delta\sqrt{n}}{f}\right] - \Phi\left[\frac{-k-\delta\sqrt{n}}{f}\right]$$

式中，Φ为正态分布概率密度函数；k为控制界限系数，当采用3σ控制原则时，$k=3$；δ为产品质量特性均值的偏移系数，$\delta = \frac{|\mu_1 - \mu_0|}{\sigma_0}$，其中$\mu_0$为正常状态下的产品质量特性均值，$\mu_1$为异常状态下的产品质量特性均值；$f$为产品质量特性标准差变动系数，$f = \frac{\sigma_1}{\sigma_0}$，其中$\sigma_0$为正常状态下的产品质量特性标准差，$\sigma_1$为异常状态下的产品质量特性标准差；$n$为抽样检验的样本大小。

控制图的检出力为

$$P = 1 - \beta = \Phi\left[\frac{-k-\delta\sqrt{n}}{f}\right] + \Phi\left[\frac{-k+\delta\sqrt{n}}{f}\right]$$

第四节 质量管理新七种工具简介

自20世纪70年代以来，全面质量管理在日本的企业中得到全面推广应用，这时老七种工具已不能满足要求，需要研究开发适用于全面质量管理的新方法。在长期的实践中，日本人提出了能用于全面质量管理的新七种工具，称为"QC新七种工具"，即关联图法、KJ法、系统图法、矩阵图法、矩阵数据分析法、网络图法及PDPC法（过程决策程序图法）。这新七种工具的提出不是对老七种工具的否定和替代，而是对它的补充和丰富。

一般说来，老七种工具的特点是强调用数据说话，重视对制造过程的质量控制；而新七种工具则侧重整理、分析语言文字资料（非数据），着重用来解决全面质量管理中PDCA循环的P（计划）阶段的有关问题。因此，新七种工具有助于管理人员整理问题、展开质量方针目标和安排时间进度。整理问题，可以用关联图法和KJ法；展开质量方针目标，可用系统图法、矩阵图法和矩阵数据分析法；安排时间进度，可用PDPC法和网络图法。

一、关联图法

1. 关联图法的概念

关联图是用带箭头的连线把表示事物因果关系的因素联系起来的图。关联图法就是利用关联图来分析事物各影响因素之间的复杂关系，从而找到主要质量问题的方法。

2. 关联图的基本结构

在关联图中，用▭或⌬把表达问题和原因的短语框起来，用箭头把这些短语连起来，表示它们之间的因果关系，箭头的方向一般是由"手段"指向"目的"，或由"原因"指向"结果"。短语力求简洁，内容力求确切，易于理解。重要因素和关键问题用双线框▭或⌬表示。

3. 关联图的类型

关联图按结构形式可分为以下四种类型：

（1）**中心型关联图**。中心型关联图是把重要项目或要解决的问题排在中心位置上，然

后按关系密切程度把各种因素依次排列，如图 5-27 所示。

（2）单向型关联图。单向型关联图是把重要项目或要解决的问题排在一端（上、下、左、右），然后按关系密切程度把各种因素依次排列，如图 5-28 所示。

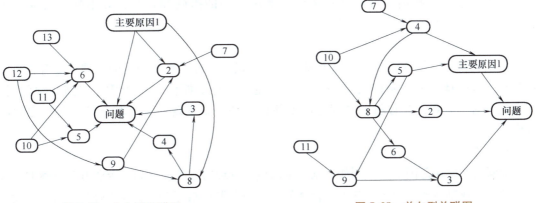

图 5-27　中心型关联图　　　　　　　　图 5-28　单向型关联图

（3）关系型关联图。关系型关联图只表明问题和各因素之间的因果关系，对各因素的排列位置没有明确规定，可以灵活掌握，如图 5-29 所示。

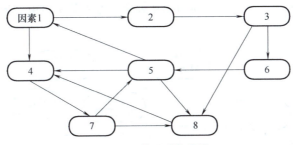

图 5-29　关系型关联图

（4）应用型关联图。应用型关联图是以前三种关联图为基础，并与其他图形一起应用而形成的关联图。常用的应用型关联图有三种：①与分类图表联合应用而形成的关联图，如图 5-30 所示；②与 KJ 图联合应用的关联图；③与系统图联合应用的关联图。

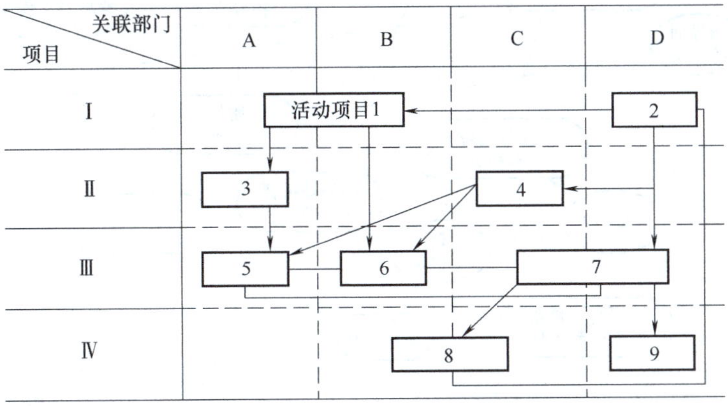

项目 \ 关联部门	A	B	C	D
Ⅰ		活动项目1		2
Ⅱ	3		4	
Ⅲ	5	6	7	
Ⅳ			8	9

图 5-30　与分类图表联合应用的关联图

4. 关联图的应用步骤

关联图的应用步骤为：①确定选题，明确要解决的问题；②组织落实（成立解决问题的小组）；③开会讨论，收集资料；④整理讨论结果，绘制关联图；⑤找出重点项目，并在图上表示；⑥找出关键问题；⑦制订解决问题的措施和计划；⑧不断修订完善关联图。

5. 关联图的特点

关联图具有以下特点：①适用于多种因素交织在一起的复杂问题的整理；②有益于群众参与，可以从多个方面扩大思路，集思广益；③易于抓住主要矛盾，找到关键问题；④方式灵活、直观；⑤有利于对问题产生新认识和有新发现；⑥有利于各个部门之间的合作。

6. 关联图的应用范围

关联图的应用范围很广，例如，制订全面质量管理的方针和计划；企业方针目标的展开和管理；查找制造质量问题，减少不合格品造成的损失；制订 QC 小组的活动计划；从大量的质量管理问题中查找主要问题；产品开发中设计质量的展开；索赔对象的分析等。

7. 关联图法应用实例

图 5-31 是某机器厂探讨降低装配流水线废品率问题的关联图。从图中可以方便地找出废品无法减少的所有因素以及它们之间的相互关系，这为制定对策、采取措施、解决问题打下了良好的基础。

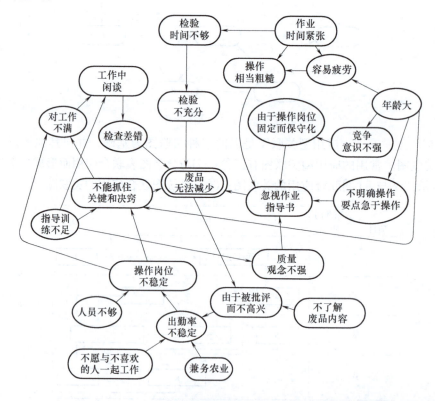

图 5-31　探讨降低装配流水线废品率问题的关联图

二、KJ 法

1. KJ 法的概念

KJ 法是由日本人川喜田二郎在质量管理实践中总结、归纳出来的一种新方法，又称亲和图法，用来将一大堆杂乱无章的语言文字资料，按其内在相互关系（亲和性）加以整理，从而理出思路，抓住问题的本质，找出解决问题的新途径和新方法。

2. KJ 法的特点

在前面介绍的老七种工具中，处理问题的依据是数据，强调一切用数据说话，通过对数据的全面分析发现各种质量问题；KJ 法则主要依据事实，通过对语言文字资料的整理"触发"灵感，从而发现新思想，解决新问题。

3. KJ 法的主要用途

KJ 法主要用于研究新情况、认识新事物、发现新问题；归纳问题、整理见解；从现实出发、打破常规、标新立异；统一思想、促进协调；发挥集体智慧，贯彻上级方针；提出新理论。

4. 用 KJ 法解决问题的步骤

KJ 法的应用基础是 A 形图，它通过不断积累和应用 A 形图来发现问题，并辅以其他方法解决问题。A 形图的主要作用是按照亲缘关系，把相互接近、彼此相容的语言、文字资料汇集在一起，通过归纳整理画成表示思维联系、启发思路的图，通过对图的分析发现新问题。用 KJ 法解决问题的步骤如下：

（1）确定对象。

（2）收集资料。用各种方法收集与待解决问题相关的语言和文字资料。收集这种资料的方法一般有三种：①直接观察法，即到现场去看、听、摸，通过感性认识掌握第一手资料，从中得到启发并记录下来；②面谈、阅读法，即通过召集有关人员谈话、开会、查阅文献资料或采用"头脑风暴法"（BS 法）来收集资料；③个人思考法，即通过回忆、总结经验来获得资料，或者针对所选的题目冥思苦想，从而悟出一些设想、见解和办法来。要善于捕捉头脑中"一闪而过"的念头。在收集资料时，要注意以掌握事实为主，防止掺杂个人的成见。通常应根据不同的使用目的对收集资料的方法进行适当选择，如表 5-20 所示。

表 5-20 收集资料的方法选择

使用目的 \ 收集方法	直接观察	面谈阅览	查阅文献	BS	回忆	检讨
认识新事物	◎	△	△	△	○	×
归纳思想	○	◎	○	○	○	◎
打破现状	◎	○	○	◎	◎	◎
脱胎换骨	△	◎	○	×	◎	◎
参与计划	×	×	×	◎	◎	◎
贯彻方针	×	×	×	◎	◎	◎

注：表中"◎"表示关系密切；"○"表示有关系；"△"表示可能有关系；"×"表示没有关系。

（3）制作资料卡片。将收集到的语言及文字资料按内容进行分类，并用简洁的语言文字制成卡片。

（4）汇总、整理卡片。把内容相近的卡片归并在一起，并标记分类以便识别。

（5）绘制 A 形图。把分类标记好的卡片根据相互位置排列起来，并用适当的记号表示出相互关系，即为 A 形图。A 形图的一般形式如图 5-32 所示。图中 A、B 等分别是内容相近的一组卡片。在各组中，还可以根据内容进一步细分成更小的卡片组。各卡片或卡片组之间的关系可以用箭头表示。

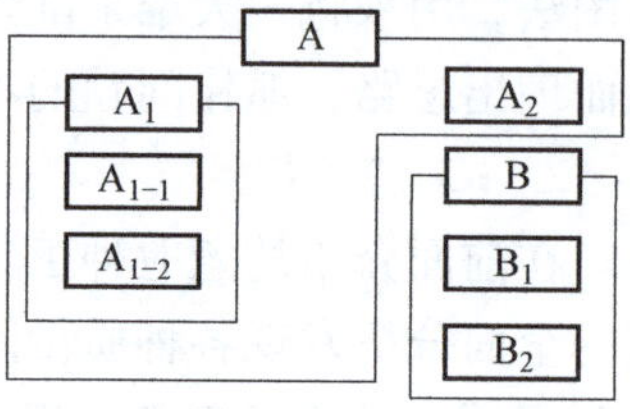

（6）口头及书面报告。分析观察 A 形图，从中归纳、整理出思路及解决问题的方法，并将结果做口头或书面报告。

5. KJ 法应用实例

图 5-33 所示为讨论如何提高国产自行车质量的 A 形图，通过对该图的分析，可以为提高质量、降低成本提供新思路。

图 5-32 A 形图的一般形式

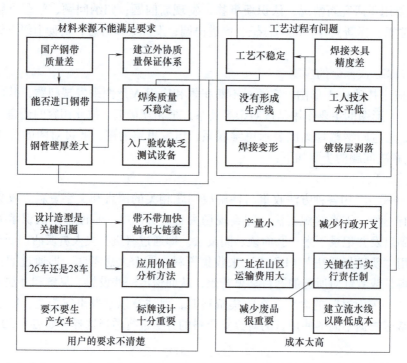

图 5-33 提高国产自行车质量的 A 形图

三、系统图法

1. 系统图法的概念

系统图法把用于功能分析的功能系统图和方法应用到全面质量管理中的一种方法。

系统图法把要达到的目的及所需的方法和手段，按顺序进行系统的展开，逐步绘出表示目的和手段关系的一系列方块图。通过对图进行分析，明确问题的重点，找出实现目标的最优方法和手段。其优点是：目标明确、关键突出、职责明确、措施具体、考核方便。图 5-34 所示为系统图的基本形式。

系统图可以分为两类：因素展开型系统图和措施展开型系统图。

2. 系统图法的用途

系统图法可用来解决下列问题：①在产品开发中将设计质量展开；②用于工厂方针目标的展开和管理；③进行质量职能的展开和管理；④正确处理质量、成本和产量之间的关系；⑤用于企业的组织机构管理；⑥有利于减少不合格品。

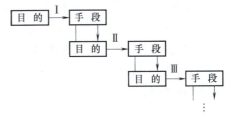

图 5-34　系统图的基本形式

3. 系统图法的应用步骤

（1）明确目的和目标。

（2）提出手段和方法。

（3）评价手段和方法，确定可行性。

（4）绘制系统图。按照树形结构从高到低逐级展开"目的"。首先画出第一级"目的"及相应的手段，"目的"是"树根"，手段是"树枝"。然后再将第一级的手段作为第二级的"目的"，再按照"树根"和"树枝"的关系展开到最后一级。最后将"目的"和"手段"方块图连接起来，就构成了系统图，如图 5-35 所示。

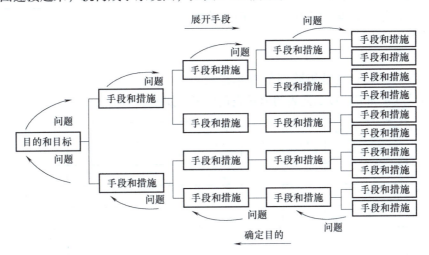

图 5-35　目的和手段的展开

（5）验证手段，确认目的。这个过程可以自第一级开始，逐级确认"手段"对"目的"的实现程度（上一级的"手段"即为下一级的"目的"），也可以从最后一级开始查起，直到最终目的的实现。

（6）编制计划。编制各"手段"的实施计划，包括所用手段的详细说明、实施的各种标准、所需的各种条件和资料、开始和结束时间、负责人等。

四、矩阵图法

1. 矩阵图法的概念

矩阵图法是用矩阵的形式进行多维思考，逐步找到关键问题的一种方法。

矩阵图法把与问题有对应关系的各个因素排列成一个矩阵图的形式，然后对矩阵图进行分析，找到关键点，进而使问题得到解决。

具体做法是：将问题进行分解，找出各个成对因素，把属于行因素群 B 的因素 b_1，b_2，$\cdots$，b_m 和属于列因素群 A 的因素 a_1，a_2，$\cdots$，a_n 分别排列成行与列，在行与列的交点处表示出 B 与 A 各因素之间相互关系的"着眼点"，如图 5-36 所示。

"着眼点"具有以下三大特点：①表示行因素与列因素的相关程度；②从二元排列中找到关键问题及其形态；③从二元排列中得到解决问题的启示。

以矩阵图中的"着眼点"作为分析问题和解决问题的焦点，这种方法称为矩阵图法。

2. 矩阵图法的主要用途

矩阵图法的主要用途有：确定新产品开发和老产品改进中的关键；探索原材料的应用领域；查找质量保证体系的关键环节；分析影响产品质量的主要原因；评价本企业产品在市场中的地位，制定产品策略；分析工程实施中有关技术问题之间的关联情况。

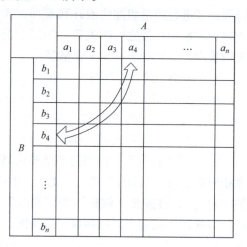

图 5-36　矩阵图法

3. 矩阵图的形式

(1) L 形矩阵图。它是矩阵图的基本形式，它将一对事件（A 和 B）按二元表的形式表现出来，如图 5-37 所示。

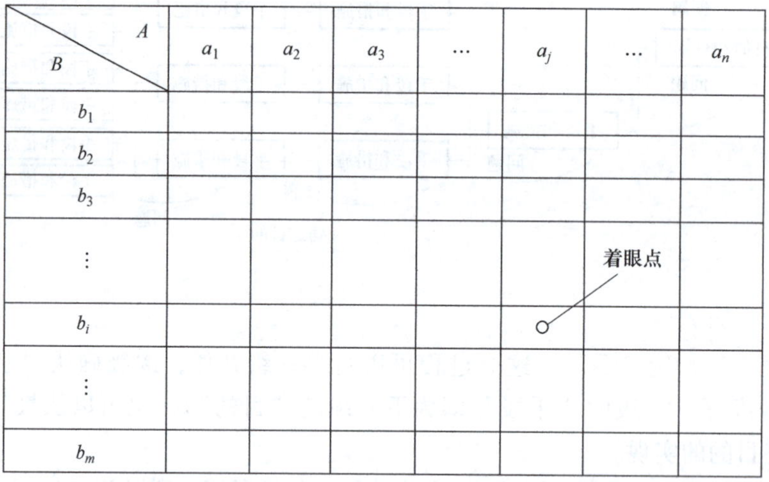

图 5-37　L 形矩阵图

(2) T 形矩阵图。它是由两个 L 形矩阵图组合而成的矩阵图。图 5-38 是将 A 和 B 组成的 L 形矩阵图与 A 和 C 组成的 L 形矩阵图组合而成的。

(3) Y 形矩阵图。它是由三个 L 形矩阵图组合而成的矩阵图。图 5-39 是将 A 与 B、B 与 C、C 与 A 三个 L 形矩阵图组合而成的。

(4) X 形矩阵图。它是由四个 L 形矩阵图组合而成的矩阵图。图 5-40 是将 A 与 B、B 与 C、C 与 D、D 与 A 四个 L 形矩阵图组合而成的。

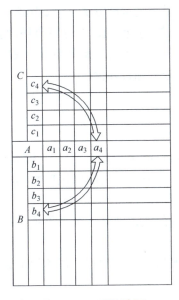

图 5-38　T 形矩阵图

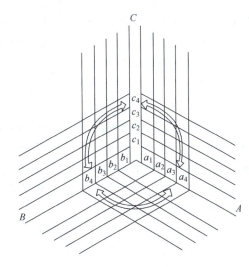

图 5-39　Y 形矩阵图

4. 矩阵图法的应用步骤

（1）确定目的。一般是涉及多方面的，含有多个因素的问题。

（2）确定因素组。根据实际问题，找出与问题相关的因素组。

（3）选择与绘制矩阵图。根据实际问题选择最适用的矩阵图形式，将各因素组按对应关系排在矩阵中，形成矩阵图。

（4）标注"着眼点"。对矩阵图各对因素进行分析，在对应因素的交点上用符号表示相互关系程度。一般用"◎"表示关系密切；用"○"表示有关系；用"△"表示可能有关系；用"×"表示没有关系。

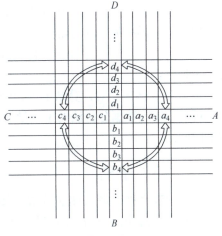

图 5-40　X 形矩阵图

（5）写出分析报告。找出关键"着眼点"，写出分析报告，制定措施并加以实施。

五、矩阵数据分析法

1. 矩阵数据分析法的概念

在矩阵图中，如果"着眼点"不用符号表示，而用数据表示，这样就可以对这些数据进行解析运算，得到所需的结果。这种方法称为"矩阵数据分析法"。它是新七种工具中唯一用数据来分析问题的方法，但其结果仍然以图来表示。用矩阵数据分析的过程比较烦琐，往往需要借助计算机进行分析。

2. 矩阵数据分析法的主要用途

矩阵数据分析法主要用于市场调查、新产品规划、新产品研制、工序分析等方面。在

PDCA 循环的 P 阶段与 D 阶段，只要存在数据，就应尽量采用这种方法。主要用途概括起来有：①分析复杂因素组成的工序；②分析包含大量数据的质量问题；③分析市场调查数据，掌握用户要求；④对产品的功能特性进行分类、整理和分析；⑤对试验观测所形成的大量数据进行分析；⑥对产品寿命循环中形成的复杂质量问题进行综合评价。

3. 用矩阵数据分析法解决问题的步骤

（1）收集数据并将数据整理成矩阵表的形式。

（2）计算各项目的平均值和标准偏差。

（3）将数据规范化。为使量值和单位不同的评价项目能进行相互比较，须将数据规范化。其具体做法是，将各项原始数据减去评价项目的平均值，然后除以该项数据的标准偏差。规范化后各项目（数据）的平均值为 0，标准偏差为 1。

（4）计算相关系数。利用散点图中的相关系数计算公式，计算各个评价项目的相关系数，将相关系数排列成矩阵的形式。

（5）计算特征值和特征矢量。计算相关系数矩阵表相关行列的特征值和特征矢量。特征矢量表示各评价项目的若干个主成分。

（6）计算因子负荷量。将特征矢量矩阵中各特征矢量乘以各主成分的特征平方根，称为因子负荷量。

（7）计算主成分得分。将规范化数据矩阵表中相应行的数据与特征矢量矩阵中相应列的数据相乘，再相加，即可得到。

（8）用坐标图表示主成分。将主成分得分矩阵中各主成分得分数据两两组合在直角坐标系中描点。

（9）考察结果。对计算结果进行分析，得出分析结果。

可见，矩阵数据分析法的工作量很大，所以应将计算机作为分析工具，以缩短分析和处理的时间。

六、网络图法

网络图法又称为箭条图法或矢线图法，它是计划评审法（PERT 法，又称为网络计划法）在质量管理中的应用，用来制订质量管理日程计划，明确管理的关键，进行质量管理进度控制等。利用网络图法进行全面质量管理，有利于从全局出发，统筹安排各种因素，抓住影响质量的关键线路，集中力量，按时或提前完成工作计划。计划评审法除了可用于质量管理外，它还是现代企业管理中最常用的技术之一。由于计划评审法在很多企业管理的专著中都有介绍，限于篇幅，此处不加以介绍，感兴趣的读者可参阅其他专著。

七、过程决策程序图法

1. PDPC 法的概念

过程决策程序图（Process Decision Program Chart）法简称为 PDPC 法，它通过对事态发展过程中可能出现的各种问题拟订多种对策方案，并运用程序图来确定一条获得最佳结果的途径。

PDPC 法与系统图法有相似之处，都是把为达到一定目的所设想的各种手段、方法和措施按系统展开。但是系统图法是一种静态展开方式，而 PDPC 法则是动态地展开。

2. PDPC 法的应用思路

在应用 PDPC 法制定对策时，预先要对各种可能发生的不利情况加以估计，并提出多个解决方案，以保持计划的灵活性。在计划执行过程中，当遇到不利情况时就应立即转去采取预先拟订好的其他解决方案，随时修正方向，以便顺利达到最终目的；如果在计划执行过程中出现了没有预料到的情况，也可以随机应变，灵活采取对策，使质量问题得到圆满解决。

在应用 PDPC 法解决质量问题时，一般可以分成以下两个阶段进行：

（1）初步计划阶段。根据过去的经验、语言文字资料及技术知识，充分提出各种可能出现的问题，找出问题发展的趋向，对每个可能出现的问题都制订相应的解决方案。利用 PDPC 法分析思考问题的过程如图 5-41 所示。有些著作将该图称为"PDPC 法的基本形式"。

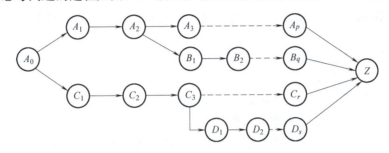

图 5-41　利用 PDPC 法分析思考问题的过程

图 5-41 是用来降低不合格品率的 PDPC，其目的是从目前不合格品很高的状态 A_0 转变到不合格品率的目标状态 Z。在这一阶段中，可以考虑从 A_0 到 Z 的手段有 A_1，A_2，…，A_p 这样一个系列，并希望解决问题的过程能按此系列顺利进行；但现实的质量问题及其解却远不会如此简单和顺利。例如，在召集有关人员讨论时，如果认为在技术上或经济上要实现 A_3 有困难，这时就要考虑在 A_3 行不通的情况下，从 A_2 经 B_1，B_2，…，B_q 这样一条解决问题的途径；如果上述两条途径均无法达到目的时，则可考虑从 A_0 经 C_1，C_2，…，C_r 这样一个系列，或 C_1，C_2，C_3，D_1，D_2，…，D_s 这样一个系列。因此，在解决问题时，不能只考虑达到目的的一个手段系列，而要预先考虑能达到目的的许多手段系列，于是就提高了实现目标的可靠性。在实施时，可按各序列排列顺序依次执行，在时间紧迫时也可以考虑几种序列并行进行。

（2）应变计划阶段。不管在第一阶段考虑得如何周到，在实施过程中总是可能出现许多未曾预料到的新问题，使得原来制订的解决方案均行不通。这时就可以根据所获得的新情报制定出新的实施序列，并追加到原有序列中，以尽快达到目标状态 Z。可以看出，PDPC 法是个动态过程。

3. PDPC 法的主要特征

（1）从总体上来把握系统的变化动向，而不是作为局部来处理。

（2）能按时间序列掌握系统状态的变化情况。

（3）以系统的发展动向为中心掌握系统的输入和输出关系。

（4）由于是以事物为中心，所以只要对系统有一个基本的理解就可以运用自如。

（5）PDPC 没有特定的绘图规则和程序，需结合具体问题灵活应用。

4. PDPC 法的主要用途

（1）在方针目标管理中，用来制订动态的方针目标实施计划。

(2) 用来制订新产品开发执行计划。
(3) 制定预防不合格品发生的工艺控制对策。
(4) 制定预防措施,防止质量系统中发生重大事故。
(5) 用于解决质量纠纷。
(6) 用于制定防止物品运输中发生质量问题的措施。
(7) 用来制订谈判方案。

5. PDPC 法应用实例

下面我们用一简单例子说明 PDPC 法的实际应用。

[例 5-9] 某企业的产品在运输中经常由于货物倒置而造成严重破损,企业每年都要为此支付大量的索赔款。为了解决这个问题,企业的运输部门决定采用 PDPC 法找出解决问题的方案。

解 经过分析研究,设想出会产生货物倒置的三种可能性,并制定了相应的对策。所绘制的 PDPC 如图 5-42 所示。

方案 1:对于识字者,可用文字说明"请勿倒置"。

方案 2:对于不识字者,用图形示意。

方案 3:对于既不识字又不识标志,且工作不认真负责者,可以改变包装设计,使得货物不可能倒置。这种方案的经济性可能要差一些。

当然,如果经济和技术条件允许,可以同时实施方案 1 和方案 2,也可以三种方案同时实施。在实践中,方案 1 和方案 2 同时实施的机会更多一些。

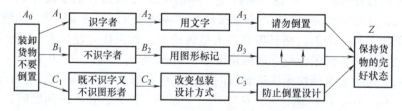

图 5-42 避免货物倒置的 PDPC

复习思考题

1. 质量工程中常用的技术有哪些?
2. 为什么说"在质量工程中数据非常重要"?
3. 对质量数据收集的基本要求是什么?
4. 如何保证质量数据收集的准确性?
5. 质量数据的收集方式有哪些?
6. 如何判断工序是否处于受控状态?
7. 运用数据进行统计判断的主要目的是什么?
8. 控制图为什么会发生错判?
9. 讨论如何将控制图应用于管理过程。

10. 说明 3σ 控制界限确定的理由。

11. 讨论非 3σ 控制图（如 4σ、5σ、6σ）中控制界限的确定方法，并给出通用的计算公式。

12. 归纳一下控制图的种类，并说明它们的用途。

13. 对于样本容量 $n=6$，取得 25 组数据后，计算得到 $\bar{\bar{x}} = 16.28$，$\bar{R} = 3.48$。试计算 $\bar{x} - R$ 控制图的控制界限。

14. 控制图的受控状态与失控状态如何判断？

15. 什么是分析用控制图和控制用控制图？说明控制图应用的程序。

16. 某厂生产的直柄麻花钻尺寸规格为 $\phi 6_{-0.034}^{-0.005}$ mm。今测得 100 个麻花钻直径数据如表 5-21 所示，试绘制 $\bar{x} - R$ 控制图和直方图。

表 5-21 麻花钻直径数据表 （单位：mm）

样本号	x_1	x_2	x_3	x_4	x_5	样本号	x_1	x_2	x_3	x_4	x_5
1	5.982	5.979	5.987	5.978	5.985	11	5.980	5.987	5.978	5.982	5.986
2	5.985	5.979	5.987	5.981	5.978	12	5.982	5.988	5.977	5.985	5.979
3	5.981	5.977	5.984	5.980	5.989	13	5.985	5.977	5.976	5.980	5.977
4	5.985	5.982	5.988	5.980	5.982	14	5.987	5.977	5.979	5.981	5.982
5	5.981	5.979	5.983	5.977	5.986	15	5.983	5.987	5.982	5.980	5.989
6	5.987	5.983	5.982	5.979	5.990	16	5.975	5.977	5.985	5.983	5.981
7	5.981	5.979	5.982	5.977	5.987	17	5.981	5.977	5.986	5.982	5.985
8	5.976	5.975	5.984	5.982	5.980	18	5.977	5.978	5.981	5.985	5.977
9	5.981	5.979	5.976	5.974	5.984	19	5.986	5.982	5.984	5.988	5.987
10	5.982	5.983	5.985	5.979	5.977	20	5.980	5.985	5.982	5.986	5.977

17. 某零件的尺寸为 $\phi 30$ mm ± 0.8 mm，随机取样 25 个数据，如表 5-22 所示，试绘制 $x - R_S$ 控制图。

表 5-22 零件尺寸数据表 （单位：mm）

样本号	1	2	3	4	5	6	7	8	9	10	11	12	13
x	30.10	29.90	30.00	29.70	30.00	30.10	29.80	30.10	29.95	30.14	30.20	29.43	30.30
样本号	14	15	16	17	18	19	20	21	22	23	24	25	
x	29.90	29.84	30.00	30.00	29.90	30.05	29.86	30.10	30.57	29.90	30.16	29.80	

18. 某产品成品验收，每次抽样 300 件，现测得 20 组样本中的不合格品数分别为：14，13，20，23，13，11，5，15，20，15，16，17，10，7，17，19，25，15，10，15。试绘制 p_n 控制图。

19. 某厂在出厂前对产品进行抽样检验，要求平均不合格品率≤3%，试用 p 控制图对其控制。现已取得 25 组数据，如表 5-23 所示。

表 5-23　生产批质量控制数据表　　　　　　　　　　　（单位：件）

样本号	1	2	3	4	5	6	7	8	9	10	11	12	13
样本容量（n）	415	368	208	230	430	530	473	392	435	253	420	380	430
不合格品数（pn）	12	10	6	6	8	18	15	8	9	6	7	8	8
样本号	14	15	16	17	18	19	20	21	22	23	24	25	
样本容量（n）	315	740	395	175	248	209	297	179	313	171	325	304	
不合格品数（pn）	5	19	9	6	5	6	6	5	7	5	6	7	

20. 已知样本容量 $n=20$，现测得 15 组样本中的铸件缺陷数分别为：32，39，43，36，45，30，38，40，48，37，44，48，41，37，44，35，50，42。试绘制 c 控制图并进行观察和分析。

21. 某厂组装车间，月检查记录如表 5-24 所示，试用单位缺陷数控制图对其进行控制（组装车间的控制要求是：平均每条缺陷数 ≤2.5）。

表 5-24　质量控制数据表

组号	1	2	3	4	5	6	7	8	9	10
检查台数（n）（台）	16	15	14	15	16	17	15	13	14	17
缺陷数（c）（个）	31	29	30	28	33	35	30	25	30	30
组号	11	12	13	14	15	16	17	18	19	20
检查台数（n）（台）	13	15	14	15	16	15	15	16	15	14
缺陷数（c）（个）	27	29	28	32	31	32	29	31	30	29

22. 如何观察分析控制图？

23. 质量控制中的数据有哪些统计特性？如何计算？

24. 依据表 5-25 中的数据画出排列图，并指出影响质量的主要因素。

表 5-25　数据表　　　　　　　　　　　（单位：个）

影响质量的原因	压偏	不平行	压反	尺寸超差	角度超差	其他
不合格品数	19	22	17	12	5	6

25. 举例说明因果图的画法及注意事项。

第六章
质量检验理论与方法

 第一节　质量检验概述

一、质量检验的定义

对产品检验而言，质量检验是指根据产品技术标准或检验规程对原材料、半成品、成品进行观察、测量或试验，并把所得到的特性值和规定值做比较，判定出各个物品或成批产品合格与不合格，以及决定接收还是拒收该产品（批）或零件（批）的技术性检查活动。

质量检验的另外一项功能是根据检测结果判断工序的质量状况，尽早发现工序异常现象并予以消除。质量检验数据作为重要的质量记录，也是判断质量管理体系运行是否正常的重要依据。

从以上的定义可以看出，质量检验过程实质上是一个观察、测量和分析判定的过程，并根据判定结果实施处理。这里的处理是指单个或一批被检物品的合格放行以及对不合格品做出返工、报废或拒收的结论。

二、质量检验的目的和意义

1. 质量检验的目的

（1）判断产品质量是否合格。

（2）确定产品质量等级或产品缺陷的严重性程度，为质量改进提供依据。

（3）了解生产工人贯彻标准和工艺的情况，督促和检查工艺纪律，监督工序质量。

（4）收集质量数据，并对数据进行统计、分析和计算，提供产品质量统计考核指标完成的状况，为质量改进和质量管理活动提供依据。

（5）当供需双方因产品质量问题发生纠纷时，实行仲裁检验，以判定质量责任。

2. 质量检验的意义

（1）通过进货质量检验，企业可以获得合格的原材料、外购件及外协件，这对保证企业产品质量特别重要。此外，通过进货检验还可以为企业的索赔提供依据。

（2）通过过程检验不仅有助于使工艺过程处于受控状态，而且还可以确保生产出合格的零部件。

（3）通过最终检验可以确保向用户提供合格的产品，不仅可以减少来自用户的索赔、换货等损失，而且可以提高用户的信赖度，不断扩大自己的市场份额。

总之，加强质量检验可以确保不合格原材料不投产，不合格半成品不转序，不合格零部件不装配，不合格产品不出厂，避免由于不合格品投入使用给用户、企业和社会带来的损失。另外，在质量成本中，检验成本往往占有很大的份额，通过合理确定检验工作量，对优化质量成本具有很重要的意义。

因此，企业的质量检验工作在任何情况下都是完全必要，不可缺少的。开展质量管理工作并不意味着可以削弱、合并甚至取消检验机构；恰恰相反，越是深入开展质量管理，就越应充实、完善和加强质量检验工作，充分发挥检验工作的职能作用。

三、质量检验的职能和工作程序

1. 检验的职能

在产品质量的形成过程中，检验是一项重要的质量职能。概括起来说，检验的质量职能就是在正确鉴别的基础上，通过判定把住产品质量关，通过质量信息的报告和反馈，采取纠正和预防措施，从而达到防止质量问题重复发生的目的。

（1）**鉴别职能**。质量检验实质上是进行质量鉴别的过程。它是根据产品规范，按规定的程序和方法，对受检对象的质量特性进行度量，并将结果与规定的要求进行比较，对被检查对象合格与否做出判定。这就是检验的质量鉴别职能。

（2）**把关职能**。在生产的各个环节，通过质量检验挑选并剔除不合格产品，并对不合格产品做出标记，进行隔离，防止在做出适当处理前被误用。通过对产品质量形成全过程的检验，层层把住"关口"，保证产品的符合性质量，这就是检验的质量把关职能。

（3）**预防职能**。通过检验可获得质量数据和信息，为质量控制提供依据。通过工序质量控制，把影响工序质量的因素都管理起来，以实现"预防为主"的目的。

（4）**报告职能**。把检验过程中获得的数据和异常情况认真记录下来，及时进行整理、分析和评价，并向有关部门和领导报告企业的产品质量状况和质量管理水平，提供质量改进信息。

（5）**监督职能**。监督职能是新形势下对质量检验工作提出的新要求，主要包括：参与企业对产品质量实施的经济责任制考核，为考核提供数据和建议；对不合格产品的原材料、半成品、成品和包装实施跟踪监督；对产品包装的标志以及出、入库等情况进行监督管理；对不合格品的返工处理及产品降级后更改产品包装等级标志进行监督；配合工艺部门对生产过程中违反工艺纪律的现象进行监督等。

2. 质量检验的工作程序

（1）**熟悉和掌握产品技术标准，制订质量检验计划**。首先，把有关技术标准转换成具体、明确的质量要求和检验方法，通过标准的具体化，使有关人员熟练掌握产品和零部件的合格标准。在此基础上制定质量检验计划。

（2）**测量**。测量就是采用各种计量器具、检验设备和理化分析仪器，对产品质量特性进行定量或定性的测量，以获取所需数据。

（3）**比较**。比较就是把检验结果与质量标准进行对比，观察质量特性值是否符合规定的标准。

（4）**判定**。根据比较的结果，判定被检验对象是否合格。

（5）**处理**。处理阶段包括以下内容：对合格产品予以放行，及时转入下道工序；对不合格产品给出返修、降级使用或报废的决定；对不合格产品进行跟踪管理；对批量产品（包括外协配套件、原材料等），根据产品批质量情况和检验判定结果，分别做出接收、拒收、筛选或复检等结论，并向有关部门和领导进行报告。

四、质量检验的分类

1. 按生产过程划分

（1）**进货检验**。进货检验是由企业的检验部门对进厂的物品，如原材料、辅料、外购件、外协件等入库前所进行的检验。进货检验分为首批检验和成批检验两种。首批检验就是对符合下列条件的进厂物品进行严格检验：①首次交货；②产品结构和原材料成分有较大的改变；③制造方法有较大的变化；④该物品在停产较长时间后又恢复生产等。首批检验的目的是了解物品的质量水平，以便建立明确具体的验收标准，在以后成批验收物品时，就以这批货物的质量水平为验收标准。成批检验就是对批量进厂的物品进行检验。其目的是防止由于不合格产品入厂而降低产品质量，破坏正常的生产秩序。在进货检验中，对关键物品一般进行全数检验，对次重要物品或无法全数检验的重要物品进行抽样检验，对于一般物品可进行少量的抽样检验或只查合格证。

（2）**过程检验**。过程检验是对零件或产品在工序过程中进行的检验。其目的是防止不合格品流入下道工序，并防止产品成批不合格的现象发生。此外，过程检验的结果可以作为判断工序是否处于受控状态的依据。过程检验可分为逐道工序检验和集中检验两种。逐道工序检验是指对零部件生产的每道工序都进行检验，逐道工序检验对保证产品质量、预防不合格品的产生具有良好的效果，但检验工作量大、花费高，只在重要零部件上采用。集中检验就是在几道工序完成后集中进行检验。如果产品质量比较稳定，而又不便于进行逐道工序检验时，可以在几道工序完毕后集中进行检验。过程检验的重点是首件检验，如果首件检验不合格时，应立即采取措施对工序进行调整。进行首件检验的条件是：①交接班后生产的第一件产品；②调整设备后生产的第一件产品；③调整或更换工装后生产的第一件产品；④改变工艺参数和加工方法后生产的第一件产品；⑤改变原材料、毛坯、半成品后生产出来的第一件产品。

（3）**零件完工检验**。零件完工检验是对零件全部加工结束后进行的检验。应着重检验以下几个方面：①应加工的工序是否全部完成；②是否符合质量要求；③外观是否有磕、碰、刮伤等表面缺陷；④零件的编号是否齐全和清楚等。完工检验是保证不合格件不出车间、不出厂的重要环节。

（4）**成品检验**。成品检验是指对组装的产品（包括部件成品和最终产品，例如发动机和汽车）在准备入库或出厂前所进行的检验。由于成品检验是对产品进行的最后一次检验，对防止不合格品出厂至关重要，因此必须予以高度重视。成品检验的内容包括：①按照技术要求逐条、逐项进行产品性能实验；②对产品的外观进行检验；③对产品的安全性进行检验；④对备用件进行检查；⑤认真做好记录。

2. 按检验地点划分

（1）**固定地点检验**。在固定地点设置检验站，由生产工人或搬运工将产品送到检验站进行检验。固定地点检验适用于检验设备或产品不便移动，或检验设备频繁使用的情况。检验地点的选择应使搬运路线最短，同时还应考虑检验设备对环境的要求。

（2）流动检验。流动检验又可分为巡回检验和派出检验两种。巡回检验是由检验人员到生产现场进行的定期或随机性检验。巡回检验的优点是：①能及时发现质量问题，充分发挥检验的预防作用，特别是可以预防成批质量问题的发生；②有利于对操作工人进行技术指导，帮助其做好质量分析工作，并监督工序质量控制工作；③减少零件的搬运工作量，并避免搬运中的磕、碰、刮伤等现象发生；④节省操作工等待检验的辅助时间；⑤可以指导操作工正确地进行自检和互检，正确使用量具，也可以将检验结果随时标注在控制图上，有利于改进和提高产品质量。但巡回检验提高了对检验工的要求，如检验工应熟悉工艺过程，应具有丰富的实际工作经验，有较高的技术水平，有较强的责任心，敢于打破情面，坚持原则等。派出检验是把检验人员派到用户单位和供货单位进行的检验，对于重要产品和长期供货的产品，常采用这种检验方式。但这种检验方式不能取代企业的正常检验，只能作为一种辅助措施。

3. 按检验的目的划分

（1）生产检验。生产检验是在工作过程中进行的检验，其目的是及时发现问题，使工序处于受控状态，也可以防止不合格品流向下道工序。

（2）验收检验。验收检验的目的是检查产品是否合格，以决定是否出厂（对生产者而言）或是否接收（对接收方而言）。另外，通过验收检验还可以分清质量责任，避免质量纠纷。

（3）复查检验。复查检验是对已检查过的零部件和产品进行抽检，以考核检验人员的工作质量。

4. 按检验数量划分

（1）全数检验。全数检验是对一批产品中的所有个体逐一进行检验，以判断其是否合格。全数检验适用于下列情况：零件的检验是非破坏性的；需要检验的质量特性的数量允许全部检验；关键件的关键项目必须确保质量；如果不全数检验就不能保证产品质量。

（2）抽样检验。抽样检验是按数理统计的方法，从待检的一批产品中随机抽取一定数量的样本，并对样本进行检验，然后根据样本的合格情况推断这批产品的质量状况。

5. 按检验的后果性质划分

（1）非破坏性检验。在检验时产品不会受到破坏，在检验后，受检产品保持完好。

（2）破坏性检验。在检验时，产品受到一定程度的损坏，检验后产品可能完全无法使用，或降低了使用价值。破坏性检验常采用抽样检验方法。

6. 按检验人员划分

（1）自检。自检是由生产工人自己对零部件或产品质量进行的检验。自检是随时发现问题，提高工人积极性和责任心的重要手段之一。

（2）互检。互检是指生产工人之间对工序过程中的产品进行相互检验。互检的方式包括：同班组之间进行互检；同机床倒班者之间的交接互检；下道工序对上道工序的交接检验；生产班组所设的兼职质量员对本组工人加工质量的抽检；同工序间生产工人的"结对"互检等。

（3）专检。专检是由专职检验人员进行的质量检验活动，具有权威性。

以上的自检、互检和专检称为"三检制"。在实行三检制时，应做好以下几方面的工作：①根据企业的生产特点、员工素质和其他情况，合理地确定自检、互检和专检的职责范围,明确各自的任务和所负的责任。一般来讲,专职检验人员应负责原材料入库、半成品流转、成品包装出厂等检验工作;而生产过程中的工序检验应强调自检和互检相结合,同时辅以专检人员巡检的方式。②对于自检的生产工人,应明确规定岗位责任和质量责任制。③应向生产工人提供必要的条件和检验手段,并进行必要的培训。④健全原始记录,完善统计报表。⑤采取必要的激励措施。

7. 按检验方法划分

(1) 感官检验。 依靠人的感觉器官(皮肤、眼、耳、鼻、嘴、手等)进行产品质量的评价和判定,称为感官检验。感官检验常用于对产品外观的颜色、伤痕、锈蚀,物体的温度、粗糙度、噪声、振动、气味等进行检验。

(2) 器具检验。 器具检验是指利用计量仪器和量具,应用物理和化学方法对产品质量特性进行的检验。如利用成分分析仪对材料的化学成分进行检验,利用噪声计对噪声进行检测,利用硬度计对零件表面硬度进行检测,利用坐标测量仪对几何公差进行检测等均属于器具检验。器具检验具有结果准确、客观性强等特点。表6-1所示是感官检验与器具检验的比较。

表6-1 感官检验与器具检验的比较

名 称	感 官 检 验	器 具 检 验
测定过程	生理的、心理的	物理的、化学的
输出	通过人的语言表达,精确性差	以物理量数值输出
误差	与人的风格、性别、年龄、习惯、教育、训练、身体状况等关系很大,所得结果差别很大	误差小、重复度高
校正	即使同样的刺激,也可能得到不同的结果,所以难以比较	容易进行比较
环境的影响	大	小

(3) 试用性检验。 试用性检验是把产品交给用户或其他人试用,在试用一段时间后再收集试用者的反映,以此来判定产品的性能质量。在开发新产品(特别是汽车)、新材料、新工艺时,常采用这种方法。在采用这种方法时,一定要求试用者做出详尽的记录,以便为产品鉴定提供可靠的依据。

五、质量检验的依据

在制订检验计划、实施检验和对检验结果进行评定时,都必须有一定的客观依据。常用的检验依据有:国家的质量法律和法规、各种技术标准、质量承诺、产品图样、工艺文件和技术协议等。

1. 国家质量法律和法规

长期以来,党和政府非常重视质量立法工作,逐步形成了以《产品质量法》为基础,辅之以其他配套法规、特殊产品专门立法、标准与计量立法、产品质量监督管理立法等质量立法体系。与此同时,有关部门还颁布了有关质量工作的法规和决定等。在质量检验工作中,要认真学习,贯彻法律和法规的有关规定,做到不折不扣地执行。另外,企业也要善于利用法律和法规作为武器维护自己的合法权益。

2. 技术标准

技术标准分为基础标准,产品标准,方法标准,安全、卫生和环保标准四大类。我国的技术标准体系如图 6-1 所示。在选用标准时，应优先选择国家标准，其次是行业标准和团体标准，最后才是地方标准和企业标准。在选用国际标准时，应结合我国国情，可以采用等同采用、等效采用或参照采用等方式。

3. 质量承诺

质量承诺是生产者或销售者对产品或服务质量做出的书面保证或承诺，它可以作为质量检验的依据。

4. 产品图样

产品图样是企业组织生产和加工制造的最基本的技术文件，图样中标注的尺寸、公差、表面粗糙度、材质、数量、加工技术要求、装配技术要求和检验技术要求等都是质量检验的重要依据。

5. 工艺文件

工艺文件是指导生产工人操作和用于生产、检验和管理的主要依据之一。工艺文件对工序质量控制至关重要，工艺文件中的质量检验卡是过程质量检验的重要依据。

6. 技术协议

随着制造过程的专业化，企业在生产制造过程中，外购外协件往往占很大的比重。为了保证外购外协件的质量，应签订合同和技术协议书。技术协议书中必须明确质量指标、交货方式和地点、包装方式、数量、验收标准、随机附件数量等内容，这些都是进货验收时的重要依据。

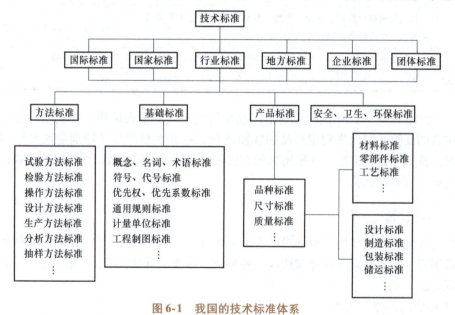

图 6-1 我国的技术标准体系

六、检验状态的标识与管理

1. 质量检验状态概述

产品或零部件是否已经得到检验，检验的结论如何，对检验结果如何处理，这些称为检验状态。对检验状态进行标识和管理，是质量检验工作的一项重要内容。

质量检验状态一般可以有四种：待检品、待判定品、合格品和不合格品。应对处于这四种检验状态的产品采取隔离和标识措施。

2. 隔离区及标识

根据检验的四种状态,一般应划出四个区域,分别存放不同检验状态的物品。待检品放在具有"待检"标识的待检区;对于已经进行过检验,等待判定结论的物品应存放在具有"待判定区"的临时性区域;对于判定为合格的物品,应填写合格证并做上合格性标识后放在"合格品区"等待登账入库;对于不合格品,应做出不合格标识,并存放在"不合格品区"等待处理。

检验状态的标识可采用标记、标签、印章、合格证等方式。在存放和搬运的过程中,要特别注意保护标识,使标识总是与物品在一起。标识中一般应明确以下内容:物品名称、型号规格、生产日期、入厂及入库日期和数量、检验人员姓名及编号、检验时间、检验结论等。

3. 不合格品管理

在企业的生产过程中,由于人、机、料、法、环、测等因素的影响,出现不合格品往往是不可避免的。为此,应加强对不合格品的管理,不仅要做到不合格原材料、外购件、外协件、配套件不进厂,不合格在制品不转工序,不合格零部件不装配,不合格产品不出厂,更重要的是要通过对不合格品的管理,找出造成不合格的原因,并采取措施防止后续不合格品的发生。

(1) **不合格品的分类**。不合格品根据其可用状态可分成废品、次品和返修品三种。

1) **废品**。废品是指零件的质量严重不满足标准的要求,无法使用,且不能修复的产品。废品的出现会给企业造成巨大的损失,因此应采取一切措施避免废品的产生。

2) **次品**。次品又称疵品,是指零件的质量特性轻微地不满足标准的要求,但不影响产品的使用性能、寿命、安全性、可靠性等指标,也不会引起用户的强烈不满。在经过充足的分析论证,并按规定的手续审批后,打上明显的"次品"标志,允许出厂或转入下一道工序。对次品的使用有时称为"让步使用"。

3) **返修品**。返修品是指那些不符合质量标准,但通过返修后可以达到合格标准的产品或零件。

(2) **不合格品的标识和记录**。在检验过程中,一旦发现不合格品,就应立即进行标识,并做详细的记录。对于不同类型的不合格品,应采用区别明显的标识(例如不同颜色的油漆)。在用标签标识时,应注意标签必须牢固地拴在不合格品上,以免相互分离。

(3) **不合格品的隔离**。对已经做了记录和标识的不合格品,应按其性质进行隔离放置,等待进一步的处理。因此,在检验区应设置专门放置不合格品的隔离区。未经允许,任何人不得随意搬动处于隔离区的不合格品。此外,应尽量缩短不合格品在隔离区的存放时间,应及时进行后续处理。

(4) **不合格品的处理**。经检验确定的不合格品,必须根据适当的程序进行处理,处理程序(参考)如图6-2所示。

不合格品处理的内容主要包括:废品处理、次品处理和返修品处理。

1) **废品处理**。对废品的处理比较简单,如果是外购物品,在隔离后等待做出退货和索赔处理;如果是本企业生产的不合格品,就按报废处理程序进行报废处理。对废品应做出明显的标识,将之存放在"废品隔离区",并填写废品通知单。

2) **次品处理**。在判定不合格品为次品后,首先应由有关人员组成的评审小组进行评审,如果认为次品的应用不会影响产品的使用性能、安全性和可靠性,同时不会触犯有关产品责任方面的法律,也不会影响企业的信誉,则可确定为"回用品"。这时,应由责任单位提出回用申请,并填写"产品回用单",说明回用的理由及采取的措施,经有关部门批准后

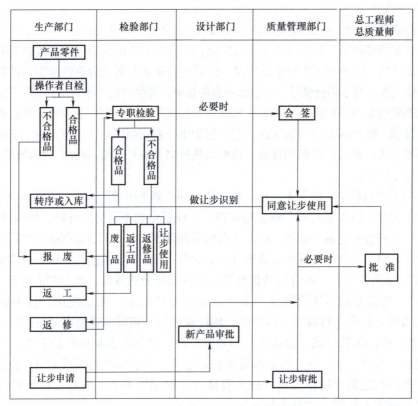

图 6-2 不合格品处理程序（参考）

打上"回用品"标志，然后登记入库。对外购物品的回用，还应向供货方提出赔偿要求。对次品的处理有以下三种情况：①对产生轻微缺陷的非成批次品，可由质量管理部门负责人直接处理；②对产生一般缺陷或成批存在轻微缺陷的次品，由责任单位提出申请，再由质量管理部门会同检验、设计、工艺和生产等部门共同进行处理；③对产生严重缺陷，但不影响产品使用的次品，由责任单位提出申请，企业质量管理部门会同设计、工艺、检验和生产等部门研究提出处理意见后，再由总工程师做出处理决定。

3）**返修品的处理**。如果不合格品是返修品，应由检验人员做好标识后隔离存放，再由有关部门进行研究。在确认返修的费用是可接受的后，再填写"返修通知单"，由责任者或责任单位进行返修。返修后再进行检验，确认合格后再登记入库或转入下道工序。在必要时，还应由技术部门编写返修工艺规程，再按规程进行返修。

根据质量责任制的规定，产生不合格品的责任人或责任单位应承担一定的经济责任。

 第二节　质量检验计划的编制和实施

一、质量检验计划的编制

（一）质量检验计划的基本概念

1. 什么是质量检验计划

在产品寿命周期循环中，必须进行各种各样的检验，质量检验计划就是对这些检验工作

所做的统筹计划和安排，它以文件的形式规定各种检验工作的措施、资源和活动。质量检验计划用来指导各检验站和检验人员的工作，是制造质量控制计划的重要组成部分。

2. 质量检验计划的作用

质量检验计划通过对检验活动的统筹安排，可以起到以下作用：

（1）使检验工作条理化、科学化和标准化。

（2）明确每个检验人员应分担的任务和应负的责任，有利于调动和充分发挥每个检验员的作用和积极性。

（3）对检验资源的配置分清主次，把握重点，进行统筹安排，并防止出现漏检和重复检验等现象，可以节省鉴别费用，降低生产成本。

（4）对检验作业提供具体指导，有利于充分发挥质量检验的"把关""预防""鉴别""报告""监督"等职能。

3. 质量检验计划的基本内容

质量检验计划一般应包括下列内容：①制定检验流程图，即用流程图的方式说明检验程序、检验站的设置、采用的检验方式等；②制定质量缺陷严重程度分级表；③制定检验指导书；④确定资源配置计划；⑤确定人员培训和资格认证计划等。

（二）质量检验计划的编制

1. 对编制质量检验计划的要求

（1）所编制的质量检验计划应充分考虑到具体检验对象的要求，做到规定严格明确，具有可操作性。

（2）所编制的质量检验计划应与本组织质量体系的要求相一致，尽量提高文件的相容性，使质量检验计划精练、实用。

（3）对质量体系文件中没有规定的内容，应在质量检验计划中详细阐述，使检验工作能够按计划实施。

（4）质量检验计划付诸实施后，还应定期或不定期地对它进行审核和修订，以适应内外部环境的变化。

2. 编制前的准备工作

（1）熟悉与掌握待检验产品的技术标准和设计文件。

（2）熟悉与掌握现有检验资源和新的检验方法及器具。

（3）充分了解与掌握被检验产品的工艺过程和工艺文件。

（4）确切掌握待检质量特性的要求，弄清"疑难"问题。

（5）了解质量计划和质量控制计划对质量检验工作的要求。

（6）确定质量检验人员的质量责任。

3. 绘制质量检验流程图

检验流程图就是用图形的方式来表达检验活动的流程、检验站的设置、选定的检验方法及其相互关系。

检验流程图可以以工艺流程图为参考，沿着产品→部件→主要零件这一顺序描绘检验过程，也可以直接利用工艺流程，在上面标出所需的检验标识符号，即形成一张检验流程图。

检验流程图常用的符号有两种，即顺序符号和检验符号。

(1) 顺序符号。 根据生产过程中物质的不同状态，一般可以有下面六种顺序符号：○（作业，是指工作过程）D（停留，是指非工作的辅助停留时间）；⇨（搬运，是指物资处于有目的的移动状态）；▽（储存，是指物资处于库存保管状态）；□或◇（检验，是指物资处于受检状态）；⦿或◈（综合活动，是指作业和检验的组合状态）。

(2) 检验符号。 顺序符号只能表示处理的顺序，不能说明具体采取的方式和手段，因此还应规定检验符号，并将之写到表示"作业"和"检验"的符号中。常用的符号有：进厂检验"E"；工序检验"P"；成品检验"ZP"；完工检验"ZF"；合格证验收"C"；一般性检查"A"；质量审核"O"；理化检验"F"；感官检验"S"；外观检验"N"；全数检验"L"；抽样检验"SP"；控制图"W"；记录"R"；调试"X"；监视点"WP"；停止点"HP"等。图6-3所示为一减速器制动轮检验流程图。

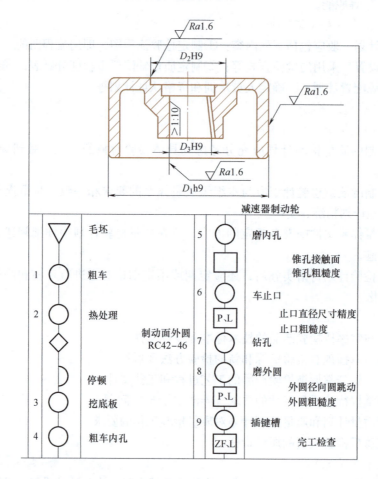

图6-3 减速器制动轮检验流程图

4. 对产品质量缺陷严重性进行分级

产品质量缺陷的严重性程度不同，对产品适用性的影响也不同。对其进行分级后，可以确定重点，在制订质量检验计划和使用检验资源时做到重点对待。因此，企业应根据行业和产品的特点，通过不断总结经验，制定出明确的质量缺陷严重性分级原则，为具体产品进行质量缺陷严重性分级提供依据。

表 6-2 所示为产品质量缺陷严重性分级的参考模式。

表 6-2 产品质量缺陷严重性分级的参考模式

涉及的方面 缺陷的级别	安全	运转或运行	寿命	可靠性	装配	使用安装	外观	下道工序	本系统内处理权限	检验严格性
致命缺陷(A)	影响安全的所有缺陷	会引起难以纠正的非正常情况	会影响寿命	必然会造成产品故障		会造成产品安装的困难	一般外观缺陷构不成致命缺陷	肯定造成下道工序的混乱	总质量师	100%严格检验加严检验
严重缺陷(B)	不涉及	可能引起易于纠正的异常情况	可能影响寿命	可能会引起易于修复的故障	肯定会造成装配困难	可能会影响产品安装的顺利进行	使产品外观难于接受	给下道工序造成较大困难	检验部门负责人(科长)	严格检验正常检验
一般缺陷(C)	不涉及	不会影响运转或运行	不影响	不会成为故障的起因	可能会影响装配的顺利进行	不涉及	对产品外观影响较大	对下道工序影响较大	检验工程师	一般正常检验抽样检验
轻微缺陷(D)	不涉及	不涉及	不涉及	不涉及	不涉及	不涉及	对产品外观有少许影响	可能对下道工序有影响	检验站、组长	抽样检验放宽检验

5. 编制检验作业指导书

检验作业指导书是用来指导检验人员正确实施检验作业的规程性文件，其目的是为重要的检验活动提供具体的指导。

检验作业指导书的基本内容一般包括：

（1）**检验对象**。即受检物的名称、图号及其在检验流程图上的流程编号。

（2）**质量特性**。规定的检验项目、需鉴别的质量特性、规范要求、质量特性的重要性级别、所涉及的质量缺陷严重性级别等。

（3）**检验方法**。检验基准、检测程序和方法、所用到的计算方法、检测频次、抽样检验的有关规定及数据等。

（4）**检测手段**。检验使用的工具、设备及计量器具、工具设备的精度、使用中的注意事项等。

（5）**检验判断**。明确指出对标准的理解、判断比较方法、判定的原则及注意事项、不合格品的处理程序和权限。

（6）**记录和报告**。指明需要记录的事项、记录方法和记录表的格式，规定报告的内容与方式、报告的程序和时间要求等。

（7）对复杂的检验项目，还应给出必要的示意图表，提供有关的说明资料。

表 6-3 所示是供一般工序检验用的指导书格式，可供参考。

表 6-3　工序检验用检验指导书示例

零件名称：		图号：		所属部件：	
检验流程号：		检验站名称：		指导书有效期：	
检验项序号	受检质量特性值	质量特性重要性级别	检验手段与方法	检验频次	注意事项
提示与说明事项					
批准人：		审核人：		编制人：	日期：

在编制检验作业指导书时，应注意以下事项：

（1）在指导书中，对各质量特性都应有明确具体的要求，防止含混不清，要便于检验人员掌握并执行。

（2）应根据缺陷严重性程度分级、可靠性要求和检验的复杂程度等合理确定抽样方案。

（3）明确规定检验方法和所用的检测手段。

二、质量检验前的准备工作

质量检验前，要做好各种准备工作，包括人员准备、技术准备和物资准备。

1. 人员准备

根据检验计划和检验作业指导书的内容，考虑到检验人员的业务素质、思想素质和业务专长，合理配置检验人员队伍。必要时，还应对有关人员进行培训。

2. 技术准备

技术准备分为资料准备和业务准备两项内容。

（1）**资料准备**。包括：检验计划、检验规程和检验作业指导书等文件，质量检验的依据，抽样检验标准和感官检验标准等。

（2）**业务准备**。包括：检验人员根据所承担的检验任务，熟悉技术标准，掌握检验依据，熟悉产品结构和工艺流程；熟悉各种检具，特别是新型检具的使用方法；对检验人员的资格进行审查，对业务水平进行考核，进行必要的培训等。

3. 物资准备

物资准备包括的内容很多，如各种质量检验单据的准备；各种检验的记录表、卡和台账的准备；各种检验印章的准备；各种检验结果标识、标签的准备；各种质量检验报表的准备；购置必需而企业又没有的检测仪器；准备好检测场所、试验室和计量室等，应使这些检验场地的环境条件符合检验的要求。

三、进货检验

进货检验是对进厂的原材料、辅料、外购件、外协件、配套件等物资在入库前进行的接收性验收。

1. 原材料的进货检验

机械产品常用的原材料有：钢材、铸铁、有色金属和塑料等。如果是一般用途的原材料，没有什么特殊要求，只需根据国家标准或行业标准进行验收即可；如果用户对原材料提出特殊要求，则应在订货时用合同的方式确定具体要求，如具体的质量指标、检验项目、检验方法、合格与否的判定准则、质量纠纷的仲裁、质量索赔条款等，在货物进厂时可按上述条款进行检验。

原材料入库检验的一般程序如图 6-4 所示。原材料入厂后，首先将货物卸放在点交站，对货物的外观和数量及相关质保文件进行点交，并取样送检验室进行检验。检验室根据检验结果开具检验报告，点交站的检验人员根据检验结果给出待检原材料合格与否的结论。如果不合格，则向供货方提出退货或换货的要求；如果合格，则由检验人员在入库单上签字并入库。至此，原材料入库检验工作完毕。

2. 外购件的进货检验

外购件往往直接使用在产品上，因此它的质量好坏对产品质量有很大影响。所以，认真选择供货商并严格进行进货质量检验具有十分重要的意义。

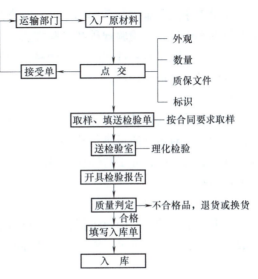

图 6-4 原材料入库检验的一般程序

在选择供货商时，应首先对其质量保证能力进行认可，然后建立供货关系，而且这种供货关系应保持长期稳定性。对供货单位的要求是：产品质量好，供货及时，供货数量足够，价格合理，能提供良好的售后服务等。在进行外购件进货检验时，应把好首件（批）货物的质量关，通过首件（批）检验可以验证供货商的质量保证能力，发现产品存在的缺陷。所以，首件（批）送检样品必须首先由供货单位进行严格的质量检验，确保提供能满足需方要求的产品，并将质量合格证书和必要的检测数据随产品一同发出。需方在接收到首件（批）样品后，应按规定的方法对产品的全部质量特性进行检验，并与供方提供的质量保证书和测试数据进行核对。当本单位不具备检验手段时，可以委托有关的第三方进行检验。

在成批供货条件下，可以采用抽样检验的方式。采取抽样检验方式确认一批产品不合格后，可以采取下面的措施：①增加抽检量，提高抽检的可靠性；②全数检验，筛选出不合格品；③对不合格批或不合格品降级使用；④整批产品退货；⑤要求供方返修不合格品；⑥对供方的质量保证体系进行严格复审。

由于拒收所发生的一切费用均应由供货方承担。

3. 外协件和配套件的质量检验

外协和配套单位与主机厂有一种长期的、互惠互利的合作关系。因此，主机厂应将外协和配套单位纳入自己的质量保证体系，对其质量保证能力和产品质量更应严格加以控制。首先，应由主机厂或第三方对供方的质量保证能力按 ISO 9001 标准的要求进行审核，只有在其质量保证能力达到要求时才能将其划为主机厂的长期供货对象。在确定外协及配套厂商后，主机厂的质量检验人员可以长期进驻供货单位进行监督和指导质量检验工作，也可以采取定期或不定期的方式到供货单位进行质量抽查。在外协件和配套件到厂后，主机厂检验人员还应按照产品的技术要求对产品进行严格的全数检验或抽样检验。如果在检验中发现不合格品超标，可按外购件的方式进行处理。

四、过程检验

过程检验包括工序检验、零件成品或半成品检验、部件组装质量检验等，其目的是防止不合格品流向下道工序。利用过程检验获取的质量数据可对工序进行控制，从而防止出现不合格品。

1. 关键工序检验

关键工序是质量控制工作的重点，对产品的质量有重大影响。因此，对关键工序必须制定严格的操作规程、检验规程和检验方法。对关键工序的检验可以采取自检、互检和专检相结合的方式，除了对首件产品进行严格检验外，还应采取抽样方法随机进行抽样检验，并通过控制图对工序进行控制。

2. 铸造质量检验

对铸造质量的检验内容包括：对原材料和辅料进行检验，合格后才能使用；对模型的质量进行检验；对造型质量进行检验；对熔化和浇注过程进行检验，特别应对钢（铁）水的成分进行炉前化验；完工铸件质量检验，包括对铸件的外观尺寸、外观质量、表面清理质量等进行检验。

3. 锻造质量检验

对锻造质量的检验内容包括：对原材料的牌号和尺寸进行检验；对锻模质量进行检验；对锻造加热及锻造过程进行检验；对锻件的外观尺寸和表面质量进行检验。

4. 热处理质量检验

对热处理质量的检验内容包括：检验待处理产品的编号、材料及要求的热处理方式；对热处理过程进行检验（包括工艺流程、加热介质、加热温度、加热时间等）；对经热处理的产品检查外观、变形、裂纹、硬度、渗氮（渗碳）层厚度、金相组织和表面质量（镀层）。

5. 焊接质量检验

对焊接质量的检验内容包括：对焊接材料进行检验；对焊接场地进行检查，使之符合焊接的要求；对焊接质量进行检验，包括有效尺寸和外观缺陷，对焊缝进行探伤检验等。

6. 喷涂质量检验

对喷涂质量的检验内容包括：对油漆和辅料进行检验；喷涂前对工件的清洁度进行检验；对环境参数（温度、湿度、清洁度）进行检验；对焙烘间的温度进行监控；对漆的黏度进行检验；对首件的喷涂附着力、涂层厚度等进行检验；对喷涂车间的安全性进行检验。

7. 机加零部件质量检验

机加零部件质量检验包括加工过程中的检验、工序间对半成品的检验和加工结束后对零件成品的检验。检验的内容包括：对毛坯质量的检验，包括检验形状、尺寸和表面质量；对加工工序间半成品质量的检验，包括检验尺寸、余量、表面粗糙度；检查工序是否处于受控状态；检查工人自检、互检所采用的检具的准确性；检查工艺系统的运行状态；检验成品零件的质量是否符合要求；实行自检、互检和专检（固定地点检验、巡回检验）相结合的检验方法；做好首件检验工作；对检验数据进行处理，分析工序状态；检查操作工是否按规定的操作规程进行工作；做好对不合格品的管理工作。

8. 装配过程的质量检验

装配工序是形成产品的最后一道工序，其质量对产品质量具有决定性的影响。因此把好装配质量关才能保证用合格的零部件装配出合格的产品。

装配一般分成总装和部装两种类型。对于单件小批量生产，在装配过程中要进行较多的刮研和调试工作，装配过程显得稍微复杂一些；对于大批量生产，更多的是采用装配流水线或自动装配的方式。但不管是哪种装配方式，加强过程检验都是十分重要的。装配过程质量检验的内容一般包括：对操作工的操作规范性进行检查；对部件的几何精度、操纵运转情况、性能、内外部清洁度、外观等进行检验；对零部件的流转和保管方式进行检验；装配前对零部件的质量进行检验；装配的可靠性管理；对检验记录的管理等。

五、成品检验

在装配完成后，成品还要经过严格的质量检验才能入库或出厂，成品检验一般包括以下内容：

1. 外观检查

外观检查包括表面的平整度检查，表面伤痕和锈蚀检查，标牌的位置及牢固性检查，数字和标志的清晰度与准确度检查，接缝的平整性和缝隙大小检查，运转部分的防护性检查、泄漏性检查、油漆的平整度、光亮度和色彩检查等。

2. 精度检验

精度检验是指对产品几何精度、工作精度和精度保持性进行检验。几何精度主要是指尺寸精度、形状精度、相互位置精度、定位精度、重复定位精度等，一般在静态下或空运转状态下进行检验；工作精度的有关项目是在真实工作环境和条件下进行的，有时要通过制造的产品精度来衡量待检产品的工作精度，如金属切削机床就是典型的例子；精度保持性的检验比较费时，需要在一定的工作载荷下使产品连续运转一段时间，再检查其精度的变化情况。

3. 性能检查

性能检查包括产品所能完成的功能、工作效率、操作方便灵活性，抵御环境变化的能力、部件运动的灵活性和准确性等。性能试验常采用以下方法：受力试验、空运转试验、负荷试验、温度环境试验、漏电试验、电磁干挠试验、耐潮试验、防腐试验、防霉试验、防尘试验、防振试验、密封试验等。

4. 安全环保检验

安全性检验的内容包括：发生事故的可能性、安全区隔离措施、安全互锁装置、安全保险装置、安全监控器、安全报警装置、安全防护装置、安全警示标志、电气设备的安全接地装置等。环保性检验的内容包括：噪声检验、粉尘浓度检验、污水处理装置检验、废气处理装置检验等。

5. 包装检验

包装是为了保护产品的质量，便于储存和运输。包装质量是产品质量的重要组成部分。对包装的检验包括：对包装材料进行检查；对包装的外观进行检查；对包装的防雨、防霉、防锈、防振特性进行检查；对包装的标志进行检查；对包装的随机文件进行检查；对易损件及其他附件进行检查；对包装的起吊运输性进行检查；对包装的防压性进行检查等。

第三节 抽样检验方法

一、全数检验和抽样检验

全数检验和抽样检验的基本概念在介绍检验方法分类时已经简单介绍过，此处进行具体论述。

1. 全数检验

全数检验又称为 100% 检验，它是对一批产品逐个进行的检验。全数检验的主要目的是将产品区分为合格品和不合格品两大类。从全数检验的特点来看，它可以确保不合格品不出厂或不转序，但检验的时间和成本花费均很大。在下列情况下，全数检验不宜使用：①检验过程是破坏性的；②产品批量很大；③检验时间很长；④检验费用很高。在上述情况下常采用抽样检验法。

2. 抽样检验

抽样检验是按数理统计的方法，从一批待检产品中随机抽取一定数量的样本，并对样本进行全数检验，再根据对样本的检验结果来判定整批产品的质量状况，如图 6-5 所示。

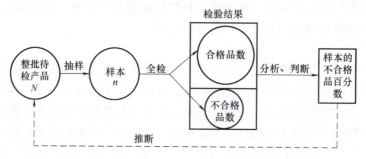

图 6-5 抽样检验示意图

抽样检验具有全数检验所不具备的优点，如花费少，所需时间短，可以适用于破坏性检验的场合等。因此，抽样检验在企业中应用广泛。对于抽样检验，应明确以下几个观点：

（1）不要把样本的不合格品百分数与整批待检产品的不合格品百分数等同起来。抽样合格的产品仅表示其统计质量合格，并不意味着整批产品中的每一个单位产品都合格；反之，统计质量不合格的一批产品，也并不意味着这批产品中的每一个单位产品都不合格。

（2）抽样检验时应使样本数 n 达到某一水平（如 $n \geq 50$），才能够保证得到的结果具有统计特征。样本数太少时所得到的结果往往不能反映整批产品的质量特性。

（3）有些抽样方案，如百分比抽样，不管待检产品批量的大小，均按相同的比例抽取样本，这样会带来批量越大接收概率越小，批量越小接收概率越大的不合理现象。因此，在实践中应停止使用该方法。

二、接收质量限（AQL）

（1）AQL（Acceptable Quality Level）是整个抽样系统的基础，是在考虑过程平均的基础上确定一个"接收质量限"（AQL）。

（2）采取保护供方利益的接收准则。当供方提交了等于或优于AQL的产品质量时，则应当全部接收交检的产品批。

（3）当供方提交的产品批质量低于（有时甚至大大低于）AQL值时，基于AQL的接收准则，一般不能对使用方进行令人满意的保护。为了弥补这个不足，在抽样系统中拟定了从正常检验转变为加严检验的内容和规则，从而保护了使用方的利益，这是基于AQL的整个抽样系统的核心。

（4）不合格分类是整个抽样系统的重要特点。不合格区分为A类、B类、C类，对于A类不合格的接收准则，比对于B类不合格的接收准则要严格得多。也就是说，对于A类不合格，AQL可以选得小一些，而对于B类不合格，AQL可以选得大一些。

（5）当供方提供产品批的质量一贯很好时，可以采用放宽检验以给使用方带来节约。但是能否放宽，应视转移规则而定。

（6）更多的根据实践经验，而不是单纯依靠数理统计来确定批量与样本量之间的关系。对从大批产品中抽取随机样本的困难和错判为接收或拒收一大批产品带来的严重后果，应给予足够的重视。

三、批质量和抽样方案

1. 批质量

对于一批产品而言，其质量的优劣是用该批产品的不合格品百分数（或缺陷数）来衡量的。显然，不合格品百分数越高，这批产品的质量就越差。不合格品百分数的计算公式为

$$p = \frac{D}{N} \times 100\% \tag{6-1}$$

式中，p为产品的不合格品百分数；D为批产品中不合格品的个数；N为批产品的总数。

2. 抽样方案

抽样方案是在抽样检验时，合理确定样本量和有关接收准则的一组规则。抽样方案中有两个最基本的参数：样本量n和接收数（即判定标准）Ac。如果一批产品的合格性判定标准用不合格品百分数p_0来表示，则Ac和p_0的关系为：Ac = np_0。显然，如果全检样本中的不合格品数大于Ac，则可判定该批产品不合格。

四、抽样方案的分类

抽样方案有以下几种分类方式：

1. 按检验特性值的属性划分

（1）**计数抽样方案**。它是按样本中的不合格品数或缺陷数作为判定一批产品是否合格的依据，它不管样本中各单位产品的质量特性值如何。

（2）**计量抽样方案**。通过测量样本中每个单位产品的质量特性值，并计算样本的平均质量特性值，以此作为判定一批产品是否合格的依据。

2. 按抽样方案制定原理划分

（1）**标准型抽样方案**。其特点是同时保护了供需双方的利益，适用于对产品质量不了解的场合，例如从新的供货方购进产品，或市场上的偶然交易。

（2）**挑选型抽样方案**。对被判为不合格的批进行全数检验，将其中的不合格品换成合格品后再出厂。这种抽样方案适用于不能选择供货单位时的收货检验、工序间的半成品检验和产品出厂检验。如果不合格批可以废弃、退货或降价接收，不宜采用这种抽样方案。此外，破坏性检验也不能采用该方案。

（3）**调整型抽样方案**。其特点是根据产品质量的好坏随时调整检验的宽严程度。在产品质量正常时，采用正常抽检方案；当产品质量变坏或生产不稳定时，采用加严抽检方案，以保证产品质量；当产品质量有所提高时，则换用放宽抽检方案，以鼓励供货者提高产品质量，降低检验费用。在连续购进同一供货者的产品时，如果选用这种抽样方案，可以得到较好的结果。

（4）**连续生产型抽样方案**。这种抽样方案适用于连续流水型生产中的检验。其特点是受检对象不要求形成批，而是逐个从检验点顺序通过。检验先从逐个全检开始，当合格品连续积累到一定数量后，转入每隔一定数量产品的抽检；如果出现不合格品，就再恢复连续全检。这种抽样方案可以保证产品不合格品百分数达到一定要求。

3. 按检验次数划分

（1）**一次抽样方案**。即从待检批（数量为 N）中抽取一个样本（样本量为 n），并对样本进行全检；将样本中的不合格品数 d 与规定的接收数 Ac 进行比较；如果 $d \leqslant Ac$，则判定待检批合格；如果 $d > Ac$，则判定待检批不合格。通常，采用记号（N, n, Ac）或（n, Ac）来表示一次抽样方案。

（2）**二次抽样方案**。即从待检批（数量为 N）中最多抽取两组样本（样本量分别为 n_1 和 n_2）之后，就可据此做出批质量合格与否的判断。其抽检程序如下：首先从批量 N 中抽取样本 n_1，并进行全检。如果样本 n_1 中的不合格品数 d_1 不超过第一合格判断数 Ac_1，则可判定该批产品合格，予以接收；如果 d_1 不仅大于 Ac_1，而且还大于第二合格判定数 Ac_2，则可以判定该批产品不合格，予以拒收；如果 d_1 大于 Ac_1，但小于 Ac_2，则进行第二次抽样，样本量为 n_2，设全检后的不合格品数为 d_2。如果 $d_1 + d_2 \leqslant Ac_2$，则可判定该批产品合格；如果 $d_1 + d_2 > Ac_2$，则可判定该批产品不合格。二次抽样方案常用记号（N, n_1, n_2, Ac_1, Ac_2）来表示。

（3）**多次抽样方案**。这种抽样方案是二次抽样方案的扩展。例如，对于三次抽样方案，可能需要抽取三个样本 n_1、n_2 和 n_3 后才能做出批质量是否合格的结论。三次抽样方案的记号为（N, n_1, n_2, n_3, Ac_1, Ac_2, Ac_3），其中 Ac_1、Ac_2 和 Ac_3 分别是抽检中的接收数。

五、随机抽样方法

由于抽样检验的理论依据是数理统计原理，为了使抽取的样本具有代表性，就必须采用正确的抽样方法。随机抽样法就是使待检批中每个单位产品都具有同等被抽到机会的一种方法。根据抽样的过程不同，可以将随机抽样法分成简单随机抽样法、分层随机抽样法和系统随机抽样法。

1. 简单随机抽样法

在抽样时，不带任何主观性，使待检批中每个单位产品均能够以相等的概率被抽到，这种抽样方法称为简单随机抽样法。为了确保抽样的随机性，以下四种产生随机数的方法均可使用。

（1）随机数表法。这是一种利用随机数表产生随机数的方法，该方法以前应用比较普遍，但正在逐渐被计算机程序法所取代。

（2）计算机程序法。这种方法是利用电子计算机程序，按一定的规律产生随机数，称为伪随机数。有些计算器也有产生随机数的功能，使用的是 RAN 键。也可按 GB/T 10111—2008《随机数的产生及其在产品质量抽样检验中的应用程序》确定随机数。

（3）掷骰子法。利用掷骰子的方法获得随机数也是一种常用的方法。常用的骰子有正六面体和正二十面体两种。正六面体骰子每个面刻有 1~6 个数字中的一个，掷一次可得到的随机数为 1~6；正二十面体骰子有 20 个三角形面，每个面刻有 0~9 数字中的一个，这 10 个数字各出现两次。用一个骰子掷两次可得到两位随机数；如果一次掷两个骰子也可得到两位随机数（但两个骰子的颜色不同，在掷前应预先规定哪一个是个位数）。由于正六面体骰子只能产生 1~6 的随机数，与产品的十进制编号不对应，所以在使用时应配合以修正表。采用正二十面体骰子就没有这个问题。正二十面体骰子的详细用法可参考 GB/T 10111—2008《随机数的产生及其在产品质量抽样检验中的应用程序》。

（4）扑克牌法。取一副新扑克牌，取出两张"王牌"和 12 张"J""Q""K"牌。在余下的 40 张牌中，规定"A"为 1，"10"为 0；在彻底洗牌后，从 40 张牌中每次任意抽取一张，就可产生 0~9 的一位随机数（抽出的牌再抽时应放回并重新洗牌）。如果要产生两位随机数，则可将按一位随机数法抽取的随机数按顺序两两组合即可。

2. 分层随机抽样法

为了保证样本对批量有较好的代表性，可以首先将待检产品按不同的生产班组、设备等进行分层（利用分层法），以便使同一层内的产品质量特性均匀一致。然后在各层内分别按简单随机抽样法抽取一定数量的单位产品，合在一起构成一个样本。这种方法称为分层随机抽样法。如果按各层在整批中所占的比例，分别在各层内抽取单位产品，则称为分层按比例随机抽样。

3. 系统随机抽样法

给待检批中的每个单位产品分别依次编上 1~N 的号码。设需要抽取的样本容量为 n，可以用 N/n 的整数部分（设为 k）作为抽样间隔，然后采用简单随机抽样法在 1 至抽样间隔数 k 之间确定一个随机数作为样本中第一个被抽到的产品号码。以后就可按抽样间隔数依次抽得 n 个样品。如果抽得的样品数为 $n+1$ 个，可任意去掉一个。

在实际工作中，为了得到有代表性的随机抽样结果，应尽量避免下面的错误：

（1）对批产品中不方便抽取的部分（埋在最下层、最里层、太高处）总不去抽，怕麻烦。

（2）对产品批的质量是否均匀等情况不了解，就采用分层抽样方法。

（3）只从产品的货架、箱子或容器的同一位置抽取样品。

（4）采取有意抽样法，专抽看上去质量好或差的产品。

六、接收概率与抽样特性曲线

1. 接收概率

根据规定的抽样方案（n，Ac），把待检批判定为合格而接收的概率称为接收概率。接收概率是批不合格品百分数 p 的函数，通常记为 $L(p)$。一般又称 $L(p)$ 为抽样方案（n，Ac）的抽样特性函数。接收概率的大小可利用超几何分布来计算，也可采用二项分布计算或泊松分布计算。按超几何分布计算的公式为

$$L(p) = \sum_{d=0}^{Ac} \frac{\binom{pN}{d}\binom{N-pN}{n-d}}{\binom{N}{n}} = \sum_{d=0}^{Ac} \frac{C_{pN}^{d} C_{N-pN}^{n-d}}{C_{N}^{n}} \tag{6-2}$$

式中，$\binom{pN}{d}$ 为从批的不合格品数 pN 中抽出 d 个不合格品的全部组合数；$\binom{N-pN}{n-d}$ 为从批的合格品数 $N-pN$ 中抽出 $n-d$ 个合格品的全部组合数；$\binom{N}{n}$ 为从批量为 N 的一批产品中抽取 n 个单位产品的全部组合数。

[**例6-1**] 设有一批产品，批量 $N=1000$，批不合格品百分数 $p=5\%$；采用（30，3）的抽样方案进行验收，试计算其接收概率。

解 根据式（6-2），可以计算得到

$$L(p) = \sum_{d=0}^{3} \frac{C_{pN}^{d} C_{N-pN}^{n-d}}{C_{N}^{n}}$$

$$= \frac{(C_{50}^{0} C_{950}^{30} + C_{50}^{1} C_{950}^{29} + C_{50}^{2} C_{950}^{28} + C_{50}^{3} C_{950}^{27})}{C_{1000}^{3}}$$

$$= 0.21 + 0.342 + 0.263 + 0.128 = 0.943$$

$L(p) = L(5\%) = 0.943$ 意味着，当采用抽样方案（30，3）进行验收时，在每100批具有这种质量的产品中，约有94批会被判定为合格品。

在实际应用中，计算阶乘往往很复杂。这时，可以用以下几种方法进行计算或近似计算：

（1）在计算机应用已很普遍的今天，可以利用计算机求解。

（2）利用阶乘对数表简化计算，具体方法可参考其他著作。

（3）利用二项分布近似计算，计算公式为

$$L(p) = \sum_{d=0}^{Ac} C_{n}^{d} p^{d} (1-p)^{n-d}$$

（4）利用泊松分布近似计算，计算公式为

$$L(p) = \sum_{d=0}^{Ac} \frac{(np)^{d}}{d!} e^{-np}$$

2. N、p、n、Ac 对 $L(p)$ 的影响

N、p、n、Ac 四个参数对 $L(p)$ 均具有影响。

（1）在 N、p、n 不变时，Ac 对 $L(p)$ 的影响。在上例中，分别令 Ac 为 0、2 和 5 时，

计算得 $L(p)$ 为 0.210、0.815 和 0.998。可见 Ac 对 $L(p)$ 的影响很大，在 N、p 和 n 不变时，批产品的接收概率随接收数 Ac 的增大而变大。

（2）在 N、p、Ac 不变时，n 对 $L(p)$ 的影响。在上例中，若 N、p、Ac 保持不变，分别取 n 为 10、50 和 100 时，计算得 $L(p)$ 为 0.998、0.764 和 0.244。可见 n 对 $L(p)$ 的影响也很大，在 N、p 和 Ac 不变时，批产品的接收概率随样本量的增大而减小。

（3）在 p、n 和 Ac 不变时，N 对 $L(p)$ 的影响。在上例中，若 p、n 和 Ac 保持不变，分别取 N 为 100、1000 和 2000 时，计算得 $L(p)$ 为 0.974、0.928 和 0.926。可见 N 的变化对 $L(p)$ 的影响很小，特别当 N 大到某一个值后，它对 $L(p)$ 的影响更是微小。因此，在设计某些抽样方案时，往往可以不考虑 N 的大小。

（4）在 N、n 和 Ac 不变时，p 对 $L(p)$ 的影响。在上例中，若保持 N、n 和 Ac 不变，分别取 p 为 10%、15% 和 20% 时，计算得 $L(p)$ 为 0.648、0.319 和 0.119。可见 p 值的变化对 $L(p)$ 的影响也很大，在 N、n 和 Ac 保持不变时，批产品的接收概率随批不合格品百分数 p 值的变大而明显减小。

3. 抽样特性曲线

在实际工作中，每一个交验批的不合格品百分数不仅是未知的，而且是变化的。对于一定的抽样方案（N，n，Ac）来说，每一个不同的 p 值都对应着唯一的接收概率 $L(p)$。当 p 值连续变化时，特定抽样方案的接收概率随 p 值的变化规律称为抽样特性。若在直角坐标系中将这一规律用曲线描绘出来，这样的曲线就称为抽样特性曲线，简称为 OC 曲线（Operating Characteristic Curve）。例如，如果取例 6-1 中的抽样方案（1000，30，3），前面分析已得出 p 和 $L(p)$ 之间关系的四组数据如表 6-4 所示。利用这些数据可以绘出该抽样方案下的 OC 曲线，如图 6-6 所示。

表 6-4 p 与 $L(p)$ 关系数值表

$p(\%)$	5	10	15	20
$L(p)$	0.943	0.648	0.319	0.119

（1）理想的 OC 曲线。如果规定，当批的不合格品百分数 p 不超过规定的数值 p_0 时，这批产品是合格的。当 $p > p_0$ 时，该批产品是不合格的。那么，一个理想的抽样方案应当满足：当 $p \leq p_0$ 时，接收概率等于 1；当 $p > p_0$ 时，接收概率等于 0，其 OC 曲线如图 6-7 所示。事实上，这种 OC 曲线在实际中是不存在的，因为即使采用全数检验，也难免出现错检和漏检。

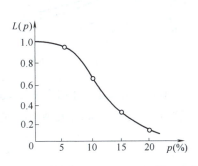

图 6-6　抽样方案（1000,30,3）的 OC 曲线

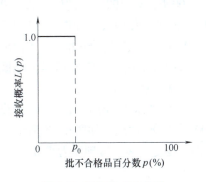

图 6-7　理想的 OC 曲线

(2) 线性 OC 曲线。图 6-8 是抽样方案（10，1，0）的 OC 曲线，由于是一条斜直线，所以称为线性 OC 曲线。这个抽样方案意味着，当随机从 10 个产品中抽取一个产品时，若这个产品不合格，则该批产品就被判定为不合格而拒收；若这个产品合格，则该批产品就会被判为合格而接收。线性 OC 曲线的鉴别能力很差。从图 6-8 中可以看出，当批不合格品百分数 $p=40\%$ 时，仍有 60% 的可能性被判定为合格品。

(3) 实际好的 OC 曲线。线性 OC 曲线的特性很差，理想 OC 曲线实际中又不存在，在实际中得到的 OC 曲线的形状是介于这两者之间的。在设计抽样方案时，应力求使 OC 曲线的形状接近其理想形状。事实上，一个实际好的 OC 曲线形状应具有以下特点：当这批产品质量较好时，如 $p \leq p_0$ 时，应以高概率判定它合格；当这批产品质量较差时，且已超过某个规定的界限，如 $p \geq p_1$ 时，应以高概率判定它不合格；当产品质量在 p_0 和 p_1 之间时，接收概率应迅速减小，其形状如图 6-9 所示。

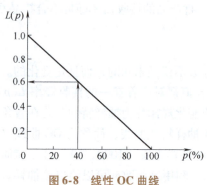

图 6-8 线性 OC 曲线

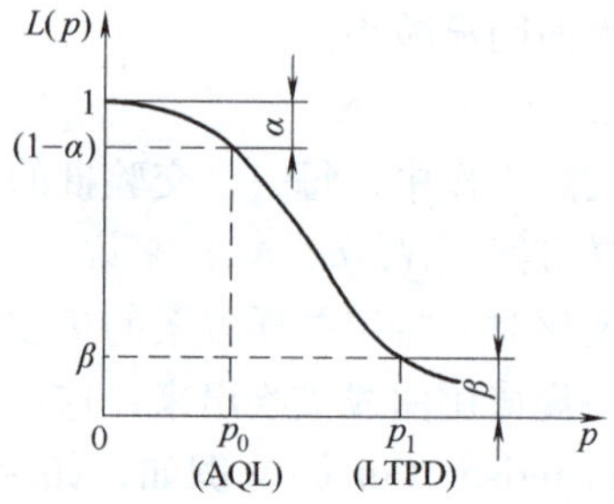

图 6-9 实际好的 OC 曲线

4. OC 曲线分析

影响 OC 曲线形状的因素主要有批量 N、样本量 n 和接收数 Ac，它们对 OC 曲线形状的影响规律如下：

（1）n 和 Ac 一定时，N 对 OC 曲线的影响。设 $n=20$，$Ac=0$，分别作出 $N=50$、100、1000 时的 OC 曲线，如图 6-10 所示。从图中可以看出，N 对 OC 曲线的影响甚微，可以不予考虑。

（2）N 和 n 一定时，Ac 对 OC 曲线的影响。设 $N=10000$，$n=100$，分别作出 $Ac=0$、1、2、3、4、5 时的 OC 曲线，如图 6-11 所示。可以看出，N 和 n 一定时，Ac 增大，则 OC 曲线向右移，且曲线变缓，表明鉴别能力降低。Ac 越小，鉴别能力就越强。

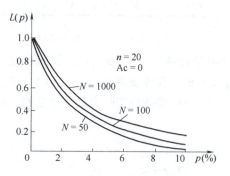

图 6-10 N 对 OC 曲线的影响

（3）N 和 Ac 一定时，n 对 OC 曲线的影响。设 $N=5000$，$Ac=2$，分别作出 $n=50$、100 和 200 时的 OC 曲线，如图 6-12 所示。可以看出，N 和 Ac 一定时，n 增大则曲线左移，且曲线形状变陡，表明鉴别能力提高。

5. OC 曲线的作用

（1）从 OC 曲线能了解抽样方案对产品质量的保证能力。

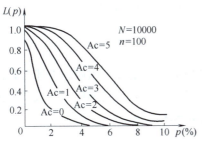
图 6-11 Ac 对 OC 曲线的影响

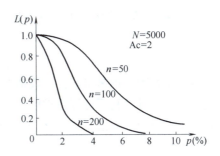
图 6-12 n 对 OC 曲线的影响

（2）对抽样方案的鉴别能力进行比较可以发现，OC 曲线越陡，鉴别质量的能力越强，但付出的代价也越大（n 大，Ac 小）。

（3）对现有抽样方案的合理性进行评价，以确定对抽样方案的修改，使其合理。

（4）在确定抽样方案时，通过了解参数的变化规律对 OC 曲线的影响，可以选择出较好的参数。在选择抽样方案后，通过检查 OC 曲线的形状可以判断其是否满足供需双方的要求。

七、抽样方案的风险及抽样方案的确定

1. 抽样方案的两类风险

抽样检验是通过样本来推断总体的，这样就难免出现判断错误。常见的错误有两类：第Ⅰ类错判是将合格批作为不合格批而拒收，对生产方不利；第Ⅱ类错判是将不合格批作为合格批接收，对使用方不利。

如图 6-13 所示，假定 p_0 是可接收的质量水平的上限（即 AQL），即批不合格品百分数 $p \leq p_0$ 时，说明批质量是合格的，应 100% 接收。然而实际上，当 $p = p_0$ 时，交验批只能以 $1-\alpha$ 的概率被接收，被拒收的概率为 α。这种错判会使生产方受到损失。所以 α 被称为生产方风险，记为 PR（Producer's Risk）。

$$\alpha = 1 - L(p_0)$$

设 p_1 为可接收的极限不合格品百分数（Lot Tolerance Percent Defective，LTPD），即如果批不合格品百分数 $p \geq p_1$ 时，应该 100% 拒收。实际上，当 $p = p_1$ 时，仍然有可能以 β 的概率被接收。这种错判会使使用方蒙受损失。所以 β 被称为使用方风险，记为 CR（Consumer's Risk）。

$$\beta = L(p_1)$$

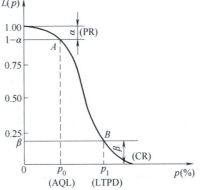
图 6-13 抽样检验的两类错判

显然，对于生产方而言，希望 α 越小越好；对于使用方来说，则希望 β 越小越好。在选择抽样方案时，应选择一条合理的 OC 曲线，使两种风险尽量控制在合理的范围内，以保护双方的经济利益。

2. 抽样方案的确定

为了使抽样方案既能满足对产品质量的要求，又能经济合理地降低成本，就必须使生产者的风险 α 和使用者的风险 β 都尽可能小。为此，首先由供需双方共同协商确定 α、β、p_0

和 p_1 四个参数,然后求解下列联立方程就可求得样本量 n 和接收数 Ac。

$$\begin{cases} \alpha = 1 - L(p_0) \\ \beta = L(p_1) \end{cases}$$

上述联立方程有很多组解,一般情况下,应该选取 n 最小的那一组解。上述方程的求解过程比较复杂,可以利用计算机求解。有时为简化起见,也可以利用抽样方案表设计抽样方案。表6-5 所示为"一次抽样方案表",下面举例说明该表的用法。

表6-5 一次抽样方案表

Ac	p_1/p_0			np_0	Ac	p_1/p_0			np_0
	$\alpha=0.05$ $\beta=0.10$	$\alpha=0.05$ $\beta=0.05$	$\alpha=0.05$ $\beta=0.01$	$\alpha=0.05$		$\alpha=0.01$ $\beta=0.10$	$\alpha=0.01$ $\beta=0.05$	$\alpha=0.01$ $\beta=0.01$	$\alpha=0.01$
0	44.890	58.404	89.781	0.052	0	229.105	298.073	458.210	0.010
1	10.946	13.349	16.681	0.355	1	20.134	31.933	44.686	0.149
2	6.509	7.699	10.280	0.818	2	12.206	4.439	19.278	0.436
3	4.490	5.675	7.352	1.366	3	8.115	9.418	12.202	0.823
4	4.057	4.646	5.890	1.970	4	6.249	7.156	9.072	1.279
5	3.549	4.023	5.107	2.613	5	5.195	5.889	7.343	1.785
6	3.208	3.604	4.435	3.286	6	4.520	5.082	6.253	2.330
7	2.957	3.303	4.019	3.981	7	4.650	4.524	5.506	2.906
8	2.768	3.074	3.707	4.695	8	3.705	4.115	4.962	3.507
9	2.618	2.895	3.462	5.426	9	3.440	3.803	4.548	4.130
10	2.497	2.750	3.265	6.169	10	3.229	3.555	4.222	4.771
11	2.397	2.630	3.104	6.924	11	3.058	3.354	3.959	5.428
12	2.312	2.528	2.968	7.690	12	2.915	3.188	3.742	6.099
13	2.240	2.442	2.852	8.464	13	2.795	3.047	3.559	6.782
14	2.177	2.367	2.752	9.246	14	2.692	2.927	3.403	7.477
15	2.122	2.302	2.665	10.035	15	2.603	2.823	3.269	8.181

[例6-2] 设供需双方协商确定:$p_0=4\%$,$p_1=10\%$,$\alpha=0.05$,$\beta=0.10$,试确定一次抽样方案的 n 和 Ac。

解 鉴别比 $p_1/p_0=0.1/0.04=2.5$,查表6-5 中 $\alpha=0.05$,$\beta=0.10$ 栏,找到最接近2.5 的值2.497,对应的 Ac = 10,$np_0=6.169$,所以,抽样检验方案应为(154,10)。

为了帮助供需双方正确选择抽样检验方案,国家制定了有关标准:GB/T 13393—2008《验收抽样检验导则》,读者在制定抽样方案时可以参考。

八、抽样检验标准的选择

为了使抽样检验工作规范化,以1929 年美国贝尔实验室的道奇和罗米格发表关于统计抽样检验理论的文章为标志,抽样检验的标准化到目前已有90 余年的历史。到目前,世界各工业国和国际标准化组织先后制定了各种不同的质量检验标准。我国的抽样检验标准化始于

1981 年，到目前我国已制定并颁布了 20 余项抽样检验标准，可以满足各种检验工作的需要。在这些标准中，有的是强制性的，有的是推荐性的（标准号中带"T"）。各种抽样检验标准及其适用范围如表 6-6 所示。可以看出，这些标准的适用场合是不同的，所以应根据被检验对象和检验目的，首先参考 GB/T 13393—2008《验收抽样检验导则》选择合适的标准，然后深入研究选定的标准，按标准规定的程序实施抽样检验。表 6-7 和表 6-8 所示是根据上述标准给出的按市场情况和生产条件选择抽样验收标准的指导（摘录）。

表 6-6　抽样检验标准及其适用范围

标 准 号	标 准 名 称	批质量指标	质量标准	判定特性	种　类	适用场合
GB/T 2828.1—2012	计数抽样检验程序 第 1 部分：按接收质量限（AQL）检索的逐批检验抽样计划	不合格品百分数	AQL	不合格品数或不合格数	计数调整型	连续批
GB/T 2828.3—2008	计数抽样检验程序 第 3 部分：跳批抽样程序	不合格品百分数	AQL	不合格品数或不合格数	计数调整型	连续批
GB/T 13264—2008	不合格品百分数的小批计数抽样检验程序及抽样表	不合格品百分数	p_0, p_1	不合格品数或不合格数	计数标准型	连续批或孤立批
GB/T 13546—1992	挑选型计数抽样检查程序及抽样表	不合格品百分数	AOQL 或 LQ	不合格数	计数挑选型	连续批
GB/T 6378.1—2008	计量抽样检验程序 第 1 部分：按接收质量限（AQL）检索的对单一质量特性和单个 AQL 的逐批检验的一次抽样方案	不合格品百分数	AQL	样本均值	计量调整型	连续型
GB/T 16307—1996	计量截尾序贯抽样检验程序及抽样表（适用于标准差已知的情形）	不合格品百分数	PRQ, CRQ	样本均值	计量标准型	孤立批
GB/T 13262—2008	不合格品百分数的计数标准型一次抽样检验程序及抽样表	不合格品百分数	p_0, p_1	不合格品数	计数标准型	孤立批
GB/T 2829—2002	周期检验计数抽样程序及表（适用于对过程稳定性的检验）	不合格品百分数	RQL	不合格品数或不合格数	计数标准型	过程稳定性
GB/T 2828.2—2008	计数抽样检验程序 第 2 部分：按极限质量（LQ）检索的孤立批检验抽样方案	不合格品百分数	LQ	不合格品数	计数标准型	孤立批

(续)

标 准 号	标准名称	批质量指标	质量标准	判定特性	种 类	适用场合
GB/T 8054—2008	计量标准型一次抽样检验程序及表	平均值	μ_0, μ_1 p_0, p_1	样本均值	计量标准型	孤立批
GB/T 8051—2008	计数序贯抽样检验方案	不合格品百分数	PRQ 或 CRQ	不合格品数或不合格数	计数标准型	孤立批
GB/T 8052—2002	单水平和多水平计数连续抽样检验程序及表	不合格品百分数	AQL 或 AOQL	不合格品数	连续生产型	流动批
GB/T 2828.11—2008	计数抽样检验程序 第11部分：小总体声称质量水平的评定程序	不合格品百分数	声称质量水平 DQL	不合格品数	计数标准型	质量监督小总体
GB/T 16306—2008	声称质量水平复检与复验的评定程序	每百单位产品不合格（品）数平均值	p_0, p_1, μ	不合格品数或不合格样本均值	计数、计量标准型	质量监督复查
GB/T 13732—2009	粒度均匀散料抽样检验通则	平均值	μ_0, μ_1	样本均值	计量标准型	粒度均匀散料
GB/T 13393—2008	验收抽样检验导则					指导标准
GB/T 4891—2008	为估计批（或过程）平均质量选择样本量的方法					指导标准
GB/T 10111—2008	随机数的产生及其在产品质量抽样检验中的应用程序					指导标准

表6-7 按市场情况和生产条件选择抽样验收标准的指导 I

市场情况或生产条件	可采用的抽样标准或方案
（a）采购方可通过反馈促使供货方改进产品质量	GB/T 2828.1，GB/T 2828.3，GB/T 6378.1，GB/T 8051
（b）产品被接收后，供货方仍然负责	GB/T 2828.1，GB/T 2828.3，GB/T 6378.1，GB/T 8051
（c）接收少量不合格品可造成重大损失	GB/T 8051，GB/T 13264，GB/T 13262
（d）有一批未被接收可造成经济损失和工厂倒闭	AOQL 方案
（e）检验产品费用很大	GB/T 6378.1
（f）检验带有破坏性	GB/T 6378.1
（g）产品质量历来很好	GB/T 2828.3
（h）容易抽取随机样本	GB/T 2828.1 的二次或五次方案，GB/T 8051
（i）检验速度快	GB/T 2828.1 的二次或五次方案，GB/T 8051
（j）有必要知道产品特征的分布形状、位置、散布程度	GB/T 6378.1
（k）产品特征的分布是正态的	GB/T 6378.1，GB/T 8054

表 6-8 按市场情况和生产条件选择抽样验收标准的指导 Ⅱ

市场情况或生产条件	可采用的抽样标准或方案
(a_1) 采购方不能通过反馈影响供货方改进产品质量，孤立的一批或一些批	GB/T 8051，GB/T 13264，GB/T 8054，GB/T 13262
(b_1) 产品一旦被接收，供货方不再负责	GB/T 8051，GB/T 13264，GB/T 8054，GB/T 13262
(c_1) 接收少量不合格品不能造成重大损失	GB/T 2828.1，GB/T 6378.1，GB/T 8051，GB/T 2828.3
(d_1) 等效产品的来源很多	考虑其他因素
(e_1) 单位产品的检验费用不大	考虑其他因素
(f_1) 检验没有破坏性	考虑其他因素
(g_1) 没有供货方产品的质量历史信息，或质量历史不佳	GB/T 2828.1，GB/T 6378.1，GB/T 8051 的加严检验
(h_1) 随机抽样困难或费用大	GB/T 2828.1 的一次抽样，GB/T 6378.1
(i_1) 检验费时或费用昂贵	GB/T 2828.1 的一次抽样，GB/T 6378.1
(j_1) 产品特征分布的形状、位置和散布程度不重要	计数抽样、计量抽样（考虑其他因素）
(k_1) 产品特性分布是未知的或非正态的	计数抽样

第四节 计数标准型一次抽样方案及其应用

一、计数标准型一次抽样方案及其特点

计数标准型一次抽样方案就是同时控制生产方和使用方风险，根据双方共同商定的 OC 曲线对单批产品进行一次抽样检验，并根据抽样中不合格品的个数来判定这批产品是否合格的一种抽样检验方式。

计数标准型抽样方案从保护生产方的观点出发确定了一个批不合格品的允许值，即可接收的质量水平上限 p_0，若待检批的不合格品百分数 $p \leqslant p_0$ 时，认为该批产品质量是好的，应以高概率接收；当批不合格品百分数 $p = p_0$ 时，此时的接收概率为 $L(p_0) = 1 - \alpha$。另一方面，该方案从保护使用方的观点出发，确定了一个极限不合格品百分数 p_1，若待检批的不合格品百分数 $p \geqslant p_1$ 时，认为该批产品质量不好，应以高概率拒收，此时的接收概率 $L(p_1) = \beta$，应该是比较小的。因此，对计数标准型抽样方案来讲，p_0 和 p_1 是两个很重要的参数，其 OC 曲线应通过预先规定的两个点 $(p_0, 1-\alpha)$ 和 (p_1, β)。

计数标准型一次抽样方案能同时保护供需双方的利益，又不需要提供待检批产品的质量数据，且易于实施，比如制造过程是否稳定、过程平均不合格品百分数大小等质量信息。因此，它适用于孤立批产品的抽样检验。GB/T 13262—2008《不合格品百分数的计数标准型一次抽样检验程序及抽样表》，就是我国制定的计数标准型抽样标准。

二、计数标准型一次抽样方案的应用程序

1. 确定质量要求

对于待检批的单位产品，应明确规定区分合格品与不合格品的质量要求。

2. 确定 p_0、p_1 及 α、β

由供需双方共同协商确定 p_0、p_1 及 α、β 四个参数。一般取生产方风险 $\alpha = 0.05$，使用方风险 $\beta = 0.10$。

在确定 p_0、p_1 时，应综合考虑产品的具体生产能力、制造成本、质量要求和检验费用等因素，且 p_0、p_1 必须满足 $p_0 \leq p_1$，$p_1/p_0 \geq 3$，一般取 $4 \leq p_1/p_0 \leq 10$。p_1/p_0 值越小，样本量 n 就越大，当 p_1/p_0 接近于 1 时，$n = N$。

3. 检验批的确定

如何组成检验批，对于产品的质量保证有很大的影响，应保证待检批是在同样制造条件（人、机、料、法、环、测）下生产出来的。

4. 检索抽样方案（n，Ac）

从理论上讲，抽样方案（n，Ac）可根据公式求解联立方程，求得抽样方案的 n 和 Ac，这种方法计算工作量大。在实际抽样检验工作中，人们都是通过标准 GB/T 13262—2008《不合格品百分数的计数标准型一次抽样检验程序及抽样表》来检索抽样方案的，即通过查标准，查出样本量 n 和接收数 Ac。

5. 随机抽取样本

按已确定的样本量 n，从检验批中抽取样本。在抽取样本时，最重要的是必须抽取那些能真正代表检验批质量的样本。因此，必须采用随机抽样法。

6. 检验样本、获取数据

按产品的质量要求对样本中的每一个单位产品进行测试，判断其是否合格，并记下样本中的不合格品数 d。

7. 批质量的判断

若 $d \leq$ Ac，则判定检验批合格；若 $d >$ Ac，则判定检验批不合格。

8. 检验批的处置

对已判定为合格的检验批，应予以接收，而对于判定为不合格的检验批，则予以拒收。

至于不合格批或样本中所发现的不合格品是直接追回，还是调换成合格品，这要按预先签订的合同来确定。

下面以一个例子来说明计数标准型一次抽样检验的应用程序。

[例 6-3] 某公司从标准件生产厂临时订购一批弹性挡圈 $\phi16.2$mm，厚度 $A = 2.5^{0}_{-0.12}$mm，批量 $N = 2000$ 件。双方商定用计数标准型一次抽样方案进行抽样验收，试确定抽样方案及验收程序。

解 （1）确定单位产品的质量要求。质量要求就是对产品的具体要求，也称产品质量标准，即明确区分产品合格或不合格的标准。产品的质量要求一般应在国家批准的产品图、技术条件或订货合同中做出明确的规定。弹性挡圈的内径为 $\phi16.2$mm，是自由尺寸，可不检验；厚度有尺寸公差，可作为检验的质量特性，并规定厚度尺寸 2.38~2.50mm 为合格品，凡超出这个范围的为不合格品。

（2）确定 p_0、p_1 及 α、β。经双方商定，取 $p_0 = 1.5\%$，$p_1 = 8\%$，$\alpha = 0.05$，$\beta = 0.10$。

（3）检验批的确定。标准件厂提供在同样制造条件下生产的弹性挡圈 2000 件作为检验批。

（4）检索抽样方案。查计数标准型一次抽样检查表（表 6-5），得 $n = 91$ 件，Ac = 3 件，即抽样方案为（91，3）。

（5）随机抽取样本。在提交的 2000 件挡圈中随机抽取 91 件样品。

（6）检验样本、获取数据。对 91 件挡圈进行全数检验，其中不合格品 1 件。

（7）批质量的判断。由于 $d=1$ 件 $< Ac=3$ 件，判定该检验批合格。

（8）批的处置。接收该批产品，对检验的不合格品按事先的约定调换成合格品。

第五节 计数调整型抽样方案及其应用程序

一、计数调整型抽样方案及其特点

调整型抽样方案是根据产品的质量状况随时调整检验宽严程度的一种抽样检验方法，即当产品批质量正常时，采用正常的检验方案；当产品批质量变差时，改换加严抽样方案；当产品批质量变好时，又换成放宽抽样方案。这种抽样检验方法借助于事先规定的"转换规则"，在正常检验、放宽检验和加严检验之间随时进行调整，以达成促进生产方不断提高质量、保护供需双方利益的目的。GB/T 2828.1—2012 是我国制定的计数调整型抽样检验标准，等同于 ISO 2859-1：1999，目前在零部件、原材料、外购件、成品、库存品等连续批的检验、验收过程中得到广泛使用。

二、GB/T 2828.1—2012 抽样系统

GB/T 2828.1—2012 抽样系统是抽样方案或抽样计划及抽样程序的集合，抽样计划带有改变抽样方案的规则，而抽样程序则包括选择适当的抽样方案或抽样计划的准则。

（一）设计抽样表的目的及其适用场合

（1）调整检验的严格程度，促使生产方改进和提高产品质量。

（2）使用方可按质量的好坏选择供应方。

GB/T 2828.1 适用于连续批检验的下列场合：成品、部件和原材料、操作、在制品、库存品、维修操作、资料或记录、管理程序。

（二）GB/T 2828.1—2012 的若干要素及其应用

1. 过程平均及其估计

过程平均是指过程处于统计控制状态期间的质量水平，即一定时期或一定数量产品范围内的过程质量水平的平均值。在抽样检验中常将其解释为："一系列连续提交批的平均不合格品百分数""一系列初次提交检验批的平均质量（用每单位产品不合格品数或每百单位产品不合格数表示）"等。

"过程"是总体概念，过程平均是不能计算或选择的，但是可以估计，即根据过去抽样检验的数据来估计过程平均。

过程平均是稳定生产前提下过程平均不合格品百分数的简称。其理论表达式为

$$\overline{P} = \frac{D_1 + D_2 + \cdots + D_k}{N_1 + N_2 + \cdots + N_k} \times 100\% = \frac{\sum_{i=1}^{k} D_i}{\sum_{i=1}^{k} N_i} \times 100\%$$

式中，$\bar{P}$ 为过程平均不合格品百分数；N_i 为第 i 批产品的批量；D_i 为第 i 批产品的不合格品数；k 为批数。

假设从上述 k 批产品中顺序抽取大小为 $n_1, n_2, \cdots, n_k$ 个样本，k 个样本中发现的不合格品数依次为 $d_1, d_2, \cdots, d_k$，如果 $\dfrac{d_1}{n_1}, \dfrac{d_2}{n_2}, \cdots, \dfrac{d_k}{n_k}$ 之间没有显著差异，则其计算公式为

$$\bar{p} = \frac{d_1 + d_2 + \cdots + d_k}{n_1 + n_2 + \cdots + n_k} \times 100\% = \frac{\sum_{i=1}^{k} d_i}{\sum_{i=1}^{k} n_i} \times 100\%$$

式中，$\bar{p}$ 称为样本的平均不合格品百分数，它是过程平均不合格品百分数 $\bar{P}$ 的一个优良估计值。

必须注意，如果采用二次抽样或多次抽样，在估计 $\bar{P}$ 时只能使用第一个样本。

估计过程平均不合格品百分数的目的，是估计生产方在正常情况下所提供的产品的不合格品百分数。如果生产条件稳定，这个估计值 $\bar{p}$ 可用来预测即将交检的产品的不合格品百分数。应该注意的是：应当剔除在不正常情况下获得的检验数据；经过返修或挑选后，再次交检的批产品的检验数据，这些数据不能用来估计过程平均不合格品百分数。另外，当对样本中部分样品的检验结果足以做出接收或拒收决定时，为了节省检验工作量及停工检验样本中的其余样品的截尾检验结果也不能用来估计过程平均。

用于估计过程平均不合格品百分数的批数，一般不应少于 20 批。如果是新产品，开始时可以用 5~10 批的抽检结果进行估计，以后应当至少用 20 批。一般来说，在生产条件基本稳定的情况下，用于估计过程平均不合格品百分数的产品批数越多，检验的单位产品数量越大，对产品质量水平的估计就越可靠。

2. 不合格分类

不合格分类是整个计数调整型抽样系统的重要特点。不合格分类的标志是质量特性的重要性或其不符合的严重程度。

一般来说，按实际需要将不合格区分为 A 类、B 类、C 类。在单位产品比较简单的情况下，可以分为两种类别的不合格，甚至可以不区分类别；而在单位产品比较复杂的情况下，也可以区分为多于三种类别的不合格。

不同类别的不合格或不合格品，一般采用不同的可接收质量界限，以确保更重要的不合格或不合格品能得到更严格的控制。

在 GB/T 2828.1 抽样系统中，规定不合格可以分成下列三类：

（1）A 类不合格。单位产品的最重要质量特性不符合规定，或单位产品的质量特性特别严重不符合规定，称为 A 类不合格。

（2）B 类不合格。单位产品的重要特性不符合规定，或单位产品的质量特性严重不符合规定，称为 B 类不合格。

（3）C 类不合格。单位产品的一般质量特性不符合规定，或单位产品的质量特性轻微不符合规定，称为 C 类不合格。

与这三类不合格相对应的不合格品有下列三类：

（1）A 类不合格品。有一个或一个以上 A 类不合格，也可能有 B 类不合格和（或）C 类不合格的单位产品，称为 A 类不合格品。

（2）B 类不合格品。有一个或一个以上 B 类不合格，也可能有 C 类不合格，但没有 A 类不合格的单位产品，称为 B 类不合格品。

（3）C 类不合格品。有一个或一个以上 C 类不合格，但没有 A 类不合格和 B 类不合格的单位产品，称为 C 类不合格品。

3. 可接收质量界限（AQL）

AQL 是指当一个连续系列批被提交抽样检验时，可允许的最低过程平均质量水平。

AQL 是计数调整型抽样系统的基础，该抽样系统中的抽样表就是按照 AQL 设计的。

AQL 是对所希望的生产过程的一种要求，是描述过程平均质量的参数，不应把它与描述生产过程的作业水平混同起来。

AQL 是可允许的和不可允许的最低过程平均的分界线，应该注意到，AQL 并不是一个令人满意的质量水平，应鼓励生产方具有比 AQL 更好的过程平均。当生产方的过程平均优于 AQL 时，也可能会有某些产品批的质量劣于 AQL，但抽样方案可以保证让绝大部分（95%以上）的产品批抽检合格。当生产方的过程平均劣于 AQL 时，会有一定数量的产品批在转换到加严检验之前被接收，随着拒收批的增加，由正常检验转换到加严检验，甚至停止接收。应当指出，即使转换到加严检验之后，还可能有某些产品批被接收。但是，只要对生产方的过程平均质量要求控制在等于或小于 AQL 上，从长远来看，使用方会得到平均质量等于或优于 AQL 的产品批。可见，计数调整型抽样检验就是把重点放在长期平均质量的保证上，而不是仅针对个别批的质量保证。

AQL 是计数调整型抽样检验的质量指标，是用户可接收的最低过程平均的度量，也就是说，它是给定的、根据采用的抽样方案能接收绝大多数提交批的不合格品百分数或每百单位产品不合格数。AQL 是制定抽样方案的重要参数，可用于检索抽样方案，也是生产方进行产品质量认证时的关键参数。

确定 AQL 时，应考虑对生产方的认知程度（如过程平均、质量信誉）、使用方的质量要求（如性能、功能、寿命、互换性等）、产品复杂度、产品质量不合格类别、检验项目的数量和经济性（如最小总成本）等因素。

几种确定 AQL 的方法如下：

（1）根据过程平均确定。使用生产方近期提交的初检产品批的样本检验结果对过程平均的上限加以估计，与此相等或稍大的标称值如能被使用方接收，则以此作为 AQL 值。

（2）按不合格类别确定。对于不同的不合格类别的产品，分别规定不同的 AQL 值，越是重要的检验项目，验收后的不合格品造成的损失就越大，越应指定严格的 AQL 值。原则上，对 A 类规定的可接收质量界限要高于对 B 类规定的可接收质量界限，对 B 类规定的可接收质量界限要高于对 C 类规定的可接收质量界限。另外，可以考虑在同类中对部分或单个不合格再规定可接收质量界限，也可以考虑在不同类别之间再规定可接收质量界限。

（3）根据检验项目数确定。同一类的检验项目有多个（如同属 B 类不合格的检验项目有 3 个）时，AQL 值的规定值应比只有一个检验项目时的规定值要适当大一些。

（4）双方共同确定。AQL 意味着使用方期望得到的也能买得起的质量之间的一种折中质量。从这个意义上来说，AQL 就是使用户要求的质量与生产方的过程能力协调，双方需要彼此依赖，共同协商，合理确定一个共同认可的 AQL 值。这样可以减少在验收过程中可能产生的纠纷。

在抽检时，可以根据实际情况从上述四种方法中选取。如果缺少过去的质量信息资料，一时难以确定合适的 AQL 值，可暂时使用 LTPD（Lot Tolerance Percent Defective，批容许不合格百分数）方案，等积累一定的质量信息后，再根据实际情况制定 AQL。

在 GB/T 2828.1—2012 中，AQL（%）推荐的值为 0.01，0.015，…，1000，共 26 档，都是优先数值。其中，小于或等于 10 的 AQL 数值，可以是每单位产品不合格品数，也可以是每百单位产品不合格数；大于 10 的 AQL 值，仅用作每百单位产品的不合格数。如果规定的 AQL 不是优先数值，则标准的抽样表不适用。

4. 批量

批量是指提交检验批中单位产品的数量。从抽样检验的观点来看，批量大的优点是：从大批量中抽取大样本更经济，而大样本对批质量有较高的判别力。况且当 AQL 相同时，样本量在大批量中的比例比在小批量中的比例要小。但是大批量不是无条件的，应以分层法为基础。

在 GB/T 2828.1—2012 中，规定的批量范围由"2~8""9~15"…"150001~500000""500001 及以上"等 15 档组成，如表 6-9 所示。

表 6-9 样本量字码

批 量 范 围	特殊检验水平				一般检验水平		
	S-1	S-2	S-3	S-4	I	II	III
2~8	A	A	A	A	A	A	B
9~15	A	A	A	A	A	B	C
16~25	A	A	B	B	B	C	D
26~50	A	B	B	C	C	D	E
51~90	B	B	C	C	C	E	F
91~150	B	B	C	D	D	F	G
151~280	B	C	D	E	E	G	H
281~500	B	C	D	E	F	H	J
501~1200	C	C	E	F	G	J	K
1201~3200	C	D	E	G	H	K	L
3201~10000	C	D	F	G	J	L	M
10001~35000	C	D	F	H	K	M	N
35001~150000	D	E	G	J	L	N	P
150001~500000	D	E	G	J	M	P	Q
≥500001	D	E	H	K	N	Q	R

批量与检验批密不可分,检验批可以和投产批、销售批、运输批相同或不同。

批的组成、批量的大小和识别批的方式,应由供应方与订货方共同协商确定。必要时,供应方应对每个提交检验批提供适当的储存场所,提供识别批质量所需的设备,以及管理和取样所需的人员。

5. 检验水平（IL）

检验水平反映了批量（N）和样本量（n）之间的关系。GB/T 2828.1—2012 中（见表6-9），将一般检验分为Ⅰ、Ⅱ、Ⅲ三个检验水平。水平Ⅱ为正常检验水平,无特殊要求时,均采用水平Ⅱ。当需要的判别能力比较低时,可使用一般检验水平Ⅰ。当需要的判别力比较高时,可使用一般检验水平Ⅲ。特殊检验规定了 S-1、S-2、S-3 和 S-4 四个检验水平。特别检验水平所抽取的样品较少,仅适用于必须用较小样本而且允许有较大误判风险的场合。

原则上按不合格的分类分别规定检验水平,但必须避免检验水平与可接收质量界限的不协调。例如,在检验水平 S-1 情形下样本量字码没有超过 D（表6-10）,相当于正常检验一次抽样方案的样本量最多等于8,若规定 AQL = 0.10（%）,则正常检验一次抽样方案的最小样本量为 125（表6-10）。这就是说,规定的检验水平与规定的 AQL 发生了矛盾。因此,在规定 AQL = 0.10（%）的情况下,指定检验水平 S-1 是无效的。

GB/T 2828.1—2012 中检验水平的设计原则是:如果批量增大,样本量一般也随之增大,大批量中样本量占的比例比小批量中样本量占的比例要小。在 GB/T 2828.1—2012 中,检验水平Ⅰ、Ⅱ、Ⅲ的样本量为 0.1∶1∶1.6。

选择检验水平时应考虑以下几点:

（1）产品的复杂程度和价格。结构简单、价格低廉的产品检验水平比结构复杂、价格高昂的产品的检验水平低。

（2）破坏性检验适于低检验水平,甚至选择特别的检验水平。

（3）保护用户的利益。如果想让大于 AQL 的劣质批不合格,则宜选用高检验水平。

（4）生产的稳定性。稳定连续性生产宜选用低检验水平,不稳定或新产品生产宜选用高检验水平。

（5）各批之间的质量差异程度。批间质量差异小而且检验总是合格的产品批,宜选用低检验水平。

（6）批内产品质量波动。若批内质量波动比标准规定的波动幅度小,宜采用低检验水平。如冲压成形件可用低检验水平。

6. 检验的严格度与转移规则

检验的严格度是指交检批所接受抽样检验的宽严程度。计数调整型抽样系统通常有正常检验、加严检验、放宽检验以及暂停检验这几种严格度不同的检验。

设计转移规则的重要原则是:检验严格度之间的转移要准确,误转概率要尽量小。即批质量好时,由正常检验误转为加严检验或暂停检验的概率要小。而当批质量变坏时,由正常检验转为放宽检验,或由加严检验转为正常检验的概率也应尽量地小。GB/T 2828.1—2012《计数抽样检验程序　第1部分:按接收质量限（AQL）检索的逐批检验抽样计划》规定的转移规则和程序如图6-14所示。

表 6-10 正常检验一次抽样方案（GB/T 2828.1—2012）

样本量字码	样本量	接收质量限(AQL)																															
		0.010		0.015		0.025		0.040		0.065		0.10		0.15		0.25		0.40		0.65		1.0		1.5		2.5		4.0		6.5		10		15
		Ac	Re	Ac	Re	Ac	Re	Ac	Re	Ac	Re	Ac	Re	Ac	Re	Ac	Re	Ac	Re	Ac	Re	Ac	Re	Ac	Re	Ac	Re	Ac	Re	Ac	Re	Ac	Re
A	2																															⇩		
B	3																													⇩		0	1
C	5																											⇩		0	1	⇧	
D	8																									⇩		0	1	⇧		1	2
E	13																							⇩		0	1	⇧		1	2	2	3
F	20																					⇩		0	1	⇧		1	2	2	3	3	4
G	32																			⇩		0	1	⇧		1	2	2	3	3	4	5	6
H	50																	⇩		0	1	⇧		1	2	2	3	3	4	5	6	7	8
J	80															⇩		0	1	⇧		1	2	2	3	3	4	5	6	7	8	10	11
K	125													⇩		0	1	⇧		1	2	2	3	3	4	5	6	7	8	10	11	14	15
L	200											⇩		0	1	⇧		1	2	2	3	3	4	5	6	7	8	10	11	14	15	21	22
M	315									⇩		0	1	⇧		1	2	2	3	3	4	5	6	7	8	10	11	14	15	21	22	⇧	
N	500							⇩		0	1	⇧		1	2	2	3	3	4	5	6	7	8	10	11	14	15	21	22	⇧			
P	800					⇩		0	1	⇧		1	2	2	3	3	4	5	6	7	8	10	11	14	15	21	22	⇧					
Q	1250			⇩		0	1	⇧		1	2	2	3	3	4	5	6	7	8	10	11	14	15	21	22	⇧							
R	2000	0	1	⇧		1	2	2	3	3	4	5	6	7	8	10	11	14	15	21	22	⇧											

(续表：AQL 25 ~ 1000)

样本量字码	样本量	25		40		65		100		150		250		400		650		1000	
		Ac	Re	Ac	Re	Ac	Re	Ac	Re	Ac	Re	Ac	Re	Ac	Re	Ac	Re	Ac	Re
A	2	1	2	2	3	3	4	5	6	7	8	10	11	14	15	21	22	30	31
B	3	2	3	3	4	5	6	7	8	10	11	14	15	21	22	30	31	44	45
C	5	3	4	5	6	7	8	10	11	14	15	21	22	30	31	44	45	⇦	
D	8	5	6	7	8	10	11	14	15	21	22	30	31	44	45	⇦			
E	13	7	8	10	11	14	15	21	22	30	31	44	45	⇦					
F	20	10	11	14	15	21	22	⇦											
G	32	14	15	21	22	⇦													
H	50	21	22	⇦															
J	80	⇦																	

注：
⇩ ——使用箭头下面的第一个抽样方案。如果样本量等于或超过批量，则执行100%检验。
⇧ ——使用箭头上面的第一个抽样方案。
Ac——接收数；Re——拒收数。

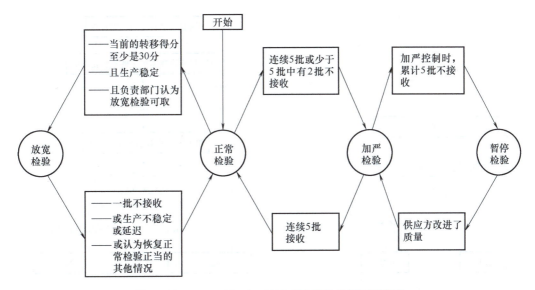

图 6-14　GB/T 2828.1—2012 规定的转移规则和程序

其中，由正常检验转移到放宽检验时，必须计算转移得分的分值，这里的转移得分是指在正常检验情况下，用于确定当前的检验结果是否足以允许转移到放宽检验的一种指示数。在 GB/T 2828.1 标准中转移得分值的具体计算方法如下：

(1) 一次抽样方案

1) 当接收数等于或大于 2 时，如果当 AQL 加严一级后该批接收，则给转移得分加 3；否则将转移得分重新设定为 0。

2) 当接收数为 0 或 1 时，如果该批接收，则给转移得分加 2；否则将转移得分重新设定为 0。

(2) 二次和多次抽样方案

1) 当使用二次抽样方案时，如果该批在检验第一样本后接收，则给转移得分加 3；否则将转移得分重新设定为 0。

2) 当使用多次抽样方案时，如果该批在检验第一样本和第二样本后接收，则给转移得分加 3；否则将转移得分重新设定为 0。

7. 抽样方案类型

在 GB/T 2828.1—2012 标准中分别规定了一次、二次和多次三种抽样方案类型。一次抽样程序、二次抽样程序分别如图 6-15 和图 6-16 所示。

8. 抽样方案的检索

抽样方案的检索方法如下：

(1) 根据批量和检验水平从样本量字码表（表 6-9）中查取样本量字码。

(2) 根据样本量字码，在抽样方案表 6-10 中，由该字码所在行向右，在样本量栏中读取样本量 n。

(3) 在样本量字码所在的行向右，与指定的 AQL 所在的列相交处，读出接收数 Ac 和拒收数 Re；若在相交处是箭头，则沿着箭头方向，读出箭头所指的第一个接收数 Ac 和拒收数 Re，然后由此接收数与拒收数所在行往左，在样本量栏内读取相应的样本量 n。

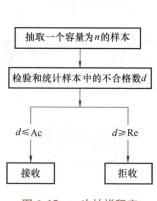
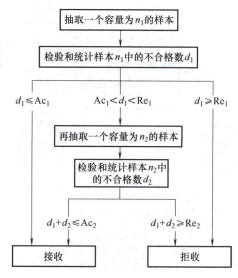

图 6-15　一次抽样程序　　　　　　　图 6-16　二次抽样程序

三、GB/T 2828.1—2012 标准的应用实例

[例 6-4] 甲厂长期需要一种规格为 $\phi 20^{0}_{-0.02}$ mm，长 50mm 的圆柱销，由乙厂供货。乙厂长期生产该产品，质量稳定，信誉好，每天按时分两次送 1000 件给甲厂，甲厂对每天送来的圆柱销进行检验验收。由于批量大，考虑用抽样检验，试设计抽样方案。由于甲乙两厂是长期合作关系，因此甲厂可以通过反馈来促进乙厂改进产品质量，并且在产品被接收后，乙厂仍然对产品质量负责。

解　(1) 选择抽样标准。根据题意查 GB/T 13393—2008《验收抽样检验导则》、表 6-6、表 6-7、表 6-8，决定选用 GB/T 2828.1—2012 逐批检验计数抽样计划。

(2) 研究标准规定的检验程序。GB/T 2828.1—2012 规定的检验程序（按顺序）分为以下几步：规定产品的质量标准；确定批量（N）；规定检验水平（IL）；规定接收质量限（AQL）；确定抽样方案类型（一次、二次和多次）；确定抽样方案；批的组成与提交；检验、判定与记录；批的再提交及不合格的处理。

(3) 实施检验程序

1) 规定产品的质量标准。圆柱销的外径具有尺寸公差；长度为自由尺寸，可不检验；此外，没有形状公差要求。因此，应以 $\phi 20$mm 外径作为检验的质量特性，并规定外径尺寸在 19.98～20mm 为合格品，凡超出这个范围的为不合格品。按被检质量特性的重要性进行分类，本例被检质量特性是外径公差，由于圆柱销外径尺寸直接影响到该零件的使用性能，是极重要的质量特性，故定为 A 类不合格。

2) 确定批量（N）。本例中，经双方协商决定，规定乙厂每天送 1000 件质量均匀的圆柱销产品分两批交验，即每批 500 件。

3) 规定检验水平（IL）。本例属于一般性检验，故取检验水平 Ⅱ。

4) 确定接收质量限 AQL。由于抽样方案的严格程度主要取决于 AQL 值的大小，所以 AQL 值的确定很关键。假设本例采用过程平均法来规定 AQL 值。现对乙厂连续 10 个班生产的圆柱销进行全数检验后,求得10个班生产的圆柱销过程平均不合格品百分数$\bar{p}$为2.43%。GB/T 2828.1—2012 中建议的 AQL 值共有 26 种,其中 2.43% 在 1.5% ~ 2.5%,且接近 2.5%,故本例取 AQL = 2.5%。

5)确定抽样方案的类型。GB/T 2828.1—2012 标准给出的一次、二次和多次抽样方案的特点如表 6-11 所示。

表 6-11 三种抽样方案的特点比较

抽样类型	一次	二次	多次
生产工人接受程度	只抽检一次就判定合格与否,心理压力大	心理压力小,易于接受	易产生厌烦
样 本 量	n	$(0.6 \sim 0.9)n$	$(0.3 \sim 0.8)n$
管理费用	低	中	高
获取批质量信息	多	较多	少

本例采用一次抽样检验。另外,抽样检验的严格度分为正常检验、放宽检验、加严检验和暂停检验等几种,在 GB/T 2828.1—2012 中规定了检验严格度的转换规则,如图 6-14 所示。在实施检验过程中,应根据检验结果进行检验严格度的转换。

6)确定抽样方案。在 GB/T 2828.1—2012 中,由于有一次抽样、二次抽样、多次抽样三种抽样方式的正常检验、放宽检验、加严检验、暂停检验共四种检验的严格度,所以经组合共有 12 种抽样检验方案。本节中只介绍一次抽样正常检验方案的检索程序,其他抽样检验方案的检索程序都是类似的,应用时,只需在 GB/T 2828.1—2012 标准中查不同的主抽检表即可。

在本例中,$N=500$,检验水平为Ⅱ,AQL = 2.5(%),可采取以下步骤检索抽样方案:首先根据 N 和检验水平Ⅱ由表 6-9 查样本量字码为 H;然后根据样本量字码 H 和 AQL 值,在 GB/T 2828.1—2012 中的正常检验一次抽样方案(表 6-10)中查抽样方案。

本例中查得抽样方案为:$n=50$,Ac = 3,Re = 4,其中 Re = Ac + 1 为不合格判定数。同样从 GB/T 2828.1—2012 中的加严检验一次抽样方案、放宽检验一次抽样方案表中查得这两种情况下的抽样方案为:

加严检验一次抽样方案:$n=50$,Ac = 2,Re = 3;

放宽检验一次抽样方案:$n=20$,Ac = 2,Re = 3。

图 6-17 和表 6-12 分别为对应上述抽样方案的 OC 曲线和曲线数值。

表 6-12 中,$L(p/\text{AQL}=1)$ 表示 $p/\text{AQL}=1$ 时的接收概率,即实际质量 p 等于 AQL 时判定该批为合格的可能性。

对于正常检验,$L(p/\text{AQL}=1)=0.9638$,说明正

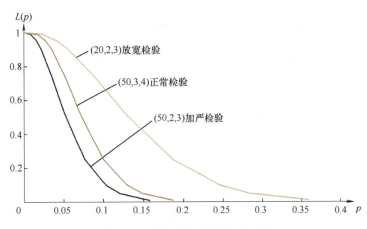

图 6-17 特定检验方案的 OC 曲线

常抽样方案将以 96.38% 的概率被判为批合格。

表 6-12 特定检验方案的曲线数值

抽样方案		正常检验	加严检验	放宽检验
Ac, Re		3, 4	2, 3	2, 3
$L(p/AQL=1)$		0.9638	0.8706	0.9870
抽样特性曲线值	$L(p)$		p	
	0.99	0.0618	0.0089	0.0227
	0.95	0.0278	0.0166	0.0422
	0.90	0.0353	0.0222	0.0564
	0.75	0.0510	0.0346	0.0870
	0.50	0.0729	0.0531	0.1315
	0.25	0.1000	0.0769	0.1867
	0.10	0.1288	0.1030	0.2448
	0.05	0.1478	0.1206	0.2826
	0.01	0.1872	0.1577	0.3583

7）批的组成与提交。抽样检验时提交的检验批必须是经过生产方检验、判定，认为能满足规定质量要求的批。达不到规定质量要求的批不得提交。使用方有要求时例外。

8）检验、判定与记录。从待检批中抽取样本，一定要做到随机抽样。本例采用简单随机抽样法从待检批 $N=500$ 中抽取 50 个产品。对抽取的 50 个圆柱销产品检查其外径尺寸，记录测量结果，并逐个判断合格性，将合格品与不合格品隔离。将检验中查出的不合格品数与不合格判定数进行比较，若 $d \leqslant Ac$ 时，判定为批合格；若 $d > Ac$ 时，判定为批不合格。对该产品逐批进行检验，并按标准中规定的严格转换规则实施转移，实际检验结果记录如表 6-13 所示。

9）批的再提交及不合格的处理。对判为合格的批，则整批接收；对判为不合格的批，全数退回生产方，由其百分之百检验，剔除不合格品或返修并自检合格后，再次提交检验。本例的抽样检验情况如表 6-13 所示。

表 6-13 $\phi 20^{0}_{-0.02}$ mm 圆柱销抽样检验记录表

产品型号：ABC101
产品图号：9811　　　　　　　质量特性：$\phi 20^{0}_{-0.02}$ mm
产品名：圆柱销　　　　　　　抽样方案类型：一次抽样检验

日期	检验批号	批量（N）（个）	检验严格度	样本量（个）		接收数（个）	拒收数（个）	转移得分（分）		批质量结论	检查工章	备注
				n	累积	A类不合格	A类不合格	不合格品数（个）	得分			
1.13	1	500	正常	50		3	4	0	3	合格	01	
1.13	2	500	正常	50		3	4	0	6	合格	01	
1.14	3	500	正常	50		3	4	1	9	合格	01	

（续）

日期	检验批号	批量(N)（个）	检验严格度	样本量（个） n	样本量（个） 累积	接收数（个） A类不合格	拒收数（个） A类不合格	转移得分（分） 不合格品数（个）	转移得分（分） 得分	批质量结论	检查工章	备注
1.14	4	500	正常	50		3	4	0	12	合格	01	
1.15	5	500	正常	50		3	4	0	15	合格	01	
1.15	6	500	正常	50		3	4	0	18	合格	01	
1.16	7	500	正常	50		3	4	1	21	合格	01	
1.16	8	500	正常	50		3	4	0	24	合格	01	
1.17	9	500	正常	50		3	4	1	27	合格	01	
1.17	10	500	正常	50	500	3	4	0	30	合格	01	连续10批合格，转放宽
1.18	11	500	放宽	20		2	3	1	33	合格	01	
1.18	12	500	放宽	20		2	3	3	0	不合格	01	转正常
1.19	13	500	正常	50		3	4	2	3	合格	01	
1.19	14	500	正常	50		3	4	4	0	不合格	01	
1.20	15	500	正常	50		3	4	4	0	不合格	01	连续小于5批中有2批不合格，转加严
1.20	16	500	加严	50		2	3	1	3	合格	01	
1.21	17	500	加严	50		2	3	1	6	合格	01	
1.21	18	500	加严	50		2	3	1	9	合格	01	
1.22	19	500	加严	50		2	3	1	12	合格	01	
1.22	20	500	加严	50		2	3	1	15	合格	01	连续5批合格，转正常
1.23	21	500	正常	50		3	4	2	18	合格	01	

第六节 理化检验与计量管理

一、理化检验

1. 理化检验的任务

理化检验是对材料的成分和性能进行物理化学分析,是质量检验的重要内容之一,也是保证产品质量非常重要的环节之一。归纳起来,理化检验有以下主要任务:

(1) 对进厂的原材料、配套件、外协件进行理化检验,并提供检验报告。

(2) 负责生产过程中常规项目的理化检验,如铸件试样理化分析、热处理试样的金相分析和硬度实验等。

(3) 同有关部门一起对产品质量进行分析,对失效和致废原因进行试验研究,提出改进工艺措施的意见。

(4) 对新产品、新工艺、新材料的试制和试用进行理化分析。

(5) 参与企业有关技术文件和技术标准的制定、会签及新产品的鉴定工作。

(6) 开展理化检验技术的研究和试验,逐步提高理化检验水平。

2. 常用理化检验方法

机械行业中常用的理化检验方法包括:化学分析、光谱分析、力学性能试验、金相分析和无损检测等几种。

(1) **化学分析**。化学分析是以待检物与化学试剂之间的化学反应为基础的分析方法。在化学分析中,依据生成沉淀的质量进行测定的方法称为质量分析法;如果依据反应中消耗试剂的体积进行测定,称为容积分析法;如果反应生成气体,根据测定气体的体积和质量来决定物质含量,称为气体分析法。

(2) **光谱分析**。光谱分析实质上是光谱化学分析。它是根据物质的光谱来测定物质成分的分析方法。其特点是分析速度快,可以同时分析多种元素,也可以对微量元素进行分析。光谱分析通常包括:发射光谱分析、原子吸收光谱分析和 X 射线光谱分析等几种。

(3) **力学性能试验**。金属材料的力学性能包括:强度、硬度、韧性和疲劳性能等。力学性能试验通常包括:拉伸试验、冲击试验、硬度试验、疲劳试验、扭转试验、弯曲试验、磨损试验、高温蠕变试验等。在进行硬度试验时,可以有几种方法供选择,如布氏硬度试验、洛氏硬度试验、维氏硬度试验、显微硬度试验和肖氏硬度试验等。

(4) **金相分析**。金相分析是检验机械零件内在质量的重要手段。在金相分析中,透射电子显微镜、扫描电子显微镜、电子探针微区分析仪等电子金相技术得到普遍应用。金相分析方法包括:低倍放大镜宏观检验、光学金相法(借助于 50~2000 倍的放大镜或普通光学金相显微镜进行分析)、电子金相法(采用不同类型的电子显微镜和探针技术进行分析)。

(5) **无损检测**。无损检测是在不损伤产品的前提下,对被检验产品的表面或内部缺陷进行分析的一种方法。无损检测在机械行业得到普遍应用。常用的无损检测方法有:磁粉探伤、超声波探伤、渗透探伤、涡流探伤、射线探伤等。近几年逐渐得到广泛应用的工业 CT(又称为 I-CT)也是射线探伤的一种。各种常用无损探伤方法比较见表 6-14。

表6-14 各种常用无损探伤方法比较

探伤方法		射线探伤	超声波探伤	磁粉探伤	渗透探伤
被检验物种类	轧制钢材	有条件地适用	很适用	对表面和近表面的缺陷适用，但必须是磁性材料	对表面开口的外露缺陷适用，而不管是不是磁性材料
	锻件				
	铸件	很适用	一般适用		
	焊件				
能探测出的缺陷和对被检验物表面粗糙度的要求		能探测出内部缺陷。对气孔和夹渣一类的立体状缺陷探测效果好；对裂纹一类平面状缺陷探测效果有时很差；对表面粗糙度要求不高	能探测出内部缺陷，对裂纹一类平面状缺陷探测效果好；对气孔类球体状缺陷分辨率较低；对表面粗糙的被检验物探测较困难	能探测出表面和近表面的细小缺陷（被检验物必须是磁性材料制成的），对表面粗糙度要求较高	能探测出表面开口的细小外露缺陷（被检验物不管是不是磁性材料制成的），对表面粗糙度要求较高
费用		较高	较低	一般	一般

3. 理化检验在失效分析中的应用

当零件在研制或使用过程中发生失效时，就应对失效原因进行分析，以便采取改进措施，提高产品质量。因此，失效分析是质量控制中的重要内容。对失效零部件进行失效分析通常要经过失效调查、外观检查、断口分析、理化分析、撰写失效分析报告等环节。

（1）失效调查。 进行失效调查首先要收集失效零部件的历史资料，如材质、热处理方法、机械加工方法、技术要求、检验数据、工作环境和条件、失效时的工况、使用寿命、维护情况等。

（2）外观检查。 通过外观检查了解零部件的表面状况、变形情况、疲劳破坏情况。应注意以下情况：零件是否弯曲、变形、缩颈、裂纹（断裂的发展方向、裂纹源）、表面有无烧伤、斑痕、刀痕、刮痕、划痕、磨损、压溃、点蚀等。

（3）断口分析。 采用低倍放大镜对断口进行宏观观察，必要时配以光学显微镜、透射电子镜等进行微观形态分析，以便确定失效分析的主攻方向。

（4）理化分析。 采用各种理化检验手段对失效零件进行全面分析，以便得到科学的结论。失效分析应根据零部件的失效性质和特点进行，有的放矢地选择恰当的理化检验项目，有时应将几种方法配合使用，才能快速准确地确定失效原因。

（5）撰写失效分析报告。 在完成失效分析后，应将有关资料进行整理和归纳，指出失效的原因，提出改进的措施，并将有关分析资料附在报告中。

4. 理化检验管理

为了完成理化检验的任务，必须对理化检验的全过程进行严格管理。理化检验管理包括以下内容：

（1）理化检验试样委托。 在进行理化检验前，应由送检人员取样并填写委托单，连同试样一起送交理化检验室。送检试样应按国家有关标准、行业标准或企业标准取样；进口材料和特殊材料应按合同规定的要求取样；零星委托试样应按理化检验室的要求取样。理化检验室在收到试样后，应与委托单进行核对，并在样品登记本上编号登记。接收检验的试样，一律由理化检验室统一保管。一般试样保存 1～3 个月，低倍组织试样一般保存 1 个月；金相、化学、光谱试样通常保存 3 个月；重要试样必须保存半年或 1 年以上。

(2) 理化检验周期。为了保证企业的生产有序进行，必须对理化检验规定明确的检验周期。一般来说，对于生产中的常规检验，必须当天出具检验报告；对于非生产过程的理化检验委托，也应根据情况规定提供检验报告所需的时间。

(3) 理化检验原始记录。理化分析中得到的数据必须全部记录下来，应注明检验编号、检验名称、检验日期、检验项目、检验结果和检验过程等。检验原始记录应由专人保管，对数据不能随意涂改。在必须修改时，应由专人批准并盖章签字。

(4) 理化检验报告单。在检验工作完毕后，应由检验人员出具报告单。报告单至少应有三联，一份保存，一份送质量管理部门，一份送委托单位。

(5) 理化检验试样抽查复验。应对理化试样进行一定比例的抽查复验，它是保证理化检验工作质量的一项重要措施。抽查复验以自检为主，互检与自检相结合。抽查复验应采用与原检验相同的操作规程，以便对结果进行比较。抽查复检结果记入专用的记录本中，并妥善保存。若结果与原检验结果不同，应立即查明原因。若原检验结果有误，应立即采取措施妥善处理。

(6) 理化检验安全要求。理化检验室的安全要求应按 GB/T 24777—2009《化学品理化及其危险性检测实验室安全要求》和 GB/T 27476.1—2014《检测实验室安全　第 1 部分：总则》严格执行。例如，应建立严格的操作规程，仪器设备要有专人操作、保管和维修，要为仪器设备建立台账和技术档案等。

(7) 化学试剂与标准样品管理。对理化检验中的化学试剂和标准样品应进行严格管理，并有严格的管理制度。例如，化学试剂库要有两人专门负责管理，实行双人双锁制，库存物品应建立台账，并定期检查；化学试剂应分类存放，应有专用标签；对有些化学试剂应规定保管期限，过期则坚决报废；各种标准样品应分类存放在干燥容器内，应有严格的出入库登记制度；剧毒和贵重物品应由专人保管，不应将剧毒药品和危险药物带出检验室等。

二、计量管理

1. 计量工作的任务

计量是质量检验的重要内容之一，它对保证产品质量有着重要的作用。归纳起来，计量管理主要有以下任务：

(1) 贯彻执行国家颁布的各项计量法律、法规，对本企业实施计量监督管理。

(2) 建立本企业的最高计量标准、工作计量标准及量值传递系统，开展计量检定工作，保证量值的统一和量值的可追溯性。

(3) 制订企业计量管理制度和工作计划，编制计量器具目录，统一管理本企业所有计量器具。

(4) 建立企业计量管理系统，开展计量测试工作，为提高产品质量提供计量保证。

(5) 参与新产品的鉴定和产品定型工作，实施质量改进，进行科研成果鉴定，研究和应用先进的计量测试技术，不断完善计量测试手段。

(6) 对计量测试人员进行业务培训和考核，不断提高他们的业务水平。

(7) 负责处理与企业有关的计量纠纷，进行协调或做出仲裁。

2. 计量方法的分类

（1）几何量计量。几何量计量包括对尺寸、角度、平面度、圆度、表面粗糙度、几何形状等进行的测量。

（2）温度计量。温度计量包括对热量、比热、热物性、热流等进行的测量，分为高温计量、中温计量和低温计量三个方面。

（3）力学计量。力学计量包括对质量、压力、硬度、冲击力、重力等的测量，也包括对容量、真空度、流量、黏度、密度、转速、振动和加速度等进行的测量。

（4）电磁计量。电磁计量包括对电流、电压、电阻、电容、电感、磁通、磁矩、磁场强度、磁性材料性能等进行的测量。

（5）化学计量。化学计量包括对物质的化学成分、理化特性、酸碱度和环境等方面进行的检测。

（6）无线电计量。无线电计量包括对高频电流、高频电压、高频电感、高频电容、高频功率、低频电压、介质损耗、失真脉冲、阻抗、衰减、相位、频谱、波形、干扰和微波噪声等方面进行的检测。

（7）时间频率计量。时间频率计量包括对原子频率、石英晶体频率、频率合成、频率计数和各种计时器具进行的检测。

（8）光学计量。光学计量包括对光学标准、脉冲光、光强度、光通量、光照度、光高度、光密度、感光度、屈光度、光焦距、光色度等进行的检测。

（9）声学计量。声学计量包括对声强、声压、声功率等进行的检测。

（10）电辐射计量。电辐射计量包括对标准辐射源、活度标准、剂量标准、剂量当量、照射量标准、中子源强度等方面进行的检测。

3. 企业计量系统的建立

为了完成计量任务，每个企业都应根据自身情况和需要，建立本单位的计量系统。在建立计量系统时应考虑以下因素：

（1）企业领导应具有的计量意识。企业领导应足够重视计量工作，要认识到计量工作对质量管理的重要性，这是建立计量系统的重要因素之一。

（2）一定要从实际出发。要根据企业的生产规模、产品类型、产品的发展方向和生产过程等特点建立计量标准，配备计量仪器和设备。对于那些使用频率不高，但要求又极高的计量标准，可以考虑采用委托的办法予以解决。

（3）不要盲目追求高精度。在建立企业的各项计量标准时，不仅要考虑符合国家的有关规定，还应具有与企业的生产规模、产品技术要求相宜的合理精度等级，切忌盲目追求高精度。在满足生产需要的同时，应尽量降低计量成本。

（4）计量标准必须配套。要在企业开展正常的量值传递工作，就必须有配套的计量标准。例如，要对物品质量进行正确计量，就必须建立标准砝码体系，同时还要有相应精度的计量天平。

（5）要配备充足的计量器具。对于企业经常使用的计量器具，应尽可能配齐、配套，以满足计量工作的需要。

（6）要配套相应的环境条件。要建立相应的组织机构，备齐各类专业计量人员，对于某些有特殊要求的计量项目，应具有相应的环境条件，如合理的温度、湿度、防尘、防振、防腐蚀、抗干扰等环境条件和工作场所。

(7) 要有合格的计量人员。计量人员应专业配套，且应持有从事检定项目的资格证书。为此，企业还应经常对计量人员进行专业技能的培训和教育。

(8) 制定完善的管理制度。计量制度包括计量标准和试件的保存、维护和使用制度，要有完整的技术档案，严格的周期检定制度和技术操作规程。

4. 计量器具的管理

企业使用的各种计量器具，通常包括计量标准、计量物资、工作计量器具等，应加强对它们的管理。

(1) 企业建立的各项计量标准，必须向当地政府计量行政管理部门申请考核，经考核合格才能使用。

(2) 各项计量标准和计量器具应按规定由指定的计量检定机构进行检定，超过有效期的要立即停止使用。

(3) 对各项计量标准和计量器具，必须建立完整的技术档案。

(4) 各项计量标准和计量器具均应由专人保管、使用和维护。

(5) 各项计量标准和计量器具必须在符合要求的环境条件下使用。

(6) 计量器具均应进行入库检定，检定合格后应进行合格标注，并在适当的环境条件下保存。对于检定不合格的器具，应及时做出返修或报废处理的决定，且应隔离保管。

(7) 计量器具除应进行入库检定外，在库存状态下也应进行周期检定，并有完整的检定记录。为此，应编制各种计量器具的周期检定计划。在编制检定计划时，应充分考虑企业的年度生产计划大纲，使之相互协调，尽量避免由于周期检定工作影响生产的正常进行。

应进行计量器具的标志管理，以便识别计量器具所处的状态。例如，绿色表示"合格"状态，蓝色表示"封存"状态，红色表示"禁用"状态等。各种合格标志应注明计量器具编号、检定人员姓名和单位、检定日期、有效期等。计量器具的检定证书和现场标志应由企业的计量部门统一管理，其他部门不得擅自改变其状态（包括移位、涂改、撕毁等）。

第七节　AUDIT 质量检查方法简介

一、AUDIT 的含义

在第一章中我们已经讲过，质量是客体的一组固有特性满足要求的程度。因此应该站在用户的立场上对产品质量进行评价，因为用户越满意，产品的市场竞争能力就越强。在这种思想指导下，汽车行业率先开展了 AUDIT 活动。所谓 AUDIT，就是生产企业站在用户的立场上，按用户的眼光和要求对经过检验合格待出厂的产品进行检查和评价，将检查出的质量缺陷落实责任，分析缺陷产生的原因，并采取整改措施消除缺陷，逐步提高产品质量的一种方法。AUDIT 的结果通常用扣分来表示，根据缺陷的不同程度确定扣分的多少，扣分越多则说明用户满意度越低。

AUDIT 在不同的国家有不同的叫法，德国称为 AUDIT，美国称为 CSA，日本称为 QIA。

AUDIT 是市场经济的产物，是企业模拟用户对自己的产品质量进行内部监督的自觉行为，它适用于所有批量生产、质量稳定的产品，目前在汽车行业应用较多。国内外一些大的汽车生产企业均采用 AUDIT 对自己的产品进行内部监督。

二、AUDIT 与质量检验的区别

AUDIT 与质量检验都是对产品质量进行检查，但两者有着明显的不同：

（1）**立场不同**。质量检验主要是站在生产者的立场上给质量把关；AUDIT 则是站在用户的立场上检查和评审产品质量。

（2）**时间不同**。质量检验在前，AUDIT 在后。只有经过质量检验合格，并出具合格证的产品，才能进行 AUDIT 活动。

（3）**标准不同**。质量检验依据的是各种技术标准；AUDIT 依据的是用户的各种要求，它的目的是使用户更满意。

（4）**数量不同**。质量检验可以有全检和抽检；AUDIT 则只进行抽检，且抽检的准则与常规抽检不同。

（5）**结论不同**。质量检验是判定被检产品是否合格，对合格的产品出具合格证，对不合格的产品出具不合格证；AUDIT 则不出具合格证，它只给出用户的满意度。

（6）**作用不同**。质量检验主要是把关；AUDIT 主要是不断找出产品的缺陷，使产品质量不断得到提高。

三、AUDIT 的实施步骤

现以汽车产品为例介绍 AUDIT 的实施过程。

1. 设置专职的 AUDIT 工作组

AUDIT 工作组由厂长直接领导，人数一般以 3~5 人为宜。如果产品复杂，人数可以适度增加。工作组必须独立开展工作，不受领导意志的干扰，工作组的日常工作也不应受到企业其他工作环节的影响。

2. AUDIT 人员的素质要求

（1）应具有较强的独立工作能力。
（2）应具有较高的文化水平，较强的文字和口头表达能力。
（3）具有较高的分析、判断能力，较强的质量意识。
（4）对产品的结构、功能、技术要求、检验方法、生产过程均应有充分的了解。
（5）了解本企业的质量管理状况，敢于坚持原则。
（6）工作负责、团结同事，能虚心听取别人的意见。
（7）应会操作产品，如汽车 AUDIT 检查人员应具有驾驶执照。
（8）会正确装配和拆卸产品。
（9）一般情况下，应会操作计算机，因为 AUDIT 的结果一般应由计算机处理。

3. 制定检查表

AUDIT 人员应站在用户的立场上，从用户的角度去看产品，以用户满意为准则去制定检查表。在制定检查表时，可以参考质量检验标准，借鉴各种资料，特别是借鉴同行业企业的 AUDIT 检查表。总之，检查表的项目应能够反映用户的观点，凡是可能引起用户不满意的项目和缺陷原因均应收入检查表中。

表 6-15 摘自我国汽车行业标准 QC/T 900—1997《汽车整车产品质量检验评定方法》，

可作为制定 AUDIT 检查表时的参考。由表 6-15 可知，AUDIT 检查表应包括检查项目编号、检查项目名称、对检查项目的技术要求、缺陷种类及扣分多少、缺陷情况说明、每个检查项目的实际扣分值等内容。

表 6-16 是发动机活塞的 AUDIT 检查表。它比表 6-15 更直观，更简化，既表示了缺陷的严重性，又可以看到扣分值。

在 AUDIT 中，产品的缺陷一般可分为四级；A1 级表示致命的缺陷；A 级表示严重缺陷；B 级表示一般缺陷；C 级表示轻微缺陷。产品有 A1 级和 A 级缺陷用户是绝对不会接受的；有 B 级缺陷用户勉强可以接受，但十分抱怨；C 级缺陷用户可以接受，但还是应尽可能减少。

在确定扣分值时，应经常到用户处收集意见，对于用户不十分抱怨的缺陷少扣分，对于用户抱怨大的缺陷应多扣分。

4. 编制作业指导书

AUDIT 作业指导书包括 AUDIT 检查表，实施 AUDIT 检查的工作程序和具体操作规程。它是 AUDIT 检查员赖以实施检查工作的依据。

表 6-15　汽车装配质量 AUDIT 检查表（摘自 QC/T 900—1997 的表 A2 重要检验项）

项目编号	项 目	技术要求	缺陷扣分值（分）							缺陷情况说明	实际扣分/分
			漏装	错装	件损坏	装调不当	外观	力矩或间隙	其他		
			01	02	03	04	05	06	07		
2001	转向盘		1000	500	500	100	20	500			
2002	转盘器支架		500	200	200	50	20				
2003	制动踏板及操纵机构		1000	500	500	100	20				
2004	柴油机熄火装置		200	100	100	20	10				
2005	车门		500	200	200	50					
2006	门锁		1000	500	500	100	20	20			
2007	车门玻璃升降器		200	100	100	20	10	20			
2008	发动机罩挂钩		200	100	100	20	10	20			
⋮	⋮	⋮	⋮	⋮	⋮	⋮	⋮	⋮	⋮	⋮	⋮
2031	行李舱门装配		100	50	50	20	10	20			

表 6-16　发动机活塞的 AUDIT 检查表

项目编号	项 目	缺陷扣分值（分）		
		A	B	C
1	磕碰划伤	100	50	20
2	环槽内有铁屑	200	100	50

（续）

项目编号	项 目	缺陷扣分值（分）		
		A	B	C
3	圆度超差	200	100	70
⋮	⋮	⋮	⋮	⋮
25	销孔偏心量超差	200	100	50

5. 确定审查周期

AUDIT 属于质量监督的范畴，要真正起到监督的作用，AUDIT 就应连续进行，不能间断，这样才能真实地反映质量情况，发现产品中的问题。

6. 确定抽样原则

待检产品应是随机抽样得到的样品，但 AUDIT 的抽样与质量检验的抽样不同，它没有抽样基数要求，不需要组批，也不需要按百分比抽样，抽样的数量多少应依据产品的复杂程度、检查员的数量、质量情况和生产情况而定。但在抽样时应保证样品的均匀性，要保证各种型号的产品都能抽到。抽样地点可以有四种：生产现场抽样、成品库抽样、销售点库存抽样和到用户中抽样。在生产现场抽样的优点是经济、方便、发现问题及时，缺点是不能反映产品寿命循环后续过程发生的缺陷；到成品库抽样能发现产品在入库、包装、储存中发生的缺陷；到销售点库存抽样可以发现产品在运输和保管过程中发生的缺陷；到用户中抽取尚未使用的产品，可以发现在产品交付用户过程中发生的缺陷。

7. 准备检查场地

实施 AUDIT 的场地应接近该产品的装配车间，以便于搬运和向制造部门人员展示缺陷。检查场地应宽敞、清洁、安静、光线充足，温度和湿度适宜。在现场应配备必要的检查工具，对于有些产品如汽车，在检查现场还应有地沟和淋雨室，以便于进行底盘检查和淋雨检查。

8. 实施检查

由检查人员抽取样品，并根据作业指导书规定的操作规程对检查表中所列的各个项目逐项进行检查。在检查中每发现一项缺陷，就应根据其严重程度在缺陷模式下的扣分值处画圈，表示应扣的分数，并在缺陷情况说明栏中填写责任单位名称，描述缺陷情况。在检查过程中应注意以下事项：

（1）对缺陷的位置、形貌要进行详细记录，并在缺陷处做出醒目标志。

（2）发现缺陷应立即向主管领导报告。

（3）抽样时不要对样品做任何处理，如不要把影响清洁度的污点擦掉，因为"脏"也是产品的缺陷之一。

（4）在检查过程中，不要对缺陷做任何处理，如实进行记录。如在齿轮箱中发现螺钉，在拿起螺钉观察并进行记录后，应立即放回原处。

（5）在检查过程中发现新的缺陷后，应请示领导在检查表中增加这一项内容。

（6）应向有关人员公布检查的原始记录，由责任单位派人认可审查结果。这时，检查人员应在场等候，以便回答询问，讨论检查结果。

9. 评定质量等级

在检查结束后,利用计算机对结果进行处理,得出待检产品的扣分值和产品的质量等级。

为了比较不同厂家生产的同一产品的质量水平(缺陷数)或同一企业产品不同时期的质量水平,可以采用质量等级折算法,在质量等级和扣分值之间建立折算关系,根据扣分值确定产品的质量等级。在确定了质量等级后,还可把质量等级分成几个区段,分别对应很不满意、不太满意、满意、好、很好等。表 6-17 所示为德国奔驰汽车公司使用的质量等级折算表。

表 6-17 质量等级折算表

质量等级	扣分值 QZ(%)	评价
6（劣）	87.5	质量下极限
5.9	88.2	
5.8	89.0	
5.7	89.7	
5.6	90.4	很不满意
5.5	91.1	
5.4	91.9	
5.3	92.6	
5.2	93.3	
5.1	94.1	
5	94.8	
4.9	95.0	
4.8	95.2	
4.7	95.4	
4.6	95.6	
4.5	95.7	不太满意
4.4	95.9	
4.3	96.1	
4.2	96.3	
4.1	96.5	
4	96.7	
3.9	96.8	
3.8	97.0	
3.7	97.1	
3.6	97.2	
3.5	97.3	满意
3.4	97.5	
3.3	97.6	
3.2	97.7	
3.1	97.9	
3	98.0	
2.9	98.1	
2.8	98.2	
2.7	98.3	
2.6	98.4	
2.5	98.5	好
2.4	98.7	
2.3	98.8	
2.2	98.9	
2.1	99.0	
2	99.1	
1.9	99.2	
1.8	99.3	
1.7	99.4	
1.6	99.5	
1.5	99.5	很好
1.4	99.6	
1.3	99.7	
1.2	99.8	
1.1	99.9	
1（优）	100.0	

在表 6-17 中，QZ 称为质量指标，其计算公式为

$$QZ = \left(1 - \frac{\text{检查表中实际扣去的分数}}{\text{检查表中的总分数}}\right) \times 100\%$$

质量等级折算表在 CSA 和 QIA 中并没有给出。

在评定产品质量等级时，可以根据扣分和质量等级的折算关系直接确定质量等级，也可以采用奔驰汽车公司的办法，首先计算质量指标 QZ，再根据 QZ 值查表 6-17 得到质量等级。

10. 编制 AUDIT 公报

在原始记录经有关部门认可后，即可根据检查表算出扣分值，评定质量等级，编写 AUDIT 公报。公报示例如表 6-18 所示。

表 6-18 AUDIT 公报

1. 概况

抽样日期：2012 年 1 月 8 日　　　　车　　型：AB1010X
抽样地点：总装车间　　　　　　　　底盘号：98019387
颜　　色：白色　　　　　　　　　　发动机号：980110743

2. 缺陷数　　　　　　　　　　　　　　　　　　　　　　　　（单位：个）

缺陷类别	2012 年 1~3 月目标值	本次实际值
A1 类缺陷	0	0
A 类缺陷	0	0
B 类缺陷	1	12
C 类缺陷	150	263

3. 每个责任部门的缺陷数及其扣分值

责任部门	扣分值（分） 目标	扣分值（分） 实际	缺陷分值比例（%）	缺陷数（个） 目标	缺陷数（个） 实际	缺陷数比例（%）
冲压	200	0	0.00	10C	0	0.00
焊接	300	580	17.37	10C	49	17.82
涂装	700	830	24.85	20C	80	29.09
总装	800	740	22.16	20C	12B 46C	21.09
管理	250	350	10.48	20C	27	9.82
工艺设计	150	210	6.29	20C	14	5.09
配套	400	530	15.87	25C	43	15.64
检验	0	0	0.00	0	0	0.00
发动机厂	100	100	2.99	5C	4	1.45
其他	100	0	0.00	20C	0	0.00
共计	3000	3340		150C	275	

注：缺陷数中 C 表示 C 类缺陷，B 表示 B 类缺陷。

(续)

4. 主要类别的缺陷分值

总分值 3340 分，其中

电器：	30 分
内部：	720 分
外部：	650 分
表部：	1300 分
底盘：	260 分
淋雨实验：	120 分
路试：	260 分

5. 检查记录（部分内容）

评审时间：2012 年 1 月 8 日　　　车型：AB1010X　　　颜色：白色　　　底盘号：98019387

序 号	编 码	缺陷名称及描述	扣分值（分）	责 任 部 门	频次（次）
001	S321000280P00000B	室内镜颤动	60	配套	1
002	N422670413Z00000B	左前门玻璃脱槽	40	总装	1
003	S11700826Z00000B	右后轮发咬	40	总装	2
004	S11600826Z00000B	左后轮发咬	40	总装	2
005	S010000390P00000B	前挡风变形	40	总装	2
006	S500000272P00000B	方向盘游隙大	40	总装	2
007	N430714640Z00000B	右前门摇机紧	40	总装	1
008	P540083380Z00000B	手制动并紧螺母未紧	40	总装	2
009	P074750161P00000B	变速箱延伸渗漏	40	配套	2

11. 发表 AUDIT 公报

采用发布会的形式发布 AUDIT 公报。在发布公报时，应同时展示实物。发布时间为每天上、下午刚上班时，发布会可以采用例行会议方式，每天固定时间和地点。在发布会上，应由 AUDIT 检查人员宣读公报内容，回答问题，评讲质量情况，有关领导表态、观看实物等。但要注意不要流于形式。

12. 后续工作

在公报发布后，应将资料归档保存，不断统计分析 AUDIT 结果的各种材料，跟踪质量趋势，定期撰写质量分析报告并呈报厂长。另一项主要工作就是采取措施消除发现的缺陷。

复习思考题

1. 为什么说质量检验是质量控制活动的一项重要内容？
2. 质量检验工作有哪几项职能？
3. 质量检验包括哪些内容？
4. 质量检验有哪几种分类方法？
5. 质量检验有哪些依据？
6. 质量检验计划有哪些作用？如何编制质量检验计划？

7. 不合格品的管理包括哪些内容？
8. 试述全数检验与抽样检验的特点、优缺点及适用范围。
9. 抽样检验有哪几种分类方法？各有何特点？
10. 如何保证抽样时抽取的样件具有代表性？
11. 简述接收概率与抽样特性曲线的含义。
12. 分析 N、n、Ac 对抽样曲线的影响。
13. 抽样检验中会发生哪两种错误？为什么？
14. 利用 OC 曲线说明百分比抽样不合理。
15. 设 $N=100$，$n=5$，$Ac=1$，求 $p=5\%$ 条件下的接收概率。
16. 设有一批产品，批量 $N=1000$ 件，今用（30,3）的抽样方案对它进行抽样验收，试画出此方案的 OC 曲线。
17. 试画（1000,100,10）和（100,10,1）两个抽样方案的 OC 曲线，并比较它们的抽样特性。
18. 今有一批产品 50 台，经供需双方商定，$p_0=0.04$，$p_1=0.30$，$\alpha=0.05$，$p=0.10$，试用解析法求其抽样方案（n，Ac）。
19. 理化检验的任务是什么？有哪些理化检验方法？
20. 计量工作的任务是什么？有哪些计量方法？
21. 计量检验与 AUDIT 有哪些区别？简述 AUDIT 的实施步骤。

第七章 面向质量的设计

第一节 质量设计的基本概念

一、质量设计

回顾质量管理一百多年的发展历程，不难发现：在 20 世纪初叶，质量保证的手段是对产品的事后检验，质量保证的焦点是如何通过检验保证合格品出厂；第二次世界大战以后开始了统计质量控制，将质量保证的焦点转移到了产品制造阶段，通过对加工过程的质量统计、预测来保证产品质量。但很多产品质量缺陷的根源并非来自现场加工技术方面，美国著名的质量管理学家朱兰和格里纳曾通过大量的调查研究和统计分析，发现对于中等以上复杂程度的产品，故障的 40% 是直接由设计不当造成的，30% 归咎于现场管理，有大约 30% 归咎于加工应用。20 世纪 60 年代美国质量管理学家费根堡姆博士开始引入了全面质量管理的思想，力图从产品全生命周期的各个阶段和企业经营的各个环节，对影响质量的所有因素进行全面的管理和控制，对产品质量进行追根溯源，从而进行全方位的质量保证。

质量管理必须正本清源。人们已越来越清楚地认识到，产品质量的源头在市场、在设计过程，产品质量首先是设计出来的，而后才是制造出来的，质量是在产品设计和物化过程中形成的。大量的研究表明，产品设计对最终的质量和成本都具有极大的影响。如图 7-1 所示，产品在设计开发中所花费的成本只占生产成本的 6%，但对产品总成本的影响却占了 70%。另外，产品设计决定了产品的先天和内在质量，并且传递影响到制造、使用等后续过程，是质量形成至关重要的阶段，是质量的源头。

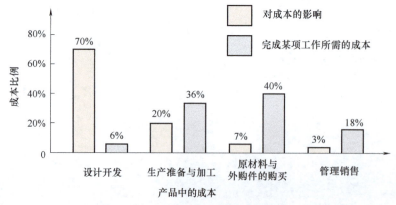

图 7-1 产品过程中各项成本的比例

德国质量保证纲要1992—1996的研究表明，大约75%的质量差错是源于产品设计和规划阶段的，并且大约80%的质量差错在最终检验或用户使用时才被发现；在相对简单的电子产品的850个典型案例中，发现43%的质量错误是由于工程设计不当引起的；终端、调制解调器和其他计算机产品的制造商在分析设计更改的原因时发现，78%的更改原因是原设计错误；对较为复杂的机电产品，设计阶段的质量错误有40%是由于不满足用户需求方面的设计问题导致的。

之所以会产生以上这些现象通常主要是由于在设计过程中仅局限于设计工程师，而缺乏用户及企业其他相关职能部门人员的参与，致使企业与用户、企业内部各部门人员之间得不到及时的交流和反馈，从而导致设计出的产品与市场脱节、设计过程和制造过程脱节，产品质量得不到保证。

要使产品具有更强的竞争优势，获得高质量的设计，必须在传统设计观念的基础上注入新的质量设计理念，把产品设计过程放在产品的整个生产活动和质量控制活动中统一加以考虑，强调进行主动的质量设计，而不是被动的管理或事后纠正。

鉴于产品设计对质量、成本以及企业竞争力等方面的巨大作用，近年来人们开始从不同的角度展开了对产品设计阶段的质量保证方法的研究，并提出了"面向质量的设计"的概念和方法。

首先，人们在设计方法学研究中注入质量元素，为质量设计在技术上得以实现提供了基础。另一方面，质量管理的研究焦点也已从生产现场转移到了产品设计阶段。要提高质量，就必须实现产品全过程的质量管理，特别是设计过程中的质量管理和质量保证。日本著名质量专家田口玄一博士率先提出了质量工程的概念。他将设计阶段的质量理论和方法称为在线（线内）质量工程学，主要包括：质量损失函数、质量信噪比和三次设计（系统设计、参数设计和公差设计）等。力图通过合理配置产品的结构、参数或公差（容差），来达到消除或抑制影响质量波动的噪声干扰，保证产品质量的一致性和稳健性。目前，田口方法（Taguchi Method）、实验设计（Design of Experiment，DOE）方法、可靠性技术（包括故障模式及影响分析，Failure Modes and Effect Analysis，FMEA）和故障树分析（Fault Tree Analysis，FTA）等已被工业界广泛重视，得到了普遍应用与推广。当前，得到世界各国极力推崇的ISO 9000族质量管理体系标准也已对产品设计开发过程中质量保证的最低要求制定了规范。

其次，设计人员必须"以用户为中心，以市场为向导"，增强商品意识，掌握市场的脉搏，把满足市场显在和潜在的质量需求作为产品质量设计的出发点和归宿，抓住解决质量问题的源头，加强产品设计阶段的质量控制，使质量保证变被动为主动，把一系列质量保证措施与设计过程有机地集成，全面把握用户需求在产品设计中的地位和作用，把用户满意理论贯穿于企业的产品设计、生产制造和管理过程，以实现质量的有效配置。

最后，在设计阶段尽可能早地考虑到产品生命周期下游阶段与设计有关的众多质量因素，包括产品功能、材料、可加工性、可装配性、可测试性、可靠性等，在设计阶段尽早地发现、解决开发过程中所有可能产生的缺陷与冲突，及时地对所完成的各个阶段的产品设计结果从质量方面进行评估和验证，将矛盾和可能出现的错误消除在设计阶段，以减少由于设计质量问题带来的反复修改及所造成的人力、物力和时间上的巨大浪费，从而提高设计质量，缩短开发周期，降低成本。

设计过程的复杂性以及多学科交叉性决定了质量设计研究内容的多样性和涉及知识的广泛性。面向质量的设计的最终目的是为设计者提供实现产品或过程要求的质量所必需的知识及各类辅助手段,把一系列的质量保证措施与设计系统有机地集成,始终以质量为工作重心,以最大限度地满足用户的质量要求为宗旨开展设计活动。

二、质量设计的基本思想与策略

产品设计是人们为满足一定的要求或解决特定的问题而进行的一种创造性过程,通常包括对要求或问题的描述、分析、理解,根据已有知识(常识、专业知识、设计方法学知识、标准化数据)、推理方法(如定量、定性、模糊、直觉推理等)和计算工具进行求解,得到所需的结果。

N. Suh 模型从信息传递和转化的角度,把产品设计分为四个域:用户域、功能域、结构域和工艺域。如图 7-2 所示,设计人员首先分析用户(顾客)的需求(Customer Needs,CN),并把它们转化为产品的一系列功能要求(Function Requirements, FR),然后根据产品的功能要求来确定零部件的结构及其设计参数(Design Parameters, DP),最后对零部件进行工艺设计,确定一系列工艺变量(Process Variables, PV)。在从 FR 映射到 DP 的过程中可能会得到多种设计方案。对候选方案的评定可根据以下两条设计公理来进行:

公理 1(功能独立性公理):在设计中必须保持功能要求 FR 的相对独立性。
公理 2(信息量最少公理):最佳设计方案必须是信息量最少的。

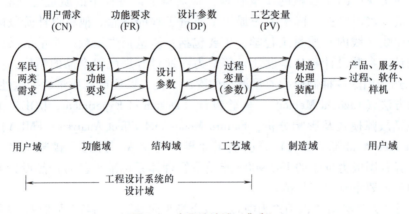

图 7-2 产品设计域(集合)

从图 7-2 中可以看出,产品设计会经历多个环节,过程极为复杂,不同学者也从不同角度提出了产品设计模型。一般来说,所有与产品设计有关的因素都会对设计质量产生影响,产生的问题主要表现为以下三个方面:

(1)设计目标有误,即未能正确把握用户的需求,制定了不合理的设计目标。
(2)设计实现有误,即设计原理、结构、参数等错误导致设计本身不能满足设计目标的要求。
(3)设计不稳健,即设计本身可行,但由于后续实现过程存在的不稳定因素而难以满足设计要求。

为了对这些设计质量问题进行有效的控制,必须对产品设计过程进行全面、系统的分析。例如，被国际上普遍采用的 ISO 9000 系列标准针对产品设计阶段给予了相应的考虑，具体体现在 ISO 9001：2015 标准的 "8 运行" 相关条款。

不可否认，ISO 9001 对促进产品设计质量的保证和提高具有重要意义，然而它毕竟属于面向管理体制方面的一种管理标准，其主要目的是给用户以信任感，因而具有局限性。从根本上把质量活动与产品设计融为一体，主动地介入到设计事务的各个方面（如设计方法学、技术系统等），则需要在 ISO 9001 的基础上进行更进一步的研究。质量设计就是为了弥补这些不足而发展起来的。

质量设计的基本思想是在现代质量观的基础上，力图将质量保证措施与产品设计过程有机地结合在一起，在设计阶段尽可能准确地把握用户需求，及早地考虑到产品全生命周期内下游阶段的众多影响因素，采用现代设计技术，把质量设计到产品和过程中去，以减少由于设计质量问题带来的反复修改，实现用户质量要求和企业质量保障能力的统一。其主要思想包括三个方面：

（1）要将市场研究所得的用户需求不失真地传递落实到设计过程的各个环节。

（2）要确保通过创造性设计所得的质量特性能在后续的产品生产和使用环节中得到实现。

（3）要合理调整配置关键设计变量，以提高产品质量的稳定性，使设计的产品具有较强的抗干扰能力。

三次设计理论是日本著名质量专家田口玄一博士于 20 世纪 70 年代创立的一种系统化设计方法，其核心思想是在产品设计阶段就进行质量控制，试图用最低的制造成本生产出满足顾客要求的、对社会造成损失最小的产品。与传统的产品设计概念不同，田口玄一将产品的设计过程分成三个阶段，即系统设计、参数设计和容差设计。系统设计根据产品规划所要求的功能，利用专业知识和技术对该产品的整个系统结构和功能进行设计，其主要目的是确定产品的主要性能参数、技术指标及外观形状等重要参数。参数设计是三次设计的重点，又称健壮设计或鲁棒设计，其实质是利用产品输出特性和元件参数水平之间的非线性效应。图 7-3 中，当参数变动为 Δx_1 或 Δx_2 时，对于同样的参数公差，输出特性的变化 Δy_1 和 Δy_2 是不同的。因此在设计时，应尽量将元件参数确定在 Δx_2 附近。参数设计的主要任务之一就是采用一定的技术，确定系统中有关的参数值及其最优组合。

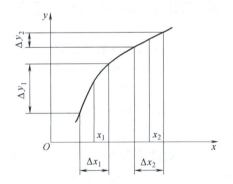

图 7-3 参数水平与输出特性之间的关系

容差设计（公差设计）是在确定各零部件参数后，经济、合理地安排和决定系统有关参数的容差（公差）。传统的容差设计方法是查阅相关设计手册，根据零部件的用途和设计者的经验确定它们的容差，并没有考虑内、外干扰因素，而且没有把容差的确定与经济性联系起来，因此确定的容差常常不尽合理。容差设计的基本思想是对影响大的参数给予较小的公差值，对影响小的参数给予较大的公差值，从而在保证质量的前提下系统的总成本为最小。

三、质量设计模型及主要技术

质量设计体系包括思想体系和方法体系。质量设计的思想系统体现在：

（1）用户驱动性：以现代产品质量观为基础，以用户需求作为设计的出发点和归宿，最大限度地满足用户需求是质量设计的宗旨。

（2）主动预防性：从产品设计中质量问题产生的根源入手，采取主动预防的手段设计质量，通过评价机制保证质量。

（3）设计并行性：以用户需求驱动产品质量设计的同时，并行地考虑后续环节的制约影响，强调各部门协同作业，促进产品质量的整体优化。

（4）知识综合性：综合运用计算机技术、机械制造技术、系统集成技术和管理技术，随时提供设计知识获取/整理、设计方案生成、设计评价修改的有效方法和工具，支持设计过程的运作。

（5）系统规范性：运用系统化、规范化思想将先进的管理手段和现代质量设计技术融合在一起，以利于积累设计经验、不断改进设计质量，同时也给用户以信任感，最终达到提高产品质量、降低成本、缩短上市周期的目的。

质量设计的方法论体系不仅包括各种现代质量分析、设计、控制等方法和工具，还包括现代设计学的方法和工具。现代产品设计是由一系列过程、环节和活动组成的复杂系统，在这样的系统中，要实现质量设计必然要涉及多目标、多资源和具有不同知识背景的各类人员，不仅需要处理众多的已知知识与经验，更需要提出和验证未知的、创新型知识和方法。还应充分地借鉴现代设计方法和系统工程的思想与方法，研究不同设计过程或活动之间的相互关联和作用，找出它们的影响因素和存在的规律，在正确的时间里、采用正确的方法进行质量设计和预防。这些方法包括：系统分析法、成本效益法、价值工程、可靠性工程、最优化技术等。

综合 N. Suh 模型所提出的产品设计域、产品设计的活动阶段和质量设计所依靠的方法和工具，可以得到如图 7-4 所示的质量设计模型。该质量设计模型将质量设计所经历的搜集用户需求市场信息、产品规划、方案设计、技术设计、工艺设计、生产规划等活动层归并为 N. Suh 模型的用户域、功能域、结构域和工艺域。质量功能配置（Quality Function Deployment，QFD）、故障模式及影响分析（FMEA）、田口方法等系统方法及思想贯穿于整个质量设计活动过程，并构成模型中的系统方法层。工具层是在质量设计活动过程中具体贯彻系统方法和思想所采用的具体技术，如质量屋、质量损失函数、实验设计方法。

质量设计过程是一个系统化、模块化的过程，模块间通过前馈或反馈调节，模块内部通过反馈机制形成反复迭代的过程，使每一步的输出都满足质量要求。虽然产品设计过程的不同阶段按前后顺序在宏观上串行进行，但深入剖析不难发现其中存在着并行交叉与优化。质量设计模型集成了产品设计过程的重要知识、信息以及产品全生命周期中的各类质量信息，通过质量规划、合成、评价活动将它们融合在一起，体现了将质量设计作为一个知识系统的概念。以此为基础，借助于计算机、信息技术开发保质设计辅助支撑系统、智能系统，还可更好地实现在设计开发阶段保证产品质量的目的。

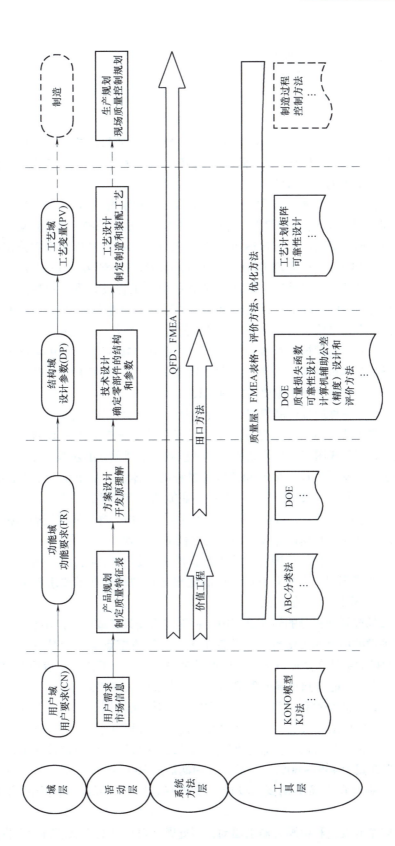

图 7-4 质量设计模型

第二节　质量功能配置

一、概述

美国供应商协会（American Supplier Institute，ASI）对质量功能配置（QFD）给出了下述定义："把顾客需求转变为企业各个阶段（研究、产品设计与开发、制造、装配、销售与售后服务）的恰当要求的一种方法。"

QFD 的概念首先是由日本人赤尾洋二（YojiAkao）和水野滋（ShigeruMizuno）在 20 世纪 60 年代末期提出来的。到了 1972 年，QFD 在日本三菱重工的神户造船厂船舶设计和制造中得到成功应用，形成了初步的方法体系，随后 QFD 技术相继被许多日本公司所采用。其中，丰田公司（TOYOTA）在应用 QFD 的七年间（1977—1984 年）取得了巨大的经济效益，据统计，新产品开发的启动成本降低了 60%；由于工程设计更改次数的减少，使得产品在质量获得相应提高的情况下，开发周期缩短了 33%。20 世纪 80 年代，QFD 技术被介绍到美国，福特公司率先采用了这一方法，当时该公司正面临着全球化竞争、劳工和投资成本日益增加、产品生命周期缩短、顾客期望提高等一系列严峻问题，应用 QFD 方法后，福特公司的产品市场占有率得到较大改善，摆脱了困境。此后，许多美国公司相继采用了 QFD 方法，并把它作为设计与开发中重要的规划工具。

质量功能配置是一种通过产品规划、工程设计、生产制造等多个环节将"顾客的声音"准确地转化到最终产品上的一套思想方法体系。QFD 的实施框架为一系列相互关联的矩阵或图表，通过这些矩阵或图表，将产品的开发过程从一系列独立的步骤转化为以顾客需求为核心的系统方法，实现了设计、生产和销售等过程的一体化。从组织上来看，QFD 将市场研究、设计、制造、质量、采购、销售和维护各职能部门有序地组织在一起，从而寻找达到或超出满足顾客需求的突破点，或从整体上发现问题的瓶颈，寻找实现突破的机会。

调查表明，QFD 应用在新产品设计与开发过程中能达到如下效果：

（1）保证产品开发目标始终围绕着顾客需求展开，使资源得到合理的配置。

（2）帮助各职能部门在产品开发过程中制定出各自的相关技术要求和措施，并使各职能部门加强联系、协同工作、信息共享。

（3）在从市场规划到执行的转换过程中，特殊的市场策略或销售点不会被丢失或埋没。

（4）保证关键的项目如关键部件、关键工艺、关键质控点等不会被忽略，所有为实现顾客需求所必须做的事情在企业或公司内的产品销售、设计、工艺、制造和检验等有关部门的信息传递、转换中，能得到正确的理解和执行，不会被误解和丢失。

（5）把产品设计的经验和信息以一种简明的、结构化的形式记录、保存下来，积累技术经验，提供一个项目跟踪系统，供日后学习、查询、再利用等。

（6）促使在产品设计阶段考虑制造问题，交叉、并行进行产品设计和工艺设计，因此可使工程设计更改减少 40%~60%，产品开发周期缩短 30%~60%。

（7）QFD 更强调在产品早期概念设计阶段的有效规划，因此可使产品启动成本降低 20%~60%。

（8）产品整个开发过程由顾客需求驱动，因此顾客对产品的满意度将大大提高。

（9）通过对市场上同类产品的竞争性评估，有利于发现同类产品的优势和劣势，为企业产品设计和决策提供更好的服务。

（10）通过 QFD 的实施和运行，提高全体员工服务顾客需求的意识，对企业的发展有着不可估量的潜在作用。

目前，QFD 已被成功地应用于汽车、家用电器、船舶、变速箱、涡轮机、印制电路板、自动购货系统、软件开发等许多工业领域，取得了巨大的经济效益，受到了各国工业界的广泛重视，同时也促进了 QFD 本身的完善与发展，已成为质量设计中质量规划的重要工具之一。

二、QFD 的原理与方法

QFD 的基本工具是"质量屋"（House of Quality，HOQ）。质量屋是一种直观的矩阵展开框架，通过该矩阵框架可实现产品生命周期各阶段质量特性的转换。质量屋是实现 QFD 过程转换的可视化工具，它提供了一种将顾客需求转换成零部件特征并配置到制造过程的直观结构。图 7-5 所示为应用于产品规划阶段的典型质量屋，其主要组成部分如下：

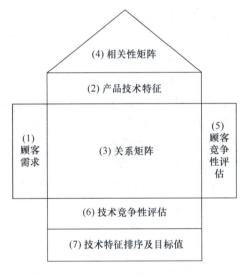

图 7-5　质量屋

（1）顾客需求。这是质量屋的"什么"部分，是顾客通过语言描述的对产品的实际需求和期望。开发人员通过市场调查整理出对产品的顾客需求，评定各项需求的重要程度。顾客需求项是质量屋的"左墙"。

（2）产品技术特征。这是质量屋的"如何"部分，是实现顾客需求的产品技术特征列表，是顾客需求赖以实现的手段和措施。产品技术特征是用工程语言表达的产品的具体要求，需满足针对性、可测量性和全局性的原则。产品技术特征项是质量屋的"天花板"。

（3）关系矩阵。顾客需求和产品技术特征之间的关系矩阵表明产品各技术特征对各个顾客需求的贡献和相关程度，反映了从顾客需求到产品技术特征的映射关系。关系矩阵是一个二维矩阵表格，记录了"什么"和"如何"之间的关联性，体现了目的和手段的关系。关系矩阵是"质量屋"的房间部分。关系矩阵如图 7-6 所示。

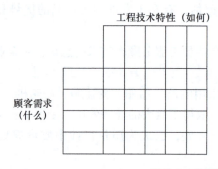

图 7-6 关系矩阵

（4）**相关性矩阵**。相关性矩阵表示改善产品某一技术特征而对其他技术特征所产生的影响。由于技术特性之间存在着正的或负的相关性，确定技术特性时，需进行必要的权衡与折中。正相关表示两项技术特征相互支持，改变方向一致；负相关表示两项技术特征相互矛盾和冲突，改变方向相反；不相关表示两项技术特征的改变不相互影响。相关性矩阵是质量屋的"屋顶"。

（5）**顾客竞争性评估**。从顾客的角度评估不同企业的同类产品的市场竞争力，用以了解本企业产品和其他企业产品在满足各顾客需求方面的优势和劣势，以及产品需要改进的方面和改进的程度。顾客竞争性评估矩阵是质量屋的"右墙"。

（6）**技术竞争性评估**。从技术的角度对不同企业的同类产品进行对比，系统了解本企业产品与竞争对手在各技术特征上的优势和劣势，从而可以制定较为合理的产品技术目标，有效改进产品的竞争力。技术竞争性评估矩阵是质量屋的"地板"。

（7）**技术特征排序及目标值**。根据顾客需求的重要度及关系矩阵，可以计算各技术特征的绝对重要度和相对重要度，从而确定技术特征的优先次序。另外，通过综合考虑各方面的因素，利用优化方法，可以确定技术特征的目标值，为开发决策提供依据。这部分为质量屋的"地基"，也是质量屋的输出信息。

三、应用案例

[例 7-1] 应用质量功能配置规划方法进行汽车车门的设计与开发。

这一阶段的要求是根据顾客调查、以往的开发经验和知识以及对竞争产品的分析，形成产品规划矩阵，实现产品从顾客（质量）需求到工程特性的配置。

通过市场调研和深入的客户访问，已掌握顾客对汽车的需求是多方面的。其中汽车车门要求中有一项"操作性能良好"。这项顾客需求可进一步分解，如表 7-1 所示。顾客需求分解到什么层次，应根据具体情况以定量操作为准。

顾客需求特性之间会有一定的联系，例如车门上电动车窗要易于关闭、快速动作就需要较大功率的电动机，这就会使车门加重而使车门关闭时不太方便。在设计时应统筹考虑有关问题，有时不得不在几种选择之间折中。顾客需求特性中并不是所有要求都是同等重要的，应在充分考虑顾客意愿的基础上确定全部顾客需求特性的相对重要性。如果产品有竞争对手，还应通过调研掌握顾客对本企业的产品及竞争对手的产品质量特性间的评价。表 7-2 表示了顾客需求特性的相对重要性及顾客评价。

表 7-1　汽车车门顾客需求分解

1	2	3
操作性能良好	1. 开启关闭特性	1. 易于从外部关闭 2. 在斜坡上可以保持开关状态 3. 易于从外部开启 4. 不反弹 5. 易于从内部关闭 6. 易于从内部开启
	2. 密封性	1. 不漏雨 2. 无（或低）公路噪声 3. 洗车时不渗水 4. 无风声 5. 开门时不滴水和雪 6. 无"咯咯"声
	3. 扶手	1. 柔软舒适 2. 在右面位置

表 7-2　顾客需求的相对重要性及顾客评价

顾客需求	顾客需求分解	重要性	顾客评价（意见）
车门易于开启关闭	易于从外部关闭	7	坏 ○　△　□　　 好（1 2 3 4 5）
	在斜坡上可以保持开关状态	5	坏 　□○△　　　 好
密封性	不漏雨	3	坏 　　　□○　　 好
	无公路噪声	2	坏 　△　□　　○ 好

○本企业的车　　□对手 A 的车　　△对手 B 的车

通过与竞争对手比较可以发现有改进的机会。例如：在"无公路噪声"项目中，本企业已有优势，应继续保持；在"在斜坡上可以保持开关状态"项目中，每一种汽车都不理想，在这里我们有获得优势的机会；在"车门易于从外部关闭"项目中，顾客对本企业产品的评价很不理想，该项目应是质量改进的重点所在。

顾客需要"什么"项目已经清楚，怎样才能改进产质量呢？即我们该"如何"做？

这需要用工程语言来描述，即根据顾客的需求设计出可定量表示的工程技术特性。这就需要利用顾客需求和工程技术特性之间的关系矩阵图。在这个关系矩阵图中，顾客需求项目列在矩阵图的左边，工程技术特性项目列在矩阵图的上方，两者之间的关系用符号表示，一目了然，如图 7-7 所示。

关系矩阵图中的每一项工程技术特性可能与一项顾客需求有关，也可能与多项顾客需求

顾客需求		工程技术特性	开关力				密封-隔声		
			关门动力	平地上的阻力	10°斜坡上的阻力	…	车门密封性	减少公路噪声	…
车门易于开启关闭	易于从外部关闭	7	✓				×		
	在斜坡上可以保持开关状态	7		✓	✓				
	⋮								
密封性	不漏雨	3					✓		
	无公路噪声	2					/	✓	
	⋮								

图 7-7 顾客需求特性和工程技术特性的关系矩阵

有关。另外，工程技术特性之间也可能相互关联，例如扩大或加强车窗开关的电动机操作机构，会使车门变重而难以开启或在斜坡上不宜保持开关状态。

各工程技术特性项目之间的相关性可以用质量屋的屋顶矩阵描述，如图 7-8 所示。从图中可以看出，“车门密封性”与“减少公路噪声”是正相关，“关门动力”和“车门密封性”“减少公路噪声”是负相关。屋顶矩阵包含了对工程设计要求的重要信息，当设计师考虑满足顾客需求时要用这个矩阵来做平衡。

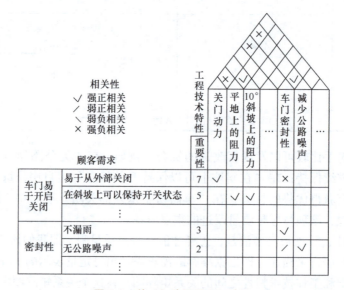

图 7-8 关系矩阵及屋顶矩阵图

在质量屋中，为了使工程技术特性定量化，尚需有“客观测量值”栏目，应系统、仔细地分析，比较和确定工程技术特性项目的客观测量值。例如，关门动力用所需的力矩表示，关门动力可能与车门的重量有关，车门重量可能与所选用的钢板厚度有关。相比之下，钢板厚度是顾客不易感觉到的特性，只是通过车门重量或抗撞击变形来间接影响用户。质量功能配置过程通过质量屋全面确定各种工程技术特性和间接工程技术特性的值。在质量屋中，每一项工程技术特性都要加上对应的客观测量值，如图7-9所示。根据客观测量值来设计每项工程技术特性的理想值，即目标值。如果某项产品同时有几家企业在生产，则企业之间存在着质量的竞争，这时质量屋可提供本企业的产品质量与主要竞争对手产品质量的比较。

在图7-9中，质量屋矩阵的右边为顾客对各项顾客需求的评价，分别按本企业产品及竞争对手产品的质量以5级记分来评价。质量屋的下面分别列出了本企业的车门和竞争对手车门的各工程技术特性的客观测量值。这样，在质量屋中既有顾客需求及其重要性的信息，又有与顾客需求相关的工程技术特性的信息以及工程技术特性之间的相互关系信息，再加上对顾客需求和工程技术特性的竞争性评价，就可以借此分析判断本企业产品的工程技术特性规范是否符合顾客需求，同时也可以确定具体的质量改进所在。

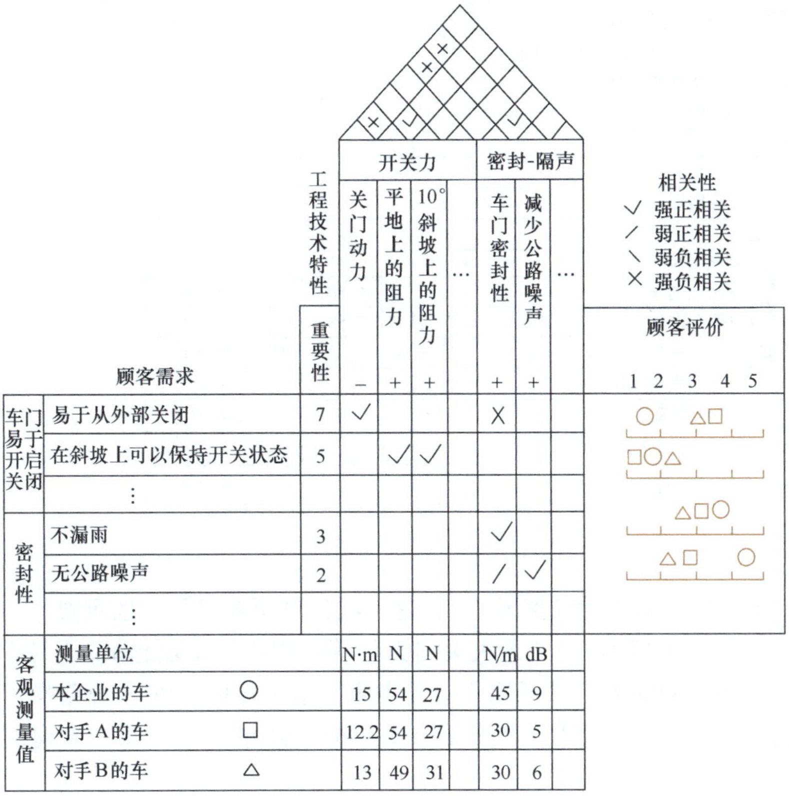

图 7-9 有竞争性评价的质量屋（一）

例如，"车门易于从外部关闭"这一顾客需求比较重要，而顾客对本企业这项顾客需求的评价又不怎么高，就应重点研究与该需求正相关的关门动力是否合适。

另外，在技术项目的目标值方面还应该考虑该项技术实现的难度、重要性及经济性等因素，考虑这些因素后，质量屋又扩展了，如图7-10所示。从图中可以看出，关门动力与最大关门力正相关，与其他工程技术特性如平地上的阻力、车门密封性、车窗隔声性、减少公路噪声等是负相关。根据现实的客观测量值，考虑到顾客需求、技术难度和成本等因素，销售、工程技术人员和高层管理者共同商定了一个新的目标值——关门动力为10N · m。

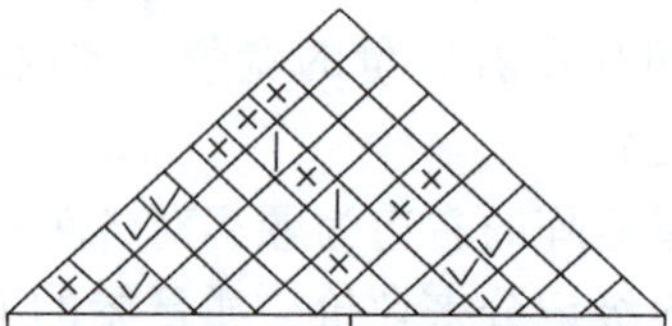

相关性

√ 强正相关

/ 弱正相关

\ 弱负相关

× 强负相关

	工程技术特性		开关力						密封-隔声					
			关门动力	平地上的阻力	10°斜坡上的阻力	开门动力	最大关门力	…	车门密封性	车窗隔声性	减少公路噪声	防水柱	…	顾客评价 1 2 3 4 5
	顾客需求	重要性	−	+	+	−	−		+	+	+	+		
车门易于开启关闭	易于从外部关闭	7	√				√		×					○ △□
	在斜坡上可以保持开关状态	5		√	√									□○△
	易于从外部开启	3												△○□
	不反弹	3		/		/			\					
	⋮													△□○
密封性	不漏雨	3							√			√		△□ ○
	无公路噪声	2							/	/	√			
	⋮													
客观测量值	测量单位		N·m	N	N	N·m	N		N/m	—	dB	bar		
	本企业的车	○	15	54	27	3.6	80		45	0.1	9	4.8		
	对手A的车	□	2.2	54	27	2.2	58		30	0.1	5	4.1		
	对手B的车	△	13	49	31	15	62		30	0.1	6	4.1		
技术难度			4	5	1	1	3		1	3	3	5		
重要性			10	6	4	9	1		6	2	4	3		
估计成本			5	2	2	9	5		6	6	9	2		
目标值			10	40	27	10	54		45	0.1	9	4.8		

图 7-10　有竞争性评价的质量屋（二）

再考察一下顾客需求“无公路噪声”，这一项目对顾客只是一般重要，与“车窗的隔声性”正相关，与“关门动力”“最大关门力”等负相关。比较起来，“易于关门”对于顾客来说比“安静”更重要。市场调研结果表明，本企业的车在“公路噪声”这一项上已经做得不错了。在这种情况下，决定不改变“减少公路噪声”和“车窗隔声性”的技术指标。

质量屋的基本应用是将顾客的需求转化为设计要求。例如，“车门易于开启关闭”是一项重要的顾客需求，根据以上分析，可以得到设计要求，即设置了关门动力的目标值。这是质量屋应用的核心阶段，或者说是第一阶段。但仅靠这一阶段还不能得到一扇车门，因此还需要相应的零件，如门框、钢板、挡风雨条、铰链等，然后经过零件的加工制作，最终把车门装配起来。

第三节 质量规划

一、概述

质量规划是以产品的设计文件作为输入，利用适当的工具和方法识别产品在各个阶段可能出现的质量问题，并提出潜在质量问题的解决方案，将质量缺陷消灭在设计阶段，属于一种预防式质量设计技术。本节介绍一种 QFD 和 FMEA 相结合的质量规划方法，该方法以 QFD 的瀑布式分解模型为主体框架，再结合 FMEA 分析技术，发现并解决在产品各个阶段可能出现的质量缺陷。

1. FMEA 技术简介

FMEA 是一种可靠性分析工具，既可在设计阶段应用（称为 D-FMEA），发现产品设计方案存在的质量缺陷，也可在制造阶段应用（称为 P-FMEA），发现制造过程可能存在的质量问题。FMEA 的基本原理是：按照一定的失效模式，把一个个单元失效、分系统失效检出，推断该产品（或系统）可能发生的失效模式及其原因。因此，FMEA 是一种自下而上逐步寻查质量缺陷的归纳分析法。通过 FMEA 分析还可以发现并消除产品（或系统）质量缺陷的线索，并提出改进措施。FMEA 的实施过程包括：找出产品（过程中）潜在的故障模式；根据相应的评价体系对找出的潜在故障模式进行风险量化评估；列出故障起因（机理），寻找预防措施。

关于 FMEA 更详细的介绍可参见第九章可靠性工程与技术，为了便于本节的分析应用，这里只归纳出故障影响分级表（表7-3）、故障发生频率分级表（表7-4）、故障风险评价矩阵（表7-5）和基于设计的故障风险数 FRN［式（7-1）］。

表7-3 故障影响分级表

故障严酷度	影响程度	对设备的危害	对人造成的伤害
Ⅰ	灾难性	毁坏	死亡
Ⅱ	致命性	严重损坏	严重伤害
Ⅲ	严重的	停工停线	造成轻伤
Ⅳ	轻度的	漏油、异响、轻微振动之类的轻微故障	略有不适

注：故障影响是指发生故障后对设备或对人造成的影响，一般分为四级。

表7-4 故障发生频率分级表

频率等级	频繁程度	发生频率
(1)	频繁的	发生频率很高（60%以上）
(2)	经常的	经常发生（20%~60%）
(3)	偶尔的	偶尔发生（5%~20%）
(4)	极少的	几乎不发生（0~5%）

注：故障发生频率是指故障发生的频繁程度，一般分为四级到五级（这里列出四级）。

故障风险数（Fault Risk Number，FRN）是故障风险的评价指标，用以评价故障的危害程度，作为对故障进行优先性排序的依据。一般情况下，故障的影响度越大，发生频率越高，即 FRN 越大，对应的故障越应该优先解决。因此，故障风险数是由故障的影响度和发

表 7-5 故障风险评价矩阵

	频繁的	经常的	偶尔的	极少的
致命的	Ⅰ — (1)	Ⅰ — (2)	Ⅰ — (3)	Ⅰ — (4)
严重的	Ⅱ — (1)	Ⅱ — (2)	Ⅱ — (3)	Ⅱ — (4)
临界的	Ⅲ — (1)	Ⅲ — (2)	Ⅲ — (3)	Ⅲ — (4)
可忽略的	Ⅳ — (1)	Ⅳ — (2)	Ⅳ — (3)	Ⅳ — (4)

注：表7-3 和表7-4 的结合形成 T 形风险评价矩阵，该矩阵中有四种连接方式：①在故障处于细实线连接处时，需要变更设计加以消除；②处于粗直线连接处时，需要重新讨论设计或变更设计加以控制；③处于虚线连接处时，在技术和经济性约束的情况下，可进一步研究、分析；④其余的连接情况，不必采取任何措施。

生频率决定的，将其定义为（从设计的角度看，这里只列出 E 和 R 两个因素）

$$\mathrm{FRN} = ER \tag{7-1}$$

式中，E 为故障的影响度得分；R 为故障的发生频率得分。

由于分析目的（如为了进行几个方案风险性对比、择优或寻找解决问题的办法）、不同分析阶段掌握信息量的多少及准确程度等的不同，可以进行定性或定量分析，所以 FRN 的确定也分为定性和定量两种方式。定性分析时，分别根据表7-3、表7-4 做出定性判断，用评分法计算。为加大各故障风险数之间的差别，突出重点，采用等比数列确定等级分值：对应 R 的（1）到（4）级的分值分别定义为 12、9、3、0；而对应 E 的 Ⅰ 到 Ⅳ 级的分值分别定义为 12、9、3、0（这里，考虑到故障的影响度为Ⅳ时可不进行处理，故将Ⅳ置为 0 分）。这样，FRN 的值域为 [144, 0]。当进行定量分析时，式（7-1）中 E 的含义可变为造成的损失费用，R 为发生的频率值。

2. QFD 瀑布式分解模型

QFD 的分解配置方法有多种，比较常用的是 ASI（American Supplier Institute，美国供货商协会）的四阶段分解方法（又称瀑布式分解法）和 GOAL/QPC（Growth Opportunity Alliance of Lawrence/Quality Productivity Center）的综合法。由于 ASI 模式能与企业的设计、制造流程相对应，因而成为理论研究和企业实践的主流模式。

如图 7-11 所示，ASI 的用户需求分解过程分为四个阶段：产品规划阶段、方案与技术

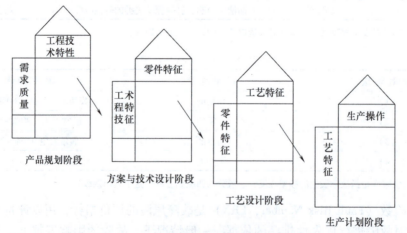

图 7-11 ASI 的 QFD 四阶段分解过程

设计阶段（零部件配置）、工艺设计阶段及生产计划阶段。以下分别对上述四个阶段综合质量规划方法做简单介绍。

二、基于 QFD/FMEA 的综合质量规划

以 QFD 瀑布式分解为主线，结合 FMEA 分析方法，即形成了基于 QFD/FMEA 的综合质量规划方法，下面分别介绍产品规划阶段、方案与技术设计阶段、工艺设计阶段及生产计划阶段的质量规划。

1. 产品规划阶段

利用产品规划矩阵，可以根据顾客需求信息、顾客需求和产品技术特征的关系矩阵、技术特征的相关性矩阵、顾客竞争性评估及技术竞争性评估等信息，确定各技术特征的相对重要度，明确应重视和优先考虑的技术特征项目。同时，还可以通过目标规划，确定各技术特征的性能指标值。产品规划质量屋对应总体方案设计阶段，输出关键的设计要求或关键的质量特性。

（1）顾客需求信息的收集。 首先通过市场调研获取顾客的需求信息。市场调研是产品规划的首要环节，是确立质量要求、对产品开发进行科学决策的依据和基础。了解顾客需求、掌握市场的变化规律、有的放矢地进行产品开发是确保产品设计质量的关键。

在实际操作中，顾客需求信息的原始数据的收集主要有以下途径：

1）市场调查信息。 对直接使用相关产品的顾客或潜在顾客进行市场调查，是获取需求质量信息的最直接、最有效的方法。这种调查一般采用面谈问卷记录的形式进行，当然也可以利用电话或在网络上进行。

2）顾客索赔信息。 顾客提出索赔要求，是质量发生严重问题的信号，从中可以获取大量顾客需求未被满足的信息，对产品质量改进具有十分重要的意义。

3）意见跟踪卡。 意见跟踪卡是产品售出后，希望顾客将对产品的使用情况、意见或建议直接反馈给厂家的一种调查表。其目的是跟踪调查顾客对产品的满意程度和存在的问题，以便进行改进和完善。

4）新闻/刊物。 信息量大，获取便捷，费用少，可以获取有关产业发展政策、投资动向、环境保护及安全法规等经济、技术政策和社会环境等信息。特别是行业性的新闻/刊物，对了解行业技术的发展动态、专业技术标准与法规、竞争对手的状况等都极为重要。

5）企业资源信息。 一般包括开发能力、生产能力、采购能力、销售能力与融资能力等。

（2）质量需求的整理。 这一环节的主要目的是通过对市场需求信息的归纳整理，形成层次分明、用词精练的质量需求。具体步骤如下：

1）将含义和内容相同的需求信息加以合并以避免重复，形成下层的质量需求项。

2）将含义和内容相近的集中在一起，形成几个归类的集合，并加上有代表性的质量需求的名称，形成中层质量需求项。

3）把步骤2）得到的内容相近的需求项再归类成多个集合，并在这些新的集合基础上加上有代表性的质量需求的名称，形成上层质量需求项。

4）完成上述步骤后，应检验其是否有遗漏、重复，语言表达是否简练、确切等问题。

(3) 工程质量特性的抽取。 工程质量特性可以理解为用工程语言表述的质量需求。通常可以从功能要求、性能要求、社会性要求、经济性要求等方面进行考虑。工程质量特性的抽取需要由技术部门、生产制造部门等共同完成,一般由各部门抽取人员组成质量规划小组来协商完成。下面以汽车车门的设计为例,从顾客希望车门操作性良好,易于开启、关闭,密封性好等质量需求中提取相关工程质量特性,具体如表7-6所示。

表7-6 从质量需求中提取相关的工程质量特性

序号	质量需求	对应特性1	对应特性2	对应特性3	对应特性4
1	易于从外部关闭	关门动力	最大关门力	车门密封阻力	
2	在斜坡上可以保持开关状态	平地上的阻力	10°斜坡上的阻力		
3	不反弹	平地上的阻力	开门动力	车门密封阻力	
4	不漏雨	车门密封阻力	防水性		
5	无公路噪声	车门密封阻力	车窗隔声性	减少公路噪声	
⋮					

(4) 质量屋的配置。 上面讨论了获取质量需求的一般过程,下面将讨论通过QFD的产品规划质量屋来得到工程质量特性各项的权重和目标值,从而完成初步产品规划。以汽车车门产品规划作为实例进行QFD产品规划配置,采用如图7-12所示的产品规划质量屋(扩充型)。

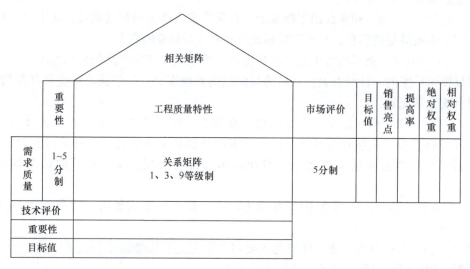

图7-12 产品规划质量屋(扩充型)

在该产品规划质量屋中,市场质量需求和工程质量特性是最基本的输入。根据前面所述的市场调查过程和归类、分析、转换过程,可以得到市场质量需求和工程质量特性。同时,应确定各市场质量需求项的重要程度(权重)。质量需求项的重要程度由市场调查的结果来确定,根据初步的数据将其变换为1~5的等级进行标注。

在产品规划质量屋中,需要考虑各种因素,通过变换,最终得到工程质量特性各项的权重和目标值,这也是该质量屋的主要输出结果,以便于进一步配置到生产制造过程中去。因此,该产品规划的作用主要在于让企业了解产品的工程技术特性应达到什么样的要求,从而有效地满足顾客的质量需求,同时符合市场竞争的需要和自己的实际生产情况。

在初始的需求输入项加入质量屋后,然后确定用户质量需求和工程质量特性的相关关系,方法同图 7-5 所示。如果关系矩阵中关系符号很少或大部分是"关系弱"符号,则表明工程质量特性没有足够满足需求质量的要求,应对其进行修改;如一项工程质量特性没有顾客质量需求与其相关,则说明该项对提高顾客质量需求没有帮助,应将其删去;如一项顾客质量需求没有或仅有很少很弱的工程质量特性与其相关,则应考虑增加相关的工程质量特性以达到提高该项顾客质量需求的目的。

市场评价通过市场调查得到,可用数值 1~5 来表示各企业的某项顾客质量需求的表现值,按数值大小表示满意程度的高低。根据市场评价,企业可以决定自己产品的顾客质量需求的目标值。

销售亮点可用根据各项顾客质量需求项对顾客的吸引力来确定。依据各项顾客质量需求项对产品竞争力的影响程度,销售亮点可分为三级:一般性销售亮点(没有新东西),SA = 1.0;较有竞争力销售亮点(顾客对此感兴趣,但要考虑价格),SA = 1.2;非常有竞争力销售亮点(顾客一定想拥有它,并将为此付款),SA = 1.5。

提高率表示现有产品在某顾客质量需求项方面的实际值与顾客目标值存在的差异情况,反映了该项目可改进的程度。

$$\mathrm{IM}_i = \frac{\mathrm{RO}_i}{\mathrm{RC}_i} \tag{7-2}$$

式中,RO_i 为第 i 个质量需求项的目标规划等级;RC_i 为现有产品第 i 个质量需求项的实际等级。

第 i 个顾客质量需求项的绝对权重 RAR_i 定义为

$$\mathrm{RAR}_i = W_i \cdot \mathrm{IM}_i \cdot \mathrm{SA}_i \tag{7-3}$$

式中,W_i 为第 i 个顾客质量需求项的重要度;IM_i 为第 i 个顾客质量需求项的提高率;SA_i 为第 i 个顾客质量需求项的销售亮点。

绝对权重通过归一化即可得到质量需求项的相对权重 RCR_i,即

$$\mathrm{RCR}_i = \frac{\mathrm{RAR}_i}{\sum \mathrm{RAR}_i} \tag{7-4}$$

技术竞争性评价是在工程质量特性上对本企业及竞争对手的产品进行评价,从技术的角度对产品的竞争力进行评估。在进行该项评估时,一般应安排 QFD 小组对产品的技术特性进行测试。通过实验、查阅相关文献来确定本企业产品和竞争对手产品的工程质量特性指标,并将各自的性能指标转化成统一的标度进行对比评价。

工程质量特性权重,即工程特性重要度 TR_j 定义如下

$$\mathrm{TR}_j = \sum_{i=1}^{n} \mathrm{CR}_i \cdot R_{ij} \tag{7-5}$$

式中,CR_i 为第 i 个质量需求项特性的重要度;R_{ij} 为第 i 个质量需求项特性和第 j 个工程质量特性之间的关系强度。

由于各工程质量特性之间常常是相互关联的，因此在确定工程质量特性的目标值时就必须考虑它们的相关性，以便以较小的代价得到较高的综合指标。在各工程质量特性中，如果改善一项工程质量特性有助于改善另一工程质量特性，则可定义这两个工程质量特性正相关；反之则为负相关。根据改善程度确定相关强弱。在屋顶矩阵中可直观地看出哪些工程质量特性负相关，在产品规划过程中，开发人员应首先分析那些负相关的工程质量特性，并采取措施尽量消除或减少这种负面影响。

工程质量特性的目标值一般可根据工程质量特性的权重和产品当前的技术评估来进行确定，同时还需综合考虑顾客质量需求项的权重和市场评估部分的内容以及相关矩阵中的相关关系。

仍以例 7-1 汽车车门为例，其扩充型规划质量屋如图 7-13 所示。

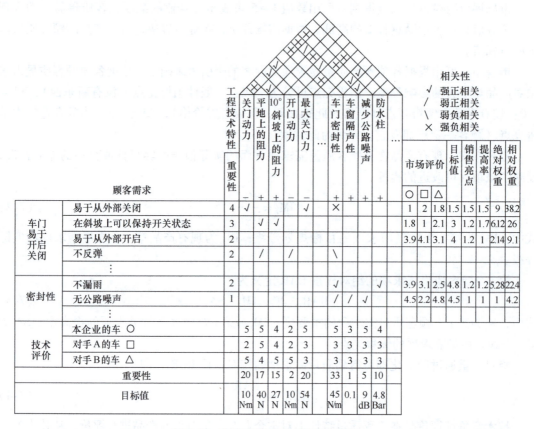

图 7-13　汽车车门扩充型规划质量屋

（5）**相似产品的 FMEA 分析**。在进行 QFD 产品规划的同时，将搜集的顾客对本公司或市场同类产品在使用过程中暴露的故障、缺陷或其他质量问题、抱怨进行分析、整理和分类，可形成产品需求层的故障模式分析，如表 7-7 所示。

（6）**综合的产品规划**。在上述工作的基础上，综合考虑 FMEA 的分析结果，进一步对产品的工程质量特性进行修正与完善，并以此为基础进行详细设计，将重要的工程质量特性通过质量屋的层层分解与配置，最终完成产品及其制造系统的设计，通过控制各环节中的质量影响因素来保证产品质量。

表 7-7 汽车车门质量需求的 FMEA 分析

序号	初始信息	故障模式	故障原因	预防措施
1	使用不方便	开关、上下车方便性不好	开度不够	设置最大、中间两档开度，并能可靠限位；一般开度大于 650mm
2	清洁度差	雨、雪、尘易进入车内	密封性不好	合理减小车门与门洞、玻璃与窗框间的缝隙
3	不可靠	会产生变形、下沉	车门的强度、刚度不够	选用优质材料，增加板料厚度

2. 方案与技术设计阶段

零部件配置矩阵以上一阶段输出的设计要求作为设计输入，采用适当的优化设计方法确定满足技术要求的零部件特性，如技术参数、关键尺寸、材料等，形成产品的设计方案，并筛选重要的、对最终产品质量影响大的零部件特性用于建立下一阶段质量屋。零部件配置矩阵用于指导产品的详细设计。

综合规划的第二步是通过瀑布式质量屋，将工程质量特性配置到方案和技术设计中去。其中，在方案设计阶段对关键零件进行 FMEA 分析，揭示车门的失效模式、失效原因、失效机理，准确发现车门在设计、材质、制造工艺、装配和使用等方面的不足，以及采取何种措施保证产品质量。以车门主体为例，具体分析如表 7-8 所示。

表 7-8 关键零件的 FMEA 分析

零件名称	零件功能	故障模式	故障影响	故障原因	故障严酷度	频率等级	故障风险数	预防措施
车门主体	实现车门的强度、刚度，确保安全	窗口部位变形	窗口线部位刚度低	短期意外的严重挤压	II	(3)	27	在该处分别对内、外板分别增加强度，并采用不同的焊接方式
		窗框产生弹性变形	窗框处刚度低	车窗上部没有支撑点，行车时受到大的振动	II	(2)	81	使窗框下端尽量增大连接面，并设计强度较大的连接件
		行车时有振动和噪声	外板中部刚度差	为追求美观，中部没有焊接点	II	(2)	81	在外板内侧粘贴磁性沥青板；设计加强梁，与外板柔性黏接

3. 工艺设计阶段

工艺计划矩阵以上一阶段输出的关键零部件特性为设计输入，确定相应的工艺变量，形成工艺方案，同时确定需要进一步配置的关键工艺变量及指标。工艺计划矩阵对应着从产品研制向批量生产转移阶段。

在工艺设计阶段，根据关键零件特征、历史经验及零件 FMEA 分析的反馈，来确定为保证零件满足需求而在制造过程中必须加以控制的要素，表 7-9 表示车门冲压的工艺设计矩阵，并对关键的工艺特征进行工艺 FMEA 分析（以冲压工艺为例，见表 7-10）。

表 7-9　车门冲压的工艺计划矩阵

	毛坯	剪短	下料	冲孔	修边	分离	拉延	翻边	整形
车门强度	×								
车门刚度	×							×	×
车门精度	×		×	×	×	×		×	×
目标值	○		○	○	○	○	○	○	○

注：× 表示工艺环节对车门性能有影响。
　　○ 表示工艺控制的目标值。

表 7-10　车门冲压关键工艺的 FMEA 分析

工艺名称	工艺功能	故障模式	故障影响	故障原因	故障严酷度	频率等级	故障风险数	预防措施
冲压	对板件施加压力，保证汽车覆盖件的强度和刚度	形状与尺寸不符	会产生缝隙或无法安装	冲压过程中的回弹和定位不当	Ⅲ	(3)	27	采取措施减少回弹，压紧毛坯，并采用可靠的定位方法
		裂纹和破裂	影响车门的刚度，降低车门稳定性	材料冲压性能不符合要求，板料厚度超差，冲压变形困难	Ⅲ	(2)	27	控制板料厚度，在冲压过程中采用合适的凹模

4. 生产计划阶段

通过工艺/质量控制矩阵将关键工艺参数转换为具体的、可操作的生产/质量控制方法和要求。生产计划矩阵对应生产控制阶段。对关键工艺特征，结合企业实际，综合一套行之有效的制造过程控制方法，制定质量控制过程规划，用以指导车间的生产操作。

保证产品开发高质量是企业不断追求的目标，通过 QFD 和 FMEA 分析技术相结合的综合分析方法，把丰富的管理思想和分析技术融合到具体的操作中，有效地协调与质量有关的信息在各部门之间的流通，实现产品质量目标与开发活动在整个企业内的合理配置。

第四节　参数设计

在三次设计中，参数设计是核心，在系统设计之后进行，以确定系统各元器件参数的最佳值。参数设计就是运用正交试验法或优化方法确定零部件参数的最佳组合，使系统在内、外因素的作用下所产生的质量波动最小。参数设计的基本思想是通过选择系统中各可控因素的最佳水平（即最佳参数）组合，尽量减少各种干扰的影响，使产品输出特性波动最小；同时，一般尽可能用波动大的廉价元器件进行设计，使产品在质量和成本两个方面同时得到改善。参数设计的目的是采取一切措施，保证产品输出特性在其寿命周期内的稳定性。所谓稳定性，是指产品在各种干扰因素的作用下，其输出特性能稳定地保持在一个尽可能小的范围内（波动很小）。

即使在完全相同的条件下生产出来的产品，其质量特性也是参差不齐的，具有一定的波动性，表现的质量特性也不一样，这种现象称为质量的波动性。质量波动不以人的意志为转移。完全消除质量波动是不可能的，但减小质量波动是可能的。参数设计的根本目的就是减小质量波动，设计出质量稳定、可靠的产品。**引起质量波动的干扰因素可以分为以下五大类：**

（1）可控因素。它是为改进产品质量，减小输出特性值的波动，以选取最适宜水平为目的而提出考察的因素。可控因素的值应能在一定范围内自由选择（如时间、温度、材料种类和切削速度等）。

（2）标示因素。它是指维持环境使用条件等因素。标示因素的值（即水平）可以在技术上指定，但不能加以选择和控制。研究标示因素的目的不在于选取其最佳水平，而是研究标示因素与可控因素间有无交互作用，从而确定最佳方案的使用范围（如转速、电压、环境的温度和湿度等）。

（3）区组因素。它是指持有水平，但在技术上不能指定其水平，同时在不同时间、空间还可以影响其他因素效果的因素。例如，在加工某种零件时，如果由不同操作者在不同班次、使用不同原材料批号、在不同的机器上进行加工时，上述因素就是区组因素。事实上，在参数设计中考虑区组因素无任何实际意义，其目的在于提高检出精度和试验精度。

（4）信号因素。它是指为了实现某种意志或为了实现目标值所要求的结果而选取的因素，例如机械装配中的调整环。

（5）误差因素。它是指除了上述四种因素以外的所有其他因素。产品输出特性值的波动正是由于各种误差因素引起的。常考虑的误差因素有：外干扰、内干扰和物品间干扰三种。

外干扰是指产品在使用或运行过程中，由于环境因素（如温度、湿度和电压等）的波动或变化而带来的干扰。这种干扰会影响产品的工作质量，使输出特性产生波动。内干扰是指产品在有效期内和使用过程中随着时间的推移发生了老化或劣化，从而影响了产品的输出特性。如电阻值随着时间的变化，运动部件之间的磨损。物品间干扰是指同一批产品之间输出特性的变动，这种变动是客观存在的。因为即使按同一规格生产出来的产品，由于各种条件的变化，输出特性总是参差不齐的。通过控制工艺过程的5M1E（人员、设备、物料、操作规程、环境、检测），可以显著减少物品间的干扰。

一、参数设计的基本原理：信噪比

一般认为产品的质量特性 y 服从正态分布 $N(\mu, \sigma^2)$，且存在固定的目标值 m。一个理想的设计，应该是 $\mu = m$，且 σ^2 很小。

设由 n 件样品测得质量特性 y 的数据为 $y_1, y_2, \cdots, y_n$，根据数理统计知识，μ 和 σ^2 的无偏估计分别为

$$\hat{\mu} = \bar{y} = \frac{1}{n} \sum_{i=1}^{n} y_i \tag{7-6}$$

$$\hat{\sigma}^2 = V_e = \frac{1}{n-1} \sum_{i=1}^{n} (y_i - \bar{y})^2 \tag{7-7}$$

μ^2 的无偏估计为

$$\hat{\mu}^2 = \bar{y}^2 - \frac{V_e}{n} = \frac{1}{n}(n\bar{y}^2 - V_e) \tag{7-8}$$

令 $S_m = n\bar{y}^2 = \frac{1}{n}(\sum_{i=1}^{n} y_i)^2$，并代入式（7-8），则有

$$\hat{\mu}^2 = \frac{1}{n}(S_m - V_e) \tag{7-9}$$

定义信噪比为 $\hat{\mu}^2$ 与 $\hat{\sigma}^2$ 的比值，即

$$\hat{\eta} = \frac{\hat{\mu}^2}{\hat{\sigma}^2} = \frac{(S_m - V_e)/n}{V_e} \tag{7-10}$$

借用通信理论，在实际计算时，将 $\hat{\eta}$ 取常用对数后再乘以 10，化为以分贝（dB）为单位的信噪比，记作

$$\eta = 10\lg \frac{(S_m - V_e)/n}{V_e} (\mathrm{dB}) \tag{7-11}$$

这就是质量特性信噪比的计算公式。

如果说 μ^2 代表了有效信号，σ^2 为噪声，那么信噪比就是"有效信号与噪声的比值"。以收音机为例，收音机往往随着所收信号的增强，相应的噪声也会增强，因此对其质量的评价，应该采用信噪比。

广义地讲，信噪比就是研究对象的有效部分与无效部分的比值。

二、参数设计的正交试验方法与步骤

正交试验设计法是英国学者费舍尔（R. A. Fisher）在 1920 年提出的一种多因素优选法，它用一套规格化的表——正交表，科学挑选试验条件，合理分析试验结果。它能在很多试验条件中选取代表性强的少数几次试验条件，通过这几次试验，来分析推断最佳的试验条件。正交试验法是田口设计方法中进行参数设计的核心技术。

1. 正交表

正交表是一整套规则的设计表格，是正交试验设计的基本工具，正交表的表示式如下

$$L_n(t^c)$$

其中，L 为正交表的代号；n 为试验的次数；t 为水平数；c 为列数，也就是可能安排最多的因素个数。例如，$L_9(3^4)$（表 7-11）表示需做 9 次试验，最多可观察 4 个因素，每个因素均为三水平。一个正交表中也可以各列的水平数不相等，我们称它为混合型正交表，如 $L_8(4 \times 2^4)$（表 7-12），此表的 5 列中，有 1 列为四水平，其余 4 列为二水平。

表 7-11 水平正交表 $L_9(3^4)$

试验号 \ 因素	1	2	3	4
1	1	1	1	1
2	1	2	2	2
3	1	3	3	3
4	2	1	2	3

(续)

试验号 \ 因素	1	2	3	4
5	2	2	3	1
6	2	3	1	2
7	3	1	3	2
8	3	2	1	3
9	3	3	2	1

表 7-12 水平正交表 $L_8(4 \times 2^4)$

试验号 \ 因素	1	2	3	4	5
1	1	1	1	1	1
2	1	2	2	2	2
3	2	1	1	2	2
4	2	2	2	1	1
5	3	1	2	1	2
6	3	2	1	2	1
7	4	1	2	2	1
8	4	2	1	1	2

从上述两表中，可以看出正交表具有以下性质：

（1）每一列中，不同的数字出现的次数相等。例如在二水平正交表中，任何一列都有数码"1"与"2"，且任何一列中它们出现的次数是相等的；如在三水平正交表中，任何一列都有"1""2""3"，且它们在任一列的出现数均相等。

（2）任意两列中数字的排列方式齐全而且均衡。例如在二水平正交表中，任何两列（同一横行内）有序对共有 4 种：(1,1)、(1,2)、(2,1)、(2,2)。每种对出现的次数相等。在三水平情况下，任何两列（同一横行内）有序对共有 9 种，(1,1)、(1,2)、(1,3)、(2,1)、(2,2)、(2,3)、(3,1)、(3,2)、(3,3)，且每对出现的次数也相等。

以上两点充分地体现了正交表的两大优越性，即"均匀分散性"和"整齐可比性"。即每个因素的每个水平与另一个因素水平各碰一次，这就是正交性。

2. 正交试验的参数设计方法与步骤

在参数设计时，一般需要用到两个正交表：内表和外表。其中内表用于安排可控因素；外表用于安排噪声因素。正交试验的参数设计就是通过有限的几个代表性试验来确定使产品输出特性最佳的参数设计组合。一般的方法和步骤如下：

（1）明确试验目的，即使输出特性最佳的要求。

（2）确定试验因素，对设计因素进行分类，制定可控因素水平表和噪声因素水平表。

（3）分析各试验因素的交互作用，计算质量特性值。

(4）计算信噪比或其他指标。
(5）内表的统计分析。
(6）确定最佳的可控因素水平。

三、具体实例分析

[例7-2] 根据需要，设计一种驱动器，专业人员经过认真分析，决定采用机械驱动方式。设驱动器的设计输出为：$F = K\left(\dfrac{BCD^2}{A} + EIGHJ\right)$，其中，$F$ 为无量纲驱动力，$K = \pi/2$ 为常数，$J = 1.16$ 为常数，A、B、C、D、E、I、G、H 为部件参数。无量纲驱动力 F 是输出特性，其目标值为 $m = F_0 = 4.5$。要求选择 A、B、C、D、E、I、G、H 等参数，使系统在参数有波动（误差）的条件下，能稳定地达到输出特性 F 的要求。

1. 区分可控因素及误差因素

构成驱动器的部件中，可控因素共七个，它们是 A、B、C、D、E、I 和 G。如前所述，误差因素是产生波动的主要原因。为了区分误差因素和可控因素，常常在英文字母的右上角加"'"来表示误差因素。如"A'"表示 A 因素的误差因素。如果因素 B 既是可控因素又是误差因素，可记作"B"或"B'"。构成驱动器的部件中，误差因素共八个，它们是 A'、B'、C'、D'、E'、I'、G'、H'。

根据需要和经验，对可控因素和误差因素的研究可以有所选择，如为了减少计算次数，可对其中几个因素加以研究。如果条件允许，对全部因素都加以研究，无疑会得到更多的信息。

2. 确定可控因素水平

通常，以设计人员开始考虑的一组参数作为可控因素的第二水平。第一、第三水平可采用等差或等比数列来确定，而且其差（或比）值尽量取得大一些，以便使研究的范围更广。

在驱动器这一例子中，工程设计人员所确定的第二水平为：

$A = 650$，$B = 20$，$C = 2$，$D = 8$，$E = 0.7$，$G = 1.31$，$I = 0.57$

按等差数列来确定第一、第三水平，得到可控因素水平表，如表7-13所示，可见此例为七因素水平。

表7-13 可控因素水平表

可控因素 \ 水平	一	二	三
A	600	650	700
B	10	20	30
C	1	2	3
D	4	8	12
E	0.4	0.7	1
I	0.47	0.57	0.67
G	0.88	1.31	1.74

3. 内设计

在正交试验法中,安排可控因素的正交表称为内表,相应的试验设计称为内设计。由于此例中可控因素比较多,可以利用正交表 $L_{36}(3^{13})$ 安排试验方案。其中,L 表示正交表,36 表示有 36 个试验方案,3 表示每个参数有三个水平,13 表示正交表有 13 列。表头设计如表 7-14 所示。

表 7-14 表头设计

列号	1	2	3	4	5	6	7	8	9	10	11	12	13
因素	A	B	C	D	E	I	G						

作为内设计的内表见表 7-15。

表 7-15 内表及信噪比数据

方案	A 1	B 2	C 3	D 4	E 5	I 6	G 7	e 8	e 9	e 10	e 11	e 12	e 13	η/dB
1	1	1	1	1	1	1	1	1	1	1	1	1	1	16.944
2	2	2	2	2	2	2	2	2	2	2	2	2	1	14.974
3	3	3	3	3	3	3	3	3	3	3	3	3	1	14.293
4	1	1	1	2	2	2	2	2	3	3	3	3	1	17.131
5	2	2	2	3	3	3	3	1	1	1	1	1	1	17.053
6	3	3	3	1	1	1	1	2	2	2	2	2	1	13.876
7	1	1	2	3	3	1	1	2	2	3	3	1	1	14.454
8	2	2	3	1	1	2	2	3	3	1	1	2	1	15.952
9	3	3	1	2	2	3	3	1	1	2	2	3	1	15.656
10	1	1	3	2	1	3	2	3	2	1	3	2	1	16.009
11	2	2	1	3	2	1	3	1	3	2	1	3	1	14.945
12	3	3	2	1	3	2	1	2	1	3	2	1	1	15.768
13	1	2	3	1	3	2	3	3	2	1	2	2	2	15.552
14	2	3	1	2	1	3	1	1	3	2	3	2	2	14.845
15	3	1	2	3	2	1	2	2	1	3	1	2	2	15.031
16	1	2	3	2	1	1	3	2	3	2	1	2	2	14.163
17	2	3	1	3	2	2	1	3	1	3	2	2	2	14.182
18	3	1	2	1	3	3	2	1	2	1	3	2	2	16.799
19	1	2	1	3	3	1	2	2	3	2	1	3	2	14.880
20	2	3	2	1	1	2	3	3	1	3	2	3	2	15.252
21	3	1	3	2	2	3	1	1	2	1	3	3	2	15.840
22	1	2	2	3	1	2	1	3	2	3	1	1	2	14.307
23	2	3	3	1	2	3	2	1	3	1	2	1	2	15.349
24	3	1	1	2	3	1	3	2	1	2	3	1	2	16.590
25	1	3	2	1	2	3	1	2	3	1	3	3	3	16.741
26	2	1	3	2	3	1	2	3	1	2	1	3	3	15.036
27	3	2	1	3	1	2	3	1	2	3	2	1	3	14.396
28	1	3	2	2	2	1	3	2	1	3	3	1	3	14.095
29	2	1	3	3	3	2	1	3	2	1	2	1	3	14.791
30	3	2	1	1	1	3	2	1	3	2	3	1	3	17.094
31	1	3	3	3	1	3	1	2	3	2	2	1	3	13.895
32	2	1	1	1	2	1	2	3	1	3	3	1	3	16.652
33	3	2	2	2	3	2	3	1	2	1	1	1	3	14.204
34	1	3	1	2	3	3	2	3	1	1	2	2	3	16.129
35	2	1	2	3	1	1	3	1	2	2	3	2	3	17.098
36	3	2	3	1	2	1	1	2	3	3	1	2	3	16.140

4. 确定误差因素水平

误差因素通常取三水平，也有取二水平的情况。误差因素取三个时，其第二水平依赖于内设计，是把内设计中方案给出的参数值定义为"中心值"，该中心值因方案不同而不同。第一、第三水平在第二水平的基础上等差或等比减少或增加一定的量。本例中误差因素取三水平，$A \sim G$ 的第二水平值由内表中方案 3 给出，H 由设计人员给出（给定值 1.5）。第一、第三水平由计算得出。

第一水平 = 中心值 − 中心值 × 10% = 0.9 × 中心值
第二水平 = 中心值
第三水平 = 中心值 + 中心值 × 10% = 1.1 × 中心值

即以 ±10% 的波动作为第一、第三水平。

对应于内表方案 3 的水平值见表 7-16，对应于内表其他各次试验的误差因素水平表以此类推。

表 7-16　内表中方案 3 的误差因素水平表

因　素	第　一　水　平	第　二　水　平	第　三　水　平
A'	630	700	770
B'	27	30	33
C'	2.7	3	3.3
D'	10.8	12	13.2
E'	0.9	1	1.1
I'	0.60	0.67	0.74
G'	1.57	1.74	1.91
H'	1.35	1.5	1.65

由于内设计中共有 $n = 36$ 个方案，所以有 36 张误差因素水平表。

5. 外设计

安排误差因素和信号因素的正交表称为外表，相应的设计称为外设计。

我们仍然选用 $L_{36}(3^{13})$ 正交表进行外设计。为不失一般性，把 A'、B'、C'、D'、E'、I'、G'、H' 八个误差因素依次排列在正交表 $L_{36}(3^{13})$ 中的第一列至第八列上，其余为空列。以内表中方案 3 的条件为例，根据表 7-16，得到相应的外表如表 7-17 所示。按相应的外表，可计算出 36 个特征值（驱动力 F），将这些 F 值填入表 7-17 中。

现以外表中方案 1 为例，说明计算过程。

$$F_1 = K\left(\frac{BCD^2}{A} + EIGHJ\right)$$
$$= \frac{\pi}{2}\left(\frac{27 \times 2.7 \times 10.8^2}{630} + 0.9 \times 0.6 \times 1.57 \times 1.35 \times 1.16\right)$$
$$= 23.286$$

表 7-17 内表方案 3 条件的外表及偏差值

方案	A' 1	B' 2	C' 3	D' 4	E' 5	I' 6	G' 7	H' 8	e 9	e 10	e 11	e 12	e 13	F
1	1	1	1	1	1	1	1	1	1	1	1	1	1	23.286
2	2	2	2	2	2	2	2	2	2	2	2	2	1	32.269
3	3	3	3	3	3	3	3	3	3	3	3	3	1	43.383
4	1	1	2	1	2	2	2	2	2	3	3	3	1	26.743
5	2	2	3	2	3	3	3	3	1	1	1	1	1	36.665
6	3	3	1	3	1	1	1	1	2	2	2	2	1	33.756
7	1	1	2	3	1	2	3	3	1	2	3	3	1	38.652
8	2	2	3	1	2	3	1	1	2	3	1	1	1	28.770
9	3	3	1	2	3	1	2	2	3	1	2	2	1	29.313
10	1	1	3	2	1	3	2	3	2	1	2	3	1	35.474
11	2	2	1	3	2	1	3	1	3	2	3	1	1	34.489
12	3	3	2	1	3	2	1	2	1	3	1	2	1	26.719
13	1	2	1	3	3	2	2	1	3	3	1	2	2	32.270
14	2	3	2	1	1	3	3	2	1	1	2	3	2	31.642
15	3	1	3	2	2	1	1	3	2	2	3	1	2	31.924
16	1	2	1	2	3	3	3	2	3	2	1	1	2	38.364
17	2	3	2	3	1	1	1	3	1	3	2	2	2	38.000
18	3	1	3	1	2	2	2	1	2	1	3	3	2	22.758
19	1	2	2	3	3	1	3	2	1	2	3	1	2	38.682
20	2	3	3	1	1	2	1	3	2	3	1	2	2	28.737
21	3	1	1	2	2	3	2	1	3	1	2	3	2	29.332
22	1	2	2	1	3	3	1	3	3	1	2	2	2	41.924
23	2	3	3	2	1	1	2	1	1	2	3	3	2	31.651
24	3	1	1	3	2	2	3	2	2	3	1	1	2	24.908
25	1	3	3	3	2	3	2	1	2	1	1	2	3	32.268
26	2	1	1	1	3	1	3	2	3	2	2	3	2	32.623
27	3	2	2	2	1	2	1	3	1	3	3	1	2	31.946
28	1	3	2	2	2	1	3	2	3	1	3	3	3	38.377
29	2	1	3	3	3	2	1	3	1	2	1	1	3	37.992
30	3	2	1	1	1	3	2	1	2	3	2	2	3	22.750
31	1	3	3	1	3	2	3	1	2	2	1	3	3	50.829
32	2	1	1	2	1	3	1	2	3	3	2	1	3	22.871
33	3	2	2	3	2	1	2	3	1	1	3	2	3	28.767
34	1	3	2	1	2	2	1	1	1	3	2	1	3	35.453
35	2	1	3	2	3	3	2	2	2	1	3	2	3	34.528
36	3	2	1	3	1	1	3	3	3	2	1	3	3	26.695

依此,可求出内表中方案 3 条件对应外表的 36 个特征值 F_1 至 F_{36}。由于内表中每一条件均对应一个外表,所以共有 36 张外表,36×36(即 1296)个方案。

6. 计算信噪比

对于内表中的每个试验方案,均可以设计出相应的外表,并由输出特性计算式求得 36

个驱动力 $F_1, F_2, \cdots, F_{36}$；然后再由这 36 个特征值求出一个信噪比 η。我们仍以内表中方案 3 条件为例，说明如何求出信噪比。

首先求出 36 个偏差值的平均值和均方差，即

$$\overline{F} = \frac{1}{n}\sum_{i=1}^{n} F_i = \frac{1}{36} \times (23.286 + 32.269 + \cdots + 26.265) = 32.61$$

$$V_e = \frac{1}{n-1}\sum_{i=1}^{n}(F_i - \overline{F})^2 = 39.53$$

再由式（7-8）和式（7-10）求出信噪比 η

$$S_m = \frac{1}{n}\left(\sum_{i=1}^{n} F_i\right)^2 = \frac{1173.96^2}{36} = 38282.836$$

$$\eta = 10\lg \frac{(S_m - V_e)/n}{V_e} = 10\lg \frac{38282.836 - 39.53}{36 \times 39.53}\text{dB} = 14.293\text{dB}$$

依此，可求出内表中其余 36 张外表的信噪比 η，结果见表 7-15。

7. 内表的统计分析

内表的统计分析对象是信噪比 η。它是衡量内表中方案稳健性的指标。首先计算出每个因素（A、B、C、D、E、I、G 共七个因素）各水平（三个水平）下 η 的合计值（即各列中与各个水平相应的 η 值之和）及平均值，结果见表 7-18。

表 7-18 方差分析辅助表

因素 水平	A	B	C	D	E	I	G
T_1	184.298	192.285	186.099	195.284	183.682	182.008	184.177
T_2	186.039	183.659	185.853	184.593	185.515	182.769	184.193
T_3	185.686	180.080	184.072	176.146	186.826	191.247	187.653
$\overline{T}_1$	15.358	16.024	15.508	16.274	15.307	15.167	15.348
$\overline{T}_2$	15.503	15.305	15.488	15.383	15.460	15.231	15.349
$\overline{T}_3$	15.474	15.007	15.339	14.679	15.569	15.937	15.638

表 7-18 中：

$$T_1 = 16.943 + 17.131 + \cdots + 16.129 = 184.298$$

$$\overline{T}_1 = \frac{T_1}{12} = \frac{184.298}{12} = 15.358$$

然后计算各种波动平方和与自由度。

总波动 S_T 为各方案所对应的信噪比与平均信噪比之差的平方和，其自由度 f_T 为各种因素中能独立变化因素的个数。S_i 为 i 因素取不同水平所引起的波动平方和，其自由度 f_i 为能独立变化因素的个数（具体公式的推导见概率论与数理统计）。

$$S_T = \sum_{i=1}^{n}(\eta_i - \overline{\eta})^2 = \sum_{i=1}^{n}\eta_i^2 - \frac{1}{n}\left(\sum_{i=1}^{n}\eta_i\right)^2 \quad (7\text{-}12)$$

$$S_T = (16.944^2 + 14.974^2 + \cdots + 16.140^2) - \frac{1}{36} \times 556.024^2 = 39.180$$

$$f_T = n - 1 \quad (7\text{-}13)$$

$$f_T = n - 1 = 35$$

各种因素的波动 $S_i(i=1, 2, \cdots, 7)$ 为

$$S_i = \frac{T_{1i}^2 + T_{2i}^2 + T_{3i}^2}{r} - \frac{556.024^2}{36} \quad \left(r = \frac{n}{\text{水平数}} = \frac{36}{3} = 12\right)$$

可控因素 A 的波动 S_1 为

$$S_1 = S_A = \frac{T_{11}^2 + T_{21}^2 + T_{31}^2}{12} - \frac{556.024^2}{36}$$

$$= \frac{184.298^2 + 186.039^2 + 185.686^2}{12} - 8587.840 = 0.1412$$

$$f_1 = f_A = 3 - 1 = 2$$

依此可算得

$S_B = 6.5605$,$f_B = 2$,$S_C = 0.2040$,$f_C = 2$,$S_D = 15.3306$,$f_D = 2$,$S_E = 0.4156$,$f_E = 2$,$S_I = 4.3841$,$f_I = 2$,$S_G = 0.6682$,$f_G = 2$

最后,用分解公式计算误差波动平方和 S_e 及自由度 f_e。S_e 为由误差引起的波动平方和,其值为总波动的平方和减去各因素不同水平所引起的波动平方和,其自由度 f_e 为误差项自由度。

$$S_e = S_T - (S_A + S_B + S_C + S_D + S_E + S_I + S_G)$$

$$= 39.180 - (0.1412 + 6.5605 + \cdots + 0.6682) = 11.4719$$

$$f_e = 35 - 2 \times 7 = 21$$

然后,将上述结果整理为方差分析表(见表7-19)。其中 V_i 为平均平方或方差,F_i 为 i 因素的 F 检验值,当 F 值大于 $F_{f_e}^{f_i}(0.01)$ 时,称 i 因素高度显著,标示"**";当 F 值大于 $F_{f_e}^{f_i}(0.05)$ 时,称 i 因素显著,标示"*"。否则因素 i 影响不显著。

表7-19 参数设计内表的方差分析 $F_{27}^2(0.05) = 3.35$;$F_{27}^2(0.01) = 5.4$

来源	S_i	f_i	V_i	F_i
A	0.1412	2	0.0706	
B	6.5605	2	3.2803	12.97**
C	0.2040	2	0.1020	
D	15.3306	2	7.6653	30.31**
E	0.4156	2	0.2078	
I	4.3841	2	2.1921	8.67**
G	0.6682	2	0.3341	1.32
e	11.4719Δ	21	0.5463	
(e)	6.8287	(27)	(0.2529)	
T	39.180	35		

从方差分析表7-19可以看出因素 B、D、I 高度显著,因素 A、C、E、G 不显著。

8. 确定最佳参数组合

参数组合的确定可以采取两种方法:第一种是"观察"法,即由内表中的信噪比列中,η 最大值所对应条件为最佳组合;第二种是"计算"法,即由第七步中的方差分析,得到最

佳组合。此时，不显著因素的水平可自由选取。

由"观察"法得到的最佳参数组合为：A_1、B_1、C_2、D_1、E_2、I_2、G_2，对应的信噪比为 $\eta_{\max} = 17.131\text{dB}$，即方案4。

由"计算"法求最佳参数组合可采用下面的两段法：

（1）由 η 求（稳健性）参数组合。因为 η 越大，输出特性就越稳定，所以此时选择的参数组合具有质量波动小、抵抗三种干扰能力强的特性，即具有稳健性。

本例中，由于 A、C、E、G 因素不显著，所以其水平可自由选取；高度显著因素 B、D 和 I 的水平必须由 η 来选取：

$$B_1(\overline{\eta} = 16.204\text{dB}), D_1(\overline{\eta} = 16.274\text{dB}), I_3(\overline{\eta} = 15.937\text{dB})$$

得到满足稳健性的一组参数 $AB_1CD_1EI_3G$。

如果取不显著因素的水平为 $A_2C_3E_3G_3$，那么相应的无量纲驱动力为

$$F = \frac{\pi}{2}\left(\frac{BCD^2}{A} + EIGHJ\right) = \frac{\pi}{2} \times \left(\frac{10 \times 3 \times 4^2}{650} + 1 \times 0.67 \times 1.74 \times 1.5 \times 1.6\right) = 5.55$$

（2）再由不显著因素求（一致性）参数组合。由于满足稳健性的参数组合对应的输出特性（5.55）与目标值（4.5）相差太大（偏移过多），因此必须进行目标校正。通过调整对 η 影响不显著，但与 F 呈线性关系的因素的参数值，使输出特性接近目标值。

但在本例中，根据专业知识，驱动力 F 与因素 G 呈线性关系，且对信噪比影响不大，因此，因素 G 可作为调整因素。其调整值为

$$G = \frac{\dfrac{\pi}{2} \times 4.5 - \dfrac{10 \times 3 \times 4^2}{650}}{1 \times 0.67 \times 1.5 \times 1.6} = 5.43$$

得到同时满足"稳健性"和"一致性"的参数组合，即最佳条件为

$$A = 650, \ B = 10, \ C = 3, \ D = 4, \ E = 1, \ G = 5.43, \ I = 0.67$$

在一般情况下，还需要进行灵敏度分析，找一个对信噪比影响不大而对灵敏度影响显著的因素作为调整因素，校正与目标值的偏差，此处略去。

第五节　容差设计

容差设计（公差设计）是在确定各零部件参数后，经济、合理地安排和决定系统有关参数的容差（公差）。传统的容差设计方法是查阅相关设计手册，根据零部件的用途和设计者的经验确定它们的容差，并没有考虑内、外干扰因素，而且没有把容差的确定与经济性联系起来，因此确定的容差常常不尽合理。容差设计应考虑内、外干扰因素对质量波动的影响和经济性，对质量波动影响大的零部件制定严格的容差，对质量波动影响小的零部件制定较大的容差，使容差确定更加合理，零部件成本更低，装配成的产品性能更稳定。

一、质量损失函数

1. 望目特性的质量损失函数

设产品（系统）的输出特性（质量特性）为 y，目标值为 m。若 $y \neq m$，即 $|y - m| \neq 0$，

则造成经济损失，且偏差越大，损失也越大。当 $y = m$ 时，损失最小（零损失）。输出特性为 y 的产品，其质量损失记作 $L(y)$。将函数 $L(y)$ 在目标值 m 周围用泰勒公式展开，得到

$$L(y) = L(m) + \frac{L'(m)}{1!}(y-m) + \frac{L''(m)}{2!}(y-m)^2 + \cdots + \frac{L^{(n-1)}(m)}{(n-1)!}(y-m)^{(n-1)} + \cdots \tag{7-14}$$

因为，当 $y = m$ 时，$L(y) = 0$，即 $L(m) = 0$；又因当 $y = m$ 时，$L(y)$ 存在最小值 $L(m)$，所以 $L'(m) = 0$；再略去二阶以上高阶项，则式（7-14）可简化为

$$L(y) = \frac{L''(m)}{2!}(y-m)^2 \tag{7-15}$$

由于常数项 $L''(m)/2!$ 与质量特性 y 无关，令 $k = L''(m)/2!$，把它代入式（7-15），得到

$$L(y) = k(y-m)^2 \tag{7-16}$$

式（7-16）即为望目特性的质量损失函数。

在质量损失函数中，$(y-m)^2$ 反映了质量特性与目标值的接近程度，亦即质量的波动程度，比例常数 k 反映了单位平方偏差的经济损失，k 值越大，损失越大。图 7-14 为不同比例常数 k 时质量损失函数的变化曲线，它们是以 m 为中心的一簇抛物线。

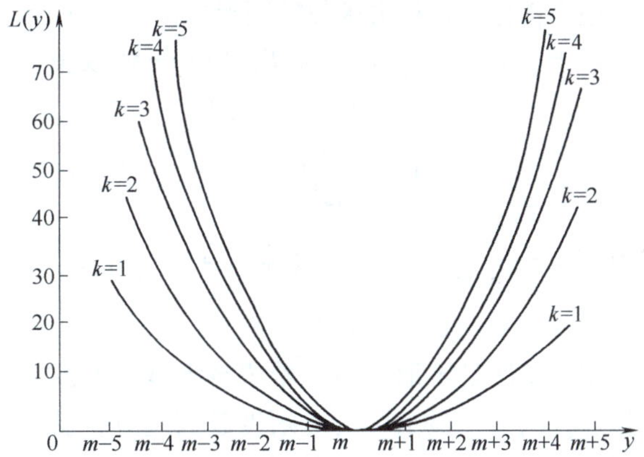

原则上讲，只要知道抛物线 $L(y)$ 上的一个点，便可求得比例常数 k。下面分两种情况来介绍 k 值的确定方法：

（1）根据功能界限 Δ_0 和相应的损失 A_0 求 k。所谓功能界限 Δ_0，是指产品能够正常发挥其功能的界限值。若产品的输出特性为 y，目标值为 m，则当 $|y-m| \leq \Delta_0$ 时，产品可正常发挥功能；而当 $|y-m| > \Delta_0$ 时，产品将丧失功能，且造成的经济损失为 A_0，由式（7-16）得到

$$A_0 = k\Delta_0^2$$

图 7-14　$L(y)$ 曲线图

（2）根据容差 Δ 和相应的损失 A 求 k。所谓容差 Δ，是指容许的偏差或判断产品合格与否的界限。当 $|y-m| \leq \Delta$ 时，产品为合格品；而当 $|y-m| > \Delta$ 时，产品为不合格品，相应的损失为 A，由式（7-16）得到 $A = k\Delta^2$，故有

$$k = \frac{A}{\Delta^2} \tag{7-17}$$

上述情况是功能界限或容差对称条件下比例常数 k 的求法，相应的平均质量损失为

$$\overline{L}(y) = \begin{cases} \dfrac{A_0}{\Delta_0^2} \dfrac{1}{n} \sum\limits_{i=1}^{n}(y_i - m)^2 \\ \dfrac{A}{\Delta^2} \dfrac{1}{n} \sum\limits_{i=1}^{n}(y_i - m)^2 \end{cases}$$

2. 望小特性的质量损失函数

望小特性是不取负值,希望越小越好的一种质量特性,例如汽车的噪声越小越好,就是望小特性。望小特性理想的取值是"0",即质量特性 y 越接近零值,产品质量就越高。它相当于目标值为"0"的望目特性。仿照望目特性的计算方法,可求出望小特性的质量损失函数。

设 y 是望小特性,当 $y=0$ 时,质量损失最小且为零,即 $L(0)=0$,$L'(0)=0$,由泰勒展开式

$$L(y) = L(0) + \frac{L'(0)}{1!}y + \frac{L''(0)}{2!}y^2 + \cdots \tag{7-18}$$

舍去二阶以上高阶项,令 $L''(0)/2! = k$,得到

$$L(y) = ky^2 \tag{7-19}$$

设技术文件规定的容差为 Δ,不合格时的损失为 A,把 Δ、A 代入式(7-19)得到

$$k = \frac{A}{\Delta^2} \tag{7-20}$$

由此得到望小特性 Δ_0 的质量损失函数为

$$L(y) = \frac{A}{\Delta^2} y^2$$

望小特性质量损失函数的图形如图 7-15 所示。

对于 n 件产品,设其输出特性分别取值 y_1,y_2,$\cdots$,y_n,则平均质量损失为

$$\bar{L}(y) = \frac{A}{\Delta^2} V_T \tag{7-21}$$

式中,$V_T = \frac{1}{n} \sum_{i=1}^{n} y_i^2 = \frac{1}{n}(y_1^2 + y_2^2 + \cdots + y_n^2)$

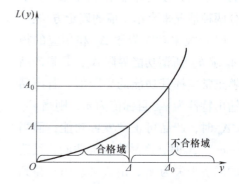

图 7-15 望小特性损失函数的图形

3. 望大特性的质量损失函数

望大特性是不取负值,希望越大越好的质量特性,例如,显示屏的清晰度越高越好,就是望大特性。设 y 为望大特性,在 $y \to \infty$ 处损失为零[即 $L'(0)=0$,$L'(\infty)=0$]。按照 $y \to \infty$ 的泰勒展开式,依前得到

$$L(y) = L(\infty) + \frac{L'(\infty)}{1!} \frac{1}{y} + \frac{L''(\infty)}{2!} \frac{1}{y^2} + \cdots = k \frac{1}{y^2} \tag{7-22}$$

设技术文件规定的容差为 Δ,不合格时的损失为 A,分别把 Δ 和 A 代入上式得到 $A = k \frac{1}{\Delta^2}$,即 $k = A\Delta^2$,把 k 值代入式(7-22),便得到单件产品条件下望大特性的质量损失函数为

$$L(y) = \frac{A\Delta^2}{y^2} \tag{7-23}$$

对于 n 件产品,设其输出特性分别取值为 y_1,y_2,$\cdots$,y_n,相应的平均质量损失计算式为

$$\overline{L}(y) = \frac{1}{n}\sum_{i=1}^{n}\frac{A\Delta^2}{y_i^2} = \frac{1}{n}A\Delta^2\left(\frac{1}{y_1^2} + \frac{1}{y_2^2} + \cdots + \frac{1}{y_n^2}\right) \qquad (7-24)$$

望大特性质量损失函数的图形如图 7-16 所示。

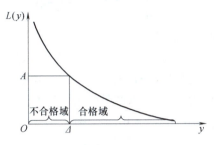

图 7-16 望大特性损失函数的图形

二、容差的确定

1. 望目特性和望小特性的容差

设产品的输出特性 y 为望目特性,容差为 Δ,当产品不合格时工厂要进行返修或做报废处理;造成的损失为 A,产品的功能界限为 Δ_0,丧失功能时的损失为 A_0。那么质量损失函数为

$$L(y) = \frac{A_0}{\Delta_0^2}(y-m)^2 \qquad (7-25)$$

当 $|y-m| = \Delta$ 时,$L(y) = A$,代入上式得

$$A = \frac{A_0}{\Delta_0^2}\Delta^2 \text{ 或 } \Delta = \sqrt{\frac{A}{A_0}}\Delta_0 \qquad (7-26)$$

若定义安全系数为

$$\Phi = \sqrt{\frac{A_0}{A}} \qquad (7-27)$$

则

$$\Delta = \frac{\Delta_0}{\Phi} \qquad (7-28)$$

当产品输出特性 y 为望小特性时,其质量损失函数为

$$L(y) = \frac{A_0}{\Delta_0^2}y^2$$

若已知不合格损失为 A,即 $y = \Delta$ 时,$L(y) = A$,则

$$A = \frac{A_0}{\Delta_0^2}\Delta^2 \text{ 或 } \Delta = \sqrt{\frac{A}{A_0}}\Delta_0 = \frac{\Delta_0}{\Phi}$$

与望目特性的公式相同。

[**例 7-3**] 煤气灶用压电晶体点火器的主要性能指标是瞬态电压,其目标值为 13kV,功能界限为 $\Delta_0 = 500\text{V}$,丧失功能带来的损失为 5 元。出厂前产品不合格做报废处理的损失为 2.8 元,求该产品的出厂容差。

解 已知 $\Delta_0 = 500\text{V}$,$A_0 = 5$ 元,$A_0 = 2.8$ 元,则

$$\Phi = \sqrt{\frac{A_0}{A}} = \sqrt{\frac{5}{2.8}} = 1.336$$

$$\Delta = \frac{\Delta_0}{\Phi} = \frac{500\text{V}}{1.336} = 374.25\text{V}$$

即产品的瞬态电压指标为 13000V ± 374V。

[例 7-4] 某挖煤机产品液压操纵阀的关键特性之一是清洁度，即每片阀含杂质的毫克数要求越小越好。当每片含杂质超过 20mg 时，产品丧失功能，需花费 70 元进行修理，而产品不合格时工厂的返修损失仅为 10 元，求产品的出厂容差。

解 已知 $\Delta_0 = 20\text{mg}$，$A_0 = 70$ 元，$A = 10$ 元，则

$$\Phi = \sqrt{\frac{A_0}{A}} = \sqrt{\frac{70}{10}} = 2.646$$

$$\Delta = \frac{\Delta_0}{\Phi} = \frac{20\text{mg}}{2.646} = 7.559\text{mg}$$

所以工厂验收的合格标准为 $y \leq 7.559\text{mg}$。

2. 望大特性的容差确定

望大特性的质量损失函数为

$$L(y) = \frac{A_0 \Delta_0^2}{y^2}$$

若已知不合格损失为 A，即 $y = \Delta$ 时，$L(y) = A$，则

$$A = \frac{A_0 \Delta_0^2}{\Delta^2}$$

所以

$$\Delta = \sqrt{\frac{A_0}{A}} \Delta_0 = \Phi \Delta_0$$

[例 7-5] 用硬聚氯乙烯型材加工塑料门窗。当塑料的拉伸强度低于 31MPa 时，门窗就会断裂，此时造成的损失为 200 元，而因材料不合格工厂报废处理的损失为 120 元，试求所用聚氯乙烯型材的容差。

解 已知 $\Delta_0 = 31\text{MPa}$，$A_0 = 200$ 元，$A = 120$ 元，质量特性（拉伸强度）为望大特性，故

$$\Phi = \sqrt{\frac{A_0}{A}} = \sqrt{\frac{200}{120}} = 1.29$$

$$\Delta = \Phi \Delta_0 = 1.29 \times 31\text{MPa} = 40\text{MPa}$$

所以，所用型材的强度下限应为 40MPa。

复习思考题

1. 什么是质量设计？为什么说质量设计十分重要？
2. 简要论述实行质量先期策划时需要遵循的原则。

3. 查找资料获取相关数据，建立某产品的质量屋模型。

4. 简要说明 QFD 过程及各过程的任务。

5. 三次设计与 QFD、参数设计、容差设计有什么关系？

6. 为什么说参数设计是质量设计的核心？

7. 归纳参数设计的步骤和方法。

8. 自己找资料了解正交表的基本理论。

9. 一家机床制造公司根据顾客的需求和公司的具体情况确定了下列任务：①改进产品的品质和可靠性；②缩短新产品的交货时间和降低成本。这些任务被分解为下列更具有可操作性的目标：①减少每月停工事故的次数（增加平均故障间隔时间）；②引进改进了的柔性制造系统（FMS）；③缩短专门订货的交货时间；④在现有产品的升级过程中降低成本。根据以上任务和目标，设计你的策略，并将策略用质量功能配置方法展开为指令。

10. 加工一零件，其规格为 (100 ± 5) mm，当超出规格时，即作为废品，此时的损失为 60 元，试求该零件尺寸的质量损失函数。

11. 说明质量损失函数在容差设计中的作用。

12. 设汽车车门的尺寸功能界限 $\Delta_0 = 3.6\mu m$，车门关不上造成的社会损失 $A_0 = 600$ 元，在工厂内，车门尺寸不合格报废造成的损失 $A = 150$ 元。试求车门的出厂容差。

13. 设计某机械产品，材料可以从 A_1、A_2、A_3 三种材料中任选。三种材料的温度系数 b（温度每变化 1℃ 的伸长率）、每年的磨损量 β（每年磨损量的百分率）及价格见表 7-20。产品的功能界限 $\Delta_0 = 6mm$，丧失功能时的损失 $A_0 = 180$ 元。产品在标准温度下出厂的尺寸等于目标值 m，试问选用哪种材料比较合理？

表 7-20 三种材料的 b、β 和价格

材　料	$b(\%)$	$\beta(\%)$	价格(元)
A_1	0.08	0.15	1.80
A_2	0.03	0.06	3.50
A3	0.01	0.05	6.30

第八章
制造过程质量控制

第一节 制造过程质量控制的基本概念

产品在开发完成后，就转入制造阶段。制造就是根据产品研发确定的制造工艺，准备各种制造资源（包括工装、检具、原材料、辅料、刀具、设备等），然后开展包括零部件加工、采购和装配在内的一系列制造活动，直到产成品入库的整个过程，如图8-1所示。制造过程是制造企业生产经营活动的重要内容，是保证产品质量的重要环节。

制造过程质量控制是指在制造过程中为确保产品质量而进行的各种活动。由于产品制造是通过各种生产过程（加工过程、采购过程、装配过程）来完成的，因此工序质量控制是其重点内容。工序质量状态的优劣决定了产品质量的好坏，从现场质量管理的角度来看，工序质量的稳定涉及操作者（Man）、设备（Machine）、材料（Material）、方法（Method）、环境（Environment）和测量（Measurement）等六个因素（简称5M1E），任何一个因素发生变异，都会直接影响产品的质量。在制造过程中，产品质量波动是必然的，因此，制造过程质量控制

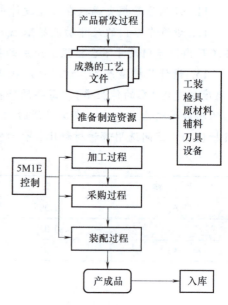

图8-1 产品制造过程

的重点是保持过程的稳定并逐步优化改进（减少过程变异）。为了做好制造过程的质量控制，应采取如下措施：

1. 明确控制因素

如前所述，在制造过程中，影响产品质量的因素很多，主要体现在5M1E上。在诊断产品质量问题时，可能某一个因素会起关键作用，只要解决了这个问题，生产过程就会重新恢复到受控状态。在分析影响产品质量问题的因素时，可以采用分层法、帕累托图、因果图和直方图等，其中，可以利用因果图确定引起质量问题的所有可能的因素，利用帕累托图确定影响因素的重要程度。

2. 采用正确的分析和控制方法

分析产生质量问题的原因可以采用第五章介绍的新、老七种工具，也可以采用工序能力

分析（Process Capability Analysis）。工序能力分析也是最常用的方法之一，利用该方法可以判断工序能力是否满足工序质量的要求。对于过程稳定性的控制常用统计过程控制技术（Statistical Process Control，SPC）。

3. 对操作者的控制

在产品质量形成的过程中，人是最主要的因素，起着决定性的作用，在自动化制造甚至智能制造环境下也是如此。造成操作失误的主要原因有：质量意识淡薄；操作时粗心大意，没有责任心；不遵守操作规程；操作技能低，技术不熟练；由于工作简单重复而产生厌烦情绪等。所以，首先要通过培训形成"质量第一，用户第一，下道工序是用户"的质量意识；其次要编写明确详细的作业指导书，加强操作技能培训，颁发操作合格证，持证上岗；然后要建立健全质量责任制与追溯机制，奖惩分明，培养严谨的工作作风；最后要通过不同工种间的人员调整，工作经验丰富化等方法，消除操作人员的厌烦情绪。总之要广泛开展 QC 小组活动，提高员工的自我提升和自我改进能力。

4. 对机器设备的控制

机器设备包括加工设备和装配设备。产品（特别是零部件）是通过机器设备制造出来的，机器设备的状态（精度和性能）对产品质量有着极其重要的影响。随着制造自动化程度越来越高，产品质量越来越倾向于由设备来保障。因此，要加强设备的维护和日常保养，实施保养责任制，制定明确详细的设备保养规范。要定期检测机器设备的关键精度和性能项目，并建立设备关键部位的日点检制度，对关键工序质量控制点的设备进行重点控制。要采用首件检验制，调整定位装置，保证加工质量。要尽可能配置加工精度的自动显示和自动记录装置，减少通过工人调整设备质量来提高可靠性的方式，从而降低对操作工人的依赖。

5. 对材料的控制

制造过程的材料包括原材料（各种金属和非金属）和辅料（包括油漆、润滑液、冷却液等），毫无疑问，材料的质量对产品的质量具有非常重要的影响。材料的缺陷包括尺寸误差、硬度误差、表面平整度误差、材料组织的均匀性误差、材料中的杂质、铸件中的气孔等。由于材料一般是通过外购的形式得到的，所以加强对材料质量的控制尤为重要，对材料质量的控制，主要包括对供应商的质量控制和对进厂材料的质量检验两个方面：在对供应商质量控制方面，要在材料（原材料、辅料、外购件、外协件）采购合同中明确规定质量要求，并送样认可；在选择供应商时，实行评价制度；搞好协作厂间的协作关系，督促、帮助、辅导供应商做好质量控制和质量保证工作；在进货质量检验方面，要加强原材料进厂的理化检验，并加强厂内自制零部件工序间的质量检验。

6. 对工艺方法的控制

工艺方法包括工艺流程的安排，工序之间的衔接，工序加工手段的选择（加工环境条件的选择、工艺装备的选择、工艺参数的选择）和工序加工指导文件的编制（如：工艺卡、操作规范、作业指导书、工序质量控制计划等）。工艺方法对工序质量的影响主要来自两个方面：一是制定的加工方法，即选择的工艺参数和工艺装备等是否正确合理；二是贯彻、执行工艺方法是否严格。对工艺方法进行控制的措施包括：加强技术培训，使操作人员熟悉设备、工装和检具的安装和调整方法，尽可能采用数据显示的方式进行调整；保证控制装置的准确性，严格首件检验，防止加工质量特性值数据分布中心偏离规格中心值；加强现场检验，坚持"三检"制度；加强刀具与模具的磨损管理，实行使用次数记录与强制更换制度；

积极推行控制图管理，以便及时发现问题并采取调整措施；加强工模具和计量器具管理，切实做好工模具周期检查和计量器具的周期校准工作；严肃工艺纪律，对操作规程的执行情况进行日常检查和监督。

7. 对现场环境的控制

所谓环境，一般是指生产现场的温度、湿度、噪声干扰、振动、照明、室内净化、现场污染程度和现场整洁程度等。现场环境对加工质量有一定的影响，例如，温度变化会使得设备和工件发生热胀冷缩现象，从而影响加工精度和密封性能；湿度变化会使设备中的零件生锈卡死；空气中的微粒进入运动结合面，会加剧运动表面之间的磨损；环境条件还会影响操作者的情绪，从而影响工作效率，造成质量缺陷。对环境条件进行控制的措施包括：设置温度、湿度、振动等环境参数的实时监测和报警装置，在超出标准值时进行报警；将重要设备安装在专门的恒温洁净车间；在工作现场持续开展"6S"管理和定制管理活动。

8. 对测量方法的控制

制造过程中的测量包括对材料、半成品和产成品的检查和检验，并与规定的标准值进行比较，确定其合格性并采取控制措施。测量分为离线测量和在线测量，离线测量是将需要检测的物品从生产线上取下，送到专门的检测设备上去测量；在线测量是对生产线上的物品进行测量，不需要将物品取下，从而可以提高效率，更好地保证质量。对测量方法的控制措施包括：确定测量任务及所要求的准确度，选择适用的、具有所需准确度和精密度的测量设备；定期对所有测量和试验设备进行确认、校准和调整；规定必要的校准规程，其内容包括设备类型、编号、地点、校验周期、校验方法、验收标准以及发生问题时应采取的措施；发现测量和试验设备未处于校准状态时，立即评定以前的测量和试验对结果的有效性，并记入有关文件。

第二节 工序能力分析

一、工序质量的波动性

大量事实证明，在生产过程中，一名工人在同一台设备上，用同一种原材料、采用相同的加工方法加工出的一批产品，其质量特性并不是完全相同的，总存在着一定的差异。在质量控制中，这种现象被称为质量波动。质量波动在任何加工过程中都是客观存在的，是不以人的意志为转移的。考核工序质量的好坏，主要是看其波动性的大小。波动小的工序质量就稳定，波动大就说明工序保证加工质量的能力差，产生废次品的概率就高。如前所述，在生产过程中对产品质量波动有影响的因素主要有操作者、设备、材料、方法、环境和测量，因此，对工序质量进行控制事实上就是对这六个因素进行控制。

工序质量的波动分为正常波动和异常波动两大类。

1. 正常波动

正常波动又称为随机波动，它是由一些偶然因素引起的，会使产品质量产生微小的变化，其原因难于查明和消除。在正常生产条件下产生随机波动的原因通常有：原材料性能和成分的微小差异，机器设备的轻微振动，工具材料的微小差异，夹具的微小松动，检测设备和测量读数的微小变化，工人操作方法上的微小变化，环境温度和湿度的微小变化等。正常波动的主要特点有：影响因素多，造成的波动范围小，无方向性（逐件不同），作用时间长，对产品质量的影响小。完全消除偶然因素的影响，在技术上有困难或在经济上不允许，所以由随机因素引起的产品质量波动是不可避免的。由于正常波动存在的客观性，在质量控制中是允许它存在的，例如，在设计过程中规定的公差，实际上就是承认这种正常波动的表现。

在工序质量控制中，通常把仅有正常波动的生产过程称为统计控制状态，简称受控状态。

2. 异常波动

异常波动又称为系统波动，它是由于生产过程中发生某种异常现象而引起的。异常波动通常会使产品质量发生周期性或倾向性的变化，它可分为常值变动、趋势变值变动和随机变值变动三种。异常波动的主要特点有：影响因素相对较少；造成的波动范围大；往往具有单向性、周期性；作用时间短；对产品质量的影响较大；异常因素易于消除或减弱，在技术上不难识别和消除。产生异常波动的原因通常有：工人违反操作规程、机器设备振动过大、夹具严重松动、机床与夹具的调整发生变化、定位基准更改、刀具过度磨损、原材料成分和规格改变、检测误差过大、读数不准等。

异常波动相对于正常波动而言，对产品质量造成的影响较大，其原因易于查明和消除。所以由异常因素造成的产品质量波动在生产过程中是不允许存在的，只要发现产品质量存在异常波动，就应尽快找出其异常因素，采取措施加以消除并杜绝再次发生。

在工序质量控制中，通常把有异常波动的生产过程称为非统计控制状态，简称失控状态。

概括地说，工序质量控制的任务就是要找出产品质量的波动规律，把正常波动控制在合理范围内，并随时消除异常波动。

正常波动和异常波动的比较见表 8-1。

表 8-1 正常波动和异常波动的比较

名　　称	正常波动（随机波动）	异常波动（系统波动）
引起波动的原因	一般原因、偶然原因	异常原因、系统原因
识别性	不易识别	可识别或不难识别
属性	过程所固有的	非过程所固有
影响因素	多	少
波动范围	小	大
波动特性	无方向性，逐件不同	单向性、周期性
作用时间	长	短
对质量的影响	小	大
可消除性	完全消除在技术上有困难或在经济上不允许，是允许存在的	易于消除或减弱，在经济上也往往是允许的，是必须消除的
解决途径	重新配置资源，如更换更高精度的加工设备，严格控制环境	对 5M1E 进行诊断和调整
控制图特性	呈现统计控制状态	控制曲线出现异常

二、工序能力

产品的制造质量主要取决于工序能力的高低。工序能力越高,产品质量的波动就越小,就越容易达到产品质量标准的要求;反之,产品质量的波动就越大,意味着产品的质量就越差。

那么,究竟什么是工序能力呢?工序能力是指工序处于受控状态下的实际加工能力。对机械加工过程而言,可以认为工序能力决定了工序的加工精度和合格品率。

在工序处于受控状态下,工序质量的波动通常是由一些随机因素引起的,此时,加工质量一般呈正态分布,如图8-2所示。

由概率理论可知,一个正态分布曲线可以用平均值μ和标准差σ这两个基本参数来表征。其中,平均值μ能反映出正态分布曲线中心所处的位置,它的理想位置与质量标准的名义值相重合;而标准差σ能反映出正态分布曲线的"高矮"和"胖瘦",如图8-2所示,标准差σ的值越小,则正态分布曲线就越"高"和"瘦",这就意味着绝大部分质量数据都接近于中心值,质量波动的范围很小,因此,该工序的工序能力就很强;反之,如果标准差σ越大,则正态分布曲线就越"矮"和"胖",这就意味着大部分质量数据偏离中心值,质量波动的范围比较大,因此,该工序的工序能力就很差。

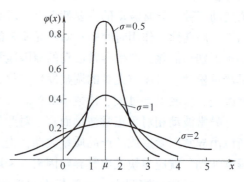

图8-2 标准差σ对正态分布曲线的影响

正是由于标准偏差σ能反映出工序能力的强弱,所以,实践中人们常以标准差σ为基础来表征工序能力的大小;σ越小,工序能力就越强;σ越大,工序能力就越差。

又由概率理论可知,正态分布曲线与横轴所包围的面积是1,以机械加工为例,它代表了一批加工零件的总数量。在实践中,人们为了经济地控制加工质量,常用$\pm 3\sigma$来描述工序能力(这是一个主观数值),即受控的分布范围$B = 6\sigma$。为什么要用6σ呢?这是因为当生产过程处于受控状态时,在距平均值$\pm 3\sigma$范围内的产品占整个产品的99.73%(即这部分曲线与横轴包围的面积)。换言之,如果取工序能力为6σ,则有99.73%的产品为合格品,废品率仅为0.27%,如图8-3所示。以6σ作为工序能力来控制生产过程既经济,又保证了产品质量,目前绝大多数工业国家都采用这种方法。

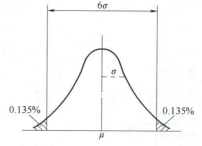

图8-3 6σ工序能力

当然,我们也可以用8σ、10σ甚至12σ来描述工序能力,这时,不合格品的比率依次为全部产品的0.006%、0.0006%和百万分之0.002。但在这几种情况下,企业为了保证足够的工序能力,为此所付出的代价要大得多。因此,究竟选用什么数值来表征工序能力,应在顾客满意度和经济性之间做出选择。20世纪80年代,摩托罗拉公司开始采用$\pm 6\sigma$(即12σ)来描述工序能力(称为六西格玛质量控制),大大提高了自己的工艺水平,虽然生产成本增加了，但顾客的满意度也大幅度提高，从而增强了企业自身的市场竞争能力。

三、工序能力指数及其计算

工序能力表示了工序固有的实际加工能力，即工序能达到的实际质量水平，但它与产品的技术要求无关。产品的技术要求是指产品质量指标允许波动的范围即公差范围，它是确定制造质量的标准和依据。人们为了反映和衡量工序能力满足产品技术要求的程度，为此引入了工序能力指数的概念。

所谓工序能力指数，是指加工质量标准（通常是公差）与工序能力的比值，通常用符号 C_p 表示，即

$$C_p = \frac{质量标准}{工序能力}$$

如果质量标准用公差 T 表示，工序能力用 6σ 描述，则工序能力指数的一般表达式为

$$C_p = \frac{T}{6\sigma} \tag{8-1}$$

这里应强调的是，式（8-1）中的 σ 是总体的标准差，而 σ 中还包括未生产出来的产品的标准偏差，所以 σ 的值往往无法直接计算。因此，在实际计算时，需要用样本的标准差 S（即已经生产出来的产品的标准差）来估计 σ，并且这种估计必须是在工序处于受控状态时才有效，即有

$$C_p = \frac{T}{6\sigma} \approx \frac{T}{6S} \tag{8-2}$$

工序能力指数的计算方法与质量标准的规定方式有关。

1. 工序质量分布中心 μ 与公差带中心 M 重合

如图 8-4 所示，工序质量分布中心 μ 与公差带中心 M 重合，此时的工序能力指数为

$$C_p = \frac{T}{6\sigma} = \frac{T_U - T_L}{6\sigma} \approx \frac{T_U - T_L}{6S} \tag{8-3}$$

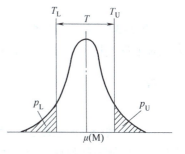

图 8-4 工序分布中心与标准中心重合的情况

式中，S 为样本的标准差；T_U 为质量标准（有时可理解为尺寸）的上限值；T_L 为质量标准的下限值。

从式（8-3）可以看出，C_p 值与公差的大小成正比，与标准偏差的大小成反比。

[例 8-1] 某批零件轴径键槽的设计尺寸为 $\phi 10^{+0.025}_{-0.015}$ mm，通过随机抽样检验，经计算得知样本的平均值 μ 与公差中心 M 重合，$S = 0.0067$ mm。求该工序的工序能力指数 C_p。

解
$$C_p = \frac{T}{6S} = \frac{T_U - T_L}{6S} = \frac{0.025 - (-0.015)}{6 \times 0.0067} = 1$$

2. 工序分布中心 μ 与公差带中心 M 不重合

在生产实际中，工序质量的实际分布中心 μ 往往与质量标准中心 M（公差带中心）不重合，有一定的偏差，如图 8-5 所示。在这种情况下，应对工序能力指数的计算进行修正。首先将工序质量的实际分布中心 μ 与质量标准中心 M 相重合，然后再计算工序能力指数。

这时的工序能力指数用 C_{pk} 表示。其计算公式为

$$C_{pk} = (1-k)C_p = \frac{T-2\varepsilon}{6S} \quad (8-4)$$

式中，k 为相对偏移量，$k = \varepsilon/(T/2)$；ε 为绝对偏移量，$\varepsilon = |M - \mu|$；M 为公差带中心，$M = (T_U + T_L)/2$；μ 为实际工序分布中心。

[例 8-2] 某批零件孔径设计尺寸的上、下限分别为 $T_U = \phi 30.000$ mm，$T_L = \phi 29.991$ mm，通过随机抽样检验，并经过计算得知 $\mu = \phi 29.995$ mm，$S = 0.00132$ mm，求工序能力指数。

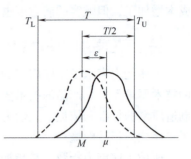

图 8-5 工序质量分布中心 μ 与公差带中心 M 不重合

解 $M = \dfrac{T_U + T_L}{2} = \dfrac{(30 + 29.991)\text{mm}}{2} = 29.9955$ mm

由于 $\mu = 29.995$ mm $\neq M$，故公差中心与实际分布中心不重合。

$\varepsilon = |M - \mu| = |29.9955 - 29.995|$ mm $= 0.0005$ mm

$T = T_U - T_L = (30.000 - 29.991)$ mm $= 0.009$ mm

$C_{pk} = \dfrac{T - 2\varepsilon}{6S} = \dfrac{0.009 - 2 \times 0.0005}{6 \times 0.00132} = 1.01$

3. 单侧标准，只有上限要求

有些产品，如轴类零件的圆度、平行度等公差只给出上限要求，而对下限没有要求，只希望上限越小越好。这时工序能力指数计算公式为

$$C_{pU} = \frac{T_U - \mu}{3\sigma} \approx \frac{T_U - \mu}{3S} \quad (8-5)$$

[例 8-3] 某机械厂要求零件滚柱的同轴度公差为 1.0，现随机抽样取滚柱 50 件，测得其同轴度误差均值为 $\mu = 0.7823$，$S = 0.0635$，求工序能力指数。

解 $C_{pU} = \dfrac{T_U - \mu}{3\sigma} \approx \dfrac{T_U - \mu}{3S} = \dfrac{1.0 - 0.7823}{3 \times 0.0635} = 1.14$

4. 单侧标准，只有下限要求

对于机械产品的强度、寿命、可靠性等常常要求不应低于某个下限，且希望越大越好。这时，工序能力指数计算公式为

$$C_{pL} = \frac{\mu - T_L}{3\sigma} \approx \frac{\mu - T_L}{3S} \quad (8-6)$$

[例 8-4] 某种零件材料的抗拉强度要求 $\geq 650\text{N/cm}^2$，经随机抽样 100 件，测得零件材料的抗拉强度均值为 $\bar{x} = 680\text{N/cm}^2$，$S = 8\text{N/cm}^2$，求工序能力指数。

解 $C_{pL} = \dfrac{\mu - T_L}{3\sigma} \approx \dfrac{\mu - T_L}{3S} = \dfrac{680 - 650}{3 \times 8} = 1.25$

四、工序能力评价

工序能力指数客观且定量地反映了工序能力满足质量标准的程度。工序能力指数越大，产品的加工质量就越高，相应的加工成本也会增加。所以，在实际生产中，应根据工序能力指数的大小对工序的加工能力进行分析和评价，以便于采取必要的措施，在保证质量的同

时，又使制造成本最低。

一般情况下，对工序能力的判断及处理可以参照表 8-2 的标准。但需要指出的是，表中所列的判断标准并不是绝对的，应视具体情况而定。由于科学技术和生产力的高度发展对产品质量提出了更高的要求，有些企业现已实施了零缺陷管理和 PPM（Parts Per Million，百万分率的缺陷率）质量控制，显然对工序能力的要求更要提高。例如，对 $\pm 6\sigma$ 质量控制而言，工序能力大于 1.67 并不意味着能力过分充足。

表 8-2 常规工序能力评定及处理

类 型	C_p	$p(\%)$	工序能力判断	处 理
特级加工	$C_p > 1.67$	$p < 0.00006$	工序能力过于充足	为提高产品质量，对关键的质量特性或主要项目应再次缩小公差范围；或为提高工作效率、降低成本而放宽检查，降低设备精度等级等
1 级加工	$1.33 < C_p \leq 1.67$	$0.0006 < p \leq 0.006$	工序能力充足	对不重要的工序可简化质量检验，采用抽样检验或减少检验的频次
2 级加工	$1.00 < C_p \leq 1.33$	$0.006 \leq p < 0.27$	工序能力尚可	工序需要严格控制，对产品按正常规定进行检验
3 级加工	$0.67 < C_p \leq 1.00$	$0.27 \leq p < 4.55$	工序能力不足	必须采取措施提高工序能力；加强质量检验，必要时全数检验或增加检验的频次
4 级加工	$C_p \leq 0.67$	$p \geq 4.55$	工序能力严重不足	原则上应停产整顿，找出原因，采取措施提高工序能力；否则，应全数检验，挑出不合格品

在知道工序能力指数 C_p 和相对偏移量 k 后，利用表 8-3 可以方便地求得相应的不合格品率 p。

表 8-3 C_p 值、K 值与不合格品率 p 的关系

C_p \ K	0.00	0.04	0.08	0.12	0.16	0.20	0.24	0.28	0.32	0.36	0.40	0.44	0.48	0.52
0.50	13.36	13.43	13.64	13.99	14.48	15.10	15.86	16.75	17.77	18.92	20.19	21.58	23.09	24.71
0.60	7.19	7.26	7.48	7.85	8.37	9.03	9.85	10.81	11.92	13.18	14.59	16.81	17.85	19.69
0.70	3.57	3.64	3.83	4.16	4.63	5.24	5.99	6.89	7.94	9.14	10.55	12.11	13.84	15.74
0.80	1.64	1.69	1.89	2.09	2.46	2.94	3.55	4.31	5.21	6.28	7.53	8.98	10.62	12.48
0.90	0.69	0.73	0.83	1.00	1.25	1.60	2.05	2.62	3.34	4.21	5.27	6.53	8.02	9.75
1.00	0.27	0.29	0.35	0.45	0.61	0.84	1.14	1.55	2.07	2.75	3.59	4.65	5.94	7.49
1.10	0.10	0.11	0.14	0.20	0.29	0.42	0.61	0.87	1.24	1.74	2.39	3.23	4.31	5.66
1.20	0.03	0.04	0.05	0.08	0.13	0.20	0.31	0.48	0.72	1.06	1.54	2.19	3.06	4.20
1.30	0.01	0.01	0.02	0.03	0.05	0.09	0.15	0.25	0.40	0.63	0.96	1.45	2.13	3.06
1.40	0.00	0.00	0.01	0.01	0.02	0.04	0.07	0.13	0.22	0.36	0.59	0.93	1.45	2.10
1.50			0.00	0.00	0.01	0.01	0.03	0.06	0.11	0.20	0.35	0.53	0.96	1.54
1.60					0.00	0.01	0.01	0.03	0.06	0.11	0.20	0.36	0.63	1.07

五、工序能力调查及工序分析

1. 工序能力调查

所谓工序能力调查,就是对产品生产过程(工序)采用一定的方法,测定其质量变动状况,并与标准进行比较,从而判断工序能力是否充足,过程是否处于受控状态,并制定相应的改进措施的全部活动。它是发现问题、解决问题的有效方法。这里必须注意,工序能力的意义是在处于稳定受控状态的实际加工能力。

工序能力调查程序一般可按以下几个步骤进行:

(1) **明确调查目的**。调查目的是调查工作的核心和依据,因此调查前必须明确目的。进行工序能力调查,一是为了摸清生产过程中各工序(甚至工位)的工序能力状况,了解各工序是否都能保证加工质量;二是为了掌握关键工序的工序能力变化情况。

(2) **选择调查对象**。调查对象选择得是否正确得当将影响调查的结果,一般调查对象应选择可以进行数据处理、在生产过程中影响质量的主要环节作为对象。

(3) **标准化处理**。按照5M1E的思路对设备、工装、测量仪器、测量方法、原材料、作业方法、操作者的素质、工作环境等进行标准化处理,并制定出应达到的标准。

(4) **选择调查方法**。调查目的不同,所选择的调查方法也不同。因此,应根据调查目的选择合适的调查方法。常用的调查方法有直方图法、工序能力图法和控制图法等。

(5) **计算工序能力指数**。根据调查目的和选定的调查方法进行数据的收集、整理和分析,并计算工序能力指数,为工序能力评价和改进提供依据。

(6) **工序能力评价及改进**。根据工序能力指数的判断标准,对工序能力进行评价。工序能力评价结果一般有三种情况:

1) 工序能力过高,需要制定改进措施,降低成本,提高经济效益。
2) 工序能力充分,维持现状,继续生产。
3) 工序能力不足,找出原因,制定改进措施并加以实施。

2. 工序分析

如前所述,在生产过程中,由于受到人、机、料、法、环、测等六大因素的影响,工序质量总会出现各种波动。在影响质量波动的因素中,必然存在着关键因素,对质量波动起主导作用。所谓工序分析,就是对一些关键工序进行调查和试验,应用因果图、排列图等工具找出影响工序质量波动的关键因素(起决定性作用的变量),并确定关键因素与工序质量之间的关系,然后对这些关键因素制定出标准并加以控制管理的过程。

工序分析一般包括下列内容:①分析工序质量波动情况;②选择主要质量特性值;③找出影响质量波动的关键因素;④确定关键因素的控制要求;⑤制订改进方案,进而实施并确认效果。

3. 提高工序能力的途径

由工序能力指数的计算公式 $C_{pk} = (T - 2\varepsilon)/6S$ 可知,影响工序能力指数的变量有3个,即质量标准 T、偏移量 ε 和样本标准差 S。所以,要提高工序能力指数,减少废品,可以从以下三个方面考虑:

(1) **调整工序加工的分布中心,减少偏移量 ε**。首先找出造成工序质量分布中心偏移的原因,然后再采取措施减少偏移量。减少偏移量的主要措施如下:①如果偏移量是由于刀具磨损和加工条件随时间变化引起的，则可采取设备自动补偿或刀具自动调整等措施；②如果偏移量是由于设备、刀具、夹具等的定位误差和调整误差引起的，则可通过首件检验，重新调整；③改变操作者孔加工时偏向下偏差，轴加工时偏向上偏差的习惯性倾向，以公差中心值作为加工依据；④采用更为精确的量规，由量规检验改为量值检验，采用更为精密的量具。

（2）提高工序能力，减少分散程度。 工序的分散程度，即工序加工的标准差 S。材料不均匀、设备精度低、可靠性差、工装及模具精度低、工艺方法不正确等因素对质量特性值的分散程度影响极大。一般可以采取以下措施来减少：①修订工序，改进工艺方法；②修订操作规程，优化工艺参数，增加中间工序；③推广采用新材料、新工艺、新技术；④检修、更新或改造设备；⑤改变材料的进货周期，尽量采用同一批次的材料；⑥提高工装、夹具的精度；⑦改变生产现场环境条件；⑧对关键工序的操作进行培训，提高技术水平；⑨加强现场质量控制，增加检验频率和数量。

（3）在保证产品质量的前提下，适当放宽公差。 在实际工作中，为提高保险系数，产品设计人员有紧缩公差的倾向。因此，如果 C_p 的值过小，无法采取其他措施时，可以考虑与设计人员充分协商，在保证质量的前提下，适当放宽公差值，以降低生产成本。

第三节 工序控制

一、工序控制的含义

工序控制是工序质量控制的简称，它是现代质量工程的一项重要内容。工序控制的目的是使工序长期处于稳定的受控状态。具体地说，工序控制就是根据产品的加工要求，研究产品质量的波动规律，找出造成异常波动的工艺因素，并采取各种措施，使质量波动始终保持在产品的技术要求范围内。为了搞好工序控制，必须具备以下三个条件：

（1）要制定控制所需要的各种标准。包括产品标准、工序作业标准、设备保证标准、仪器仪表校正标准等，这些标准是判断工序是否处于稳定状态的依据。

（2）要获得实际执行结果与标准之间的差异信息。因此，有必要建立一套灵敏的信息反馈系统，及时把握工序的现状及可能的发展趋势。

（3）要有纠正偏差的具体措施。没有纠正措施，工序控制就失去了意义。

二、工序控制的内容

1. 对生产条件进行控制

对生产条件进行控制就是对生产过程中的人、机、料、法、环、测等六大影响因素进行控制，也就是要求生产管理部门要为生产过程提供并保持合乎标准要求的条件，以工作质量去保证工序质量。同时，还要求每道工序的操作者对所规定的生产条件进行有效的控制，包括开工前的检查和加工过程中的监控，检验人员应给予有效的监督。

2. 对关键工序进行控制

对影响产品质量的关键工序应采取特殊措施。对关键工序，除控制生产条件外，还要随时掌握工序质量的变化趋势（采用控制图），采取各种措施使其始终处于良好的状态。

3. 对计量和测试条件进行控制

计量测试条件关系到质量数据的准确性，必须加以严格控制。要规定严格的检定制度，编制器具周期送检计划，计量器具应有明显的合格标志，超期未检定或检定不合格者应挂禁用牌。同时，计量器具的使用和保管应严格符合所要求的环境条件标准。

4. 对不合格品进行控制

不合格品控制应由质量管理部门负责，而不能由检验部门负责。质量管理部门除负责对不合格品进行管理外，还应据此掌握质量信息，以便进行预防性质量控制，并组织质量改进活动。不合格品的控制应有明确的制度和程序。

三、工序控制点

1. 工序控制点的含义

工序控制点是为保证工序处于受控状态，在一定的时间和条件下，在产品制造过程中必须重点控制的质量特性、关键部位或薄弱环节等。对于工序控制点，我们可以做如下两点理解：

（1）使工序处于受控状态。在产品制造过程中，运用重点控制和预防为主的思想，控制的对象往往是关键的质量特性（如尺寸、性能、硬度、粗糙度、形位公差等）、关键部位（如装配的关键环节、热处理的温度、铸造铁水的浇注温度等）和薄弱环节（如机加工中经常产生不合格品的工艺环节）等。

（2）控制对象有时是定量的质量特性，如对某个零件控制其尺寸公差；有时是定性的质量特性，如对某个机构的装配控制其灵活性；有时质量特性值同时具有定量和定性双重特点，如对铁水浇注温度的控制是定量的质量特性，而对浇注速度则很难用定量的特性值表示，此时需要同时把握好质量特性值的定量特性和定性特性。

2. 工序控制点的设置原则

通常，应考虑在下列工序建立控制点：

（1）形成产品主要质量特性的工序。

（2）在工序上有特殊要求，需要特殊控制的工序。

（3）对产品质量有重大影响的关键工序。

（4）经常发生质量问题的工序。

一个产品的生产过程中，究竟应设多少个工序控制点，不能仅凭主观想象决定，也不能根据产品的复杂程度来决定，而必须根据上述设点原则来决定。

3. 工序控制点的种类

（1）**以质量特性值为对象设置的工序控制点**。这种类型的工序控制点适合大批量生产的场合。它是以某项具体的关键质量特性为对象，通过对有关影响因素的控制，使得质量特性值保持在允许的范围内，使工序处于受控状态。目前大多数工序控制属于这种类型。

（2）**以设备为对象设置的工序控制点**。这一类型的工序控制适用于单件、小批量生产的场合。其特点是：产品的结构和形状相似，但尺寸不同的零件的精加工都放在同一关键设备上来完成，于是就形成了以设备为对象的控制点。在同一台设备上加工，影响质量波动的因素都是相同的，因此可以用同一套控制工具（如使用同一张工序质量分析表）。例如，对某一系列车床主轴的加工，轴的结构和形状相似，只有尺寸大小的差异，但对主轴的精磨都是在同一台精密外圆磨床上加工的,这样就可以在精密外圆磨床上设置控制点,编制同一张工序质量分析表。

(3) 以工序为对象设置的控制点。这一类型的工序控制点适用于装配、铸造、热处理、焊接等工序。

4. 对工序质量控制点的要求

对设置的工序控制点,有以下几方面的要求:

(1) 应明确控制对象和目标。

(2) 要有完整的控制文件,明确对操作者的培训和资格要求,规定操作、控制、检测和记录等要求。

(3) 明确对设备、工装等的精度要求,并用文件的形式下达到有关部门。

(4) 根据不同类型的工序控制点,规定连续监控的方法和要求,有针对性地选用控制图,分析控制效果。如发现异常情况,应及时采取纠正措施。

(5) 制定详尽的管理办法,并认真贯彻执行。

四、统计工序控制

统计工序控制(Statistical Process Control,SPC)有时也译为统计过程控制。统计工序控制的概念最初是由休哈特于1924年提出来的,如今已经在工业化国家得到普遍应用,并取得了巨大的经济效益。统计工序控制的核心是控制图理论。

1. 统计工序控制的含义

统计工序控制,就是利用数理统计的方法,对工艺过程的各个阶段进行持续控制,从而达到改进与保证产品质量的目的。统计工序控制强调全过程预防为主的思想,它不仅用于制造过程,还可以用于服务过程,以改进和保证服务质量。

统计工序控制的特点是:强调全员参加,人人有责;强调采用科学的方法来达到目的。主要应用数理统计方法,尤其是控制图。

2. 统计工序控制的理论要点

(1) **产品质量的统计观点**。产品质量的统计观点是现代质量工程的基本观点,它有两种含义:①产品质量总是变异的,具有随机性;②产品质量的变异具有统计规律。正是基于这两点,休哈特提出了用统计理论来保证与改进产品质量的思想,控制图就是在这种思想指导下产生的。

(2) **异常因素就是主要矛盾**。如前所述,引起工序质量波动的因素分为随机因素和异常因素两大类。其中随机因素对产品的影响比较小,通常难于识别,也难于消除;而异常因素对产品质量的影响很大,在生产过程中偶然存在,易于识别,也易于消除。因此,在正常生产过程中一旦发现异常因素,应尽快把它找出来,并采取措施将其消除,这就是抓主要矛盾。控制图是发现异常因素的科学工具。

(3) **稳定(受控)状态是工序控制追求的目标**。如前所述,在生产过程中,只有随机因素而没有异常因素的状态称为稳定状态,也叫统计控制状态。在统计控制状态下,对产品质量的控制不仅可靠而且经济,所产生的不合格品最少。因此,稳定状态是工序控制所追求的目标。

(4) **预防为主是统计工序控制的重要原则**。预防是质量管理的要害,也是统计工序控制的主要目的，采用控制图理论可以实现这一目的。

（5）诊断理论是统计工序控制的重要发展。休哈特的控制图只能显示异常状态是否发生，不能告诉人们发生异常的原因，以及异常发生在何处，工序诊断则可以解决这个问题。

（6）统计工序控制的系统分析方法。统计工序控制不是从孤立的一道工序出发，而是从上、下工序的相互联系中进行分析。从一条生产线的整体上对质量问题进行系统的分析，是统计工序控制分析方法的主要特色之一。

3. 统计工序控制的步骤

进行统计工序控制应该遵循以下步骤：

（1）进行统计工序控制方法的培训。统计工序控制方法的培训内容主要有以下各项：①统计工序控制的重要性；②质量特性分布等基本统计理论；③质量管理的新、老七种工具，重点是控制图理论；④制定工序流程图和工序控制标准的方法等。

（2）确定关键因素。①对每道工序都要进行分析（可用因果图），找出对产品质量影响最大的因素（可用排列图）；②找出关键因素后，列出工序流程图，即在图中按工艺流程顺序将每道工序的关键因素列出。

（3）提出控制标准。①对每个关键因素进行详细分析；②对每个关键因素确定控制标准，并填写工序控制标准表，如表8-4所示。

表8-4 工序控制标准表

所在车间		控制点		控制因素		文件号		制定日期	
控制内容									
过程标准									
控制理由									
测量规定									
数据报告途径									
控制图	有无建立控制图		控制图类型			制定者		批准者	
						制定日期		批准日期	
纠正措施									
操作程序									
审核程序									
制定者						审批者			

（4）编制操作手册。将工序控制标准转化成明确易懂、便于使用的操作手册，供各道工序使用。

（5）工艺过程监控。工艺过程监控主要应用控制图对工序进行监控。通过监控，能够清楚地了解关键因素是如何受控的。根据监控实践，对操作手册进行修改。

（6）工序诊断和控制。①运用传统的质量管理方法进行分析，如七种统计工具；②应用工序诊断理论，对工序进行分析与诊断；③根据分析和诊断结果，采取措施对工序实施控制。

推行统计工序控制的效果是非常显著的。以美国LTV钢铁公司为例，该公司在实施了统计工序控制后，劳动生产率提高了20%之多；日本从1950年起开始推广应用统计工序控制，经过近30年的推广应用，使日本的产品质量和劳动生产率跃居世界领先地位。

五、工序的诊断与调节

工序的诊断与调节是20世纪70年代末由日本青山大学田口玄一教授创立的，现已在企业中得到广泛应用。

工序诊断与调节就是按一定的间隔进行抽样，通过对样本的测量值进行分析，尽快发现工序异常的原因，并迅速使工序恢复正常状态的一种质量控制方法。发现工序异常原因称为工序诊断；消除异常因素，使工序恢复正常，称为工序调节。因此，工序的诊断与调节是维持工序稳定、保证工序能力处于理想状态的有效方法。

那么，我们应该每隔多少时间或间隔多少件产品对工序进行一次抽样诊断呢？诊断过于频繁，即诊断间隔小，能及时发现工序异常并加以调节，但无疑会增加诊断的费用；诊断间隔过大，虽然可减少诊断费用，但因不能及时发现工序异常而加以调节，工序会产生大量不合格品，导致损失费用增加。因此，诊断调节间隔的大小将直接影响工序诊断调节费用的高低，进而影响企业质量管理的经济效益。为了获得最佳的经济效益，就必须找出能使工序诊断调节费用最低的诊断间隔，即最佳诊断间隔。

1. 工序诊断和调节的基本要素与参数

工序诊断和调节中所涉及的参数主要有：①表征工序的参数，如平均废次品间隔 $\bar{\mu}$ 和不合格品损失 A；②表征诊断的参数，如时滞长度 L 和诊断费用 B；③表征调节的参数，如调节时间长度 t 和调节费用 C。

(1) 平均废次品间隔 $\bar{\mu}$。平均废次品间隔 $\bar{\mu}$ 是某一时间段内，产品产量与该时间段所发生废次品数的比值，即

$$\bar{\mu} = \frac{某一时间段内的产品产量}{同时间段内的废次品数}$$

当废次品数为零时，$\bar{\mu}$ 取该时间段内产量的2倍。

(2) 不合格品损失 A。不合格品损失 A 是指当工序发生异常时，制造单位产品的损失（一般以元为单位）。

(3) 时滞长度 l。时滞长度 l 是指从开始诊断到调节为止的时间间隔，通常用产品件数表示。

(4) 诊断费用 B。诊断费用 B 是指诊断一次所需的费用（单位为元）。

(5) 调节时间长度 t。调节时间长度 t 是指由于废次品而引起的平均停工时间（单位为小时或分钟）。

(6) 调节费用 C。调节费用 C 是指当工序发生异常时，使之恢复到正常状态所需的费用，主要由调节期间的停工损失和由于调整设备、更换工夹具或改变工艺方法等所需的费用。

$$C = C't + C''$$

式中，C' 为调节时间内的单位时间停工损失（元）；C'' 为直接调节费用（元）。

2. 费用函数

若以生产 n 件产品的时间为间隔进行诊断与调节，并设 L 为 n 件时间间隔内生产单位产品的平均诊断与调节费用，则费用函数可表示为

$$L = \frac{B}{n} + \frac{n+1}{2} \times \frac{A}{\bar{\mu}} + \frac{C}{\bar{\mu}} + \frac{Al}{\bar{\mu}} \tag{8-7}$$

式中，B/n 为 n 件时间间隔内单位产品的平均诊断费用；$C/\bar{\mu}$ 为平均废次品间隔下，每件产品平均分摊的调节费用；$Al/\bar{\mu}$ 为单位产品的时滞损失；$[(n+1)/2] \times (A/\bar{\mu})$ 为时间间隔为 n，平均废次品间隔为 $\bar{\mu}$ 时，每件产品分摊的不合格品损失，其中，$(n+1)/2$ 是平均不合格品的件数。

在每生产 n 件零件进行一次诊断的条件下，假设在第 i 个诊断点（即第 i 个零件）抽样观察，产品被判为合格，在第 $i+1$ 个诊断点被判为不合格时，则从第 1 件到第 n 件产品间，任何一件都可能会因为工序发生随机故障而成为不合格品。即不合格品数可能从 1 到 n 之间变化，最好情况为 1 件，最坏情况为 n 件，平均为 $(n+1)/2$ 件。而每件不合格品损失为 A 元，每隔 $\bar{\mu}$ 件发生一次故障，所以单位产量所分摊的损失即为 $[(n+1)/2] \times (A/\bar{\mu})$ 元。

[**例 8-5**] 某生产工序在过去某一时间段内共生产零件 12000 件，在此期间共发生 15 次废次品（即 15 件不合格品）；产生一件不合格品的损失为 10 元；一次诊断的费用为 20 元；诊断一次需时 30min，此期间共可生产 5 件产品；平均每次调节费用为 80 元，诊断间隔 $n = 160$ 件，试计算工序诊断调节费用。

解 已知 $A = 10$ 元/件，$B = 20$ 元/件，$C = 80$ 元/件，$\bar{\mu} = 12000$ 件/15 = 800 件，$l = 5$ 件，$n = 160$ 件，代入式（8-7）得

$$L = \left(\frac{20}{160} + \frac{160+1}{2} \times \frac{10}{800} + \frac{80}{800} + \frac{10 \times 5}{800}\right) 元 = 1.29375 \text{ 元}$$

如果把诊断间隔缩短，改为 $n = 80$ 件，则

$$L = \left(\frac{20}{80} + \frac{80+1}{2} \times \frac{10}{800} + \frac{80}{800} + \frac{10 \times 5}{800}\right) 元 = 0.91875 \text{ 元}$$

如果把诊断间隔延长为 $n = 240$ 件，则

$$L = \left(\frac{20}{240} + \frac{240+1}{2} \times \frac{10}{800} + \frac{80}{800} + \frac{10 \times 5}{800}\right) 元 = 1.75208 \text{ 元}$$

上述计算结果表明，工序诊断与调节费用是随诊断间隔而发生变化的。因此，选择合适的诊断间隔可以显著提高工序诊断调节的经济性。

3. 最佳诊断间隔

最佳诊断间隔是指使工序诊断与调节费用达到最小的诊断间隔，通常以 n_0 为标记。选择适宜的诊断间隔 n 可以显著提高工序诊断调节的经济性。事实上，在式（8-7）中，求 L 对 n 的微分，就可得到最佳诊断间隔 n_0。

$$n_0 = \sqrt{\frac{2\bar{\mu}B}{A}}$$

在上例中，最佳诊断间隔为

$$n_0 = \sqrt{\frac{2\bar{\mu}B}{A}} = \sqrt{\frac{2 \times 800 \times 20}{10}} \text{ 件} \approx 57 \text{ 件}$$

把 $n_0 = 57$ 代入式（8-7）中，就得到最佳诊断间隔条件下的工序诊断调节费用

$$L = \left(\frac{20}{57} + \frac{57+1}{2} \times \frac{10}{800} + \frac{80}{800} + \frac{10 \times 5}{800}\right) 元 = 0.87588 \text{ 元}$$

将最佳费用与上述 n 取 80 件、160 件和 240 件所对应的费用相比较，可取得如下经济

效益:

$$\nabla E_1 = (0.91875 - 0.87588)元 = 0.04287 元$$
$$\nabla E_2 = (1.29375 - 0.87588)元 = 0.41787 元$$
$$\nabla E_3 = (1.75208 - 0.87588)元 = 0.8762 元$$

以年产 60000 件计算,采用最佳诊断间隔每年至少可得经济效益为

$$\nabla E = (0.04287 \times 60000)元 = 2572.2 元$$

4. 工序诊断与调节的优化

(1) 改善基本要素的参数水平。就工序而言,参数有平均废次品间隔 $\bar{\mu}$ 和单位不合格品损失 A。因此,应在增加工序稳定性的基础上,采取下述有助于延长 $\bar{\mu}$ 和降低 A 的措施。

1)定期更换工具,以减少工序故障,可以延长 $\bar{\mu}$。
2)延长工具寿命,通过试验确定费用最小时的寿命,可以延长 $\bar{\mu}$。
3)采用备用工装,减少工序故障,可以延长 $\bar{\mu}$。
4)控制不合格品率,可以降低 A。

最优不合格品率可由式(8-7)得到

$$p_0 = \frac{n+1}{2} \times \frac{1}{\bar{\mu}} + \frac{1}{\bar{\mu}}$$

(2) 改善诊断方法。就工序诊断方面而言,方法的改进应使得诊断费用 B 减少和时滞长度 l 的缩短。优化诊断方法的措施有:

1)提高诊断效率。
2)优化、确定诊断时机,即在加工后诊断和装配工序反馈诊断两种方法上做出选择。加工后诊断要支付费用,但时滞长度缩短;装配工序反馈诊断是由装配工序使用零件时自然发现不合格品,然后把信息反馈给加工工序,这时虽不需要支付诊断费用,但时滞长度 l 大。

(3) 改善调节方法。就调节方法而言,方法的改进应使得调节时间 t 缩短,调节费 C 降低。可采取的主要措施有:

1)增设工、模、夹具和易损的备用件。这样既可缩短调节时间 t,又可减少单位时间的停工损失 C' 和直接调节费用 C''。
2)采用自动调节装置。在工序发生异常时,工序能够自动进行调节并恢复到正常状态。采用自动调节装置无疑可以缩短调节时间 t,但能否降低调节费用 C 则要进一步进行经济分析。

第四节 现场质量管理

一、现场质量管理的意义

由于所有产品都是在现场(车间)制造出来的,因此现场质量管理对保证和提高产品质量具有重大意义,主要表现在以下几个方面:

(1) 5M1E 都落实在现场。在影响产品质量的 5M1E 因素中,大部分体现在现场管理中,只有管理好现场,才能生产出高质量的产品。

(2) 提高质量的符合性，减少废次品损失。 制造质量是一种符合性质量，控制的主要目的是满足设计提出的质量要求，通过现场质量管理，可以提高合格品率，减少废次品损失。

(3) 实现产品零缺陷的基本手段。 现代质量工程的一个核心观点就是零缺陷，而零缺陷的目标只有通过现场来实现，因此，各个工序都要贯彻"不接受缺陷、不隐瞒缺陷、不制造缺陷、不传递缺陷"的零缺陷管理思想。

(4) 促进全员参与、改善工作环境和提高员工素质。 实现制造质量的主要人员，如机床操作者、装配人员、检验人员等都主要在现场工作，只有提高他们的素质，才能通过工作质量保证产品质量。另外，现场的整洁度、安全性等都对工作效率和质量有重要影响，因此，必须通过 6S 管理、定置管理为员工提供良好的工作环境。

(5) 展示企业管理水平和良好形象的重要手段。 现场管理水平体现了企业的管理水平，管理水平高的企业，其现场必然整洁有序，可以给客户留下好的印象。

二、现场质量管理中人的作用和任务

1. 班组长

企业管理的基本单元是班组，班组是现场管理的主要执行单元，可以说，班组管理的水平就决定了现场管理的好坏，其中，班组长起着决定性的作用。

(1) 班组长的作用。班组是实施现场质量管理、开展过程或工序质量控制的最基层的组织，班组长是班组实施质量控制和质量改进的领导者和组织者。因此，充分发挥班组长的作用是搞好现场质量管理的重要举措。

(2) 班组长的基本任务：①带领班组员工理解并实现本班组的质量目标，必要时分解到岗位、机台；②熟悉本班组各岗位的操作规程，组织开展互帮互学等提高操作技能的活动；③组织班组内部自检、互检，做好过程检验工作，包括对首件的复检和对本班组产品质量的抽检；④落实质量控制点活动，实施或配合控制点管理；⑤组织开展 6S 管理活动，创造整洁有序的工作环境；⑥组织本班组成员访问"下道工序"活动；⑦坚持开展质量改进活动，包括组织或参与 QC 小组活动。

2. 作业人员

(1) 现场作业人员的工作目标：①实现班组或岗位的质量目标；②确保客户或下道工序（过程）满意；③第一次就把事情做好，每一次都把事情做好。

(2) 作业人员的职责：①正确理解和掌握本岗位的各项质量目标或指标要求，并在质量偏离要求时采取相应措施；②严格遵守工艺纪律，做到"三按"生产（按操作规程、按工艺规定、按图样要求进行生产），确保操作质量；③按规定做好工序质量的监测和记录工作，并确保记录填写及时、完整、真实、清楚；④做好原材料、在制品和成品等物料的清点和保管工作，防止缺损和混淆；⑤做好"三自"（自我检验、自己区分合格与不合格、自做标识）和"一控"（控制自检正确率）；⑥做好设备维护保养和巡回检查工作，做到现场"三无"（无灰尘、无油污、无跑冒滴漏）；⑦做好不合格品的管理工作，包括对不合格品的隔离、标识、记录和报告，防止不合格品流入下道工序；⑧坚持文明生产，按 6S 管理的要求保持良好的工作环境。

(3) 授予的权限：①应明确地告知作业人员该做的工作和要达到的结果，以及个人对整体结果具有的影响力，包括所承担的工作目标或指标；②作业人员应能获得必要的作业指导书或其他必要文件；③应有规定的渠道获得工作所需的信息，包括本岗位工作的结果或成绩等信息；④作业人员应能获得所需的测量器具和技术；⑤当质量发生偏离时，操作人员应能获得采取纠正措施的授权；⑥作业人员应能获得提高自身能力、知识和经验的机会。

三、6S 管理

1. 6S 管理的起源

6S 管理最早起源于日本（最早被称为 5S），指的是在生产现场中对人员、机器、材料、方法等生产要素进行有效管理。1955 年，日本开展 5S 管理的宣传口号为"安全始于整理整顿，终于整理整顿"，当时只推行了前两个 S，即整理和整顿，其目的仅是确保作业空间和生产安全，后因生产和质量控制的需要而逐步提出后续的 3 个 S，即"清扫""清洁""素养"，从而使其应用空间及适用范围进一步拓展。1986 年，首部 5S 著作问世，对整个现场管理模式起到了巨大的冲击作用，并由此掀起了 5S 管理的热潮。日本企业将 5S 运动作为工作质量管理的基础，并通过 5S 活动推行各种质量管理方法。第二次世界大战后日本产品质量迅速提升，奠定了日本经济大国的地位。而在日本最有名的就是丰田汽车公司倡导推行的 5S 活动，由于 5S 对塑造企业形象、降低成本、准时交货、安全生产、高度标准化、创造令人心怡的工作场所等现场改善方面的巨大作用，逐渐被各国管理界所认同。随着世界经济一体化的发展，5S 现已成为质量管理的新潮流，并进一步扩展为 6S 管理。

2. 6S 管理的主要内容

6S 管理是指对生产现场各生产要素（主要是物和环境的要素）所处状态不断进行整理、整顿、清洁、清扫和提高素养的活动。由于整理（Seiri）、整顿（Seiton）、清扫（Seiso）、清洁（Seiketsu）、素养（Shitsuke）和安全（Security）这六个词在日语罗马拼音中的第一个字母都是"S"，所以简称为 6S 管理。

（1）**整理**。整理是 6S 活动的第一步，就是把需要与暂时不需要的人、事、物分开，再将暂时不需要的人、事、物加以处理的过程。在这个过程中，需对"留之无用，弃之可惜"的观念予以突破，必须挑战"好不容易才做出来的""丢了好浪费""可能以后还有机会用到"等传统观念。

整理活动的要点首先是对生产现场摆放和停滞的各种物品进行分类；其次，对于现场不需要的物品，诸如用剩的材料、多余的半成品、切下的料头、切屑、垃圾、废品、多余的工具、报废的设备、工人个人的生活用品等，要坚决清理出现场。整理的目的是：改善和增加作业面积；现场无杂物，行道通畅，提高工作效率；消除管理上的混放、混料等差错事故；有利于减少库存，节约资金。

实施要领：①对自己的工作场所（范围）进行全面检查，包括看得到和看不到的；②制定"要"和"不要"的判别标准；③将不要物品清除出工作场所；④调查保留物品的使用频度，决定日常用量及放置位置；⑤制定废弃物处理方法；⑥每日自我检查。

（2）**整顿**。整顿是 6S 活动的第二步，即把现场保留下来（即需要）的人、事、物加以定量和定位，对生产现场需要留下的物品进行科学合理的布置和摆放，以便在需要的情况下最快速地取得所要之物，在最简洁有效的现场环境下完成工作。简言之，整顿就是人和物放置方法的标准化。

整顿的关键是要做到定位、定品、定量，抓住了这三个要点，就可以制作看板，做到目视管理，提炼出适合本企业的物品放置方法，进而使该方法标准化。生产现场物品的合理摆放使得工作场所一目了然，创造整齐的工作环境有利于提高工作效率，提高产品质量，保障生产安全。

实施要领：①落实前一步骤整理的工作；②布置流程，确定各种物品的放置场所；③规定放置方法、明确数量，便于取用；④画线定位；⑤标记场所、物品标识。

(3) 清扫。清扫是6S活动的第三步，即把工作场所打扫干净，对出现异常的设备立刻进行修理，使之恢复正常。清扫过程是根据整理、整顿的结果，将不需要的部分清除掉，或者标识出来放在仓库之中。

清扫活动的重点是要按照企业的具体情况决定清扫对象、清扫人员、清扫方法，准备清扫的器具，实施清扫的步骤，这样才能真正发挥作用。现场在生产过程中会产生灰尘、油污、铁屑、垃圾等，使现场变得脏乱，脏乱会使设备精度丧失，故障频发，从而影响产品质量，使安全事故防不胜防。此外，脏乱的现场更会影响人们的工作情绪。因此，必须通过清扫活动来清除那些杂物，创建一个明亮舒畅的工作环境，以保证工作人员安全、优质、高效率地完成工作。

清扫活动应遵循下列原则：

1）自己使用的物品，如设备、工具等要自己清扫，而不要依赖他人，不增加专门的清扫工。

2）对设备的清扫要着眼于对设备的维护保养，清扫设备要同设备的点检和保养结合起来。

3）清扫是为了改善，当清扫过程中发现有油、水泄露等异常状况时，必须查明原因，并采取措施加以排除，不能听之任之。

实施要领：①建立清扫责任区（室内外）；②执行例行扫除，清理脏污；③调查污染源，予以杜绝或隔离；④制定清扫基准和规范。

(4) 清洁。清洁是6S活动的第四步，即在整理、整顿、清扫之后，认真维护、保持完善的最佳状态。在产品的生产过程中，总会伴随着没用的物品产生，这就需要不断地加以区分，及时将它清除，这就是清洁的目的。清洁并不是单纯从字面上进行理解，它是对前三项活动的坚持和深入，从而消除产生安全事故的根源，创造一个良好的工作环境，使员工心情愉快地工作。这对企业提高生产效率，改善产品质量有很大帮助。

清洁活动实施时，需要秉持三个观念：

1）只有在"清洁的工作场所才能高效率生产出高品质的产品"。

2）清洁是一种用心的行动，千万不要只在表面上下功夫。

3）清洁是一种随时随地的工作，而不是上下班前后的工作。

清洁活动的要点则是：坚持"三不要"的原则——不要放置不用的东西，不要弄乱，不要弄脏。不仅物品需要清洁，现场工人同样需要清洁，工人不仅要做到形体上的清洁，而且要做到精神上的清洁。

实施要领：①每日认真执行前面的3S工作；②建立并严格执行考评方法；③制定奖惩制度，加强执行；④领导经常带头巡查，高度重视。

(5) 素养。素养是指养成良好的工作习惯，遵守纪律，努力提高人员的素质，养成严格遵守规章制度的习惯和作风，营造团队精神。素养是6S活动的核心，没有人员素质的提高，各项活动就不能顺利开展，也就不能持续下去。因此，开展6S活动要始终着眼于提高人的素质。6S活动始于素质，也终于素质。

在开展6S活动的过程中，要贯彻自我管理的原则，创造良好的工作环境，不能指望别人代为办理，而应当充分依靠现场人员自行改善。

实施要领：①制定服装、仪容、识别证标准；②制定共同遵守的有关规则、规定；③制定礼仪守则；④进行大面积的训练，特别是对新进人员强化6S教育和实践；⑤开展各种精神提升活动（晨会、礼貌运动等）。

(6) 安全。 安全是生产的第一要素，要通过6S活动营造一个健康愉快的工作环境，主要目的是确保员工遵守作业规范，营造安全感，培养对危险的预知能力，做到人人懂安全、人人会安全、人人抓安全。

安全生产以预防为主，通过不断地提高人、机、物的安全水平，消除并不断减少存在的不安全因素，预先排除隐患。开展安全生产要重点做到三防（防尘、防锈、防潮）和三不伤害（不伤害自己、不伤害他人、不伤害设备）。事实上，只要前5个S做好了，安全就必然会得到保障。

实施要领：①进行安全教育，提高全员安全意识；②定期检查，对出现的安全问题加以整改；③对检查出的安全隐患及时排除，绝不拖延。

3. 推行6S的作用

(1) 可以有效提高企业的形象。 客户到企业考察，如果发现工作现场整洁美观，就会对企业的产品质量增加信心，有助于产品销售。

(2) 可以提高生产效率。 整洁有序的工作环境减少了寻找物料和工具的时间，增加了员工的操作空间，有助于提高工作效率。

(3) 可以提高库存周转率。 把长期不用的物料处理掉，把暂时不用的物料分开存放，从而扩大库存面积，有助于提高库存周转率。

(4) 可以减少设备故障，提高产品质量。 通过清扫活动，可以发现设备的故障隐患，在故障发生之前将之消除。通过清扫过程对设备的保养，可以提高设备的性能，有助于提高产品质量。

(5) 加强安全管理，减少安全隐患。 在6S活动中可以发现很多潜在的安全隐患并将之消除，从而有效地保障安全生产。

(6) 养成节约的习惯，降低生产成本。 开展6S活动有助于杜绝浪费，减少废次品率，从而减少生产成本。

(7) 缩短作业周期，保证交货期。 这是提高生产效率带来的必然效果。

(8) 改善企业精神面貌，形成良好的企业文化。 开展6S活动可以改善员工的精神面貌，有利于创建积极向上的企业文化。

四、定置管理

1. 定置管理的起源

定置管理（Fixed Location Management）起源于日本，由日本青木能率（工业工程）研究所的艾明生产创导者青木龟男先生始创。他从20世纪50年代开始，根据日本企业生产现场管理的实践，经过潜心钻研，提出了定置管理这一概念。后来，又由日本企业管理专家清水千里先生在应用的基础上，发展了定置管理，把定置管理总结和提炼成为一种科学的管理方法，并于1982年出版了《定置管理入门》一书。以后，这一科学方法在日本许多公司得到推广应用，都取得了明显的效果。

概括起来，做好定置管理具有如下作用：
（1）有利于改善工作环境。
（2）有利于生产现场管理标准化。
（3）有利于提高工作质量和效率，保证安全生产。
（4）有利于培养员工良好的行为规范。

2. 定置管理的含义

工作现场需要大量物品，例如原材料、毛坯、半成品、成品、设备、工具、夹具、量具、刀具、切屑、废品等，这些物品的摆放不仅影响工作效率，对产品的质量也有很大影响（例如误将废品当作正常品使用）。在现代企业中，通常采用定置管理的方法管理现场的物品，定置管理属于6S管理中"整顿"的范畴。定置管理是根据物流运动的规律，按照人的生理、心理、效率、安全等需求，科学地确定物品在工作场所中的位置，实现人与物最佳结合的管理方法。

3. 现场人与物的关系

在影响制造过程质量的5M1E六个要素中，最重要的是人与物的关系，只有人与物相结合才能进行正常工作。人与物的关系包括结合方式和结合状态。结合方式有两种，即直接结合与间接结合。直接结合又称有效结合，是指操作者在工作中需要某种物品时能够立即且正确地得到，能够高效率地利用时间且不会出错。间接结合是指人与物呈分离状态，为使其达到最佳结合，需要通过某种活动来完成。结合状态分为A、B、C三种：A状态是物与人处于有效结合的状态，物与人结合立即能进行生产活动；B状态是物与人处于间接结合状态，也称物与人处于寻找状态，需要经过某种"寻找"活动后才能进行有效生产活动的状态；C状态是物与现场生产活动无关，也可说是多余物。

定置管理所追求的，就是通过整理整顿，对A状态物持久保持下去；对B状态物进行分析，通过改进使其接近或达到A状态；对C状态物按其情况分别进行清理、清除，以便发挥场所的作用。

4. 场所与物的关系

所谓定置，就是科学确定物品在场所中的摆放位置。定置与随意放置不同，定置即是对生产现场、人、物进行作业分析和动作研究，使对象物按生产需要、工艺要求科学地放置在场所的特定位置上，以达到物与场所的有效结合，缩短人取物的时间，消除人的重复动作，促进人与物的有效结合。

工作现场场所有三种状态，即良好状态、改善状态和改造状态。在良好状态下，场所具有良好的工作环境，作业面积、通风设施、恒温设施、光照、噪声、粉尘等符合人的生理状况与生产需要，整个场所达到安全生产的要求。改善状态是指场所需要不断改善其工作环境，场所的布局不尽合理或只满足人的生理要求或只满足生产要求，或两者都未能完全满足。改造状态意味着场所需要彻底改造，场所既不能满足生产要求、安全要求又不能满足人的生理要求。定置管理要求场所保持在良好状态，才能满足高效率、高质量的生产要求。

在生产过程中，物品的摆放分为固定位置和自由位置两种。

(1) 固定位置。固定位置包括场所固定、物品存放位置固定、物品的标识固定，即"三固定"。这种"三固定"方法适用于那些在物流系统中周期性地回归原地，在下一生产活动中重复使用的物品，主要是指那些作为加工手段的物品，如夹具、量具、工艺装备、搬运工具、设备附件等物品。这些物品一般可多次使用于生产过程，周期往复运动。对这一类物品实施的"三固定"方法，主要是固定存放位置，使用后要回复到原来的固定存放点，便于下次寻找。这种"固定"，可以使人的行为习惯固定，从而提高人的工作效率，减少犯错的机会。

(2) 自由位置。自由位置是相对地固定一个存放物品的区域，但不是绝对的存放位置。具体存放位置是根据当时的生产情况及一定的规则决定的。与固定位置相比，物品存放有一定自由度，故称自由位置。这种方法适用物流系统中那些不回归、不重复使用的物品。如原材料、毛坯、零部件、半成品。这些物品的特点是按照工艺流程不停地从上一道工序向下一道工序流动，一直到最后出厂。所以，对每个物品来说，在某一道工序加工后，一般不再回归到原来的场所。自由位置的定置标识可采用可移动的牌架、可更换的插牌标识，对不同物品加以区分。不同位置的划分也可采用可移动的线条边界支架加以隔离，表示位置的暂时固定。

5. 定置管理中的标识

在定置管理中，标识是一个重要的概念，在人与物、物与场所的相互作用过程中起着指导、控制和确认的作用。在生产中使用的物品品种繁多，规格复杂，它们不可能都放置在操作者的手边，如何找到，需要标识来指引。许多物品在流动中是不回归的，它们的流向和数量也需要标识来指导和控制。为了便于寻找物品和避免混放，也需要通过标识来确认。因此，生产现场需要通过标识来确定物品的种类、名称、数量、状态和场所，在定置管理中，完善、准确而醒目的标识十分重要，它影响到人与物以及场所的有效结合程度。

标识一般可分为以下两类：

(1) 引导类标识。引导类标识主要用于告诉人们"物品放在哪里"，便于人与物的结合。例如车间各种物品的台账就是一种引导标识。在台账中，每类物品都有自己的编号，这种编号是按"四号定位"原则来编码的，"四号"即指库、区、架、位。有了台账就可以知道某种物品存放在何处，数量是多少。如果使用数据库、条码识别系统 RFID 等就更方便快捷了。

(2) 确认类标识。确认类标识是为了避免物品混乱和放错地方而建立的信息。比如各种区域的标志线、标志牌和色彩标志，用于告诉人们"这是什么场所"。废品存放区和合格品存放区的不同标志，可以避免材料、半成品、成品混淆的质量事故。各种物品的卡片和悬挂卡片的架、框，也是一种重要的确认信息。在卡片上说明这种物品的名称、规格、数量、质量等，告诉人们"此物品是什么"。这些卡片相当于物品的核实信息。

鉴于标识的重要性，在定置管理中要求标识达到五个方面的要求，即五种理想状态：场所标识清楚，区域定置有图，位置台账齐全，物品编号有序，全部信息规范。

6. 定置管理的开展程序

(1) 对现场进行调查，明确管理内容。以推行定置管理的主管人员为主，组织车间现场有关人员共同组成调查小组，对现场进行调查。调查的内容包括：人机联系情况、物流程序、工艺设计、作业空间、材料及制品、工位器具、质量安全情况、搬运运输工具、设备运转情况、中转库房情况、物品摆放状况等。

(2) 分析问题，提出方案。主要分析以下问题：人物结合情况、现场物流情况、物料搬运状态、现场标识、空间利用情况。

分析方法可借鉴工业工程中的生产作业分析、作业研究、动作分析及时间分析等方法。

(3) 定置管理系统设计

1) 定置图设计。定置图是对生产现场所有物品进行定置，改善现场中人与物、人与场所、物与场所相互关系的综合反映图。定置图绘制的原则有：①现场中的所有物品均应绘制在图上；②定置图绘制以简明、扼要、完整为原则，物形为大概轮廓，尺寸按比例，相对位置要准确，区域划分清晰；③生产现场暂时没有，但已定置并决定制作的物品，也应在图上表示出来，准备清理的无用之物不得在图上出现；④定置物可用标准标识进行标注，并在图上加以说明。

2) 标识设计。在定置管理中，各类物品的停放布置、场所区域划分等都需要运用各种符号表示，以便进行目视管理。标识包括标牌、地面刷漆画线等，标牌是指示定置物所处状态、标志区域、指示定置类型的标志，包括建筑物标牌、货架、货柜标牌、原材料、在制品、成品标牌等。

(4) 定置管理实施。定置管理实施是理论付诸实践的阶段，也是定置管理工作的重点，包括以下三个步骤：

1) 清除与生产无关之物，即 6S 管理中的整理。

2) 按定置图实施定置，即 6S 管理中的整顿。它按照定置图的要求，将生产现场、器具等物品进行分类、搬、转、调整并予定位。定置的物要与图相符，位置要正确，摆放要整齐，储存要有器具。可移动物，如推车、电动车等也要定置到合理位置。

3) 放置标准信息标牌。放置标准信息标牌要做到牌、物、图相符，设专人管理，不得随意挪动。要以醒目和不妨碍生产操作为原则。

在定置管理实施时必须做到：有图必有物，有物必有区，有区必挂牌，有牌必分类；按图定置，按类存放，账（图）物一致。

7. 定置管理的检查与考核

可以看出，定置管理与 6S 一样，都是一些烦琐的细小之事，但对提高工作效率、保证产品质量却有巨大作用。正因如此，定置管理往往很难得到领导的重视和被员工接受，因此，定置管理成功实施的一条重要原则就是持之以恒。只有这样，才能巩固定置成果，并使之不断发展。因此，必须建立定置管理的检查、考核制度，制定检查与考核办法，并按标准进行奖罚，以实现定置工作的制度化、标准化和长效化。

定置管理的检查与考核一般分为两种情况：一是定置后的验收检查，检查不合格的不予通过，必须重新定置，直到合格为止；二是定期对定置管理进行检查与考核，这是要长期进行的工作，它比定置后的验收检查工作更为复杂，更为重要。

定置考核的基本指标是定置率，它表明生产现场中必须定置的物品已经实现定置的程度。其计算公式为

$$定置率 = \frac{实际定置的物品个数（种数）}{定置图规定的定置物品个数（种数）} \times 100\%$$

检查的要求为:

(1) 工作场所的定置要求。首先要制定标准比例的定置图。生产场地、通道、检查区、物品存放区,都要进行规划和显示。然后要明确各区域的管理责任人,零件、半成品、设备、垃圾箱、消防设施、易燃易爆的危险品等均用鲜明直观的色彩或信息牌显示出来。凡与定置图要求不符的现场物品,一律清理撤除。

(2) 生产现场各工序、工位、机台的定置要求。首先,必须要有各工序、工位、机台的定置图。其次,要有相应的图样文件架、文件柜等资料文件的定置硬件。然后,工具、夹具、量具、仪表、机器设备在工序、工位、机台上停放应有明确的定置要求。再者,材料、半成品及各种用具在工序、工位摆放的数量、方式也应有明确的定置要求。最后,附件箱、零件货架的编号必须同零件账、卡、目录相一致。

(3) 检查现场的定置要求。检查现场的定置图,并对检查现场划分不同的区域,以不同颜色加以标志区分:待检查区用白色标志,合格品区用绿色标志,返修品区用红色标志,待处理区用黄色标志,废品区用黑色标志。

五、全员生产维护

随着科技的进步,制造系统的自动化程度越来越高,很多原来必须由人来完成的工作现在都交由机器完成,机器在质量保证中的作用也越来越大。另外,由于人的生理和心理状态存在不稳定性,也给产品质量的稳步提升带来很大的障碍,有质量管理专家认为,应该尽可能将质量控制工作交给设备去完成。基于以上这两个原因,设备在质量控制中的作用越来越大,如何保证设备的正常运行,就成为现场质量管理的一个重要课题。

1. 全员生产维护的概念

全员生产维护(Total Productive Management,TPM)是一种设备管理的新思想。全员生产维护是以生产现场的设备为对象、以"预防"为指导思想、以"全员参与"和"持续改进"为特点,以"零停机、零废品、零事故、零速度损失"为目标、以"6S管理"为基础、以"清扫、点检制和维修"为主要内容的系统性管理方法。

全员生产维护起源于"全面质量管理"。在第二次世界大战后,著名的质量管理专家戴明博士到日本推广质量管理,作为一名统计学家,他最初只是负责教授日本人如何在其制造业中运用统计分析方法,进而如何利用其数据结果,在制造过程中控制产品质量,形成了具有日本特色的全面质量管理。

当全面质量管理要求将设备维修作为其中一项检验要素时,发现全面质量管理本身似乎并不适合维修环境。因为在相当一段时间内,人们重视的是预防性维修(Preventive Maintenance,PM),多数工厂也都采用预防性维修,况且通过采用预防性维修技术制定维修计划以保持设备正常运转的技术业已成熟。但是,这种技术时常导致对设备的过度保养。它的指导思想是:"如果有一滴油能使设备运转更好一点,那么有较多的油应该会更好。"

在全面质量管理思想指导下,很多企业意识到要想仅仅通过对维修进行规划来满足制造能力和质量的需求是远远不够的。应遵循全面质量管理原则对原有的预防性维修技术进行改进,将维修纳入到整个产品质量形成过程中,从而就形成了全员生产维护的理论体系。

目前,全员生产维护已经变成了企业现场管理中必不可少的和极其重要的组成部分,维修停机时间也成了工作日计划表中不可缺少的一项,而维修也不再是一项没有效益的作业,在某些情况下可将维修视为整个制造过程的组成部分。

2. 全员生产维护的作用

(1) 减少废次品率，大幅降低产品制造成本。

(2) 有效地提高设备运行的可靠性和效率，保障产品质量。

(3) 通过减少库存（设备备件和在制品库存），缩短现金流周期。

(4) 促进各部门间的沟通与合作，使各部门的运作更高效。

(5) 能够最大限度地提升顾客满意度，提高企业的综合竞争力。

自从全员生产维护在日本和世界各国企业中推行以来，已经为企业创造了可观的经济效益，同时也增加了企业的无形资产，下面列举一些具体事例。

日本的西尾泵厂在实施全员生产维护之前，每月故障停机700多次。在全员生产维护推行之后的1982年，已经做到无故障停机，产品质量也提高到100万件产品中仅有11件次品，西尾泵厂被誉为"客厅工厂"。

日本尼桑汽车公司从1990年到1993年推行全员生产维护的几年里，劳动生产率提高50%，设备综合效率从推行全员生产维护前的64.7%提高到82.4%，设备故障率从1990年的4740次减少到1993年的1082次，减少了77%。

加拿大的WTG汽车公司：1988年推行全员生产维护，三年时间，其金属生产线每月故障停机从10h降到2.5h，每月计划停机（准备）时间从54h降到9h。

意大利的一家公司，推进全员生产维护三年，生产率增长了33.9%，机器故障减少了95.8%，局部停机减少了78%，润滑油用量减少了39%，维修费用减少了17.4%，工作环境大大改善，空气粉尘减少了90%。

3. 全员生产维护的主要内容

全员生产维护主要包括6S、设备日常点检和专业维修三个紧密结合的活动。

(1) 6S活动。6S是全员生产维护的基础，特别是其中的清扫活动，并不仅仅是对环境的清扫，更重要的是对设备的清扫，通过清扫发现设备存在的问题并解决之（例如紧固螺栓的松动、设备的漏水和漏油、零部件的生锈、运动部件的过度磨损等）。因此，6S活动开展得是否有成效，对全员生产维护的影响巨大。全员生产维护中"清扫"的实施也称自主维护的"七步法"：

1) 初始清洁，清理灰尘，搞好润滑，紧固螺栓。

2) 制定对策，防止灰尘、油泥污染，改进难以清理部位的状况，减少清洁困难。

3) 建立清洁润滑标准，逐台设备、逐点建立合理的清洁润滑标准。

4) 按照检查手册检查设备状况，由全员生产维护小组长引导小组成员进行各检查项目。

5) 建立自检标准，按照自检表进行检查，并参考维修部门的检查表改进小组的自检标准，树立新目标，与维修部门确定不同检查范畴的界限，避免重叠和责任不明。

6) 整理和整顿，制定各个工作场所的标准，如清洁润滑标准、现场清洁标准、数据记录标准、工具、零部件保养标准等。

7) 自动、自主维护，工人可以自觉、熟练地进行自主维护，自信心强，有成就感。

自主维护主要是由现场操作人员进行的。

(2) 设备点检制。设备的日常维护保养对充分发挥设备的性能和延长设备的服役寿命具有非常重要的作用。但在全员生产维护中，设备点检的含义比一般的维护保养要宽得多。点检就是利用恰当的检查手段，对设备进行早期检查、诊断和维修。尽管每个企业都可根据自己的实际情况制定自己的点检制度，但是"三位一体"点检制及五层防护线的概念是通用的。"三位一体"点检制是指岗位操作员的日常点检、专业点检员的定期点检、专业技术人员的精密点检三者结合起来的点检制度。通过"三位一体"点检制建立起设备的五层防护线。

第一层防护线：岗位操作员的日常点检。
第二层防护线：专业点检员的定期点检。
第三层防护线：专业技术人员的精密点检。
第四层防护线：对出现的问题进一步通过技术诊断等找出原因及对策。
第五层防护线：每半年或一年的全面检查。

点检制的主要特点是"八定"：①定人，即设立操作者兼职和专职的点检员；②定点，即明确设备故障点，明确点检部位、项目和内容；③定量，即对劣化倾向的定量化测定；④定周期，即对不同设备、不同设备故障点建立不同的点检周期；⑤定标准，即给出每个点检部位是否正常的依据；⑥定计划，即做出作业卡、指导点检员沿规定的路线作业；⑦定记录，即定出固定的记录格式；⑧定流程，即定出点检作业和点检结果的处理程序。

(3) 设备维修。 维护工作做得再好，设备也会发生各种故障，这就存在设备维修的问题。在全员生产维护中，将维修划分为不同的层次：

1) 事后维修（Breakdown Maintenance, BM），这是最早期的维修方式，即出了故障再修，不坏不修，对于不重要且维修容易的设备常常采用这种方法。

2) 预防维修（Preventive Maintenance, PM），这是一种以检查为基础的维修方式，利用状态监测和故障诊断技术对设备的失效进行预测，有针对性地对故障隐患加以排除，从而避免和减少停机损失，分定期维修和预知维修两种方式。

3) 改善维修（Corrective Maintenance, CM），这是不断地利用先进的工艺方法和技术，改正设备的某些缺陷和先天不足，提高设备的先进性、可靠性及维修性，提高设备的利用率。

4) 维修预防（Maintenance Prevention, MP），它实际上就是可维修性设计，提倡在设计阶段就认真考虑设备的可靠性和维修性问题。从设备的设计和制造中提高设备的固有品质，从根本上防止设备故障和事故的发生，减少和避免维修事件。

5) 生产维修（Productive Maintenance, PM），这是一种以生产为中心，为生产服务的一种维修体制。它包含了以上四种维修方式的具体内容。对不重要的设备仍然实行事后维修；对重要设备则实行预防维修，同时在修理中对设备进行改善。在设备选型或自行研发新设备时应该注重设备的维修性。

4. 设备综合效能的评价

设备是企业的重要资源，即使设备不开动也会产生折旧费用，会给企业带来很大的经济损失。因此，企业应该采取一切措施提高设备的开动率，充分发挥设备的效能。评价全员生产维护实施效果的主要指标之一就是设备综合效率（Overall Equipment Effectiveness, OEE），它表示了设备的开动率和制造产品的质量，OEE 值越高，说明设备的作用发挥得越充分，全员生产维护的效果就越好。

影响设备综合效率的主要原因是停机损失、速度损失和废品损失。它们分别由时间开动率、性能开动率和合格品率反映出来，因此可以得到下面的设备综合效率公式

$$\text{OEE} = \text{时间开动率} \times \text{性能开动率} \times \text{合格品率}$$

其中

$$\text{时间开动率} = \frac{\text{开动时间}}{\text{负荷时间}}$$

$$\text{负荷时间} = \text{日历工作时间} - \text{计划停机时间}$$

$$\text{开动时间} = \text{负荷时间} - \text{故障停机时间} - \text{设备调整初始化时间}$$

设备调整初始化时间包括更换产品规格、更换工装模具、更换刀具等活动所用的时间。

$$\text{性能开动率} = \text{净开动率} \times \text{速度开动率}$$

$$\text{净开动率} = \frac{\text{加工数量} \times \text{实际加工周期}}{\text{开动时间}}$$

$$\text{速度开动率} = \frac{\text{理论加工时间}}{\text{实际加工时间}}$$

$$\text{合格品率} = \frac{\text{合格品数量}}{\text{加工数量}}$$

在 OEE 计算公式里，时间开动率反映了设备的时间利用情况；性能开动率反映了设备的性能发挥情况；合格品率反映了设备的有效工作情况。反过来，时间开动率度量了设备的故障、调整等项的停机损失；性能开动率度量了设备短暂停机、空转、速度降低等项的性能损失；合格品率度量了设备加工的废品损失。

[例 8-6] 设某设备 1 天工作时间为 8h，班前计划停机 20min，故障停机 20min，更换产品型号设备调整 40min，产品的理论加工周期为 0.5min/件，实际加工周期为 0.8min/件，一天共加工产品 400 件，有 8 件废品，求这台设备的 OEE。

解 负荷时间 $= (480 - 20)\text{min} = 460\text{min}$

开动时间 $= (460 - 20 - 40)\text{min} = 400\text{min}$

时间开动率 $= \frac{400}{460} = 87\%$

速度开动率 $= \frac{0.5}{0.8} = 62.5\%$

净开动率 $= \frac{400 \times 0.8}{400} = 80\%$

性能开动率 $= 62.5\% \times 80\% = 50\%$

合格品率 $= \frac{400 - 8}{400} = 98\%$

于是得到 OEE $= 87\% \times 50\% \times 98\% = 42.6\%$

[例 8-7] 某设备的负荷时间为 $a(100\text{h})$，非计划停机为 10h，则实际开动时间为 $b(90\text{h})$；在开动时间内，计划生产 $c(1000)$ 个单元产品，但实际生产了 $d(900)$ 个单元产品；在生产的 $e(900)$ 个单元产品中，仅有 $f(800)$ 个一次合格的单元产品，求这台设备的 OEE。

解 计算过程可以简化为

$$OEE = \frac{b}{a} \times \frac{d}{c} \times \frac{f}{e} = \frac{90}{100} \times \frac{900}{1000} \times \frac{800}{900} = 72\%$$

第五节 制造过程质量自动控制

一、制造过程质量自动控制的概念

目前,对产品制造过程的质量进行控制,主要有以下三条途径:

(1) 从管理方面着手,如通过文明生产、均衡生产、严格规章制度、完善的质量控制计划、QC 小组活动、现场管理等全面质量管理方式来进行。

(2) 从工序质量控制方面着手,如借助于各种统计质量控制工具,进行工序能力的分析、评价和提高,使过程处于受控状态,从而达到工序质量控制的目的。

(3) 从设备的自动检测与控制方面着手,如通过对制造过程中的质量数据进行自动采集、分析和反馈控制,从而达到保证或提高产品质量的目的。

在以上三条途径中,前两条途径已在本书的相关章节中予以介绍,本节主要介绍第三条途径的相关内容,即制造过程质量的自动检测与控制。

制造过程的质量自动检测与控制也称在线检测与控制。狭义地讲,就是在生产线上加入某一检测环节,以便对制造过程中的某些关键参数或工况进行在线或离线检测,根据检测的结果自动调节并控制制造过程,从而使过程能稳定地生产出质量合格的产品。例如,在外圆磨床上加入外圆直径自动测量仪,就可以在磨削加工时随时检测工件的外圆尺寸,并将检测到的信息反馈给控制装置,自动控制磨削工艺过程。外圆直径测量仪可以根据工艺流程的需要,向磨床发出控制信号,使磨削过程自动地从粗磨转换到精磨,再转到无进给磨削,达到尺寸后自动停机。又如,在钢带的热轧生产过程中,在钢带的热轧机组上加入一套自动测量控制系统,就可以自动控制钢带的厚度、宽度及表面质量了。

制造过程质量自动检测与控制可极大地提高生产效率,降低工人的劳动强度,提高产品质量,在现代工业生产中具有非常重要的意义。其意义可以从以下几个方面来体现:

1. 制造过程质量自动控制能使产品符合设计规范

使制造出来的产品符合设计规范是制造过程质量自动控制的主要目的。为了达到这一目的,传统的制造过程质量控制主要采用严格的质量检验(专职三检制、工检结合的三检制等)、统计工序质量控制技术(工序能力分析、控制图等)和生产现场管理(三自一控、成品管理、计划调度、严肃工艺纪律、质量责任制、文明生产、关键工序控制等)方式来完成。现代制造过程质量控制系统除了采用上述控制手段外,还强调通过制造过程的在线检测和反馈控制技术来确保产品质量达到设计规范要求。上述各种手段的综合,使得产品质量能够得到最大限度的保障。

2. 制造过程质量自动控制能减少人为因素的干扰

在传统质量控制方式下,产品质量往往会受到人为因素的影响,使得产品质量保证的可靠性下降。如果采用自动化程度更高的质量控制技术,可以有效地排除人为因素的干扰,提高产品质量保证的可靠性。

3. 制造过程质量自动控制具有更好的经济性

传统的工序质量控制方法主要是建立在数理统计理论基础上的,具有一定的滞后性,再加上管理水平和人员素质的影响,常常会造成较高的废次品损失。具有自动检测与控制功能的质量控制系统是建立在在线检测和反馈控制技术基础上的,实时性很强,其制造质量通常靠工艺系统本身来保证。因此它具有可靠性高、废次品少等特点,提高了产品质量保证的经济性。

4. 制造过程质量自动控制更适于单件小批量生产

随着产品"个性化"的趋势越来越明显,多品种、小批量生产已成为制造企业的主导生产模式。由于生产批量往往达不到统计技术所需的最低样本数,传统的统计工序质量控制方法的应用范围将越来越小。在这种情况下,产品质量的一次成功就显得极为重要。为了实现这一目的,就必须在工艺装备和工艺方法上多想办法。而采用在线检测和反馈控制技术,可经济性地实现这一目的。

5. 制造过程质量自动控制更适合自动化程度很高的流程型生产

一般情况下,流程型生产过程的自动化程度极高,也需要实时性很高的在线检测技术和实时反馈控制技术。

二、制造过程质量自动检测与控制的原理

制造过程质量的自动检测与控制系统实际上就是一个复杂的自适应控制系统,它在计算机系统的控制下进行工作,其工作原理如图 8-6 所示。

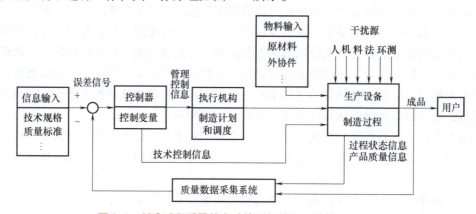

图 8-6 制造过程质量的自动检测与控制系统的工作原理

(1) 系统的信息输入有:产品和零件的技术规格、产品质量标准、规章制度等。

(2) 系统的物料输入有:原材料、外协件、配套件等。

(3) 控制器的作用是生成控制信号,去控制执行机构和生产设备进行加工制造,并使制造过程始终处于受控状态,从而以经济的方式生产出合格的产品。控制器输出信息有两类:一类是管理控制信息,用来控制计划的制订、实施生产调度、进行生产现场管理;另一类是技术控制信息,用来对加工过程进行控制。

(4) 执行机构的主要任务是编制制造质量的控制计划,实施生产调度,对生产现场进行管理,最终实现文明有序生产。管理方面的质量控制一般属于全面质量管理的范畴,它的输出直接送入制造过程。

(5) 生产设备接受来自执行机构的计划、调度等信息和来自物料输入部分的原材料和配套件,并在控制器输出的技术控制信息的控制下进行加工制造,完成产品的制造过程。在产品制造过程中所产生的质量信息主要有两大类:生产过程运行的状态信息和产品方面的成品、半成品质量信息。产品的制造质量受到操作人员素质、机器设备、物料质量、操作规程、生产制造环境、检测仪器及检测方法等因素的影响,制造过程质量控制的目的就是力求排除这些干扰,保证生产出合格的产品。

(6) 质量数据采集系统借助于传感器和其他手段获取来自制造过程的质量信息,将这些信息处理后送入控制器。

制造过程的质量控制系统有在线和离线两种方式。其中,在线(On-Line)质量控制是指以实时、在线的方式获取质量信息,并实现对质量的反馈控制,它包括对生产过程运行状态和对产品制造质量的控制;离线(Off-Line)质量控制是指对产品本身的质量检测采用离线的方式来进行,再根据检测结果去调节生产过程的运行状态的方式。

计算机控制下的在线质量控制系统的工作原理如图 8-7 所示。在线质量控制系统对生产线的自动控制过程如下:设置在生产线上各个部位的传感器实时接收来自制造过程的工作状态信息和产品质量状况信息,经传感器接口将信息送入信号放大器,对信号进行放大和滤波;经放大和滤波后的信号为模拟信号,需要经 A-D 转换器将之转换为计算机能识别和处理的数字信号;随后将信号经接口送入控制计算机;控制计算机对输入信号进行分析和处理,并与生产线的正常运行状态或产品质量的标准值进行比较,生成控制信号;控制信号经 D-A 转换器转换成模拟信号后送入控制器;控制器再去控制驱动器,改变生产线的运行参数,或者使生产线恢复到正常状态,或者使产品的质量达到标准的要求。由此可见,在线质量控制系统是个典型的自动检测及反馈控制系统,它既可控制制造过程的运行状态,也可控制产品的质量,将是制造过程质量控制的主要发展方向。

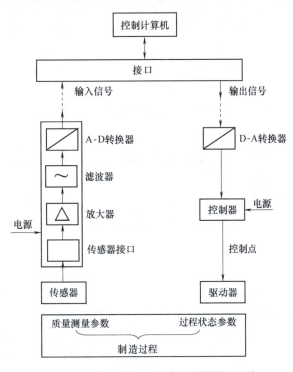

图 8-7 计算机控制下的在线质量控制系统

离线质量控制系统的工作原理如图 8-8 所示。离线质量控制方式就是将生产线上正在加工的半成品或已完工的成品从生产设备上取下来,在专用的检测工位进行检测,然后根据检测结果调整加工参数,从而实现对产品制造质量的控制。

在线质量控制方式的实时性强,效率高,对制造质量的保证能力强,其缺点是系统复杂,可靠性和经济性都比较差;而离线质量控制方式则相反,其实时性差,效率较低,但控制系统相对简单,可靠性高,成本也往往较在线控制方式低。

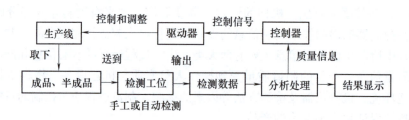

图 8-8　离线质量控制系统的工作原理框图

从上面的介绍可以知道，制造过程质量自动控制主要包括四项内容：数据采集、数据处理、反馈控制、对生产线的状态进行控制和调整。其中数据采集可以采用手工方式，也可以采用全自动方式；可以是离线采集，也可以是在线采集。而数据处理的关键是排除数据中的干扰因素，得出对质量控制有用的信息。反馈控制则是根据采集并经过处理的数据与质量标准之间的差值对制造过程实施控制，其实质就是对生产线的运行状态进行在线检测，然后根据检测信息对其实施实时控制，使之一直处于正常运行状态。

三、质量数据采集及其自动化

1. 数据采集系统的基本组成

数据采集系统的一般组成如图 8-9 所示。

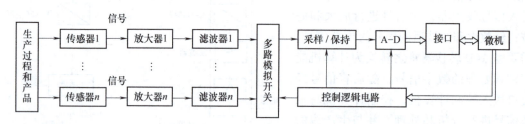

图 8-9　数据采集系统的一般组成

数据采集系统一般由传感器、放大器和滤波器在内的信号调理电路，多路模拟开关，采样/保持电路，A-D 转换器及控制逻辑电路等组成。

（1）**传感器**。传感器的作用是从生产过程中获取生产线运行状态和产品质量的信息。

（2）**信号调理电路**。传感器输出的模拟信号往往因其幅值小，可能含有不需要的高频分量或其阻抗不能与后续电路匹配等原因，不能直接送给 A-D 转换器转换成数字量，需要对信号进行必要的处理，这些信号处理电路叫作信号调理电路。信号调理电路的功能主要是放大和滤波。

（3）**多路模拟开关**。多路模拟开关的功能是在控制信号的作用下，将来自多个独立模拟信号源的信号按指定的顺序依次送到采样/保持电路。

（4）**采样/保持电路**。采样/保持电路用来保持 A-D 转换器的精度。

（5）**A-D 转换器**。A-D 转换器的作用是将模拟输入信号转换成数字信号。

（6）**控制逻辑电路**。其作用是集成化地控制多路模拟开关（电路）、采样/保持电路和 A-D 转换器。

2. 数据采集方式分类

常用的质量数据采集方式主要有以下三种类型：

（1）**自动检测**。自动检测是利用计算机控制的坐标测量机或其他全自动测试仪器，对工件或生产过程的运行状态进行检测，可以实现质量数据的自动采集及处理，还可将分析结果自动送到生产设备的控制装置中，实现"近似闭环"或全闭环的质量控制。

自动检测方式可以是在线的，也可以是离线的。在线的自动检测方式可以构成全闭环质量控制；离线检测方式则可构成"近似闭环"的质量控制。图 8-10 所示是计算机自动在线数据采集方式。

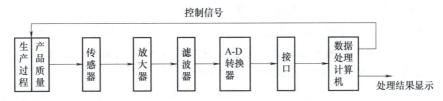

图 8-10　计算机自动在线数据采集

（2）**半自动检测**。所谓半自动检测，是指检测活动是手动的，而信息的传送和数据的处理是自动的。例如，检验人员在检测零件时，通过数据线与数据处理器相连的数显千分尺、数显卡尺、数显高度尺、数显千分表等进行检测，检测结果不需要手写记录，而是自动地送入数据处理装置存储起来。检验完毕，可以按各种统计数据处理方式对数据进行处理，并将处理结果显示或打印出来。必要时，数据处理装置还可生成控制信号去控制生产过程，构成所谓的"近似闭环"控制方式。半自动检测目前已广泛应用在尺寸参数、几何参数、表面粗糙度、重量、力、硬度等的检测方面。

（3）**手工检测**。所谓手工检测，就是利用各种手动量仪对工件或产品进行检测，或采用"目测"的方式对生产线运行状态进行检测。检测人员需要"读取"计量仪（千分尺、游标卡尺、千分表等）的读数，再把结果记入专用的表格或利用键盘把数据送入数据处理计算机。这种方式简单、经济，但花费时间长，检测精度不高（由于读数误差），数据录入时也会出错。

由于定尺寸检测量具，如环规、卡规和塞规等只能将零件的尺寸分成两类，不能检测出其具体值，故不能用作检测数据的采集。

生产线运行参数的采集也属于质量数据采集的范畴，其目的是监控生产系统的运行状况，以发现潜在的问题并消除之，如刀具磨损的监控、刀具破损的监控、设备运行状态的监控等。过程参数采集的对象可以是电流、电压、电功率、力参数、位移参数、流量、噪声、振动、运动状态等。对于物理参数的采集可采用各种传感器，对运动状态的采集可采用工业摄像机。

3. 坐标测量机

坐标测量机（Coordinate Measuring Machine，CMM）是一种高柔性、高精度的检测设备。CMM 适用于对各类零件的几何尺寸和形状进行快速、精密的测量。随着计算机控制的 CMM 技术的出现，大大提高了 CMM 的自动化程度。

CMM 除能对各类零件进行自动测量外，还能对测量数据进行自动处理，输出用户需要的结果。根据是否使用计算机控制，CMM 可以分成两大类：计算机控制的 CMM 和一般的 CMM。计算机控制的 CMM 具有全自动检测、自动数据处理和打印输出结果的功能；一般的 CMM 仅具有手动控制功能或手动控制加示数功能。随着计算机技术在制造企业的大量应用，目前基本上所有新生产的 CMM 都配有计算机控制系统。

CMM 的主要优点是操作简便，可以对不同形状的零件进行不同项目的测量，可以有效消除人为因素造成的测量误差，特别适合对精密和复杂形状零件的测试。它的主要缺点是价格昂贵，对使用环境的要求很高。因此，目前 CMM 在制造企业仍属于稀有设备，但随着对制造质量要求和对自动化要求的提高，CMM 将会在制造企业中得到越来越广泛的应用。

CMM 在制造过程的应用方式主要有以下三种：

（1）在独立的检测工位使用。此时，CMM 采用离线工作的方式，即从加工工位取下半成品或成品，运到 CMM 检测工作站进行检测，再将检测后的结果送去调整和控制生产线。在这种工作方式下，CMM 也可以用来判断工件是否合格。

（2）用于反求工程中。所谓反求工程（Reverse Engineering），是指对一台设备或零件进行测绘，进而进行仿制的过程。反求工程在技术引进时特别有用，可以紧跟国际先进技术，但又不用付出很多的研制开发费，是目前发展中国家紧跟世界先进水平的一种主要方式。当然，如果在反求过程中同时进行分析、改进和创新，则可在紧跟的基础上以最经济的方式和最短的时间超越竞争对手。在反求工程应用方式中，CMM 应与 CAD/CAM 系统集成。此时，应用 CMM 对实物进行测量，并将测量所得的数据送到 CAD 系统进行处理，如重建零件形状、放大、缩小、修改等，并生成 CAD 模型。然后将 CAD 模型送入 CAM 系统进行工艺设计并生成数控程序。最后送入制造系统进行加工制造。这一过程如图 8-11 所示。

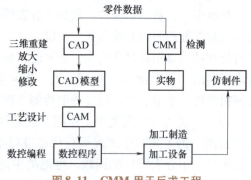

图 8-11　CMM 用于反求工程

（3）与制造系统集成。在现代制造系统中，特别是在柔性制造系统（FMS）中，为了自动地加工出高质量的产品，倾向于将 CMM 集成进整个系统中。在这种应用方式下，CMM 实现的一般是半在线或在线质量控制功能。因为此时工件并不需要从生产线上取下，而只要从加工工位送到检测工位进行检测，并根据检测结果去控制加工过程。图 8-12 所示是一典型的 CMM 结构示意图。可以看出，CMM 一般是由底座、工作台、立柱、横梁、测头、坐标位移测量装置和计算机控制装置组成。

1）底座。CMM 的底座一般是用

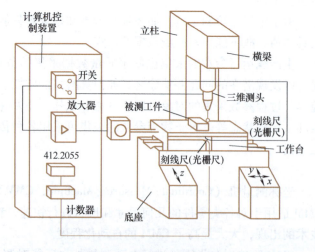

图 8-12　CMM 的结构示意图

优质花岗岩制成。由于花岗岩内应力小，对温度的变化不敏感，因此具有吸振、稳定、耐久及便于保养等特点，是制造高精度 CMM 底座的理想材料。

2）工作台。工作台一般也是由花岗岩制成。为使移动灵活、减少"爬行"现象，底座和工作台之间的导轨一般采用滚柱导轨或特殊的减小摩擦力的滑动导轨。

3）立柱。立柱一般是用金属材料制成，横梁可以在其上做上下调整运动。

4）横梁。横梁的作用是带动测头移动。

5）测头。测头可以在横梁上做前后移动。为了使移动灵活，同时也为了减小导轨表面缺陷对移动精度的影响，在测头的头架与横梁之间一般采用低摩擦系数的空气轴承连接。测头在计算机的控制下沿被测表面移动，移动过程中测头将测量数据传送给计算机，计算机根据记录的测量结果计算被测零件的形状和尺寸。为减少测头的磨损，在移动过程中，测头并不与被测表面相接触，而只是在检测点才发生接触（只是对接触式测头而言）。测头是 CMM 中的关键部件之一，CMM 之所以能实现高精度测量，在很大程度上归功于高精度测头。测头实质上也是一种传感器，它有接触式和非接触式两大类：接触式测头有触发式和模拟式两种；非接触式包括激光三角测量、激光成像和工业摄像机等，均属于光学测量传感器。图 8-13 所示是最常见的接触式测头结构。测头的探针处于由三个圆柱棒 B 和六个球 A 形成的唯一确定位置上，用一个高灵敏度的、有一定预紧力的弹簧将探针维持在这一位置上。由六个球组成的触点按图中的方式依次连接，并接一恒定电流源。当探针接触被测表面时，就会产生微小的位移，此时六个触点中将有一个或一个以上的触点断开，从而使回路中的电阻迅速增大。当回路中的电阻增大到一定数值时，就会使回路两端产生一定的电压差，就会向开关电路发出信号。利用此信号就

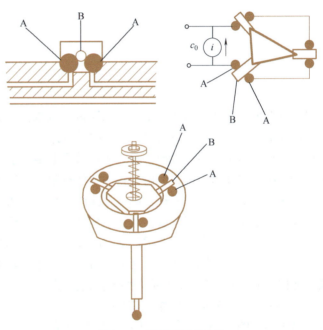

图 8-13　接触式测头结构

可以读取当前的测量位置数据。这种触头的特点是具有三维特性，即探针沿 x、y、z 三个方向的偏移均能引起触发。因此，可以从不同的方向接触被测表面，而不会影响测量结果。探针的端部是个红宝石球，采用红宝石的主要目的是提高探头的耐磨性。

6）坐标位移测量装置。坐标测量机的坐标位移测量装置一般采用高灵敏度的光栅尺。

7）计算机控制装置。除控制探头沿三个坐标方向自动检测外，还可记录检测结果，进行数据处理，并将结果显示或打印出来。

CMM 的结构类型多变，但一般可归纳为五种，如图 8-14 所示。

图 8-14a 所示为悬臂式 CMM，其结构特点是：横梁相对于立柱做 x 方向的移动，滑架在横梁上做 y 方向的移动，测头架在滑架上做 z 方向的移动。这种方式的 CMM 刚度较低，

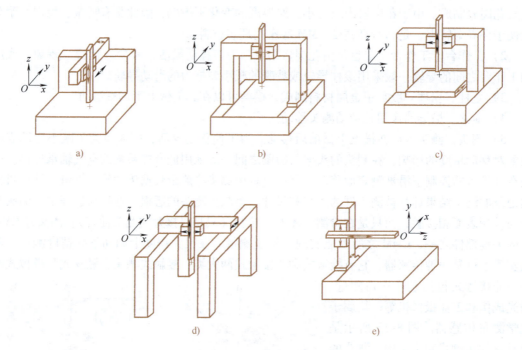

图 8-14 CMM 的结构类型

测量精度较低,但适用对较大型零件的测量(局部测量)。

图 8-14b 所示为移动桥式 CMM,其结构特点是:桥式立柱在工作台上做 y 方向的移动,横梁在立柱上做 x 方向的移动,测头架在横梁上做 z 方向的移动。这种形式的 CMM 刚度高,因此测量精度也相对较高,但由于封闭空间有限,不适用对大型零件的测量。

图 8-14c 所示为固定桥式 CMM,其结构特点是:桥式立柱固定在底座上,x 方向和 z 方向的移动由横梁和测头架完成。其他结构特点与移动桥式 CMM 相同。

图 8-14d 所示为龙门式 CMM,x、y、z 三个方向的移动由横梁、滑架和测头架来完成。两个龙门式立柱直接固定在工作台上,由于对工作的要求不高且体积大,工作台可由铸铁制成。龙门式 CMM 主要用来对特大型零件的测量。

图 8-14e 所示为水平悬臂式 CMM,x、y、z 三个方向移动分别由立柱、横梁和测头架完成。这种形式的 CMM 也适用对大型零件的测量。

4. 典型检测方法

自动检测包含的内容很多,这里只介绍几种典型的检测方法。

(1) 直径检测。图 8-15 所示为用于外圆磨床的单线圈气隙式电感传感器的工作原理。变压器的一次侧为 LC 串联谐振电路,当工件加工尺寸发生微小变化时,通过推杆使铁心移动发生变化 δ,使输出电压 E_2 发生变化。在加工过程中,当工件送到测量位置时,传感器测

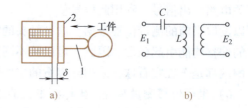

图 8-15 单线圈气隙式电感传感器的工作原理
a) 结构 b) 电路
1—推杆 2—动铁心

量其外径,如工件磨削余量过大,则不送"粗磨"信号,以避免砂轮与工件相撞。如磨削

余量在规定值内,则发出粗磨信号,起动机床磨削。加工到达预定尺寸时,传感器发出"精磨"信号,使机床径向进给量变小,进行精磨。到达光磨尺寸时,则发出"光磨"信号,当工件的尺寸达到最终要求时,发出结束信号,控制机床磨头退回,并自动将工件卸下。这个系统不仅包括检测部分,同时也包括数据(或信号)处理及反馈控制部分。

(2) **长度尺寸测量**。长度尺寸测量是位移测量的一种,位移测量可以采用各种位移传感器,如变阻器式、差动变压器、电容式、同步机、计量光栅、激光比长仪等。这些传感器均可进行连续的位移测量和长度尺寸的测量。现代数控机床上一般配备专用的测量头,可以进行直径和长度的检测。加工过程中,首先完成半精加工,然后根据测量所得到的尺寸与最终尺寸的差值,修正刀具的位置进行精加工。一般可以得到比较高的加工精度。

(3) **形位公差测量**。形位公差的测量一般采用"离线"的方式,在柔性制造系统中则在专用的检测工位上进行。形位公差一般不能在加工过程中进行控制。但有些形位公差项目(如回转表面的圆度、圆柱度、位置度等)可以在加工过程中进行连续的检测及补偿。这种测量多属于非接触式动态测量。对于圆度测量,一般不仅需要知道误差的大小,还应该知道误差的方位,有些机床上还装有调整机构,用来进行误差补偿。对于圆柱度测量,则还要知道被测部位的轴向位置,一般情况下,圆柱度在轴向方向的误差比较容易测量和补偿。

(4) **切削力检测**。切削力是加工过程中最基本的物理现象之一,研究切削力对揭示切削过程的物理实质、改善加工质量、提高生产率都有着极为重要的作用。根据切削力的检测结果,还可进行恒切削力自适应控制。图 8-16 为利用测力顶尖进行磨削力测量的例子。应变片贴在顶尖削扁部分,导线可通过中心孔引出,密封套可防止冷却液侵入。进行外圆纵磨时,磨削分力 F_y 的作用点一直在变化,因此每个顶尖受力是变化的,但是两个顶尖受力之和必然等于 F_y。如果采用两个测力顶尖并把它们的应变片串接起来组成电桥,就不会受磨削力作用点位置变化的影响了。同理可测得切向分力 F_z。

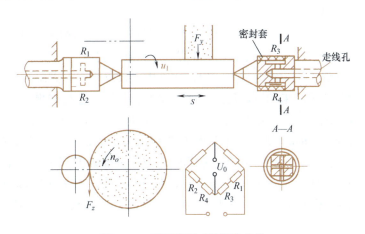

图 8-16 外圆磨削时的测力方法

(5) **刀具损坏的检测**。在加工过程中,常需对刀具的状况进行检测。刀具检测有两项内容:一是检测刀具的过度磨损;二是检测刀具的破损。刀具的过度磨损可以通过对切削功率、切削力、切削热、工件的形状误差和噪声的检测来确定；对刀具损坏的检测常采用测量刀尖位置的方式来进行。对车刀破损的检测可利用 NC 机床上的测头来完成。下面介绍几种钻头损坏的检测装置：

1）探针式检测装置。通过检测已加工孔深的办法间接检查刀具的折断。

2）电磁感应式检测装置。如图 8-17 所示，电磁感应头 2 与隔磁材料板 3 黏结后，固定在钻模板 4 上。当机床处于原始位置时，钻头 1 如图 8-17 所示处于电磁感应头 2 内。若钻头已折断，电磁感应头的电感量发生明显变化，发出报警信号，并停机换刀。

3）光电式检测装置。如图 8-18 所示，当钻头退回原位压下行程开关 S 后，接通光源。若钻头完好，则小孔遮住，光线射不进去；若钻头断掉，光线经过小孔照射到光敏二极管 VD 上，使之导通，继电器动作，切断机床电路并报警。

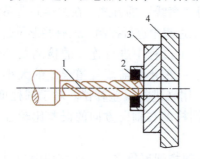

图 8-17　电磁感应式检测装置

1—钻头　2—电磁感应头　3—隔磁材料板　4—钻模板

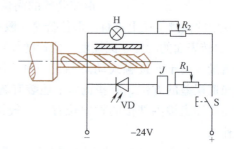

图 8-18　光电式检测装置

5. 测量误差处理

由于受到各种因素的干扰，在测量过程中总是会出现各种各样的误差，从而影响质量数据的可靠性。因此，在数据采集过程中，要采取措施减少乃至完全消除（理想状态）各种测量误差，以提高质量检验和质量控制的精度和可靠性。本节将简要介绍测量误差的基本概念及减少测量误差的措施。

(1) 测量误差的概念。所谓测量误差，就是测量所得的值与被测量真实值之差，即

$$测量误差 = 测量值 - 被测量真实值$$

如此定义的测量误差称为绝对误差。但在实际中，仅仅用绝对误差并不能完全说明测量结果的准确度。因为测量结果的准确度除与绝对误差有关外，还与被测量的量本身的大小有关。例如，如果我们测量两个大小分别为 $\phi = 100$mm 和 $\phi = 10$mm 的直径尺寸，所得结果分别为 $\phi 100.2$mm 和 $\phi 10.1$mm。那么，单从绝对测量误差看，$\phi 100$mm 的误差（0.2mm）显然大于 $\phi 10$mm 的误差（0.1mm）。但是，$\phi 100$mm 的测量准确度却远远高于 $\phi 10$mm 的测量准确度。因为从每一毫米分摊的测量误差来看，$\phi 100$mm 的误差是 0.002mm，而 $\phi 10$mm 的误差是 0.01mm，两者相差了 5 倍。因此，为了正确评价测量精度，还应引入相对误差的概念。

我们把相对误差定义为：测量结果的绝对误差与被测量真实值之比，即

$$相对误差 = \frac{绝对误差}{被测量真实值}$$

在数据处理过程中，几何量的测量准确度常用绝对误差来表示，而电学量的测量准确度

常用相对误差来表示。

(2) 测量误差分类。根据误差的特征和出现的规律，一般可将测量误差分为以下三类：

1）系统误差。在顺次测量中，其测量误差的大小和方向按一定的规律变化或保持不变的误差称为系统误差。若误差的大小和方向都保持不变，则系统误差称为恒值系统误差；若误差随测量次序或时间呈线性变化，则称系统误差为线性系统误差。另外，还有周期性系统误差和复杂规律系统误差。系统误差可以采用变量替换法或抵消法予以消除。

2）随机误差。在同一条件下对同一被测量进行多次反复测量时，各测量数据的误差值或大或小，或正或负，其取值大小从表面看似乎没有确定的规律性，这样的误差称为随机误差。随机误差服从统计规律，可以用统计方法做出估计。处理随机误差的关键是确定其分布参数，主要指标是平均值和标准差，前者反映了随机变量平均变化量的大小，后者反映了随机变量的分散范围。

可采用平均值法（即用平均值代表质量特性）或用数字滤波法（用低通滤波器）去除随机误差的高频影响。

3）粗大误差。超出正常范围的大误差称为粗大误差。一般情况下，粗大误差是由一些不正常因素造成的，如计数或记录错误、操作不当、突然的冲击振动、电路系统的瞬时故障等。粗大误差的剔除较容易，常采用统计方法剔除。

(3) 影响测量精度的因素。在测量过程中之所以会出现误差，通常是受到下列因素的影响：

1）测量过程的原理误差。阿贝误差就是典型的例子，它是在测量结果必须通过某种函数换算关系计算时而出现的。

2）理论运算误差。它是由测量原理中存在小数有效位数的取舍造成的。

3）间接测量误差。它是指在间接测量中，各独立分量的误差反映在最后被测量上引起的误差。

4）测量仪器误差。它是测量仪器本身精度不够而产生的误差。

5）定位误差。它是由于定位元件不精确，测量过程中发生位移、定位基准不重合、定位基准不恰当而引起的。

6）变形误差。零件的自重变形（如细长零件水平两点支承放置）、测量装置结构受力变形（悬臂式坐标测量机）和零件接触变形均可造成变形误差。

7）人为误差。它是由于检测人员操作不当、不负责任、技术水平不高造成的。

8）校准误差。校准误差是由测量仪器校准时所用标准器件或标准仪器的误差造成的。

9）环境条件误差。环境条件误差是由环境条件的波动造成的。

如果上述误差均为已知，那么，可以采用平方和再开根号的方式确定总的测量误差。

(4) 测量器具的正确选择。在进行检测时，正确地选择检测仪器和测量方法，不仅可以提高测量结果的准确性，而且对降低检测成本、提高检测效率都有很大的好处。在选择测量仪器时，可以考虑以下一些因素：

1）应考虑被测件的结构特殊性。如果零件的尺寸大小变化范围较大，但测量精度要求很高时，应选择精度高且示值范围大的检测仪器；如果零件的材质较软，刚性又差时，应选择非接触式量仪；若零件较大较重时，应选择上置式仪器，放在零件上去测量，或选择悬臂式测量机。

2) 要考虑被测件的尺寸大小和精度要求。要根据被测件的具体情况，选用度量指标（包括测量范围、示值范围、示值误差等）适当的检测仪器，选择不确定度过高或过低的计量仪器都是不合理的。有时，应根据允许的测量不确定度和被测零件公差之间的关系，经计算确定。

3) 不可盲目追求测量的高精度。在测量误差允许的前提下，要尽量选择较为经济的检测仪器，以降低检测成本。盲目追求所谓的高精度检测，往往会在经济性和生产率等方面都受到损失。

4) 应遵守基准统一的原则。应熟悉被测件的加工方法，了解加工定位基准，以便在选择测量方法时尽量实现测量基准与设计基准或加工基准相一致，可以有效保证测量结果的准确性。

5) 应充分考虑生产批量。对于单件小批量生产，应选择通用测量仪器；对于成批或大量生产，应采用检测效率较高的专用量规或自动化测量仪器。

6) 要结合企业的实际。尽可能首先选择企业已有的检测设备，本企业现有检测设备实在达不到要求时，才考虑选择其他设备（租赁或购买）。

(5) 减少测量误差的方法。前面列举了九种影响测量精度的因素，但归纳起来，对测量误差起决定作用的是下面六个因素：测量仪器的固有误差、测量方法的原理误差、由于校准所引起的校准误差、环境条件变化所引起的误差、由于被测对象相关影响因素引起的误差和由于人的素质不高引起的人为误差。因此，要减少测量误差，就应从这六个方面着手去解决。其中，人员的素质是第一位的，因为其他因素都会受到这一因素的影响。即使是高精度的测量设备，如果交给一个漫不经心的人员去使用，同样会造成各种测量误差。

归纳起来，要减少测量误差，可以从以下几个方面去着手：

1) 要编制好检验规程，并严格加以执行。

2) 选择检测仪器时，要充分考虑安全裕度。一般情况下，由于各种测量误差引起的测量不确定度应在公差范围的 1/10～1/4。

3) 考虑测量基准时，要特别注意基准统一原则。应尽量做到设计基准、工艺基准和测量基准三者之间的统一，否则就会出现较大的系统误差。

4) 在选择测量方法时，要实现最短测量链原则。因为测量链越短，出现误差的环节就越少。

5) 在测量过程中，要遵守阿贝原则，并提倡多次重复测量，取平均值为测量结果。例如，游标卡尺的结构在原理上没有遵守阿贝原则，因此在测量中就会出现阿贝误差，在使用时应注意。

阿贝原则是指，若要使测量结果准确无误，就必须将仪器的读数刻度尺处在被测尺寸线的延长线上。如果不遵守该原则，所产生的误差就称为阿贝误差。图 8-19 所示是符合阿贝原则的测量实例。图 8-20 所示的用游标卡尺进行的测量，就不符合阿贝原则，就会出现 Δl 的阿贝误差。

6) 在测量中要重视和遵守最小变形原则。从零件的安装、检测方法和仪器的选择方面去考虑。

7) 要注意控制环境条件，必须实行等温测量原则。

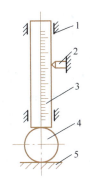
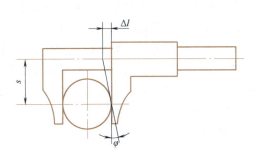

图 8-19　符合阿贝原则的测量
1—导轨　2—指示器　3—刻线尺
4—被测工件　5—工作台

图 8-20　不符合阿贝原则的测量

(6) 测量数据的处理。如前所述,在测量过程中出现各种测量误差是不可避免的。因此,在得到测量结果后,应对数据进行处理,以去除各种误差带来的影响。

测量数据的处理步骤是:首先判断数据中是否存在粗大误差,如果存在就把它剔除;然后判别数据是否存在系统误差,如果存在就把它消除;最后对既无法剔除又无法消除的随机误差,采用数理统计的方法予以处理。

1) 粗大误差的处理。粗大误差的处理包括判别和剔除两项内容。粗大误差的判别一般用统计的方法,其判别和剔除均是比较简单的。判别的方法一般都采用 3σ 法(也称莱因达准则)。3σ 判别准则的基本原理是,认为正态分布的随机误差有 99.73% 落入 $\pm 3\sigma$ 范围内,超出这个界限的误差只占 2.7%,是个小概率事件。根据统计学原理,小概率事件实际上是不可能发生的。因此,可以把绝对值超过 3σ 的误差均判断为粗大误差,应从数据中予以剔除。

例如,使用千分尺检验 $\phi 22^{+0.21}_{+0.06}$mm 的轴径,共测量 5 次,结果如下:

$L_1 = 22.14$mm,$L_2 = 22.15$mm,$L_3 = 22.20$mm,$L_4 = 22.16$mm,$L_5 = 22.13$mm

在这组数据中,L_3 最有可能成为粗大误差,因此必须进行计算加以判别。

第一步,先求出测量结果的算术平均值。

$$\bar{L} = \frac{(22.14 + 22.15 + 22.20 + 22.16 + 22.13)\text{mm}}{5} = 22.156\text{mm}$$

第二步,计算各项数值的残余误差 μ_i。

$\mu_1 = -0.016$mm,$\mu_2 = -0.006$mm,$\mu_3 = 0.044$mm,$\mu_4 = -0.004$mm,$\mu_5 = -0.026$mm

第三步,计算标准偏差 σ 的估计值 S。

$$S = \sqrt{\frac{0.016^2 + 0.006^2 + 0.044^2 + 0.004^2 + 0.026^2}{4}}\text{mm} = 0.027\text{mm}$$

第四步,计算判别界限 $3S$。

$$3S = 3 \times 0.027\text{mm} = 0.081\text{mm}$$

第五步,最后判别。由于 $|\mu_3| < 3S$,即 0.044mm < 0.081mm,所以可以判断 $L_3 = 22.20$mm 不属于粗大误差。

2) 系统误差的处理。如前所述,系统误差可分为恒值系统误差、线性系统误差和周期性系统误差。要消除系统误差，首先要识别误差是否存在及其变化规律。识别系统误差的方法包括实验对比法、误差观察法、剩余误差校核法、计算数据比较法等。对于存在系统误差的情况，一般根据系统误差的类型，采用不同的误差消除法。

对于恒值系统误差，一般采用抵消法予以消除。所谓抵消法，是指将测量数据中的每一个值都减去误差值。例如，由于测量需要，使用了4块量块（40mm、1.6mm、1.05mm、1.005mm）组成43.655mm的量块组作为测量时的工作标准。查阅量块鉴定书中的检定结果，得到它们的长度偏差分别为：

$L_1 = 40\text{mm}$　　　　　　　　　　$\Delta_1 = -0.85\mu\text{m}$
$L_2 = 1.6\text{mm}$　　　　　　　　　　$\Delta_2 = 0.54\mu\text{m}$
$L_3 = 1.05\text{mm}$　　　　　　　　　$\Delta_3 = 0.51\mu\text{m}$
$L_4 = 1.005\text{mm}$　　　　　　　　$\Delta_4 = 0.35\mu\text{m}$

则量块组总的定值系统误差为 $\Delta = \Delta_1 + \Delta_2 + \Delta_3 + \Delta_4 = 0.55\mu\text{m}$。

只要将每个测量数据减去 $0.55\mu\text{m}$，就可以消除量块组定值系统误差的影响。

对于线性系统误差，一般采用标准量代替法、平均斜率法或最小二乘法予以消除。具体分析计算方法从略。

3）**随机误差的处理**。当把粗大误差和系统误差消除后，剩下的就只有随机误差了。对随机误差的处理主要是减少误差分布的标准差（分散范围）。常用的方法是平均值法、排队剔除法和数字滤波法。

平均值法是对某个参数进行反复多次独立测量，然后将其平均值作为质量特性。

排队剔除法是将几次独立测量结果按大小顺序排列，剔除最大和最小的数据，然后对剩下的数据求平均值。

数字滤波法是采用低通滤波器去除随机误差的高频影响。

四、制造过程质量自动控制系统实例

1. 加工尺寸的自动补偿

提高加工精度最有效的办法是采用自动补偿技术。在机械加工中，由于刀具的磨损，会直接影响被加工工件的尺寸精度。特别是对于精度要求较高、长度较长的零件的加工，更要注意刀具的自动补偿问题。对于较短的零件，可在一次走刀完成后，测量实得尺寸与目标值的差异，然后进行刀具位置补偿；对于较长的零件或直径较大的端面的加工，可采取加工过程中的连续测量和连续补偿作业。在有些情况下，机床零部件的几何精度无法满足加工精度要求，这时可以预先测量出机床的误差，根据误差值制成校正尺，利用精度较低的机床加工出精度较高的零件。

图8-21所示为加工尺寸自动补偿系统的工作原理图。工件在机床上加工之后，及时送到测量装置上进行检验，当由于刀具磨损而使工件尺寸变大到一定值时，测量装置发出信号，经放大装置、控制线路操纵机床上的自动补偿装置，使刀具向工件移动，补偿由于磨损造成的刀尖位置的变化。这种方式是利用前面已加工的零件的结果，控制后面零件的质量，属于"滞后"控制。

2. 加工中心在线检测及反馈控制系统

现代加工中心机床，往往都配置有在线检测及反馈控制系统，其功能是通过三维测头和数控装置共同来实现的。一般情况下，三维测头安放在机床的刀库中，在加工前，由机械手把三维测头从刀库中取出，像刀具一样安装在主轴孔中（对于车削中心，三维测头安装在刀架上）。首先由三维测头对工件的尺寸进行检测，然后通过接口装置将检测结果送到机床数控系统，数控系统对检测结果进行分析，确定与最终尺寸间的差值，并将该差值转换成控制信号去调整刀具相对于工件的位置，以实现高精度零件的加工。图 8-22 是这种系统的示意图。

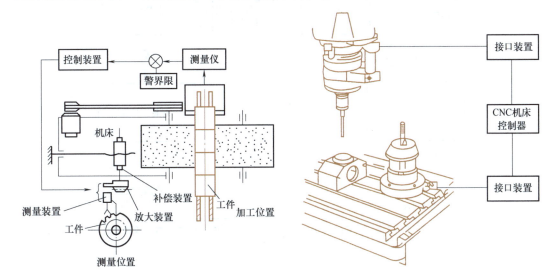

图 8-21　加工尺寸自动补偿系统的工作原理　　图 8-22　加工中心在线检测及反馈控制系统

3. FMS 加工质量的检测及控制

柔性制造系统（FMS）是一种高度自动化的加工系统。为了提高 FMS 的工作效率，完整的 FMS 中常包括计算机控制的坐标测量仪。在零件精加工前或加工完毕后，由物料输送装置把工件运送到测量工位后，由坐标测量机对工件进行自动测量（在主控程序控制下），然后把测量结果送入分析系统进行分析，并与零件的技术标准进行比较，得出误差数据，系统再对误差原因进行分析，并针对误差原因采取补偿措施，最后实现对加工过程或设备的控制。系统的工作过程如图 8-23 所示。

4. 电炉炉温在线检测及自动控制系统

如图 8-24 所示，由热电耦在线检测出炉温，并将炉温转变成毫伏电压信号，然后与给定毫伏电压进行比较，其差值即为实际炉温与要求炉温的偏差毫伏信号，该信号经电压放大和功率放大后，驱动极性可逆电动机，当炉温偏高时，使自耦变压器减小加热电流，反之加大加热电流，从而完成对炉温的自动检测与控制。

5. 机器视觉检测系统

机器视觉是光学检测法的一种，近年来得到越来越广泛的应用。它主要用来监控生产设备的运行状态、物流状态、计数、物体表面状态检测、几何尺寸检测、物体分类等。机器视觉系统主要是采用工业摄像机获取图像，然后对图像进行分析处理，得到预想的结果。如果将机器视觉系统与计算机控制系统结合起来，则可自动完成前述各项任务。图 8-25 是利用机器视觉识别产品质量状况并自动排除不合格品的系统示意图。

系统的工作原理如下：在输送带运动的过程中，由工业摄像机与照明灯相配合获取输送

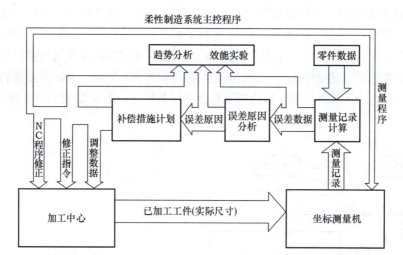

图 8-23 利用坐标测量机实现对 FMS 加工质量控制的工作过程

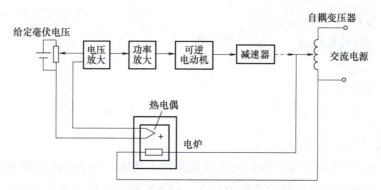

图 8-24 电炉炉温自动监测与控制系统

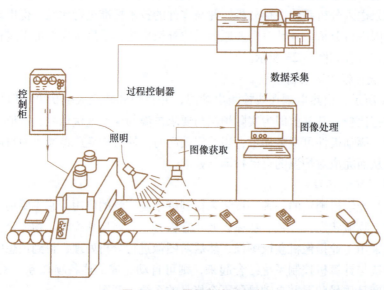

图 8-25 机器视觉检测系统

带上产品的图像信号,然后将图像信号送入图像处理装置进行处理,再将处理结果送入控制计算机,由控制计算机判别产品是否合格,再根据判定结果去控制过程控制设备。如果发现不合格品,或者启动排除装置将它排除出输送线,或者启动打标志装置(如喷漆),在不合格品上做出标记。

复习思考题

1. 为什么在制造过程中会发生质量波动?影响质量波动的因素主要有哪些?
2. 何谓异常波动?为什么会产生异常波动?
3. 何谓正常波动?为什么会产生正常波动?
4. 试比较异常波动和正常波动的特点。
5. 什么是工序能力和工序能力指数?
6. 为什么要用 6σ 衡量工序能力?
7. 如何评价工序能力?
8. 提高工序能力的途径有哪些?
9. 某工序加工零件的公差要求为 $\phi 8^{+0.10}_{-0.05}$ mm,经随机抽样,测得样本平均值 $\bar{x}=7.935$ mm,标准差 $S=0.00519$ mm,试计算该工序的工序能力指数并估计不合格品率。
10. 何谓工序控制点?为什么要设置工序控制点?
11. SPC 有哪些特点?
12. 现场质量管理的重要性有哪些?
13. 影响过程或工序质量的因素有哪些?
14. 班组长在现场管理中的基本任务有哪几项?
15. 现场作业人员的主要职责是什么?
16. 6S 管理的含义是什么?做好 6S 管理对产品质量提升有什么好处?
17. 你认为在企业推进 6S 管理的主要难点有哪些?
18. 定置管理的含义是什么?为什么要进行定置管理?
19. 定置管理与 6S 管理有什么关系?
20. 什么是全员生产维护?做好全员生产维护对产品质量提升有什么好处?
21. 什么叫设备综合效率?如何计算?
22. 为什么要进行制造过程质量的自动控制?
23. 制造过程质量自动控制系统由哪几部分组成?各部分的作用是什么?
24. 何谓在线控制?何谓离线控制?试比较它们之间的差异。
25. 说明坐标测量机的结构组成和特点。
26. 测量误差有哪几种?它们是如何产生的?
27. 如何消除测量误差?

第九章
可靠性工程与技术

第一节　基本概念

一、可靠性的定义

可靠性（Reliability）是指产品在给定的条件下和给定的时间区间内能完成要求的功能的能力。

在对相同功能产品的可靠性进行比较、对产品的可靠性进行评估、研究人员进行可靠性研究、企业开展可靠性工程时，都必须深刻理解可靠性的定义。在理解可靠性的定义时要重点抓住"三个规定"和"一个能力"。

"给定的条件"是指在产品供货合同中或设计文件中确定的产品的使用环境条件和工作条件。"给定的条件"不同，产品的可靠性就不同，如恶劣的条件将会极大地降低产品的可靠性。环境条件指的是产品工作时所处的自然环境，温度、湿度、粉尘、振动、空气的酸度及所含盐分等都会对产品产生各种不利的影响。温度超标会导致产品变形和零部件老化，也会影响产品的润滑状况，温度变化剧烈还会使产品内部产生"凝露"；湿度过大会使产品生锈；空气中的粉尘会进入产品内部，造成产品运动部件的磨损；地基的振动会使产品部件之间的连接性能受到影响；空气的酸度和所含盐分会腐蚀零件。例如，一辆经常在野外工作的机械会承受很大的温度变化，会经受风吹、日晒、雨淋，其可靠度与在室内工作的机械大不相同。工作条件是指产品承受的工作载荷，例如一台机床的工作条件是其最大移动速度、最大转速、最大切削力、输入电压的变动等。工作载荷会影响机床的变形和磨损，经常工作在极限载荷下的机床，其可靠性也会变差。

"给定的时间区间"是指评估产品可靠性时确定的时间单位。显然，工作的时间越长，产品的可靠性越差，因此可靠性是时间的递减函数。一辆行驶了3000km的汽车与一辆行驶了100000km的汽车，其可靠性是完全不同的。因此，在评估产品的可靠性时，必须明确指定"时间区间"，比较工作在不同时间区间的产品的可靠性是毫无意义的。定义中的"时间区间"是广义的概念，亦称"寿命单位"，它是对产品持续使用期的度量，可以是工作小时、年、行驶公里、工作次数等。

"要求的功能"是指设计时确定的产品用途。例如，飞机的功能是空中长距离运送乘客或货物，汽车的功能是实现地面运输，机床的功能是完成各种机械加工，电视机的功能是显示图像和发声。可靠性是针对预定的功能而言的，例如使用城市轿车完成拖拉机的牵引功能时发生故障,并不能说明这辆轿车的可靠性差。

"能力"是产品本身的固有特性,是指产品在给定的条件下和给定的时间区间内完成要求的功能的水平。由于产品在给定的的条件下和给定的时间区间内完成要求的功能不是一个确定值,而是一个随机变量,所以在定量表述时要用概率来度量。定量的结果用可靠度来表示。

二、可靠性相关概念

(1) **耐久性**(Durability)。耐久性是指产品在规定的使用与维修条件下直到失效极限状态前完成要求的功能的能力。产品的极限状态可以由使用寿命的终止、经济和技术上已不适宜等来表征。耐久性表现了产品的服役寿命。

(2) **维修性**(Maintainability)。维修性是指在给定的条件下按规定的程序和手段实施维修时,保持或恢复能执行要求的功能状态的能力。维修性可评估产品是否便于维修,维修好产品花费时间是否少等。

(3) **可用性**(Availability)。可用性是指在要求的外部资源得到保证的前提下,产品在给定的条件下和给定的时刻或时间区间内处于可执行要求的功能状态的能力。它是产品可靠性和维修性的综合反映。换句话说,可用性就是产品保证其"随时可用"状态的能力。事实上,保障产品的可用性才是研究可靠性和维修性的根本目的。

(4) **安全性**(Security)。安全性是指产品在销售、储运、使用等过程中,保障人体健康和人身、财产安全免受伤害和损失的能力。安全性是对产品的基本要求,也是产品设计和制造时必须重点考虑的因素。实践证明,产品的安全性与可靠性密切相关,很多安全事故都是由于产品的可靠性差造成的。

(5) **故障**(Fault)。产品处于不能执行要求的功能的状态就是产品出了故障。故障是产品可靠性研究的主要对象,改进产品可靠性的目的就是使产品少出故障或不出故障。故障按照存在程度可分为调整消除故障(通过调整产品参数可以消除)和破坏性故障(零部件发生损坏);故障按照发展进程可分为突发性故障(在发生前无征兆)和渐进性故障(因疲劳、腐蚀、磨损引发的故障);故障按照严酷度(故障模式对产品影响的严重程度)可分为一般故障(不影响设备的正常使用,如漏油、异响,设备可以"带病工作")和严重故障(设备无法继续使用);故障按照发生的原因可分为外因故障(使用不当或使用环境条件发生变化)和内因故障(由设计不当、残余应力、材料缺陷等引发);故障按照相关性可分为独立故障和相关故障;故障按照时间段可分为早期故障、运行期故障和耗散期故障等。

三、提高产品可靠性的重要性和意义

1. 提高产品可靠性的重要性

可靠性是产品最重要的质量特性之一,提高产品可靠性的重要性可以归纳为以下几个方面:

(1) **产品的复杂性不断增加**。随着科技的进步,各种新功能、新结构、新材料不断涌现,产品涉及的学科领域不断增多,一般都包括机械、电气、电子、控制、液压、气动、检测等诸多的学科单元,产品中包含的元器件多达百万个。根据产品可靠性的一般规律,结构越复杂，组成单元越多，出故障的概率就越高，可靠性也就越差。因此，为应对产品的日益复杂，提高产品的可靠性，就必须从设计、制造、使用等各个环节入手，在企业全面开展可靠性工程。

(2) 产品的使用环境日益严酷。产品的使用环境变化多端，从室内到野外、从热带到寒带、从陆地到深海、从地球到宇宙空间，产品在使用过程中会经受温度、湿度、海水、盐雾、冲击、振动等多种因素的干扰（特别是在野外工作的产品，如工程机械、汽车等），这些因素会造成产品磨损和腐蚀，使产品失效和发生故障的概率大大增加。因此，要研究环境因素对产品可靠性的影响，采取各种应对措施提高产品抵抗环境变化的能力。

(3) 产品安全性对可靠性的要求不断提高。实践证明，很多产品发生重大安全事故都是由于可靠性不佳造成的。例如，1986年1月28日，美国的挑战者号航天飞机在发射时由于发生故障而爆炸，爆炸后的碎片在发射东南方30km处散落了1h之久，价值12亿美元的航天飞机顷刻化为乌有，7名机组人员全部遇难，全世界为之震惊，最终查明事故原因为：助推器两个部件之间的接头因为低温变脆、破损，喷出的燃气烧穿了助推器的外壳，继而引燃外挂燃料箱，使得液氢在空气中剧烈燃烧而爆炸。虽然引发事故的原因非常小，但造成的后果却是灾难性的。因此，为了提高产品的安全性，就必须从可靠性入手，将发生失效的概率降到最小，甚至将产品的可靠度提升为百分之百。

2. 提高产品可靠性的意义

(1) 满足顾客对产品可靠性不断提高的需要。随着科学技术的巨大进步和生产力的不断发展，从民用产品到国防产品，顾客对产品的可靠性要求都在不断提高。一方面，对于关乎国家安全的重要产品，虽然数量少，但发生故障后带来的后果却是极其严重的，除了造成极大的经济损失外，还会给国家安全、国家形象等带来消极影响；另一方面，对于关乎国计民生的民用产品，由于量大面广，直接关乎老百姓的切身利益，包括个人的经济利益和生命安全。因此，从各个层面看，人们对故障的容忍性越来越低，要求产品尽可能可靠，人们也愿意为可靠性花钱。

(2) 是提高企业经济效益的基础。传统的观念认为，提高产品可靠性就必须投入成本，但却不可能在短期内产生效益。事实上，可靠性是提高企业效益的基础，因为随着产品的不断丰富，只有高可靠性的产品顾客才会购买。顾客越多，企业的收益才会越好。另外，产品的可靠性得到了提升，产品的售价便有可能提高，这也会增加企业的效益。同时，产品可靠性提高还会降低产品的维修费用。

(3) 是打造品牌、提高企业竞争力的基础。在市场经济环境下，品牌的作用越来越大，顾客愿意为"品牌"花钱。但一个知名品牌的塑造是个长期的过程，需要用产品的质量和可靠性来支撑。一个质量低劣、故障频出的产品是不可能成为知名品牌的。因此，从打造品牌的角度看，就必须提高产品的质量和可靠性。另外，市场竞争越来越激烈，民族工业企业要想占领国内市场进而走向国际市场，就必须提高自身的核心竞争力，而核心竞争力的重要内容之一就是产品的质量和可靠性。

第二节 产品可靠性的常用度量参数

产品可靠性是在"三个给定"同时满足的情况下所展现出的"可用性"能力。由于产

品故障的发生是随机的,因此可靠性是个统计概念,一般需要采用数理统计的方法去描述。描述产品可靠性的指标主要有以下几种:

一、可靠度与故障概率分布函数

产品可靠性的高低通常用可靠度来表征,记为 R,由于它是时间 t 的函数,故也记为 $R(t)$。可靠度函数的数学表达式为

$$R(t) = Pr(T > t) = \int_t^\infty f(t)\,\mathrm{d}t, t > 0 \tag{9-1}$$

式中,T 为产品从开始工作到发生故障的时间;t 为某一给定的时间(也就是可靠性定义中的时间区间);$f(t)$ 为故障密度函数。

通常情况下,$R(t)$ 的值越大,表明产品的可靠性越高,反之亦然。

与可靠度相对应的是不可靠度,即故障概率分布函数,由于它也是时间 t 的函数,因此常用 $F(t)$ 来表示。其数学表达式为

$$F(t) = Pr(T \leqslant t) = \int_0^t f(t)\,\mathrm{d}t, t > 0 \tag{9-2}$$

由式(9-1)与式(9-2)可知,可靠度与故障概率分布函数之间具有互补关系,即 $R(t) + F(t) = 1$,如图 9-1 所示。

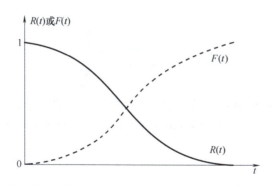

图 9-1　可靠度与故障概率分布函数曲线

二、故障率

故障率(也称失效率)是指工作到某时刻 t 尚未发生故障的产品,在该时刻 t 以后的下一个单位时间 Δt 内发生故障的概率,记为 $h(t)$。其数学表达式为

$$\begin{aligned} h(t) &= \lim_{\Delta t \to 0} \frac{Pr(t < T < t + \Delta t \mid T > t)}{\Delta t} \\ &= \lim_{\Delta t \to 0} \frac{F(t + \Delta t) - F(t)}{\Delta t} \frac{1}{R(t)} = \frac{f(t)}{R(t)} \end{aligned} \tag{9-3}$$

故障率是产品可靠性常用的指标之一,它可以直观地反映产品在每个时刻的故障情况,故障率越高,可靠性就越低,反之亦然。产品的可靠度、故障概率分布函数、故障密度函数以及故障率之间的关系如表 9-1 所示。

表 9-1 $R(t)$、$F(t)$、$f(t)$、$h(t)$ 之间的关系

参数	$R(t)$	$F(t)$	$f(t)$	$h(t)$
$R(t)$	—	$1-F(t)$	$\int_t^\infty f(t)\,dt$	$\exp\left(-\int_0^t h(t)\,dt\right)$
$F(t)$	$1-R(t)$	—	$\int_0^t f(t)\,dt$	$1-\exp\left(-\int_0^t h(t)\,dt\right)$
$f(t)$	$-\dfrac{d}{dt}R(t)$	$\dfrac{d}{dt}F(t)$	—	$h(t)\exp\left(-\int_0^t h(t)\,dt\right)$
$h(t)$	$-\dfrac{d}{dt}\ln R(t)$	$\dfrac{dF(t)/dt}{1-F(t)}$	$\dfrac{f(t)}{\int_t^\infty f(t)\,dt}$	—

三、平均故障间隔时间

平均故障间隔时间是指可修复产品相邻两次故障间工作时间的平均值，用 MTBF（Mean Time Between Failure）表示，它是故障间隔时间的数学期望，代表了产品的"可用性"。其数学表达式为

$$\text{MTBF} = E(t) = \int_0^{+\infty} t f(t)\,dt \tag{9-4}$$

简化计算公式为

$$\text{MTBF} = \frac{1}{N_0}\sum_{i=1}^n t_i = \frac{\sum_{i=1}^n t_i}{\sum_{i=1}^n r_i} \tag{9-5}$$

式中，N_0 为在评定周期内产品累计故障频数；n 为产品的抽样台数；t_i 为在评定周期内第 i 台（辆/个/件）产品的实际工作时间（h）；r_i 为在评定周期内第 i 台产品出现的故障频数。

四、维修度与维修密度

产品的可用性除了与故障有关外，还与维修性有关。产品维修性的高低通常用维修度来表征，记为 M，由于它是时间 t 的函数，故也记为 $M(t)$，称为维修度函数。其数学表达式为

$$M(t) = Pr(T \leqslant t) = \int_0^t m(t)\,dt, \quad t > 0 \tag{9-6}$$

式中，T 为产品完成维修的时间；t 为某一规定的时间区间；$m(t)$ 为维修密度函数，其数学表达式为

$$m(t) = \frac{d}{d(t)}M(t) \tag{9-7}$$

五、修复率

修复率是指到时刻 t 尚未修复的产品，在该时刻 t 以后的下一个单位时间内被修复的概率，记为 $\mu(t)$。其数学表达式为

$$\mu(t) = \frac{m(t)}{1-M(t)} \tag{9-8}$$

六、平均维修时间

平均维修时间就是产品发生故障后用于实际维修的平均时间，用 MTTR (Mean Time To Repair) 表示。也许产品的可靠性非常高，在运行过程中很少发生故障，但是一旦发生故障就要花很长的时间，很多的人力、物力、财力来进行修复，显然这样的产品的利用率也不高。平均维修时间是产品维修密度函数 $m(t)$ 的数学期望值，记为 $E(\eta)$。其数学表达式为

$$\text{MTTR} = E(\eta) = \int_0^{+\infty} t m(t) \, \mathrm{d}t \tag{9-9}$$

七、可用度

产品的可用性表示可维修产品在某一时刻具有或维持规定功能的能力，是可靠性、维修性和维修保障性的综合反映，是顾客最关心的特性。产品可用性的高低由可用度来表征，其数学表达式为

$$A_i = \frac{\text{MTBF}}{\text{MTBF} + \text{MTTR}} \tag{9-10}$$

可见，A_i 越高，表示产品的有效工作程度就越高。从式（9-10）中可以看出，提高产品可用度的方法是增大 MTBF 或缩短 MTTR。

八、精度寿命

对于某些特殊产品，例如数控机床，由于是精密加工机械，精度保持性至关重要，因为这一指标（称为精度寿命或精度保持性）反映了机床的持续工作能力。精度寿命 T_K 是指机床在规定加工条件、规定加工任务的情况下，其精度保持在规定的范围内的时间，它是针对数控机床特点而产生的一种衡量可靠性的指标。精度寿命越长，机床在没有其他故障情况下可工作的时间也就越长，其可用性也就越好。

第三节　产品故障率浴盆曲线

长期的统计数据表明，任何设备在其寿命周期内的故障发生率并不是一成不变的。故障率的变化规律一般表现为如图9-2所示的故障率曲线，由于曲线的形状类似于浴盆，所以称为故障率浴盆曲线。图9-2中，纵坐标表示故障率，横坐标表示经历的时间。从曲线的形状可以看出，产品寿命周期故障率的变化明显呈现三个不同的区段。

一、早期失效期

在产品开始使用的早期（浴盆曲线的最左部），由于设计缺陷、材料缺陷、加工缺陷、装配缺陷、安装调试缺陷、运动部件之间的早期磨损等原因，一般故障率较高，但随着产品使用时间的延续，故障率会逐步降低，此阶段称早期失效期，又称磨合期。这一时期的长短与产品的设计和制造质量有关，可以通过研发阶段的充分试验和制造阶段的精细化管理来缩短这一过程。

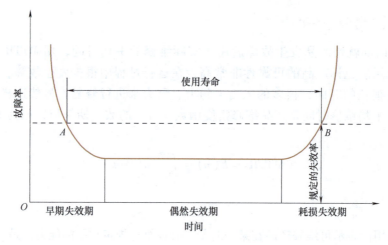

图 9-2　产品故障率浴盆曲线

二、偶然失效期

当产品使用进入浴盆曲线比较平缓的区间时，故障率大致趋于稳定状态，趋于一个较低的定值，表明产品进入稳定的使用阶段。在此期间，故障发生一般是随机的，并无一定规律，故称此阶段为偶然失效期。降低偶然失效期故障发生概率的主要措施是加强产品的维护和保养，保证产品的正常运行条件。

三、耗损失效期

耗损失效期是指产品使用进入大修或报废的后期（浴盆曲线的最右部）。产品经过长期使用，故障率再一次上升，且故障带有普遍性和规模性，设备的使用寿命接近终点。在此期间，产品零部件经过长时间的频繁使用，逐渐出现老化、磨损以及疲劳现象，产品寿命逐渐衰竭，因而处于故障频发状态，且随着时间的推移，故障率会快速增大。在耗损失效期，为了保证产品正常工作，可以采用更换零部件、产品进行大修的方式来延长产品的使用寿命。

从浴盆曲线可以看出，产品的正常使用故障率应该比浴盆曲线的最低点要高一些。产品寿命应该是 A 到 B 之间的区间，A 之前的时间产品不应该出厂，早期故障应该在制造企业里消除。B 之后的时间也不应视为产品的正常工作时间，而应该对产品进行大修或报废。

第四节　可靠性工程的整体框架

现代产品功能先进、结构复杂、技术要求高，产品的设计、制造和运行要涉及机、电、液、控等多学科的知识，不仅涉及设计阶段，同时还涉及制造和使用阶段；不仅涉及主机，也涉及大量的外购件；不仅涉及工程技术，也涉及企业管理技术。因此，提升现代产品的可靠性是个非常复杂的系统工程，需要从技术和管理方面同时着手，在企业建立一套系统、完整、严谨的可靠性实施体系，其体系架构如图 9-3 所示。可靠性工程的实施以培育八大核心理念为切入点，以实施三个阶段的精细化控制为主线，以打造可靠性四大保障能力为手段，以建立一个可靠性管理体系为核心。

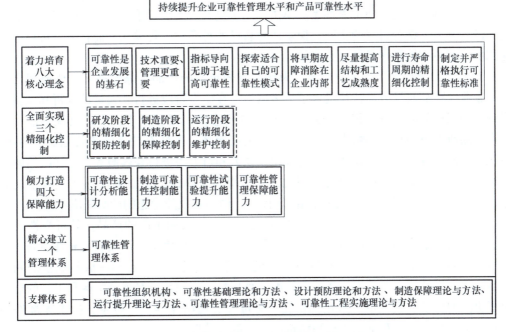

图 9-3 可靠性工程的体系架构

下面对可靠性工程体系架构中涉及的主要内容进行阐述。

一、着力培育八大核心理念

企业实施可靠性工程,首要任务是在领导和全体员工中牢固树立"可靠性第一"的观念和意识,要通过持续不断的培训和教育,在企业形成先进的可靠性文化。

(1) 可靠性是企业发展的基石。一个企业的产品可靠性能否得到提升,重点是能否使企业领导和全体员工认识到可靠性的重要性。事实上,经过改革开放 40 多年的快速发展,民族工业企业产品的外观造型、功能、精度与国外产品的差距并不大,最大的差距是可靠性,如果不下力气提高可靠性水平,产品的档次就不可能提高,企业的效益也得不到提升,企业的可持续发展就是一句空话。

(2) 技术重要、管理更重要。毫无疑问,产品的可靠性与设计、制造密切相关,但更重要的是管理问题。如果没有建立科学的工作标准,员工不严格按照标准进行操作,再好的技术也无法发挥作用。尽管国内企业目前已高度重视管理,但由于基础薄弱,很多企业基本上还没有建立起系统完善的工作标准,员工操作的随意性很强,这样做出来的产品可靠性必然很差。因此,必须将技术和管理相结合,在企业打造可靠性文化,实现精心设计、精细制造、严格管理、合理使用,这样才能真正提升产品的可靠性水平。

(3) 指标导向无助于提高可靠性。很多企业开展可靠性工作时,首先选定一个产品,确定一个可靠性指标,然后围绕这个指标采取特殊措施。这样做尽管在一定程度上可以提高可靠性,但提高可靠性的过程本身就是不"可靠"的,采取的特殊措施也是不可持续的。实践证明,提高可靠性必须依靠"能力"导向,即提高企业的可靠性增长能力,只有具备了能力,产品的可靠性才能得到持续增长。

(4) 探索适合自己的可靠性模式。产品的外观可以模仿，功能可以复制，结构可以反求，技术可以购买，但唯独可靠性无法模仿，无法复制，无法反求，也无法购买。企业必须通过自己的努力，结合自身的实际，探索适合自己的可靠性工程模式。简言之，可靠性技术是通用的，但可靠性管理必须是独有的。

(5) 将早期故障消除在企业内部。为什么有的企业的产品可靠性高？主要原因之一就是这些企业在产品研发方面往往投入了很多精力，在研发阶段进行了大量的分析和试验，能够发现并消除产品的潜在故障，做到了有可靠性隐患的产品坚决不出厂。反观其他一些企业，在产品研发方面投入的精力严重不足，只要有市场，即使有缺陷的产品也要推向顾客，当在顾客处发现故障时，再花费大量的人力、物力和财力去进行顾客服务，这样既给顾客带来麻烦，也影响了制造企业的声誉。因此，为了提高可靠性，企业必须树立"将早期故障消除在企业内部"的思想（见故障率浴盆曲线），做到有故障隐患的产品坚决不出厂。

(6) 尽量提高结构和工艺成熟度。大量实践表明，长期生产的产品，其可靠性往往比较高。这说明，结构和工艺成熟度是影响产品可靠性的主要因素。产品的可靠性不高，在很大程度上是因为采用新结构时没有进行大量的分析和试验，也没有形成成熟稳定的制造工艺。目前机电产品的主要发展趋势是多品种、小批量、定制化，对提高结构和工艺的成熟度提出了更高的要求。企业可以采用模块化、标准化、通用化等设计技术，扩大零部件的批量，再结合大量的分析和试验来提高结构和工艺的成熟度。

(7) 进行寿命周期的精细化控制。产品的可靠性首先是设计出来的，其次才是制造出来的，然后通过使用来体现。事实证明，产品的可靠性不高，首先是设计分析做得不够，往往是"照猫画虎"；其次是制造过程太粗糙，只要组装在一起，精度达到要求就视为合格产品。对顾客而言，使用过程中，不按规定要求进行维护保养，也会造成大量的故障。因此，提高可靠性必须从产品的寿命周期入手，进行精细化设计、精细化制造和精细化使用。

(8) 制定并严格执行可靠性标准。为了提升产品的可靠性，首先要制定全面细致的可靠性标准，包括设计标准、制造标准、工作标准等，标准的制定要科学合理，要具有可操作性，在制定各类标准时，必须进行试验验证。其次要提升企业的执行力，制定的标准要能够在企业得到真正应用，否则所制定的标准就只是一堆文件而已。

二、全面实现三个精细化控制

精细化作为现代化工业生产的一个管理理念，最早是由日本的企业在 20 世纪 50 年代提出的。"天下大事，必作于细。"如今，精细化管理的理论已经被越来越多的企业管理者所接受，西方企业的产品之所以可靠性高，可以说"精细化"起到了决定性的作用。国内产品要提高可靠性，必须从以下三个阶段入手进行全面的精细化控制：

(1) 研发阶段的精细化预防控制。提高产品可靠性，研发是龙头，研发阶段的重点是站在预防的角度从细微处着手解决可靠性问题。产品研发包括市场调研、研发决策、概念设计和分析、详细设计和分析、工艺设计、样机制造、设计改进、小批量制造、工艺改进、批量制造等过程。在上述所有过程中均应充分考虑可靠性问题。例如，在产品的研发阶段应充分采用可靠性设计准则；在设计评审时要对可靠性设计准则的符合性进行检查，要利用故障树分析、故障模式及影响分析技术发现潜在故障，应考虑载荷、加工残余应力、热应力等应力不均现象造成的变形，显示表的位置要便于观察，调整按钮要布置在便于调整的位置，螺栓的紧固力矩要精确确定等；在样机制造阶段应进行大量的试验，发现所有潜在的故障并消除之。

(2) 制造阶段的精细化保障控制。研发阶段的可靠性确定之后，制造阶段的主要任务就是确保研发确定的可靠性得以实现，研发和制造两个阶段决定了产品的固有可靠性。制造阶段的精细化控制要求企业把握好产品质量的精品特性、处理好精品与零缺陷之间的关系，建立确保精品形成的体系架构，为企业形成核心竞争力和创建品牌奠定基础。制造阶段精细化内容主要包括零部件的精细化加工（主要是通过工序能力的分析和改进保证加工零件的一致性）、精细化采购（保证外购件的质量和可靠性）、面向可靠性的精细化装配等。例如在某些机床企业随处可见的现象：机床装配配钻时对直线导轨不加防护，使得微细铁屑钻进直线导轨的滚动部件，加速了直线导轨的磨损；钳工在刮研导轨安装基面时不按规定拧螺栓，造成刮研时的应力与装配时的应力不一致；操作工安装调试时直接站在导轨防护罩上，造成防护罩的变形；装配环境的清洁度不高，造成配合面的污染，等等。这些都有悖于精细化生产的规范与要求。这些细小的环节往往导致了制造出来的产品达不到高可靠性的要求。

(3) 运行阶段的精细化维护控制。以机床产品为例，统计数据显示，在机床的运行阶段出现的故障数量占机床总故障数量的20%以上。因此，在产品安装、调试和运行阶段要进行精细化控制。主要内容包括：严格控制产品的工作环境（温度、湿度、灰尘、振动等），减少因温度不合适导致的机械零部件变形和电子器件损坏，温度剧烈变化造成的凝露，灰尘过大造成的磨损；使产品的实际工作条件限定在设计规定的最大范围内，不要超负荷使用，以防造成故障增加；用户应按照规范认真地对产品进行日常维护保养及正常的维修，以充分发挥产品的固有可靠性。此外，企业要提高维修技术和服务能力，以便在产品出现故障时能够在最短的时间内快速处理故障。企业还应该建立产品运行状态（振动、温度、压力和流量等机械状态量）的实时监控系统和产品维护保养条件的监控系统，使产品的固有可靠性得到最大限度的发挥。

三、倾力打造四大保障能力

为提高产品的可靠性，需要从打造企业的可靠性增长能力入手，提高企业自身的"可靠性素质"，确保制造出更可靠的产品。企业的可靠性增长能力包括四个方面：可靠性设计分析能力、制造可靠性控制能力、可靠性试验提升能力和可靠性管理保障能力。

(1) 可靠性设计分析能力。可靠性首先是设计出来的，设计保证了产品的先天可靠性。有些企业产品的可靠性差，主要原因之一就是在产品设计时只采用结构、形状和尺寸"类比"或"反求"技术，基本不进行可靠性设计和分析，因而造成产品可靠性先天不足。造成这一现象的原因除了质量意识不足之外，很重要的原因就是缺乏可靠性设计分析手段。因此，企业为了提高产品质量，就必须在设计上狠下功夫，提高可靠性设计分析能力。可靠性设计分析包括：故障树分析、故障模式及影响分析、应力（载荷应力和热应力）分析、零部件整体匹配性分析、可靠性设计准则的建立和应用、可靠性分配和预计等。此外，还要有意识地积累大量的可靠性基础数据。

(2) 制造可靠性控制能力。设计的可靠性要求能否达到，完全靠制造过程来保证，设计和制造共同保证了产品的固有可靠性。一般情况下，制造过程的精细化是影响产品可靠性的主要因素之一。采用同样的设计方案和设计图样，一个企业产品的可靠性不如另一个企业产品的可靠性，这说明前者在制造工艺的合理性和制造过程的精细性方面逊色于后者。为了使制造过程实现设计确定的可靠性，就必须解决制造工艺的合理性和制造过程的精细性这两大问题，这两个问题代表了制造可靠性控制能力。在制造工艺方面，要通过理论分析和试验确定最佳加工工艺和装配工艺，要计算分析并提升制造设备的工序能力，使得加工的零件保持一致性。在装配工艺制定方面，要采用可靠性驱动的装配工艺方法，设计合理的工具和装配流程，使得装配过程不会产生附加应力。另外，还要严格控制外购件的质量和可靠性。在制造过程的精细化方面，重点是实现装配环境的控制（实现清洁装配）和工艺纪律的严格执行。某些企业的员工由于缺乏严格的训练，造成工作的随意性大，有规范也不严格执行，使得这些企业的制造过程存在很多潜在的可靠性隐患。

(3) 可靠性试验提升能力。试验是发现故障、评估和提升产品可靠性的重要手段。可靠性试验贯穿于产品的寿命周期，包括研发阶段的可靠性增长试验、制造阶段的可靠性鉴定试验和验收试验、使用阶段的可靠性现场试验等。企业应高度重视可靠性试验，通过试验发现产品存在的问题并及时纠正。可靠性试验能力包括：试验台的研制、全套试验规范的制定、试验数据处理技术开发、可靠性增长技术体系（包括早期故障消除体系）的建立等。在利用可靠性试验提升能力时，既要做功能部件和整机的试验，也要做外购件的试验；既要重视试验台硬件的研制，更要重视试验规范的制定，在制定试验规范时要进行大量的理论分析、计算和试验（特别是加速、加载条件和试验循环的确定）。由于试验数据是可靠性评估的主要依据，因此还要高度重视试验数据的分析、处理和评估算法。另外，可靠性试验的主要目的是激发潜在故障，进而对故障进行早期消除，因此建立闭环的可靠性增长技术体系也至关重要，要将故障消除在制造企业内部。

(4) 可靠性管理保障能力。如前所述，可靠性是个技术问题，但更是个管理问题。目前，很多企业将可靠性看作纯粹的技术问题，仅仅从技术上去攻关，而不是将技术与管理相结合，甚至完全忽略管理问题，因而造成产品的质量和可靠性均很差，可靠性不能实现持续提高。因此，为了提高产品可靠性，企业必须提升自己的管理水平，打造自身的可靠性管理保障能力。可靠性管理保障能力包括：可靠性管理体系的建立和有效运行、精细化设计和制造管理标准以及规范的建立、工作质量的提升、持续的教育和培训、激励和约束机制的建立、可靠性评估技术的建立等。可靠性管理能力的提升是个系统工程，要靠系统的整体规划、精细化的标准体系和严谨的工作态度来保障。

四、精心建立一个可靠性管理体系

可靠性管理能力的提升和可靠性工程的实施，其核心是建立一套结构合理且运行有效的管理体系。可靠性管理体系既要充分体现可靠性管理的特点，又要与企业的 ISO 9000 质量管理体系实现有效融合。另外，可靠性管理体系要覆盖产品的寿命周期。可靠性管理体系的建立可以参照 ISO 9000 质量管理体系标准，其体系结构如图 9-4 所示。

五、可靠性工程的实施

可靠性工程的实施是个系统工程，要真正在企业落实并发挥实效，需要一套有效的实施流程，如图 9-5 所示。

(1) 可靠性现状系统调研及分析。系统调研是可靠性工程的基础，要顺利实施可靠性

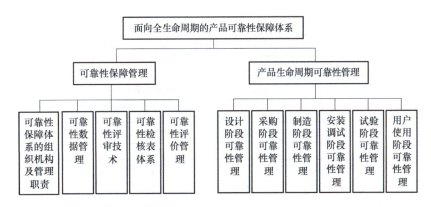

图 9-4 可靠性管理体系的架构

工程，首先要通过调研了解企业的可靠性现状及存在的问题，找出实施改进的关键环节。可靠性调研内容包括企业的管理水平、产品研发现状、制造能力、产品制造和试验过程的故障数据等，需根据数据对故障部位、故障模式、故障原因等进行统计分析，并计算企业当前产品的可靠性水平（MTBF 计算）。系统调研结果是可靠性工程后续流程改进的重要依据。

（2）**持续培训，建立可靠性文化**。要想提高产品的可靠性，企业必须采取多种方式对企业领导和员工进行可靠性理念与意识的培训，要在企业上下形成可靠性非搞不可的局面，培训工作必须全方位地展开，既要有理念和意识的培训，也要有可靠性应用技术的培训。另外，在培训的基础上建立企业可靠性文化，为提高企业产品的可靠性打下坚实的基础。

（3）**建立可靠性工作标准及管理体系**。为了实施可靠性工程，必须在企业建立全套可靠性标准与可靠性管理体系，为企业开展可靠性工程提供全面、

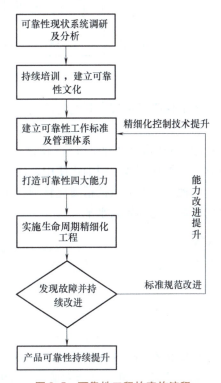

图 9-5 可靠性工程的实施流程

系统、规范化的技术支持与管理控制。可靠性标准必须全面覆盖产品生命周期的各个环节，既要涉及技术标准，也要涉及管理标准。所建立的可靠性管理体系必须与企业的 ISO 9000 质量管理体系融合。可靠性管理体系的概念如图 9-6 所示。

（4）**打造可靠性四大能力**。企业要成功实施可靠性工程，能力建设是首要内容，只有自身具备可靠性提升能力，企业的产品可靠性才会得到持续的改进和提高。可靠性的四大能力包括：可靠性设计分析能力、制造可靠性控制能力、可靠性试验提升能力和可靠性管理保障能力。在这四大能力中，可靠性设计分析能力是预防也是保证可靠性的主要环节；制造可靠性控制能力主要是从人、机、料、法、环、测六个方面实现精细化的质量控制；可靠性试验提升能力是搭建试验平台，通过试验激发潜在故障并进行改进；可靠性管理保障能力是从

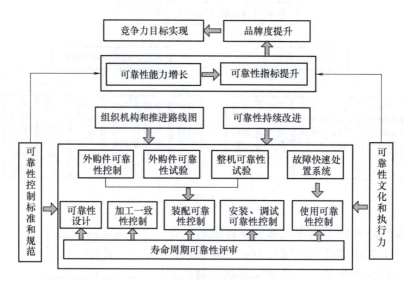

图9-6 可靠性管理体系

管理方面保障各项规章制度的落实。

(5) **实施生命周期精细化工程**。产品的生命周期包括设计阶段、制造阶段、运行阶段（这里忽略掉报废处理阶段）。在这三个阶段中，都必须全面实施精细化工程，包括精细化设计、精细化制造、精细化使用，任何一个环节的工作不精细，都会极大地影响产品的可靠性。因此，企业应该把精细化管理放在极其重要的地位，只有通过精细化工程才能真正使产品的可靠性达到较高水平。

第五节 可靠性分析控制方法

一、故障树分析

1. 故障树分析的基本概念

故障树分析（Fault Tree Analysis，FTA）方法最早应用于产品的安全性分析，它是美国贝尔电报公司的电话实验室于1962年开发的。它采用逻辑方法，形象地对潜在的安全风险进行分析，特点是直观、明了，思路清晰，逻辑性强，可以做定性分析，也可以做定量分析。故障树分析方法不仅分析结果准确，还可以对潜在故障和可靠度进行预测。

2. 故障树图

故障树分析是一种图形化分析方法，常用的工具是故障树图。故障树图是一种逻辑因果关系图，它根据组成产品零部件的状态（基本事件）来显示产品的状态（顶事件）。故障树图的建立是一个从上到下逐层细化的过程，它利用树形结构将各种事件联系起来，树的交叉处的事件和状态用标准的逻辑符号（与、或等）表示。

3. 故障树分析中常用的符号

故障树分析中常用的事件符号如表9-2所示，常用的逻辑符号如表9-3所示。

表 9-2　故障树分析中常用的事件符号

符号名称	定　义
底事件	底事件是故障树分析中仅导致其他事件的原因事件
基本事件（圆形符号）	圆形符号是故障树中的基本事件，是分析中无须探明其发生原因的事件
未探明事件（菱形符号）	菱形符号是故障树分析中未探明事件，即原则上应进一步探明其原因，但暂时不必或暂时不能探明其原因的事件。它又代表省略事件，一般表示那些可能发生，但概率值微小的事件；或者对此系统分析到此为止，不需要进一步分析的故障事件，这些故障事件在定性分析中或定量计算中一般都可以忽略不计
结果事件（矩形符号）	矩形符号是故障树分析中的结果事件，可以是顶事件，也可以是由其他事件或事件组合所形成的中间事件和矩形事件，其下端与逻辑门连接，表示该事件是逻辑门的一个输入
顶事件	顶事件是故障树分析中所关心的结果事件
中间事件	中间事件是位于顶事件和底事件之间的结果事件
特殊事件	特殊事件是指在故障树分析中需要用特殊符号表明其特殊性或引起注意的事件
开关事件（房形符号）	房形符号是开关事件，是在正常工作条件下必然发生或必然不发生的事件。当房形中所给定的条件满足时，房形所在的门的其他输入保留，否则除去。该事件根据故障要求，可以是正常事件，也可以是故障事件
条件事件（扁圆形符号）	扁圆形符号是条件事件，是描述逻辑门起作用的具体限制的事件

表 9-3　故障树分析中常用的逻辑符号

符号名称	定　义
与门	与门表示仅当所有输入事件发生时，输出事件才会发生
或门	或门表示只要有一个输入事件发生时，输出事件就会发生
非门	非门表示输出事件是输入事件的对立事件
表决门	表决门表示仅当 n 个输入事件中 k 个或 k 个以上事件发生时，输出事件才会发生
顺序与门	顺序与门表示仅当输入事件按规定的顺序发生时，输出事件才会发生
异或门	异或门表示仅当单个输入事件发生时，输出事件才会发生
禁门	禁门表示仅当条件发生时输入事件的发生方导致输出事件的发生
转向符号　转此符号	相同转移符号用以指明子树的位置，转向和转此字母代号相同
相似转向　相似转此	相似转移符号用以指明相似子树的位置，转向和转此字母代号相同，事件的标号不同

4. 故障树分析的基本程序

（1）**熟悉产品**。要详细了解产品的组成、状态及各种外购零部件的参数，绘出产品结构图。

（2）**调查历史数据**。收集类似产品的故障案例，进行故障统计分析，根据历史数据分析产品可能发生的故障（故障模式）。

（3）**确定顶事件**。故障树分析所分析的对象即为顶事件。要对曾经发生的所有故障模式进行全面分析，从中找出后果严重且较易发生的故障模式作为顶事件。

（4）**确定目标值**。对历史数据进行统计分析，得到故障发生的频率，据此确定需要控制的故障目标值。

（5）**调查原因事件**。调查与故障有关的所有原因事件和各种因素。

（6）**画出故障树**。从顶事件起，逐级分解，找出导致事件发生的直接原因，直至达到所要分析的深度，按其逻辑关系画出故障树。

（7）**确定重要度**。对故障树结构进行分析，确定各基本事件的重要度。

（8）**故障发生概率**。确定所有故障发生的概率，标在故障树上，进而求出顶事件（故障）的发生概率。

（9）**比较**。根据产品的性质（可维修和不可维修），对可维修产品的维修可能性、维修费用、维修后达到的效果等进行对比；对于不可维修的产品，只要求出顶事件发生的概率即可。

原则上包括上述九个步骤，在分析时可视具体情况灵活掌握，如果故障树规模很大，可借助计算机进行。

5. 案例：铸造错型的故障树分析

铸件错型是常见的铸件缺陷，造成铸件错型的原因有设备、工装、操作等多种因素。下面将铸件错型作为故障树的顶事件，以某厂亨特水平分型脱箱造型生产线为对象，建立铸件错型系统的故障树，如图9-7所示。

图中用"+"表示逻辑或门，用"·"表示逻辑与门；用大于1000的序号（如1001、1002等数字）表示逻辑门号，用小于1000的序号（如1、2等数字）表示基本事件号。

（1）**定性分析**。表9-4是对图9-7所示故障树定性分析的结果。因为顶事件是错型缺陷，故其全体最小割集就是亨特机上铸件错型缺陷产生的全部途径，共有14种可能。表中的每一行都是一个最小割集。根据故障树最小割集的定义，表中的任一行都是铸件错型缺陷产生的途径。当亨特机上出现铸件错型时，就可以按表9-4逐项检查并加以排除。

（2）**定量分析**。顶事件发生的概率取决于故障树的结构和各基本事件的不可靠度。对图9-7所示的故障树进行定量分析，若各基本事件的不可靠度均为0.01，则铸件错型缺陷产生的概率为6.8%；若将各基本事件的不可靠度降为0.001，则铸件错型缺陷产生的概率降为0.7%，基本上可消除错型缺陷。

表9-5是图9-7所示故障树各基本事件概率重要度和关键重要度的计算结果（计算过程略）。

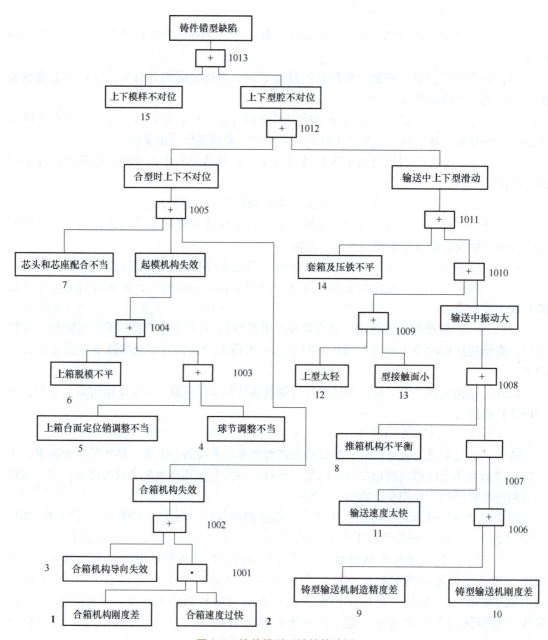

图 9-7　铸件错型系统的故障树

表 9-4　错型缺陷的全部失效模式

序号	最小割集	铸件错型的失效模式
1	(15)	上下模样不对位
2	(7)	芯头与芯座配合不当
3	(3)	合箱机构导向失效
4	(6)	上箱脱模不平
5	(4)	球节调整不当
6	(5)	上箱台面定位销调整不当

(续)

序号	最小割集	铸件错型的失效模式
7	(14)	套箱及压铁不平
8	(1, 2)	合箱机构刚度差且合箱速度过快
9	(8, 12)	上型太轻且推箱机构不平衡
10	(8, 13)	上下型接触面小且推箱机构不平衡
11	(9, 11, 12)	铸型输送机制造精度差，输送速度太快且上型太轻
12	(9, 11, 13)	铸型输送机制造精度差，输送速度太快且上下型接触面小
13	(10, 11, 12)	铸型输送机构刚度差，输送速度太快且上型太轻
14	(10, 11, 13)	铸型输送机构刚度差，输送速度太快且上下型接触面小

表 9-5 概率重要度和关键重要度

基本事件	概率重要度	关键重要度
1	9.31876×10^{-3}	1.36605×10^{-3}
2	9.31876×10^{-3}	1.36605×10^{-3}
3	0.941195	0.137971
4	0.941195	0.137971
5	0.941195	0.137971
6	0.941195	0.137971
7	0.941195	0.137971
8	1.85426×10^{-3}	2.71817×10^{-3}
9	1.81772×10^{-3}	2.66461×10^{-3}
10	1.81772×10^{-3}	2.66461×10^{-3}
11	3.6538×10^{-3}	5.35614×10^{-3}
12	9.4083×10^{-3}	1.37917×10^{-3}
13	9.4083×10^{-3}	1.37917×10^{-3}
14	0.941195	0.137971
15	0.941195	0.137971

按概率重要度的大小顺序，各基本事件对铸件错型缺陷的影响大小为：(3, 4, 5, 6, 7, 14, 15) > (12, 13) > (1, 2) > (11) > (8) > (10, 9)（同一括号中事件其重要度相同）。概率重要度值越大，说明它对顶事件的影响也越大。因此，要减少铸件错型缺陷，应从提高具有较大概率重要度的基本事件可靠度入手。同时，当产品故障出现时，也应按其大小顺序寻找并排除故障原因。

二、故障模式、影响及危害性分析

1. 故障模式、影响及危害性分析的基本概念

故障模式、影响及危害性分析（Failure Mode Effects and Criticality Analysis，FMECA）是

针对产品所有可能的故障，并根据对故障模式的分析，确定每种故障模式对产品功能的影响，找出单点故障，并按故障模式的严酷度及其发生概率确定其危害性。此处所谓的单点故障，是指引起产品故障且没有冗余或替代的设备和软件作为补救的局部故障（也可以称为功能性故障）。故障模式、影响及危害性分析包括两部分内容：故障模式及影响分析（FMEA）和危害性分析（CA）。

故障模式（Failure Mode）是零部件、产品或系统故障的一种表现形式，如材料的弯曲和断裂，零件的不正常变形，电器的接触不良、短路，设备的安装不当、腐蚀、漏油等。

故障影响（Failure Effects）是指该故障模式会对产品的安全性和功能造成的影响。故障影响一般可分为局部影响、上层影响及最终影响三个等级。例如，分析机械设备液压系统中的一个液压泵，它发生了轻微漏油的故障模式，局部影响即对泵本身的影响可能是降低了效率，对上层影响即对液压系统的影响可能是压力有所降低，最终影响即对机械的影响可能是动作不到位或不灵敏。

故障模式及影响分析是在产品设计过程中，通过对产品各组成单元潜在的各种故障模式及其对产品功能的影响进行分析，提出可能采取的预防和改进措施，以提高产品可靠性的一种设计分析方法。它是一种预防性技术，是事先的行为。故障模式及影响分析的作用是检验系统设计的正确性，确定故障模式的原因，对系统可靠性和安全性进行评价等。

将故障模式出现的概率及影响的严酷度结合起来称为危害性。

危害性分析是对故障模式及影响分析中确定的每一种故障模式按其影响的严酷度类别及发生概率的综合影响加以分析，以便全面地评价各种可能出现的故障模式的影响。危害性分析是故障模式及影响分析的继续。根据产品的结构及可靠性数据的获得情况，危害性分析可以是定性分析也可以是定量分析。

归纳起来，故障模式、影响及危害性分析是通过确定产品中各个零件的名称，以及形成失效效应的风险衡量因子（包括可能发生失效的形式、失效发生后的后果危害性、失效本身的严重性，以及失效发生的概率和频率等内容），判断出零件的失效状态并采取措施加以改善，以达到提高系统可靠性的目的。故障模式、影响及危害性分析既可应用于产品分析设计阶段（称为D-FMECA），也可用于制造阶段（称为P-FMECA）。

2. 故障模式、影响及危害性分析的简要发展历程

故障模式、影响及危害性分析方法最早于20世纪50年代应用在航空器主操控系统的失效分析上，20世纪60年代美国航天局（NASA）则成功地将该方法应用在航天计划上。到20世纪70年代，美国汽车工业受到日本高质量汽车产品的强大竞争压力，开始在汽车行业导入可靠性工程技术，以提高产品质量与可靠性，其中故障模式、影响及危害性分析即为当时所导入的系统分析方法之一。经过一段时间的推广应用，到20世纪80年代，美国许多汽车制造企业都开始导入该方法，在企业内部建立适用的故障模式、影响及危害性分析技术手册，其后又将故障模式、影响及危害性分析导入工艺流程的潜在失效模式分析与改进作业中。

3. 故障概率等级、严酷度和风险优先数

（1）故障概率等级。一个产品或系统中各种故障发生的概率是不同的，故障发生的概率等级一般可分为五级。

A级（频繁发生）：产品在工作期间发生故障的概率很高，即一种故障模式发生的概率大于总故障概率的60%。

B级（经常发生）：产品在工作期间发生故障的概率为中等，即一种故障模式发生的概率为总故障概率的20%~60%。

C级（偶尔发生）：产品在工作期间发生故障的概率是偶然性的，即一种故障模式发生的概率为总故障概率的10%~20%。

D级（很少发生）：产品在工作期间发生故障的概率很小，即一种故障模式发生的概率为总故障概率的1%~10%。

E级（极不可能发生）：产品在工作期间发生故障的概率接近于0，即一种故障模式发生的概率小于总故障概率的1%。

(2) 故障严酷度。一般情况下，各种故障模式造成的影响效果称为故障严酷度。一般将故障严酷度分为四个等级。

Ⅰ类故障（灾难性故障）：一种会造成人员死亡或系统毁坏的故障（如飞机坠毁）。

Ⅱ类故障（致命性故障）：一种会导致人员严重受伤，产品或系统严重损坏，从而使功能丧失的故障。

Ⅲ类故障（严重故障）：一种会使人员轻度受伤，器材及系统轻度损坏，从而导致停工、停线损失的故障。

Ⅳ类故障（轻度故障）：一种不会造成人员受伤或系统功能丧失的故障。设备可以"带病工作"，如机器的漏油、异响、轻微振动等。

(3) 风险优先数。故障模式、影响及危害性分析中常用的风险衡量因子称为风险优先数（Risk Priority Number，RPN）。风险优先数由三项指标相乘构成，分别是发生度、严酷度以及侦测度，即

$$风险优先数(RPN) = 发生度评分 \times 严酷度评分 \times 侦测度评分$$

发生度是指某项失效模式发生的概率，严酷度是指当失效发生时对整个系统或对使用者影响的严重程度，侦测度是指能否检测出有可能会发生失效模式的能力。这三个风险优先数因子的评分范围均在1~10分。

4. 故障模式、影响及危害性分析的步骤

(1) 系统分析，全面了解产品的结构和功能。

(2) 分析产品的使用说明书，了解启动、运行、操作、维修等资料。

(3) 了解产品的工作环境条件。

上述资料在设计的初始阶段往往不可能全部掌握。开始时，只能做某些假设，用来确定一些很明显的故障模式。即使是初步故障模式、影响及危害性分析，也能指出许多单点失效部位，且其中一些可通过结构的重新设计消除。随着设计工作的进展，可利用的信息不断增多，故障模式、影响及危害性分析工作应重复进行，根据需要和可能应把分析扩展到更为具体的层次。

(4) 定义产品及其功能和最低工作要求。一个系统的完整定义包括它的主要和次要功能、用途、预期的性能、环境要求、系统约束条件和构成故障的条件等。由于任何给定的产品都有一个或多个工作模式（或功能），因此系统的定义还包括产品的每种工作模式及其持续工作期内的功能说明。每个产品均应建立其功能方框图，表示产品功能及各功能单元之间的相互关系。

(5) 按照产品功能方框图画出可靠性框图。

(6) 规定分解的层次粒度。原则上，故障模式、影响及危害性分析方法可用于从整个产品到零部件的任何一级。

(7) 确定故障的检测方法。

(8) 参照历史数据确定潜在的故障模式，分析其原因及影响。

(9) 确定各种故障模式对产品产生危害的严酷度。

(10) 确定各种故障模式的发生概率等级。

(11) 确定设计时可能采取的预防措施。

(12) 填写故障模式及影响分析表，并绘制危害性矩阵。如果需要进行定量故障模式、影响及危害性分析，则需填写危害性分析表。如果仅进行故障模式及影响分析，则步骤（11）和绘制危害性矩阵不必进行。

5. 实施故障模式、影响及危害性分析应注意的问题

(1) **明确分析对象**。找出零部件所发生的故障与系统整体故障之间的因果关系是故障模式、影响及危害性分析的主要工作思路，所以明确故障模式、影响及危害性分析的分析对象，并针对其应有的功能找出各部件可能存在的所有故障模式，是提高故障模式、影响及危害性分析方法有效性的前提条件。

(2) **时间性**。故障模式、影响及危害性分析方法应与产品的设计工作交叉进行，在可靠性工程师的协助下，由产品的设计人员来完成。要贯彻"谁设计，谁分析"的原则，并且分析（设计）人员必须有公正客观的态度，包括客观评价与自己的设计工作有关的缺陷，理性分析产生缺陷的原因。同时故障模式、影响及危害性分析必须与设计工作保持同步，尤其应在设计的早期阶段就开始进行故障模式、影响及危害性分析，这将有助于及时发现设计中的薄弱环节，并为安排改进措施的先后顺序提供依据。如果在系统设计已经完成并且已经投产以后再进行故障模式、影响及危害性分析，一方面对设计的指导意义不大，另一方面会大幅度地增加改进成本。另外，一旦利用故障模式、影响及危害性分析找出了原因，就要迅速果断地采取措施，使故障模式、影响及危害性分析的成果落到实处，而不是流于形式。

(3) **层次性**。在进行故障模式、影响及危害性分析时，合理地确定分析的层次粒度（即细化到哪一级），能够为分析工作提供明确的分析范围、目标和工作量。此外，分析的层次粒度还会直接影响到分析结果严酷度类别的确定。一般情况下，应按以下原则确定分析的层次粒度：

1）根据可获得的分析数据来确定粒度。

2）粒度的确定要能够进行Ⅰ类故障或Ⅱ类故障分析。

3）根据设定的维修周期确定粒度，能够实现Ⅲ类故障或Ⅳ类故障分析。

(4) **团队性**。很多企业在进行故障模式、影响及危害性分析时都采用个人形式进行，但是单独工作无法克服个人知识的局限、思维缺陷以及缺乏客观性。因此，需要从相关领域中选出具有代表性的若干人，共同组成故障模式、影响及危害性分析团队，通过运用集体的智慧，达到相互启发和信息共享的目的，这样就能够较完整和全面地进行故障模式、影响及危害性分析，且可以大大提高分析效率。

(5) **改进性**。故障模式、影响及危害性分析特别强调程序化和文件化，应对故障模式、影响及危害性分析的结果进行跟踪与分析，以验证其正确性和改进措施的有效性，将有价值的经验写进企业的故障模式、影响及危害性分析文件中，积少成多，最终形成一套完整、有效的故障模式、影响及危害性分析资料，使一次次故障模式、影响及危害性分析改进的量变汇集成企业整体设计制造水平的质变，最终形成独特的企业技术特色。

6. 案例：故障模式、影响及危害性分析在供应链可靠性分析中的应用

利用故障模式、影响及危害性分析方法进行供应链可靠性分析（即风险管理），可以按以下步骤进行：

(1) 风险识别。供应链运行过程中可能遇到的风险可以分为五类：环境风险、需求风险、供应风险、机制风险以及运行控制风险。环境风险是指企业内外部环境可能发生的变化，分为四类，即政治环境、法律环境、自然环境以及宏观经济环境，四者合称为"总体环境"；需求风险是指供应链中需求方可能带来的风险，例如汽车产品在畅销和滞销时对供方的需求会产生很大的波动，畅销时供方会发生产能不足的风险，滞销时又可能给供方带来产能过剩的风险；供应风险是指供应链中供方可能带来的风险，例如供方由于产能不足而不能满足需方的数量需求，供方的产品质量下滑达不到需方的要求，供方突然转向竞争对手而撕毁合同等；机制风险是指供应链上各个企业的管理机制落后、人员素质低下、管理流程复杂、各企业之间的管理流程不匹配等带来的供应链整体运行风险；运行控制风险是指供应链各企业之间缺乏合作诚信，相互之间缺乏制约而带来的风险。风险识别可以采用问卷调查的方式开展，针对整个供应链确定五类风险发生的可能性。

(2) 风险分析。与传统风险分析只采用风险发生概率与潜在损失大小两个指标不同，故障模式、影响及危害性分析方法采用"发生可能性""影响程度""侦测难度""控制难度"四个因子来衡量风险。四个因子的分析可以采用 5 分制专家打分的方法，如表 9-6 所示。

表 9-6 风险分析因子评分等级

分析因子	衡量标准
发生可能性	极小 1 分；小 2 分；中 3 分；较大 4 分；很大 5 分
影响程度	轻微 1 分；较小 2 分；中等 3 分；较严重 4 分；严重 5 分
侦测难度	容易 1 分；较易 2 分；中等 3 分；较难 4 分；很难 5 分
控制难度	容易 1 分；较易 2 分；中等 3 分；较难 4 分；很难 5 分

(3) 风险评估。根据四个风险分析因子得分，可以计算出各个风险事件的风险优先系数，对这些系数进行排序，可以确定供应链的主要风险及重点关注对象。当然，风险评估是一个动态的过程，因为环境的变化会导致各个风险衡量因子随时间变化，从而影响各风险优先系数的计算结果。例如，环境变化可能导致某些风险事件发生的可能性提高或影响程度提高，从而提高该风险事件的优先级；再如，技术进步可能降低某些风险事件的控制难度，从而降低该风险事件的优先级。

(4) 风险控制。传统风险控制方法强调降低风险发生的可能性，以及为减少风险负面影响应采取的措施。故障模式、影响及危害性分析将侦测难度和控制难度两个因子引入风险分析中，扩展了风险控制的手段，可考虑采用更为先进、及时的风险检测手段以及改善风险的控制手段。

第六节 可靠性设计控制

一、可靠性设计控制流程

在进行产品可靠性设计时，可以按照图 9-8 所示的流程来进行。

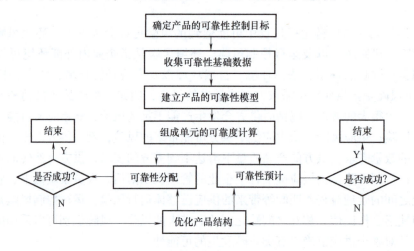

图 9-8 产品可靠性设计控制流程

1. 确定产品的可靠性控制目标

在进行产品可靠性设计之前，首先要确定可靠性控制目标，这个目标应该是可以量化考核的，例如平均故障间隔时间。所确定的目标一定要满足顾客的使用要求，但也不能太高，因为太高可能实现不了，太高的目标也会使设计和制造产品的费用大幅度提高。

2. 收集可靠性基础数据

产品的可靠性设计离不开基础数据的支撑，可以说，没有大量的基础数据积累，就无法开展可信的可靠性设计。因此，在进行产品可靠性设计之前，首先要围绕所设计的产品收集数据，例如产品中各零部件的故障率、类似产品曾经出现过的故障模式、各个故障模式出现的条件、各个故障模式出现的频率、故障可能带来的危害、产品设计的输入条件（载荷谱、功率谱、零件谱、功能谱、故障谱）等。数据的收集可以通过可靠性试验得到，也可以通过对产品及其零部件的历史数据进行分析得到。

3. 建立产品的可靠性模型

从可能发生故障的观点出发，按一定的规则，将产品分解为若干单元，并依据故障发生的可能性确定各单元之间的逻辑关系，组合建立产品的故障模型即为可靠性模型。可靠性模型是进行可靠性计算（包括预计和分配）与分析的基础。可靠性模型一般表现为可靠性框图，各单元之间的逻辑关系可以是串联、并联、串并联、并串联等各种形式。

4. 组成单元的可靠度计算

首先按照产品的组成结构分解各单元，建立各单元的可靠性模型；然后依据所收集的可靠性基础数据计算各单元的可靠度或故障概率，并作为可靠性预计和分配的输入。

5. 可靠性分配

按照产品的可靠性模型将整体可靠性指标（MTBF 值）分配给各个单元，分配的准则主要有等分配法、比例组合法、评分分配法、AGREE 分配法、成本函数法等。这些准则综合考虑了各种影响因素，并将这些因素通过不同方法量化为一组权重值，然后通过权重分配的方式把可靠性目标值分配给各个单元。在分配完成后，如果各个单元所分得的可靠度小于或等于第 4 步计算所得的可靠度，就可以认为分配是成功的。否则，就应该对产品设计方案进行优化，改进产品的结构或提高薄弱单元的可靠度，然后再进行分配，直至分配成功。

6. 可靠性预计

根据上述第 4 步计算得到的各单元的可靠度，按照可靠性模型进行综合，计算得到整个产品的可靠度，并与其设计目标值进行比较，如果计算结果得到的可靠度大于目标值，则认为产品的可靠性得到保证；否则，就应该对产品进行优化，改进产品的结构或提高薄弱单元的可靠度，然后再进行预计，直至得到满意的结果。

7. 优化产品结构

在可靠性预计和分配过程中，经常会遇到结果不满足目标的情况，这时就必须对产品的结构进行优化。结构优化包括：改变产品的布局结构、采用冗余结构、提高薄弱单元的可靠度等。在进行结构优化时，需要使用故障树分析和故障模式、影响及危害性分析等工具对产品进行分析，找出薄弱环节，并提出改进措施。

二、可靠性建模

1. 可靠性模型概述

产品的可靠性在很大程度上是由设计阶段决定的，在对复杂产品进行可靠性设计和分析时，为了使设计结果符合产品的可靠性要求，需要首先建立产品的可靠性模型。通过建立产品的可靠性模型，可以用简单的方式表示复杂的产品，并将产品的可靠性逐级分解为零部件的可靠性，以便于定量分配、预计和评估复杂产品的可靠性。由此可知，可靠性模型是开展可靠性设计和分析，进行可靠性预计、评估和分配的基础，也是进行产品维修性和保障性设计分析的前提。

2. 可靠性模型的相关概念

（1）**可靠性模型**。从可能发生故障的观点出发，按一定的规则，将产品或系统分解为若干单元，并依据产品结构确定各单元之间的逻辑关系，组合建立系统的故障及其传递模型，即为系统或产品的可靠性模型。可靠性模型可用于预计或估算产品的可靠性，是产品进行可靠性分配的基础。可靠性模型包括可靠性结构模型及其对应的数学模型。不同的结构模型对应不同的数学模型。目前，国内外采用的可靠性结构模型主要是可靠性框图。

（2）**可靠性框图**。可靠性框图作为一种常用的可靠性模型，它是由代表产品或功能的方框、逻辑关系和连线、节点等组成的，在需要时可对节点加以标注。它只反映各个部件之间的串并联关系，与部件之间的顺序无关。系统的原理图、功能框图和功能流程图是建立系统可靠性框图的基础。当系统中某一功能的完成对系统整体的运行具有重要影响时，常常会在设计时利用冗余结构来保证该功能的顺利完成，那么反映在可靠性框图上就是并联框图。

例如，如图 9-9a 所示的某电气系统的双开关操作系统，其功能是在电路导通时，系统能正常工作。只需闭合开关 S1 或 S2 中的任意一个，就能保障系统正常工作，即系统存在冗余结构，那么其可靠性框图如图 9-9b 所示。

（3）可靠性模型分类。可靠性分为基本可靠性与任务可靠性，相应的可靠性模型也分为基本可靠性模型与任务可靠性模型。

基本可靠性是产品在给定的条件下、给定的时间区间内无故障工作的能力。基本可靠性模型是用以反映系统及其组成单元故障所引起

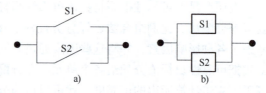

图 9-9　双开关操作系统的可靠性框图

的维修及保障要求，它可以作为度量维修保障人力与费用的一种模型。基本可靠性模型是一个全串联模型。

任务可靠性侧重于度量系统在规定的任务剖面内完成要求的功能的能力，任务可靠性模型是用以度量产品执行任务成功概率的模型。系统中冗余单元越多，则其任务可靠性往往也越高。

两类可靠性具有如下关系：

1）基本可靠性和任务可靠性两者都强调无故障完成任务。基本可靠性强调的无故障工作持续时间是界定在"寿命剖面"的范围内的；任务可靠性强调完成要求的功能是界定在"任务剖面"的范围内的，与各个任务剖面一一对应。

2）度量任务可靠性时只考虑影响产品完成任务的故障，不影响任务执行的故障则不考虑；而基本可靠性涉及整个系统寿命周期内需要维修的故障，也就是说，不管故障对任务是否有影响都要考虑。

3）任务可靠性直接影响任务的执行效能；基本可靠性与维修保障有关，直接影响维修保障费用。

在进行可靠性设计时，根据要求应该同时建立基本可靠性模型及任务可靠性模型，其目的在于需要在人力、物力、费用和任务之间进行权衡。设计者的责任就是要在不同的设计方案中利用基本可靠性及任务可靠性模型进行权衡，在一定的条件下得到最合理的设计方案。

3. 建立可靠性模型的一般流程

建立可靠性模型从新产品研发的方案论证开始，随着设计的细化和改动，应不断修改和完善。

可靠性建模的一般流程包括明确产品定义、绘制可靠性框图、建立可靠性数学模型等步骤。

（1）明确产品定义。明确产品定义是指明确产品及其单元的构成、功能、接口、故障判断依据等。功能框图是在对产品各层次功能进行静态分组的基础上，描述产品的功能和各子功能之间的相互关系以及系统的数据流向。对于各功能间有时序关系的产品，一般采用功能流程图的形式。功能流程图是动态的，可以描述系统各功能之间的时序相关性。功能框图或功能流程图是绘制可靠性框图的基础。

如砂轮架作为数控磨床的重要功能部件，主要功能是驱动砂轮转动，并沿 x 轴做前进、后退运动，实现对工件的磨削。其功能框图如图 9-10 所示。

（2）绘制可靠性框图。可靠性框图是以图的形式逻辑地描述产品正常工作的情况。可靠性框图应描述产品每次完成任务时的所有单元功能组之间的相互关系，绘制可靠性框图需要充分了解产品的任务定义和寿命剖面。在最终的可靠性框图中，通常一个方框只对应一个

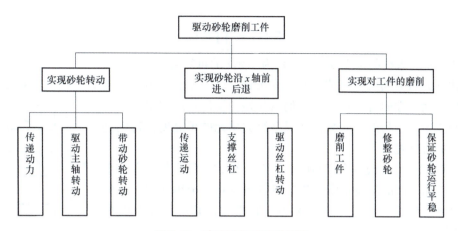

图 9-10 磨床砂轮架功能框图

功能单元,所有的方框均应按要求以串联、并联、旁联或其组合形式连接,每个方框都应进行标注。

(3) 建立可靠性数学模型。可靠性数学模型用于表达可靠性框图中各方框的可靠性与系统可靠性之间的函数关系。

4. 典型的可靠性模型

典型的可靠性模型可分为有储备与无储备两种。有储备可靠性模型按储备单元是否与工作单元同时工作而分为工作储备模型与非工作储备模型。这三类模型中常见的可靠性模型有串联模型、并联模型、串-并混联模型、表决模型、旁联模型和桥联模型等,如图 9-11 所示。此处仅对机电产品常见的串联模型、并联模型和串-并混联模型做简单介绍。

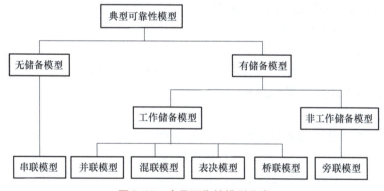

图 9-11 产品可靠性模型分类

(1) 串联模型。设一个产品由单元 1、单元 2……单元 n 组成,当且仅当所有 n 个单元都正常工作时,产品才能正常工作;只要其中任一单元发生故障,就会导致整个产品发生故障。这种模型称为串联模型,其可靠性框图如图 9-12 所示。

图 9-12 串联模型的可靠性框图

串联模型对应的可靠性数学模型为

$$R_s(t) = \prod_{i=1}^{n} R_i(t) \tag{9-11}$$

式中，$R_s(t)$ 为系统的可靠度；$R_i(t)$ 为单元 i 的可靠度。

由式（9-11）可知，组成产品的单元越多，产品的可靠度就越低。因此，在设计阶段可以从以下两个方面着手提高产品的可靠性：①简化结构设计，尽可能地减少组成产品的单元数；②提高组成单元的可靠度，特别是薄弱单元的可靠度。

(2) 并联模型。设一个产品由 n 个单元组成，只要其中有一个单元正常工作，产品就能正常工作；只有当所有 n 个单元都出故障时，产品才发生故障。这种模型称为并联模型，其可靠性框图如图 9-13 所示。

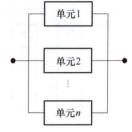

图 9-13 并联模型的可靠性框图

并联模型对应的可靠性数学模型为

$$R_s(t) = 1 - \prod_{i=1}^{n} [1 - R_i(t)] \tag{9-12}$$

由式（9-12）可知，组成产品的并联单元数目越多，产品的可靠度就越高。因此，在设计阶段可采用冗余设计来提高产品的可靠性。研究表明，随着 n 的不断增大，产品的可靠度越来越高，但提高速度却越来越慢，故要根据产品的可靠度要求和成本预算及空间要求合理地安排并联单元的数目。

(3) 串-并混联模型。对于复杂系统而言，一般会同时包含由串联和并联关系组合而成的单元，称为混联模型。利用串联和并联原理，可以将混联模型中的串联、并联部分简化为等效单元，最终得到与原混联模型等效的串联或并联模型。图 9-14a 所示为一般的混联模型，图 9-14b 和 c 所示为简化后的等效模型。

其对应的可靠性数学模型如下：

并联单元 1、2 转化为等效单元 S_1，其可靠度为

$$R_{S_1}(t) = 1 - (1 - R_1(t))(1 - R_2(t)) \tag{9-13}$$

串联单元 3、4 转化为等效单元 S_2，其可靠度为

$$R_{S_2}(t) = R_3(t) R_4(t) \tag{9-14}$$

串联单元 5、6 转化为等效单元 S_3，其可靠度为

$$R_{S_3}(t) = R_5(t) R_6(t) \tag{9-15}$$

并联单元 S_2、S_3 转化为等效单元 S_4，其可靠度为

$$R_{S_4}(t) = 1 - (1 - R_{S_2}(t))(1 - R_{S_3}(t)) \tag{9-16}$$

最终，系统的可靠度为

$$R_S(t) = R_{S_1}(t) R_{S_4}(t) R_7(t) \tag{9-17}$$

5. 建立可靠性模型的要点

（1）可靠性模型的建立在初步设计阶段就应进行，并为产品可靠性预计或分配及拟定改进措施的优先顺序提供依据。随着产品设计工作的展开，可靠性框图应不断修改完善；随着设计工作从粗到细的展开，可靠性框图也应随之按级展开。

（2）在建立基本可靠性模型时，要囊括产品的所有组成单元。当单元工作在多个环境条件下时，应该采用可靠度最低的数据进行分析。

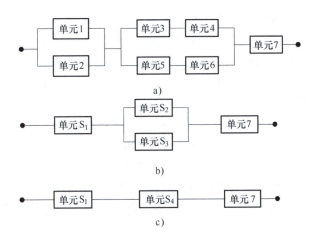

图 9-14 混联模型的可靠性框图

(3) 不同的任务剖面应该分别建立各自的任务可靠性模型,模型中应该包括在该任务剖面中工作的所有单元。

(4) 当提高单元的可靠性所花的费用高于使用冗余模型的费用或停机维修费用过高时,应采用冗余模型。

(5) 对于简单并联模型来说,$n=2$ 时,可靠度的提高最显著;当冗余单元超过一定数量时,可靠性提高的速度大为减慢,且成本会大量增加,因此需要进行权衡。

(6) 当采用冗余结构时,在产品层次较低的地方采用冗余的效果比在产品层次较高的地方效果好。但工程上有时不允许进行级别低的冗余。工程上常用的是部件及设备的冗余。

(7) 采用并联模型可以提高产品的任务可靠性,但也会降低产品的基本可靠性,同时还会增加产品的重量、费用及设计时间,增大产品的体积和复杂度,因此必须进行综合权衡。

三、可靠性分配

1. 可靠性分配的基本概念

产品可靠性分配就是将由供需双方共同确定的,并在系统设计任务书中规定的可靠性指标(一般是 MTBF)从整体到局部,逐步分解、分配到各组成单元上。产品的可靠性首先是由设计过程决定的,可靠性分配是可靠性设计的重要内容,对保证产品或系统的可靠性具有重要意义。

2. 可靠性分配的基本原则

(1) 可靠性分配的要求值应是成熟期的规定值。这意味着,在确定可靠性目标值时,不应当无限提高要求,应该根据历史经验确定一个合理且可行的值。

(2) 在大多数情况下,可靠性分配不是一蹴而就的,而是要经过多次反复的综合和折中。为了减少分配的反复次数,在可靠性分配时应该留出 15%~20% 的余量,而不是正好将零部件可靠度完全使用完。

(3) 产品的组成单元中,可靠性并不是完全相同的,如果某些零部件的故障率很低,则可以不直接参加可靠性分配,而归并在其他因素项目中一起考虑。

(4) 可靠性分配应在产品研制阶段的早期就开始进行。在早期阶段就进行可靠性分配,可以尽早发现设计中存在的问题,尽早进行改进,从而节省很多成本。

(5) 在产品研制的不同阶段,应该选择不同的分配方法。可靠性分配的方法有很多,它们分别适合不同的阶段。

(6) 对于复杂度高的组成单元,应分配较低的可靠性指标,因为产品越复杂,其组成零部件就越多,要达到高可靠性就越困难并且费用越高。

(7) 对于技术上不成熟的产品,其可靠性一般较差,因此应该分配较低的可靠性指标。对于这种产品提出高可靠性要求会延长研制时间,增加研制费用。

(8) 对于处于恶劣环境条件下工作的产品,应分配较低的可靠性指标,因为恶劣的环境会增加产品的故障率。

(9) 对于需要长期工作的产品,应该分配较低的可靠性指标,因为产品的可靠性随着工作时间的增加而降低。

(10) 对于重要度高的产品,应分配较高的可靠性指标,因为重要度高的产品的故障会影响人身安全或功能的完成。

(11) 在进行可靠性分配时,还应充分考虑产品的维修性和维修保障性,如维修可达性差的产品,应该分配较高的可靠性指标,以减少维修时间。

(12) 对于已确定可靠性指标的单元,不再进行可靠性分配,同时,在进行可靠性分配时,要从总指标中按一定规则剔除这些单元的可靠性值。

3. 可靠性分配方法

从整体上看,可靠性分配方法可以分为两大类:无约束分配法和有约束分配法。

(1) 无约束分配法

1) 等分配法:对于串联且结构相同的所有组成单元都分配同样的可靠度。

2) 评分分配法:在可靠性数据非常缺乏的情况下,通过有经验的设计人员或专家对影响可靠性的几种因素进行评分,对评分进行综合分析并获得各单元之间的可靠性相对比值,根据评分情况给每个单元分配可靠性指标。在评分时要考虑单元的复杂度、技术发展水平、工作时间和环境条件等。

3) 比例组合法:在有相似且成熟的参考产品的情况下,可以根据参考产品中各单元的故障率,按待设计产品可靠性的要求,给产品中的各单元分配故障率。

4) 考虑重要度和复杂度的分配方法:在进行可靠性分配时,将各个单元的重要度和复杂度作为重要的考虑因素,分配给第 i 个单元的可靠性指标与该单元的重要度成正比,与它的复杂度成反比。

(2) 有约束分配法。有约束分配法是一种数学优化方法,需要首先建立优化模型,然后利用数学优化方法去求解,从而直接得到最优解。常用的有约束分配法包括以下三种方法:①拉格朗日乘数法;②动态规划法;③直接寻优法。

4. 可靠性分配步骤

可靠性分配可以按照以下七步进行:

(1) 明确产品可靠性参数指标要求。在进行分配之前,要先研究技术协议书中确定的产品整体可靠性指标。

(2) 分析产品特点。只有对产品的组成和结构进行分析，全面了解产品的特点，在可靠性分配时才能做到心中有数。

(3) 系统建模。结合产品的结构，建立产品的可靠性模型（可靠性框图）。

(4) 选取分配方法。在前面所介绍的可靠性分配方法中，根据系统的特点、各单元的技术状况和设计的不同阶段选择适当的分配方法，可以多种方法轮流使用。

(5) 收集基础数据。收集相似且正常运行的产品可靠性数据和待设计产品的数据，作为可靠性分配的输入数据。

(6) 进行可靠性分配。按照选定的分配方法，结合产品的可靠性模型，对产品的整体可靠性指标进行分配，在分配时要考虑各个单元可达到的可靠度。

(7) 验算可靠性指标要求。在一轮分配完成后，按照可靠性预计的算法对结果进行分析，如果满足预定的可靠性目标则结束，否则就要重新进行分配。如果无法达到预定目标值，则需要进行结构优化。

5. 可靠性分配应注意的问题

(1) 可靠性分配应在研制阶段早期进行。其主要目的是：①使设计人员尽早明确设计要求，研究实现要求的可能性；②为外购件及外协件的可靠性指标提供初步依据；③根据所分配的可靠性要求估算所需的人力和物资资源等。

(2) 可靠性分配应反复多次进行。其主要原因是：①在方案论证和初步设计工作中，分配是较粗略的，经粗略分配后，应与经验数据进行比较、权衡；②与不依赖于最初分配的可靠性预测结果相比较，分析分配的合理性，并根据需要重新进行分配；③随着设计工作的不断深入，可靠性模型会逐步细化，可靠性分配也必须反复进行；④为了尽量减少可靠性分配的重复次数，在规定的可靠性指标的基础上，可考虑留出一定的余量；⑤为在设计过程中增加新的功能单元留有余地，可以避免为适应附加的设计而必须进行的反复分配。

(3) 可靠性分配方法的选择依据。要进行分配，首先必须明确设计目标、限制条件、系统下层各级定义的清晰程度及有关类似产品或系统的可靠性数据等信息。在产品设计的不同阶段，由于产品定义的清晰度不同，其可靠性分配的方法也有所不同，当然其可靠性分配的结果也不一样。例如：①在方案论证阶段，一般可采用等分配法；②在初步设计阶段，可以采用评分分配法和比例组合法；③在详细设计阶段，可以采用评分分配法、考虑重要度和复杂度的分配方法等。

6. 实例分析

此处以考虑重要度和复杂度的分配方法为例，详细介绍可靠性分配的具体过程。

设串联系统由 k 个指数分布的分系统组成，则系统的可靠度 R_s 为

$$R_s = \prod_{i=1}^{k} R_i = \prod_{i=1}^{k} \left[1 - w_i \left(1 - e^{-\frac{t_i}{\theta_i}} \right) \right] \tag{9-18}$$

式中，t_i 为第 i 个子系统的工作时间；θ_i 为第 i 个子系统的平均寿命；w_i 为第 i 个子系统的重要度。

可以看出式（9-18）中小括号内为第 i 个子系统在工作时间 t_i 之前发生失效的概率（不可靠度）。

设第 i 个子系统由 n_i 个单元组成,则整个系统共用 $N = \sum_{i=1}^{k} n_i$ 个单元,并假设这些单元可靠度相同且 t_i/θ_i 很小,如小于 0.01 时可采用的分配原则为

$$R_i(t_i) = 1 - w_i\left(1 - e^{-\frac{t_i}{\theta_i}}\right) = R^{\frac{n_i}{N}} \tag{9-19}$$

解得

$$\theta_i = \frac{-t_i}{\ln\left[1 - \frac{1}{w_i}\left(1 - R^{\frac{n_i}{N}}\right)\right]} \tag{9-20}$$

即

$$R_i(t_i) = e^{-\frac{t_i}{\theta_i}} = 1 - \frac{1}{w_i}\left(1 - R^{\frac{n_i}{N}}\right) \tag{9-21}$$

由式 (9-19) 和式 (9-21) 可近似得

$$\theta_i = \frac{Nw_i t_i}{n_i(-\ln R)} \tag{9-22}$$

[例 9-1] 一套远程警戒雷达系统由 6 个子系统串联而成,要求此远程警戒雷达系统工作 12h 的可靠度为 0.9。系统的可靠性框图如图 9-15 所示,各子系统的数据如表 9-7 所示,要求考虑重要度和复杂度,对各子系统进行可靠度分配。

图 9-15 远程警戒雷达系统的可靠性框图

表 9-7 远程警戒雷达系统的各子系统数据

子系统名称	元件数(件)	工作时间 (t_i)/h	权数 (w_i)
天馈	22	12	1.0
发射机	90	12	1.0
接收机	82	12	1.0
对消器	35	6	0.3
视频处理机	87	12	1.0
显示与控制	120	12	1.0

(1) 计算各子系统的平均寿命 θ_i。该设备共有元件数 $N = \sum_{i=1}^{k} n_i = \sum_{i=1}^{6} n_i = 436$ 个,将 $R_s = 0.9$,$N = 436$ 个及表中的数据代入式 (9-22),可得各子系统的平均寿命。

$$\theta_1 = \frac{Nw_1 t_1}{n_1(-\ln R)} = \frac{436 \times 1.0 \times 12}{22 \times (-\ln 0.9)}h = 2257h$$

同理可得

$\theta_2 = 552h$,$\theta_3 = 606h$,$\theta_4 = 213h$,$\theta_5 = 571h$,$\theta_6 = 414h$

(2) 计算各子系统分配的可靠度。由式 (9-19) 得

$$R_1(12) = R^{\frac{n_i}{N}} = 0.9^{\frac{22}{436}} = 0.9947$$

同理可得

$R_2(12) = 0.9785, R_3(12) = 0.9804, R_4(6) = 0.9916, R_5(12) = 0.9792, R_6(12) = 0.9714$

（3）检验可靠度的分配结果：

$$R_s = \prod_{i=1}^{k} R_i(12) = 0.9947 \times 0.9785 \times 0.9804 \times 0.9916 \times 0.9792 \times 0.9714 \approx 0.900041$$

四、可靠性预计

1. 可靠性预计的基本概念

可靠性预计就是在已知各个单元可靠度的情况下，按照一定的算法计算产品整体的可靠度，并与预定的可靠度指标进行比较。如果达不到预定的目标，就应该对产品结构进行优化。可靠性预计是可靠性设计的重要内容，对经济地实现产品的可靠性具有非常重要的意义。归纳起来，可靠性预计具有以下目的：

（1）评估产品的计算可靠性，审查能否达到要求的可靠性指标。

（2）在方案论证阶段，通过可靠性预计，比较不同方案的可靠性水平，为最优方案的选择及方案优化提供依据。

（3）在设计过程中，通过可靠性预计，发现影响产品可靠性的主要因素，找出薄弱环节，采取改进措施，提高产品的可靠性。

（4）在可靠性分配中评估分配结果。

2. 可靠性预计的步骤

（1）**明确产品定义**。对产品进行分析，了解产品的功能、组成和结构，明确设定的可靠性目标。

（2）**明确产品的潜在故障**。对产品的组成进行分解，利用故障模式、影响及危害性分析方法分析产品的潜在故障，包括故障模式、故障类型等。利用历史数据分析各种故障可能发生的概率。

（3）**明确产品的工作条件**。对产品的工作环境、载荷等进行分析。

（4）**绘制产品的可靠性框图**。根据产品的分解结果明确各单元的连接方式（串联、并联、串并联、并串联等），按照规定的方法建立产品的可靠性框图。

（5）**建立可靠性数学模型**。根据产品的可靠性框图，用数学模型表示产品结构。

（6）**预计各单元的可靠性**。根据试验结果和历史数据，计算产品中各单元的可靠度。

（7）**可靠性预计**。利用数学模型和各单元的可靠度数据，计算产品整体的可靠度。

（8）**验算可靠性指标要求**。将计算可靠度与预定的可靠度进行对比，如果满足预定的可靠性目标则结束，否则就要对产品结构进行优化，改进可靠性的薄弱环节，然后再重新进行预计。

3. 单元可靠性预计

现代产品的结构异常复杂，组成单元的数量也很多。由于产品的可靠性是组成单元可靠性的概率的综合，因此，只有先对各单元的可靠性进行预计，才能得到产品整体的可靠性。

对单元的可靠性预计可以采用以下各种方法：

（1）**相似产品法**。相似产品法的基本原理就是利用与该产品相似的现有成熟产品的可靠性数据来估计该产品的可靠性。成熟产品的可靠性数据主要来源于现场统计和实验室的试验结果。相似一般包括：产品结构和性能的相似性；设计方案的相似性；材料和制造工艺的相似性；使用剖面（保障、使用和环境条件）的相似性。该方法的步骤一般包括：确定相似产品、分析相似因素对可靠性的影响，确定相似系数、新产品（单元）的可靠性预计。

（2）评分预计法。评分预计法是在可靠性数据严重缺乏的情况下（仅可以得到少数产品的可靠性数据），通过有经验的设计人员或专家对影响可靠性的几种因素进行评分，对评分结果进行综合分析而获得各单元产品之间的可靠性相对比值，再以某一个已知可靠性数据的产品为基准，预计新产品的可靠性。评分因素一般包括复杂度、技术发展水平、工作时间和环境条件。

（3）应力分析法。该方法用于产品详细设计阶段，主要对电子元器件的失效率进行预计。它是对某种电子元器件，在实验室的标准应力与环境条件下，通过大量的试验，并对其结果进行统计而得出该种元器件的"基本失效率"的一种方法。在预计电子元器件工作失效率时，应根据元器件的质量等级、应力水平、环境条件等因素对基本失效率进行修正。当前，电子元器件的应力分析法已有成熟的预计标准和手册可供参考。

（4）故障率预计法。该方法主要用于非电子产品的可靠性预计，其原理与电子元器件的应力分析法基本相同，目前尚无正式可供查阅的数据手册。

4. 机械产品可靠性预计法

机械产品中的机械部分与电子产品的可靠性特性具有很大的不同，主要原因如下：①看起来很相似的机械部件，其故障模式和发生概率往往是大不相同的；②用数据库中已有的统计数据进行预计，其精度往往是无法保证的；③目前机械产品可靠性预计尚没有相当于电子产品那样通用、成熟、可接受的方法，但在进行机械产品的可靠性预计时，可以参考《机械设备可靠性预计程序手册（草案）》（NSWC-09）和《非电子零部件可靠性数据》（NPRD-3）。

对机械产品的可靠性进行预计，目前可以采用修正系数法和相似产品类比论证法。后者可以参照电子产品可靠性预计中的相似产品法。修正系数法的基本思路是：将机械产品分解到零部件级，有许多基础零部件是通用的；将机械零件分成密封件、弹簧、电磁铁、阀门、轴承、齿轮和花键、作动器、泵、过滤器、制动器和离合器等十大类。对这十大类零件进行失效模式及影响分析，找出其主要失效模式及影响这些模式的主要设计和使用参数，通过数据收集、处理及回归分析，可以建立各零件失效率与上述参数的数学函数关系，在此基础上进行可靠性预计。

5. 可靠性预计的特点及注意事项

（1）并行性。可靠性预计应该与功能和结构设计并行进行，以降低设计方案大修改的风险。

（2）相关性。可靠性预计与产品的载荷谱、零件谱、工况谱、故障谱等密切相关，必须先研究并确定这些输入条件。

（3）在产品研制的各个阶段，可靠性预计应反复迭代进行多次，从而得到比较理想的结果。

（4）由于机械产品的高度复杂性和基础数据的缺乏，要得到可信的可靠度绝对值是非常困难的，因此可靠性预计结果的相对意义比绝对值更为重要，至少可以发现可靠性的薄弱环节，为可靠性改进提供依据。

（5）可靠性预计必须与故障模式、影响及危害性分析结合起来，以得到产品故障的明确定义。

(6) 在进行可靠性预计前,必须首先明确产品的功能。

(7) 由于现代机械产品非常复杂,包括多种组成单元,因此必须注意可靠性模型的正确性。

(8) 在进行可靠性预计时,必须注意各组成单元实际工作时间的精确性,因为在不同的时间区间内,单元的可靠性是不同的。

(9) 要注意对可靠性基础数据的积累。

(10) 在产品研制的不同阶段,应该采用不同的可靠性预计方法,根据实际情况来选取。

6. 实例分析

一架飞机燃油系统的任务可靠性框图如图 9-16 所示,假设各单元产品均服从指数分布,工作时间均为 1h,其故障率如表 9-8 所示。其任务可靠性预计如下:

(1) 并联单元 1,由 A、B、C 组成,为串并联系统,其可靠度为
$$R_1 = R_A R_B + R_C - R_A R_B R_C = 0.9999$$

(2) 串联单元 2,由 D、E、F、G、H、I、J、K 组成,为串联系统,其可靠度为
$$R_2 = R_D R_E R_F R_G R_H R_I R_J R_K = 0.9991$$

(3) 并联单元 3,由 L、M 组成,为并联系统,其可靠度为
$$R_3 = R_L + R_M - R_L R_M = 0.999999$$

则燃油系统任务可靠度为
$$R_s = R_1 R_2 R_3 = 0.9999 \times 0.9991 \times 0.999999 = 0.9990$$

完成可靠性预计后,还需要将计算可靠度(R_s)与预定可靠度(R_s^*)进行对比,来验证预计结果是否满足系统的要求。如果满足预定的可靠性目标则结束,否则就要对结构进行优化(包括系统的整体结构布局和各单元的结构),改进可靠性薄弱的环节,然后再重新进行预计。一般情况下,$R_s^* = (1 \sim 2) R_s$ 属于正常范围,当 $R_s^* < R_s$ 时,则要重新进行预计。

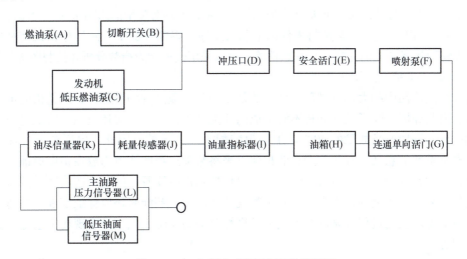

图 9-16 飞机燃油系统任务可靠性框图

表 9-8 各单元产品故障率

单元名称	故障率（×10^{-6}次/h）	单元名称	故障率（×10^{-6}次/h）
燃油泵（A）	900	油箱（H）	1
切断开关（B）	30	油量指标器（I）	50
发动机低压燃油泵（C）	800	耗量传感器（J）	45
冲压口（D）	20	油尽信量器（K）	30
安全活门（E）	30	主油路压力信号器（L）	35
喷射泵（F）	700	低压油面信号器（M）	20
连通单向活门（G）	40		

第七节 其他环节可靠性控制

一、可靠性制造控制

产品的固有可靠性是由设计和制造两个过程共同确定的，设计确定的可靠性目标必须依靠制造过程来保障。即使是同样的设计方案，生产出来的产品的可靠性可能也相差很大，因此必须重视制造过程的可靠性控制。制造过程可靠性控制的内容主要包括：零部件加工一致性保证、装配过程可靠性保证、外购件可靠性保证、功能部件可靠性试验、整机可靠性试验、包装可靠性保证等。

1. 零部件加工一致性保证

零部件的一致性对整机产品可靠性的影响非常大，因为现代机电产品都是按照互换性原理进行设计制造的，在互换性的条件下，即使零部件的公差在设计规定的范围内，但如果两个相互配合的零部件都处于极限配合状态（如最大尺寸的轴和最小尺寸的孔配合或最小尺寸的轴和最大尺寸的孔配合），则所得到的配合状态相差仍是非常大的。如果公差设计不合理或加工质量控制不严，带来的后果将会更加严重。因此，为了保证产品的可靠性，就必须严格控制零部件加工的一致性。另外，加工出来的零件会产生毛刺，毛刺对装配的影响很大，会增加设备的磨损，因此在加工完成后，必须将零件的毛刺去干净。零部件加工一致性包括几何精度一致性、表面物理状态（表面完整性）一致性等，可以采用过程能力指数分析和控制图进行控制。

2. 装配过程可靠性保证

有些企业产品中的大部分零部件使用的都是国际顶级品牌的零部件，但整机的可靠性仍然很低，究其原因，除了设计分析不够造成的匹配性不佳外，主要还是由于装配过程控制不严。据统计，一般产品故障的 40% 以上是由装配不佳造成的。因此，保证装配过程的可靠性具有非常重要的意义。有些制造企业长期以来将装配过程的注意力放在精度保证上，装配工艺也是针对精度设计的，对可靠性和精度保持性则很少涉及，因此会造成产品的可靠性很差。此外，装配对环境的要求很高，必须实现清洁装配。装配时还应保证零部件的清洁度和油液的清洁度。装配过程可靠性保证包括可靠性驱动的装配工艺设计和现场工艺纪律保证两项主要内容。

3. 外购件可靠性保证

一般产品的组成都少不了外购件，因此设备或系统的可靠性与外购件的可靠性具有非常密切的关系，为了提高设备或系统的可靠性，就必须先提高外购件的可靠性。

4. 功能部件可靠性试验

一套复杂的整机设备一般都是由各种功能部件组成的，只有功能部件的可靠性达到规定的要求（经过整机可靠性分配得到），整机的可靠性才有保证。因此必须对功能部件的可靠性进行试验，发现并消除早期故障，找到可靠性的薄弱环节并进行改进。功能部件的可靠性试验一般情况下应该先进行加速加载试验，这样才可能缩短试验时间，尽可能发现更多的故障。在进行功能部件可靠性试验前，必须先制定试验规范，试验过程要做好记录，试验完成后要对试验数据进行分析，并提供试验报告。

5. 整机可靠性试验

在产品装配调试完成后，也要进行可靠性试验，其目的是发现并消除早期故障，找到可靠性薄弱的环节并进行改进。早期可靠性试验包括空运转试验和加载试验，前者主要是考查产品的功能和性能，后者用来发现故障。与功能部件可靠性试验相同，在进行整机可靠性试验前，必须先制定试验规范，试验过程要做好记录，试验完成后要对试验数据进行分析，并提供试验报告。

6. 包装可靠性保证

产品制造的最后环节是包装。包装对可靠性的影响往往会被忽视，但对于大型机械加工设备，在装配调试完成后必须将产品进行拆解包装。在产品分解过程中，要小心拆卸，小心吊装，相配套的零部件必须编号，以免在现场安装时出错。在包装时，固定要牢靠，要有很好的防碰撞、防潮、防雨水等措施。

二、可靠性运行控制

1. 运输过程可靠性控制

产品从制造企业到用户的第一道工序是运输，大型机电产品的运输主要有铁路运输、轮船运输和公路运输。运输过程中野蛮装卸、运输过程发生碰撞、重物砸在包装上、包装坠落水中等都会造成产品的质量和可靠性问题，主要会造成产品的锈蚀和结构变形。因此，要对运输过程进行可靠性控制，主要是与运输企业签订质量保证书，杜绝野蛮装卸等行为。

2. 安装过程可靠性控制

安装是将拆分包装的产品组装恢复到包装前的状态，并进行产品的试运行及验收。安装过程包括准备地基、底座调水平、组装等，其中，地基的质量对产品大件的变形影响很大，必须对其进行严格控制。另外，安装时需要按照与装配时相同的规范调整地脚螺钉，如果二者规范不一致，也会使大件产生较大的变形。最后，在进行产品组装时，要严格按照零部件的编号来组装，如果混装，设备在运行时就会产生故障，特别是管接头的漏油和管线的布置问题，很多都是由混装造成的。

3. 运行环境控制

产品中的各种软硬件设备（包括操作人员）对运行环境都有较高的要求，比如温度、湿度、空气清洁度、噪声、振动等都会对可靠性产生影响。例如，温度太高和太低会影响设备液压系统中油的黏度，从而影响液压系统的正常运行；温差过大还会使设备的变形加大，影响加工精度；空气中的湿度太大会使金属零件发生锈蚀现象，尤其是在海边的企业，空气中的盐分含量太高，会加速零部件的锈蚀；空气清洁度不高，会使微粒进入轴承、导轨等运动表面,增加设备的磨损,精度很快就会丧失;由地基传来的振动会影响设备的加工精度,特别是精密设备。此外,空气清洁度、温度、湿度、噪声等也会对操作者产生影响,从而造成人为故障。因此,必须对运行环境进行严格控制。

4. 运行条件控制

以机床产品为例,运行条件包括:切削用量、切削力、最高运行速度、最低运行速度、电动机最大功率、供电系统的电压波动、轴承的发热量等。这些条件如果超出设计允许值或设备长期在临界值运行,都会对设备的可靠性产生很大影响,因此必须在控制软件或加工工艺中进行控制,也可以通过检测进行控制。

5. 维护保养控制

调查数据显示,设备的可靠性与维护保养关系非常大,如果不按规定的要求进行设备的维护和保养,就会大大增加故障发生的可能性。维护保养包括定时清洁机床、定时润滑、使用规定的润滑油(脂)、定时更换液压油、定时清洗过滤设备、定时检修(包括定时复查紧固螺栓的拧紧情况)等,要通过良好的维护保养使设备保持良好的状态。需要注意的是,在设备停用一段时间后(如经过长假),设备可能会由于受潮而生锈,运动表面会黏结在一起致使运动不灵活。在使用润滑脂的情况下,长期不使用的油脂会因凝固而堵塞管道,造成润滑脂打不出去,继而影响运动表面之间的润滑,造成干摩擦而损坏表面。液压系统的油液如果不够清洁或变质,也会影响液压系统的正常工作。长期以来,有些企业对设备的维护保养重视不够,一方面设备的使用说明书过于简单,另一方面顾客很少看说明书,从而造成设备的维护保养不到位,大大增加了设备的故障率。

复习思考题

1. 可靠性的定义包括哪三个规定?如何理解这三个规定?
2. 在可靠性定义中,"能力"为什么是随机变量?
3. 举例说明可靠性与产品的可用性密切相关。
4. 举例说明安全性与可靠性密切相关。
5. 产品故障有哪些分类?
6. 提高产品可靠性有哪些重要性和意义?
7. 可靠性的常用度量参数有哪些?
8. 故障率浴盆曲线包括哪三个阶段?
9. 除了浴盆曲线外,故障率还可能有哪些曲线形状?试举例说明。
10. 可靠性工程整体框架包括哪些主要内容?
11. 试论述可靠性工程的实施流程。
12. 故障树分析的目的是什么?它有哪些作用?
13. 故障模式、影响及危害性分析的目的是什么?它与故障树分析有哪些区别与联系?
14. 可靠性分配的方法有哪些?
15. 可靠性预计的目的是什么?预计与分配有哪些区别与联系?
16. 风险优先数在故障模式、影响及危害性中起什么作用?

17. 常用的可靠性模型有哪几种类型？与它们对应的数学模型是什么？
18. 从可靠性模型可以得到哪些设计准则？
19. 什么叫基本可靠性？什么叫任务可靠性？两者之间有什么联系？
20. 制造过程是如何影响可靠性的？在制造过程中如何控制可靠性？
21. 为什么运行过程对可靠性有影响？在运行过程中应该如何控制可靠性？

第十章
质量经济性分析与控制

第一节　质量经济性概述

一、质量经济性分析的相关概念

质量与经济是密不可分的。早在 20 世纪 60 年代初，美国质量管理专家费根堡姆在他的《全面质量管理》一书中就特别提出了要重视质量经济性的观点，在质量管理学中引入了经济性分析，使质量管理发展到了一个新的阶段。如今，质量经济性研究已成为质量管理学科的一个重要组成部分。

质量经济性分析就是通过分析企业的质量与投入（成本）和产出（收益）之间的关系，寻求最适宜的质量水平，从而使企业经济效益和社会效益达到最佳化。可以说，质量经济性分析贯穿于产品质量的产生、形成和实现的全过程。

对于制造企业而言，开展质量经济性分析的目的是以最小的投入生产出能满足顾客质量要求的产品。

对于顾客而言，开展质量经济性分析的目的是寻找既满足使用要求，又使购置费用和使用费用最小的产品。

对于社会而言，开展质量经济性分析的目的是使产品给社会带来最大的经济效益，而由于产品生产、使用和报废处理带来的损失（田口玄一称为社会损失）最小化。

由此可见，质量经济性分析就是研究产品出厂前的设计制造费用、出厂后顾客的使用费用、报废后的处理费用，以及顾客使用产品功能时对生产者、使用者和社会带来的效益以及引起的损失的综合结果。因此，在进行质量经济性分析时，必须从生产者、使用者和社会三者的角度进行综合考虑。

质量经济效益是质量经济效果与质量成本投入的比值，它反映了质量方面产出与投入之间的关系，体现了质量工作和质量管理的效率。

质量损失是指产品在整个生命周期中，由于质量不满足规定的要求，对生产者、使用者和社会造成的全部损失之和。它存在于产品的设计、制造、销售、使用直至报废的全过程中，涉及生产者、使用者和整个社会的利益。

通常的质量成本定义是：为了确保和保证满意的质量而发生的费用以及没有得到满意质量而造成的损失。

值得注意的是，质量经济性分析的内涵比质量成本要宽泛得多，生产者、使用者和社会应该站在经济性的角度去考察质量、研究质量，而不是仅仅局限在成本方面去考虑。

二、质量经济性的基本原理

质量对于企业与顾客而言，都具有经济性的问题。从利益和成本两个方面综合考虑质量的经济性，对企业和顾客都具有深远的意义。在利益方面：顾客必须考虑产品的功能适用性、性能的稳定性和使用的安全性；制造企业则需考虑如何提高产品的口碑和市场占有率。在成本方面：顾客要考虑产品的购置费、运行费、保养费、停机损失和修理费以及可能的处置费等；制造企业则必须考虑产品寿命周期的成本，包括不满意的产品返工返修、更换、重新加工、生产损失、三包和现场修理等发生的费用，以及承担产品责任与索赔的风险等。这些都是产品质量方面有关经济性的问题，也就是说质量问题实质上是一个经济问题。因此，质量经济性分析是通过对产品的质量、成本和利润之间关系的分析，研究在不同经营条件下最经济的质量，通过加强质量管理，研究产品质量与成本之间的变化关系，在保证产品质量使顾客满意的同时发生的费用尽可能低，达到质量与经济高度协调、提高产品综合经济效益的目的。

质量经济性分析一般从两个方面入手：一是从企业方面考虑，企业应降低生产经营的资源成本，减少浪费，从而增加企业的收入、利润和市场占有率；二是从顾客方面考虑，企业应降低使用产品所需资源的成本，减少资源投入，从而增强产品的市场竞争能力，达到提高顾客满意度的目的。现在越来越多的企业逐渐认识到：没有顾客就没有市场，也就没有企业的效益，企业要提高效益就必须持续提高顾客满意度。可见，质量经济性分析和控制的核心是综合考虑顾客满意度和企业的过程成本，从中寻找最佳结合点，兼顾企业与顾客双方的利益。

企业的利润一般取决于产品的售价与产品成本的差额，而成本和售价往往又取决于产品的质量水平。根据成本与价格对质量水平的变化关系，就可以找到利润最高时的质量水平，但是它并不一定是产品的最高质量水平。

图 10-1 所示为产品价格、成本和利润随质量水平而变化的一般关系。可以看出，产品质量水平为 M 时，利润最高。质量水平低于 a 或者高于 b 时，都将产生亏损，A、B 两点即为盈亏平衡点。实际上，企业并非总是能够达到最佳质量水平 M，通常是在 A、B 两点之间的某个质量水平，这要根据市场需求、企业的技术水平、设备能力、销售渠道等因素综合考虑。

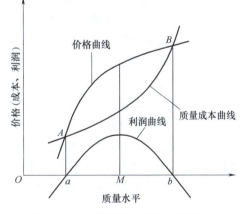

图 10-1 产品价格、成本、利润与质量水平的关系

三、质量经济效益的构成

从广义上讲，开展质量活动的总收益由三部分组成：

（1）生产者从事质量管理活动带来的总效益，包括由于降低质量成本带来的收益和扩大市场份额带来的效益。

（2）使用者购买和使用高质量的产品带来的总效益，包括由于节约开支带来的效益，从事高效率、高质量生产带来的效益，购买和使用性价比高的产品带来的效益。

（3）社会效益包括减少报废处理费用的效益，废物利用的效益，减少资源和能源消耗的效益，减少各种事故损失带来的效益等。

从产品寿命周期的角度看，质量活动总支出是从事质量活动而必须支出的一切费用，包括一切损失费用。

对制造企业而言，开展质量管理活动产生的经济效益一般定义为质量活动的总收益与总支出之差，即

$$质量经济效益 = 质量活动总收益 - 质量活动总支出$$

开展质量经济分析的目的就在于最终提高质量经济效益。提高质量经济效益有以下三种途径：

（1）在总支出不变的条件下，提高总收益。

（2）在总收益不变的条件下，减少总支出。

（3）在提高总收益的同时，减少总支出。

显然，第三种途径是最佳途径。

质量活动总收益和总支出可以参考一般技术经济学的方法进行计算，此处从略。

第二节　质量成本分析

质量成本（Quality Cost Management）的概念是由美国质量管理专家费根堡姆最早提出的，很快得到了美国企业界的广泛关注，被许多企业采用，并在实践中得到了完善和发展。之后，朱兰、哈林顿以及日本学者市川龙子、相羽弘一等都曾对质量成本做过系统的研究和论述。从此，质量成本的概念有了很大的发展，对推动企业有效开展质量管理工作、促进质量管理理论研究和实践的进一步完善发挥了重要作用。

质量成本分析是质量经济分析的主要内容之一。传统企业的质量成本要占到销售收入的25%~40%，仅质量损失就占到销售收入的10%以上。因此，质量成本的高低极大地影响着企业的经济效益。可以说，企业的质量成本只要控制得当，企业的经济效益就会得到很大的提高。因此，朱兰博士把质量损失比作"企业的一座未被发掘的金矿"，企业潜在的经济效益可以通过质量成本控制被挖掘出来。

一、质量成本

质量对企业经济效益的影响是非常显著的，据统计，采用 $\pm 3\sigma$ 原理控制质量的企业，其质量成本要占到销售收入的25%~40%。如果企业能够提高产品和服务的质量，就会增加产品的销售量，从而提高企业的收益。但提高产品质量往往是以投入为代价的，企业在质量上的投入能否借助销售量的增加带来更大的利益呢？这就牵涉到如何度量质量的经济性问题。质量成本分析正是这样一种工具。

对于质量成本，可以从以下几个方面来理解：

1. 质量是有成本的

顾客要求的是高质量的产品和优质的服务。若要保证和提高产品质量，必须要有相应的

投入。因此，质量是要花钱的。定义中"为了确保和保证满意的质量而发生的费用"指的就是这部分费用。但这部分费用包括哪些内容？究竟值不值得花？应该花在什么地方？这部分费用究竟应该占质量成本多大的比例？这是质量成本分析应该解决的问题。

2. 顾客不满意的质量是有损失的

很显然，在商品经济时代，商品种类十分丰富，顾客选择的余地也相当大，再加上同类产品功能的雷同，质量就成为顾客选择产品时考虑的主要因素。如果顾客对企业的产品质量不满意或对质量保证能力没有信心，他就不会购买该企业的产品。企业失去顾客，就不可能发展，这一损失是巨大的、显而易见的。另一方面，如果顾客购买了某一产品，但由于产品质量和服务出了问题，顾客也会不满意，他就不会继续购买同一厂家的产品。更可怕的是，不满意的顾客会向他（她）的朋友、同事和亲戚宣传。根据营销理论，一个不满意的顾客会使企业失去20个潜在的顾客，这一损失尽管有时无法量化衡量，但无疑是巨大的。定义中"没有得到满意质量而造成的损失"指的就是这部分损失。

3. 质量成本是"劣质"质量问题的经济表现

获得质量需要成本，但它又可以为企业带来较大的经济效益。"劣质"产品不仅耗费成本，而且还会给企业带来负效益。尽管质量成本是花费和损失两者的综合，但质量成本更多的是对"劣质"产品带来的损失的描述。因此可以认为，质量成本不仅与不良质量、劣质产品、质量缺陷和质量问题有关，同时也是对不良质量的成本及由不良质量造成的损失的综合概括。设想一下，如果存在一个理想的生产系统，不会产生任何质量问题，所有的劣质产品都不存在，一切质量问题都消失，质量成本就不会发生。所以，质量成本不同于企业成本，后者是从事生产活动必须发生的成本，包括材料费、工时费、场地费、设备费等；而前者只与不合格品有关，如果将质量成本与企业成本混为一谈，则不利于评价质量改进的经济效果。因此，只有与不良质量有关的费用才能归入质量成本，制造合格品本身的费用、获得合格质量本身的费用都不是质量成本所描述的对象。因此，美国质量管理专家朱兰认为，质量成本是归因于劣等质量的成本，而质量管理专家哈林顿则建议将质量成本改称为"不良质量成本"。

4. 质量成本属于管理成本，而非财务成本

质量成本由以下三种不同的经济成分构成：

（1）质量缺陷所造成的无效损耗。比如制造过程中产生的废品、次品、返修等的劳动消耗。

（2）质量缺陷所导致的企业收益额的减少。比如质量问题引起的退货损失和销售额降低等。

（3）为了防止质量缺陷所进行的有意识的投入。比如开展质量管理的费用、检验费用等。

在上述三点中，（1）和（3）是企业的实际劳动消耗，是企业实际支付的费用，通过销售收入可以得到补偿，能够反映在企业的财务账目中；（2）是减少的劳动成果，即减少的收益，是一种负效益，不是实际发生的金额，不需要也不可能从销售收入中得到补偿，也不能在企业账目中得到反映。正因为如此，质量成本不是传统意义上的成本，而是其概念的扩大、引申和借鉴。或者说，质量成本不属于财务成本的范畴，而是一种管理成本。财务成本是对已经发生或将要发生的劳动消耗进行考察和描述，而管理成本则可将负收益作为一种成本来对待，以供分析和决策之用。正是由于质量成本含有的这部分成本需要进行估算，使得质量成本不能像生产成本、销售成本等传统成本那样精确计算。

二、质量成本的组成

不同的国家和企业对质量成本有不同的划分方法。我国的企业在进行质量成本管理时，常将质量成本划分为两大类，即运行质量成本和外部质量保证成本，如图 10-2 所示。

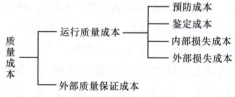

图 10-2　质量成本的组成

1. 预防成本

预防成本是指用于预防产生不合格品或发生故障所需的各项费用。它包括：

（1）**质量控制管理费**。质量控制管理费包括制订质量计划、检验计划、产品可靠性计划，编写质量手册，制定质量管理程序等所发生的一切费用。

（2）**质量培训费**。质量培训费是指以达到质量要求或改进产品质量为目的而对企业各级各类人员进行的各种培训所发生的一切费用，包括培训计划制订费和实施培训的费用。

（3）**质量评审费**。质量评审费是指实施产品质量设计，进行产品设计评审，制订试验计划等的费用。

（4）**工序质量控制费**。工序质量控制费是指在工艺过程中进行质量控制所发生的一切费用。

（5）**质量情报信息费**。质量情报信息费是指为收集、整理、分析质量资料，识别质量问题，发布质量信息等所发生的一切费用。

（6）**质量改进费**。质量改进费是指制订和实施质量改进计划，进行工序能力研究和产品质量创优升级等工作所发生的一切费用。

（7）**质量审核费**。质量审核费是指对质量体系、工作质量、产品质量和供应单位的质量保证能力进行质量评审所支付的一切费用。

（8）**专业质量管理人员的工资、各种奖励及附加费**。

2. 鉴定成本

鉴定成本是指为评定产品质量是否符合要求而需要的一切费用。它包括：

（1）**进货检验费**。进货检验费是指对供应单位提供的原材料、配套件进行进厂验收所需的费用（驻协作厂人员的监督检查费用也包括在内）。

（2）**工序检验费**。工序检验费是指产品在制造过程中进行检验所需的一切费用。

（3）**成品检验费**。成品检验费是指对完工产品鉴别其是否符合质量要求而进行的检验和试验费用。

（4）**检测设备维护、校准费**。检测设备维护、校准费是指对检验设备的购置、日常保管、维护、校准所需的费用。

（5）**存货检验费**。产品在库存过程中要定期进行检查，所花费的费用为存货检验费。

（6）**试验材料及劳务费**。试验材料及劳务费是指破坏性试验件的成本、耗用的材料和劳务费用。

（7）**检测设备折旧费**。各种检测设备在使用过程中，每年都要提取一定的折旧费。

（8）办公费，专职检验人员、计量人员的工资及奖金等。

3. 内部损失成本

内部损失成本是指产品出厂前，因不满足规定的质量要求而产生的一切费用。它包括：

（1）**废品损失**。废品损失是指产品存在无法修复的缺陷，或在经济上不值得修复而报废所造成的损失。

（2）**返修费用**。返修费用是指为修复不合格品而发生的一切费用。

（3）**交检费用**。交检费用是指对返工修复的产品进行检验所发生的一切费用。

（4）**停工损失**。停工损失是指由于各种缺陷而引起的设备停工所造成的损失。

（5）**减产损失**。减产损失是指由于存在质量问题而使产量降低所带来的损失。

（6）**故障处理费用**。故障处理费用是指由于处理内部故障而发生的费用，包括抽样检验不合格而进行的筛选费用。

（7）**质量降等、降级损失**。质量降等、降级损失是指产品质量因达不到原有质量要求而降级使用所造成的损失。

4. 外部损失成本

外部损失成本是指产品出厂后，因不满足规定的质量要求而支付的有关费用。它包括：

（1）**顾客索赔受理费**。顾客索赔受理费是指产品由于质量缺陷，经顾客提出申诉而进行索赔处理所支付的费用。

（2）**退货损失**。退货损失是指由于产品缺陷造成顾客退货、换货而支付的一切费用。

（3）**保修费用**。保修费用是指在保修期间或根据合同规定对顾客提供修理服务而发生的一切费用。

（4）**折价损失**。折价损失是指产品质量低于标准，经与顾客协商同意折价出售而造成的损失。

（5）**诉讼费**。诉讼费是指顾客向有关执法单位提出产品质量的诉讼请求，并进行处理等过程中所发生的有关费用。

5. 外部质量保证成本

外部质量保证成本是指在合同环境条件下，根据顾客的要求而提供客观证据所支付的费用。它包括：

（1）为提供特殊的附加质量保证措施、程序、数据等所支付的费用。

（2）为进行产品验证、试验和评定所发生的费用。

（3）为满足顾客要求，进行质量体系认证所支付的费用。

三、最佳质量成本

质量成本分析是指综合运用质量成本核算资料和指标，结合有关质量信息，对质量成本形成的原因和效果进行分析。质量成本分析的目的是找出影响产品质量的主要缺陷和质量管理的薄弱环节，为降低生产成本，调整质量成本的构成比例，寻求最佳质量水平提供依据。质量成本分析是质量成本管理中最重要而又最富于创造性的管理环节。

如前所述，产品的运行成本是由预防成本、鉴定成本、内部损失成本和外部损失成本组成的，经实践证明，上述这四种质量成本是相互关联的，它们之间的关系如图10-3所示。

企业为了提高产品的质量水平，降低产品的不合格品百分数 p，严防不合格品流入市场，就需要对产品质量进行控制，严格把关，严格检验，从而增加了企业的预防成本和鉴定成本。如图 10-3 所示，当质量水平很低时，预防、鉴定成本很少，但内、外部损失成本很高；随着质量水平的提高，预防、鉴定成本逐渐增大，但内、外部损失成本会逐渐下降，直至为零。当产品质量达到某一质量水平后，随着质量水平的提高，预防、鉴定成本就会急剧增加。如果将预防、鉴定成本曲线与内、外部损失成本曲线叠加，可以得到呈"碗"状的运行质量成本曲线（质量总成本曲线）。该曲线最低点 A 所对应的质量水平就是进行质量管理和控制所追求的最佳质量

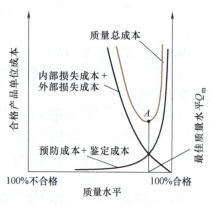

图 10-3 质量成本曲线

水平 Q_m。如图 10-3 所示，当质量水平高于或低于 Q_m 时，运行质量总成本都比较高，只有在 Q_m 上或 Q_m 点的邻近区域，质量成本才是最低或较低的，把此时的质量成本称为最适宜的质量成本。

为了方便分析，可以将质量成本曲线在最低点 A 的局部区域放大，如图 10-4 所示。可以将质量成本曲线的最佳区域分为以下三部分：

1. 质量成本改进区

图 10-4 中的第Ⅰ区域为质量成本改进区。该区域的质量总成本偏高，主要是由于质量管理水平低造成的，其特点是内、外部损失成本在质量总成本中占的比重很大，可能达到 70% 以上，而预防成本则一般低于 10%。这时，因预防措施不力导致产品质量水平较低，内部废次品损失等质量事故频繁发生，外部修理、退货、索赔费用较高。在这种情况下，显然应加强质量管理工作和检验工作，结合 PDCA 循环确定和实施改进项目，采取积极的预防措施，提高质量管理水平，减少质量损失，使质量总成本趋于下降。

2. 质量成本控制区

图 10-4 中的第Ⅱ区域为质量成本控制区。该区域是质量总成本处于最低水平的区域，其特点是，内、外部损失成本占质量总成本的比

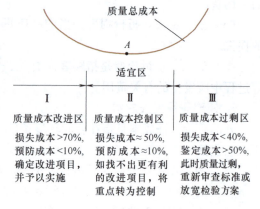

图 10-4 质量成本的最佳区域

例趋于 50%，此时预防成本趋于 10%。产品为顾客提供的使用价值适宜，质量总成本相对较低。在这种情况下，如果没有技术上的突破性进展，只靠通常的管理与控制措施已难于再进一步降低质量成本。因此，这一区域又常称为质量适宜区或质量成本控制区。应把工作重点转入维持和控制现有的制造质量水平上。

3. 质量成本过剩区

图 10-4 中的第Ⅲ区域为质量成本过剩区。企业为了追求产品质量的尽善尽美，会对产品形成的全过程采取更严格的预防、检验和管理措施。其特点是内、外部损失成本占质量总成本的比例小于 40%，而鉴定成本则大于 50%，鉴定成本超过内、外部损失成本。此时产

品质量水平很高,产品所提供的使用价值超过了顾客的实际需要,出现了"过剩质量"。在这种情况下,应采取抽样方法,减少检验层次,降低鉴定成本,结合顾客实际需要,修订产品标准,适当降低产品质量水平,消除由于提供不必要的质量而增加的质量成本。

四、质量成本分析的内容和方法

质量成本分析的目的是要找出影响产品质量的主要缺陷和质量管理的薄弱环节,为降低生产成本、调整质量成本的构成比例、寻求最佳质量成本提供依据。质量成本分析主要包括以下几个方面:

(1)总额分析。 首先求出某一时间段内的质量成本总额,再将该数据与前期数据进行对比,以发现质量成本管理目前存在的问题,并找出原因。在对总额数据进行对比时,还应同时考虑质量改进状况。

(2)趋势分析。 将一段时间内的质量成本数据描在坐标图上,以观察质量成本的变化趋势。趋势分析既可用于报警,也可用来研究质量成本不佳的原因。某公司 2018 年质量成本的变化趋势如图 10-5 所示。

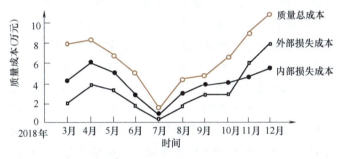

图 10-5 质量成本趋势图

从图 10-5 可以看出,该公司 2018 年 7 月份的质量总成本最低,此后逐月上升。出现了这种问题,就需要认真分析原因,再结合质量水平的变化和企业的销售业绩进行综合评价。

(3)比较基数分析。 将质量总成本与既定的比较基数(如销售额、产值、利润等)进行比较,可掌握质量的经济特性。表 10-1 是比较基数分析法中常用的计算公式及其特点。

表 10-1 比较基数分析法中常用的计算公式及其特点

序号	名称	计算公式(100%)	特点
1	百元销售额故障损失率	$\dfrac{\text{内部损失成本}+\text{外部损失成本}}{\text{销售收入总额}}$	反映了由于质量不佳造成的经济损失对销售收入的影响,是考核企业质量经济性的重要指标
2	百元销售额外部损失率	$\dfrac{\text{外部损失成本}}{\text{销售收入总额}}$	反映了由于质量不佳造成的外部损失占销售收入的比重,可考核对顾客和社会造成的损失,是体现社会经济效益的重要考核指标,也是企业质量经济性的重要指标
3	百元销售额质量成本率	$\dfrac{\text{质量成本总额}}{\text{销售收入总额}}$	反映了销售收入中质量成本所占的比率
4	百元产值故障损失率	$\dfrac{\text{内部损失成本}+\text{外部损失成本}}{\text{总产值}}$	反映了每百元产值因故障造成的损失,可作为企业内部制订质量成本计划的重要指标

(续)

序号	名 称	计算公式（100%）	特 点
5	百元产值内部损失率	内部损失成本 / 总产值	反映了由于企业内部质量管理不善造成的经济损失，是考核企业内部质量效益的主要指标
6	百元产值质量成本率	质量成本总额 / 总产值	反映了质量成本占总产值的比重
7	百元利润质量成本率	质量成本总额 / 总利润	反映了质量成本对企业经济效益的影响，可以考核质量成本的增加或减少对企业总收益的影响
8	百元利润故障损失率	(内部损失成本 + 外部损失成本) / 总利润	反映了由于质量不佳造成的经济损失对企业利润的影响

通常情况下，质量成本占企业的总销售额也有个最佳比例，例如：

对于实施 3σ 质量管理的企业，质量成本占总销售额的 25%~40%。

对于实施 4σ 质量管理的企业，质量成本占总销售额的 15%~25%。

对于实施 5σ 质量管理的企业，质量成本占总销售额的 5%~15%。

对于实施 6σ 质量管理的企业，质量成本占总销售额不到 1%。

(4) 构成比分析。可以设想，在确定条件下，产品不检验或少检验，则鉴定成本下降，内部损失也下降，但外部损失必然会增加，这样会使质量总成本上升；相反，如果加强检验工作，则鉴定成本和内部损失上升，但外部损失会减少。如果增加预防成本，则其他三项质量成本均可下降，质量总成本一般情况下也会下降。在正常情况下，运行质量成本的四个组成部分与质量总成本存在着某种适宜的比例关系，研究这种比例关系的变化，就可以找出提高质量、降低成本的潜力所在。

实践经验表明，以上四个组成部分占质量总成本的比例一般为：内部质量损失占 25%~40%；外部质量损失占 20%~40%；鉴定成本占 10%~50%；预防成本占 0.5%~10%。

通常，当质量成本各组成部分之间的比例关系发生较大变化时，必须采取相应的措施，使质量成本各部分之间的比例恢复到正常状态。例如：

当内、外部损失成本占的比例超过 60%，且预防成本远远小于 10% 时，质量工作的重点应放在加强质量预防控制和提高质量措施的研究上。

当内、外部损失成本大约为 50%，预防成本大致为 10% 时，质量工作的重点应放在维持现有质量水平上。

当内、外部损失成本占质量总成本的比例小于 40%，且鉴定成本大于 50% 时，质量工作的重点应放在降低鉴定成本上。

五、质量成本预测与计划编制

1. 质量成本预测

(1) 质量成本预测的概念和目的。质量成本预测就是根据历史资料和有关经济信息，分析研究影响质量成本的因素与质量成本的依存关系，结合质量成本目标，利用大量的观察数据和一定的预测方法，对未来质量成本的变动趋势做出定量描述和逻辑判断。

通过对企业的质量成本进行预测，可以达到以下两个目的：

1）为提高企业的产品质量和挖掘降低质量成本的潜力指明方向，同时为企业在计划期编制质量成本计划提供可靠依据。

2）指明企业内部各单位努力降低产品质量成本的方向和途径，为编制增产节约计划和拟定产品质量改进措施提供可靠的依据。

(2) 质量成本预测的工作程序。在编制质量成本计划之前，首先要对未来的质量成本进行预测，目的是为企业提高质量、降低质量成本指明方向，为企业编制质量成本改进计划提供可靠的依据。质量成本预测的工作程序可分为以下三步：

1）调查和收集资料。主要应掌握以下资料：市场资料，即用户对质量的要求；同行业质量水平资料；有关质量的政策法规和标准；新产品、新技术、新工艺的发展和应用；设备修理和更新状况；材料、外协件、工装、检测手段和检测标准对产品质量的影响程度；质量成本的历史资料；其他相关资料等。

2）对资料进行整理分析。对资料进行整理，并在此基础上对资料进行系统的分析和研究，以便做出符合客观规律的判断。

3）提出质量成本改进计划和措施。根据整理分析后的资料，提出质量成本改进计划和措施，对预测期内的质量成本结构和水平等方面做出估计，为编制质量成本计划打好基础。

(3) 质量成本预测的方法。一般来说，企业的质量成本预测都是根据质量成本明细项目逐项进行的。对于不同性质的项目，可以根据企业的实际情况选用不同的预测方法。具体来说，质量成本预测方法有以下几种：

1）经验判断法。组织与质量管理有关的工程技术、财务、计划等方面经验丰富的人员，根据所掌握的准确可靠的信息资料，对预测期内与质量成本有关的项目进行预计和推测。在长期质量成本预测中经常采用这种方法。

2）计算分析法。根据质量成本的历史资料对未来时期各有关因素变化可能引起的质量成本升降的程度，采用一定的数学分析方法，对质量成本进行计算和分析预测。这种方法一般用于短期质量成本预测。

3）比例测算法。根据质量成本的历史资料，通过预测其占产值、销售收入、利润等的比例来预测质量成本。

上述三种方法都有其各自的特点，企业在进行质量成本预测时，应注意将三种方法有机地结合起来运用。

2. 质量成本计划的编制

质量成本计划是企业成本计划的一部分，是企业控制、分析和考核质量成本的依据。质量成本计划主要包括：主要产品单位质量成本计划、总质量成本计划、质量成本降低额计划、质量费用计划、质量成本构成比例计划、质量改进措施计划等。

六、质量成本控制

1. 质量成本控制的概念

质量成本控制是指通过各种措施和手段来达到质量成本目标的一系列管理活动。它是企业成本控制的一个组成部分，也是企业质量成本管理的一项重要内容。

质量成本控制具有三层含义：

（1）对质量成本目标本身的控制。质量成本控制首先应表现为对质量成本目标本身的控制。质量成本目标的制定应符合效益性原则，即应以最少的投入取得最大的效益。一旦质量成本目标与此原则相符，质量成本控制则具有重新审定和修正质量成本目标的积极作用，使其始终保持先进水平。

（2）对质量成本目标完成过程的控制。目标一经制定，重要的就是执行。质量成本目标完成的过程也是质量成本的形成过程。在此过程中，企业应采取一系列措施和手段，对生产经营活动中发生的各种质量费用实施有效控制，一旦发现偏差便及时采取纠正措施，从而保证质量成本目标的实现。

（3）着眼于未来的工作改进和质量成本降低。质量成本控制不仅仅局限于对当前质量成本的控制，还着眼于未来，为改进以后的工作，不断降低质量成本，促进和提高产品质量，寻找更加切实有效的措施。

2. 质量成本控制的工作程序

质量成本控制的一般程序可分为三个步骤，即事前控制、事中控制和事后处理的全方位控制。

第一步，事前确定质量成本控制的标准。企业质量成本控制标准通常可分为：

（1）**理想标准**。它是企业生产技术与经营管理处于最理想条件下所确定的质量成本标准。

（2）**基本标准**。它是指一定时期内的实际质量成本的平均值。

（3）**正常标准**。它是根据企业自身现有的生产技术水平和有效经营条件为基础而制定的质量成本标准，这种标准已将生产经营中不可避免的损失估计在内。

在实际工作中，一般采用正常标准，以免标准过高或过低，难以实施有效的控制。企业根据质量成本计划所定的目标，为各项费用开支和资源消耗确定其数量界限，形成质量成本费用指标计划，作为目标质量成本控制的主要标准，以便对费用开支进行检查和评价。

第二步，事中控制，监控质量成本的形成过程。这是质量成本控制的重点。对于日常发生的各种费用都要按照事先确定的标准进行监督和控制，力求做到所有直接费用都不突破定额，各项间接费用都不超过预算。

第三步，事后处理，查明实际质量成本脱离目标质量成本的原因。在此基础上提出切实可行的措施予以纠正，最终达到降低质量成本的目的。

3. 质量成本控制的方法

质量成本主要是根据质量波动情况进行控制的，它与工序质量控制、不合格品管理、质量责任制等有密切的联系，主要有以下方法：

（1）**限额控制**。质量成本控制的重点对象一般是内部损失。根据生产的实际情况，损失可能来自废次品或返工等不同情况。因此，要结合工序质量控制，加强废次品和不合格品的管理与控制。要分清正常损耗和不正常损耗，可以分机床、分班组设立台账，做出投入、产出比较。可以按具体对象采用不同的成本控制目标进行限额费用控制，如限额废品损失、限额材料、辅料发放、限额工具消耗、限额加班、夜班费、限额车间经费等。实行报废补料、补工具的经济处理办法，提出均衡生产要求，采取制品超过盈亏指标进行罚款等措施来控制费用的开支，使员工增强质量意识，遵守工艺纪律，加强效益观念，以提高质量、降低成本。搞好限额控制是控制质量费用的重要环节，由此对质量异常波动也进行了间接控制。如果限额项目能够针对质量波动和质量损失的主要问题，并且数量界限适度，那么对于质量损失和费用的下降就能起到较大的改进作用。

(2) 质量改进。 当质量成本处于改进区域时，控制的重点在于对质量成本进行优化，通过对质量成本的分析，找出影响质量成本的主要因素。这些影响因素往往由于已被归入允许的损失范围之内，因而解决起来难度较大，需要组织力量进行正常波动范围内的质量突破活动，这就是质量改进。在质量改进中，可运用相对控制的方法，即把企业的产销量、质量成本和质量收入三者结合起来进行控制，以求取得质量水平与质量成本的最佳匹配，最终达到增加盈利的目的。

第三节　质量经济分析

一、质量经济分析的原则

在进行质量经济分析时，应遵循以下几项原则：

（1）应正确处理企业经济效益、顾客经济效益和社会经济效益的关系，将三者有机地结合起来。如果三者发生矛盾，则应该使企业的经济效益服从顾客经济效益和社会经济效益。

（2）应正确处理当前经济效益与长远经济效益的关系，要更重视长远经济效益。

（3）应正确处理有形经济效益与无形经济效益的关系，在大多数情况下，无形经济效益更重要。

（4）质量经济分析应与企业自身的条件密切结合起来。

（5）在整体优化的前提下考虑局部优化问题。

（6）进行质量经济分析应从产品寿命循环的角度考虑问题。

二、质量经济分析的一般方法

质量经济分析的一般方法就是对不同方案的目标函数（如利润和成本）进行分析比较，以确定使目标函数达到最大或最小的最佳质量水平，从而完成对不同方案的筛选。

进行质量经济分析一般可采用以下三种方法：

1. 最小费用函数法

如对某项质量费用而言，一些质量指标与它成正比，而另一些指标与它成反比，则总费用函数为

$$C = AQ + \frac{B}{Q} + K$$

式中，C 为总费用；Q 为质量指标值；A、B 为系数；K 为常数，也称为不变寿命周期质量费用。

求 C 对 Q 的导数并令其等于零，则得到最佳质量水平，即

$$Q = \sqrt{\frac{B}{A}}$$

系数 A 和 B 应该根据企业的具体情况确定。

2. 表格求解法

在很多情况下,费用与质量水平之间的关系比较复杂,甚至不存在确定的函数关系,此时可采用表格求解法,即列出各种质量水平下的各种费用,汇总计算后进行比较。表 10-2 为某企业的质量水平与各种费用的关系。由表可以看出,从总费用及其变化的趋势来看,都以第 4 个质量水平为最佳。当然,若将表格中的数据用图形来表示,结果就会更直观。

表 10-2 质量水平与各种费用的关系 （单位：元）

质量水平	故障费用	保证费用	固定费用	总 费 用
1	765.13	172.00	5000	5937.22
2	674.36	187.98	5000	5862.34
3	592.97	215.92	5000	5808.89
4	539.21	261.67	5000	5800.88
5	518.55	287.39	5000	5805.94
6	505.66	344.93	5000	5850.59

3. 数学规划法

当质量水平与费用的关系可以用函数关系表达且比较复杂时,可以采用数学规划法,借助计算机求解最佳质量水平。在采用数学规划法时,首先需要建立目标函数和约束条件,然后才能选择适当的优化方法对质量水平进行求解。在需要同时对几个质量水平进行优化决策时,也可采用数学规划法。

三、开发过程的质量经济分析

产品开发过程是产品质量形成的关键环节。产品设计不能只追求技术上的先进性,同时也应该考虑产品制造和使用时的经济性。产品开发过程质量经济分析的任务是,不仅要使设计出来的产品满足用户提出的质量要求,还要使产品在整个寿命周期内的设计成本、制造成本、使用成本和用后处理成本等达到最小。产品开发过程的质量经济分析主要包括以下内容:

1. 消费者期望的质量水平分析

在不考虑报废处理费用时,从消费者的角度看,产品的寿命周期费用由两部分组成,即

$$寿命周期费用 = 购置费用 + 维持费用$$

一般情况下,购置费用随质量水平的提高而增大,维持费用（运行费、维修费等）却会随质量水平的提高而下降,两者叠加形成的寿命周期费用曲线如图 10-6 所示。寿命周期费用曲线最低点 A 对应的质量水平就是消费者期望的最佳质量水平。

2. 制造者期望的质量水平分析

从制造者的角度来看,他所关心的主要是企业的利润水平。一般情况下,产品的利润是销售价格与生产成本之差。图 10-7 所示为质量与销售收益、生产成本、利润之间的关系。从图中可以看出,利润曲线最高点对应的就是制造者期望的质量水平。

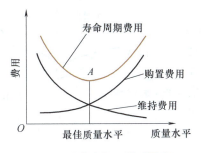
图 10-6 消费者期望的质量水平

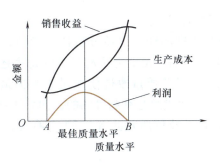
图 10-7 制造者期望的质量水平

由图 10-7 还可以看出，当质量水平小于 A 点和大于 B 点时，企业的效益就会出现亏损。

3. 消费者和制造者均满意的质量水平

在实际中，仅考虑消费者的利益或仅考虑制造者的利益都是行不通的，人们希望的是这两者的利益均得到照顾，即要选出一个质量水平，使得消费者的寿命周期费用尽可能小，而制造者的利润尽可能大，这可能会出现以下三种情况（图 10-8）：

（1）制造者的最佳质量水平低于消费者的最佳质量水平，则综合最佳质量水平应大于制造者期望的最佳质量水平，而低于消费者期望的质量水平，如图 10-8a 所示。

（2）制造者的最佳质量水平与消费者的最佳质量水平相重合，这是最理性的情况，综合最佳质量水平是显而易见的，如图 10-8b 所示。

（3）制造者的最佳质量水平高于消费者的最佳质量水平，则综合最佳质量水平应小于制造者期望的质量水平，而高于消费者期望的质量水平，如图 10-8c 所示。

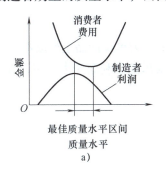
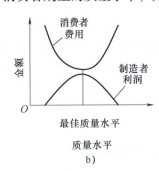
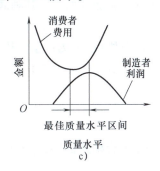

图 10-8 综合最佳质量水平

4. 不同质量保证方案的选择

在新产品开发过程中，常常需要对不同质量水平的设计方案进行选择，选择时主要考虑的是方案所需投入的资金和产品的市场占有率这两个因素，而这两个因素之间的纽带就是质量水平。如图 10-9 所示，市场占有率与产品质量水平之间的关系如曲线 1 所示，当质量水平很低时，市场占有率也很低；随着质量水平的提高，市场占有率提高很快；但当市场占有率达到某一水平后，即使再提高质量水平，市场占有率的增长仍非常缓慢。提高产品质量可以采用不同的方法，它们所需的资金也各有不同。如图 10-9 所示，在质量水平较低时，我们可以采取方案 A 来提高产品质量，因为它的花费相对较少，质量水平却提高较快。当质量水平使得市场占有率超过 α 时，应采取方案 B 来提高产品质量。

5. 质量改进分析

质量改进的经济效益分析比较简单，由图 10-6 和图 10-7 可知：无论是从消费者的角度还是从制造者的角度，只要质量改进使质量水平向最佳水平靠近，则这种改进总是有利可图的；如果质量改进使质量水平远离最佳质量水平，则这种改进将是不可取的。

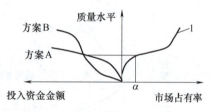

图 10-9　不同质量保证方案的选择

四、制造过程的质量经济分析

产品制造过程质量经济分析的任务是以最小的生产成本，生产出符合设计质量要求的产品。由于在产品设计过程中已经考虑了产品的经济性，因此在产品制造过程中生产出高于或低于设计质量要求的产品都是不经济的。若生产出高于设计要求的产品，则会导致生产成本增加；若生产出低于设计要求的产品，则会使产品的不合格品百分数增加，导致废次品增多，损失增大。具体来说，产品制造过程的质量经济分析主要包括以下内容：

1. 不合格品百分数控制

产品的不合格品百分数与企业经济效益密切相关。当不合格品百分数提高时，所带来的废品和返修增多，损失必然加大；当不合格品百分数降低时，往往使生产成本大幅度提高。因此，在制造过程中应严格控制不合格品百分数。事实上，不合格品百分数控制可用来分析工序能力改进的效果。

对于制造企业而言，其利润为

$$A = LHJ - LV$$

式中，A 为利润；L 为产量；H 为合格品百分数；J 为产品单价；V 为单位产品生产成本。

(1) 在产品产量不变的条件下控制不合格品百分数。 通常要求企业利润 A 大于零，即

$$LHJ - LV > 0$$

$$H > \frac{V}{J}$$

由于不合格品百分数 $p = 1 - H$，所以有

$$p < 1 - \frac{V}{J}$$

(2) 在产品产量改变的条件下控制不合格品百分数。 设产量由 L_1 变到 L_2，并且产量 L_1 和 L_2 对应的合格品百分数和不合格品百分数分别为 H_1、H_2 和 p_1、p_2。在控制不合格品百分数时，必要的条件是利润大于零（假设产品单价和单位产品生产成本均不改变），即

$$L_2 H_2 J - L_2 V > L_1 H_1 J - L_1 V$$

$$H_2 > \frac{L_1 H_1 J - L_1 V + L_2 V}{L_2 J}$$

所以

$$p_2 < 1 - \frac{L_1 H_1 J - L_1 V + L_2 V}{L_2 J}$$

当产品产量改变时，如果 p_2 不满足上式，则是不经济的。

2. 返修分析

在制造过程中，总会出现各种不合格品，对于可以修复的不合格品是否返修同样存在一个经济性问题。

设返修不占用正常的生产设备和生产时间，又设每件不合格品的材料回收费为 D，每件产品的零售价为 J，每件返修费用为 B，则只要

$$J > B + D$$

返修是值得的。

如果返修时要占用正常的生产设备和时间，是否返修将取决于生产设备的生产率。

设返修产品的个数为 F，单件返修时间为 T，生产率为 R，则返修所占用的时间为 FT，在返修时间内的产量应为 RFT。

在不返修时，企业得到的收益应为：$RFTJ + DF$；在返修的情况下，收益为：$FJ - BF - DF$。

显然，如果要返修，则应使下式得到满足

$$FJ - BF - DF > RFTJ + DF$$

最后得到

$$R < \frac{J - B - 2D}{TJ}$$

即当生产率 R 满足上式时，返修是值得的。

3. 工序能力的经济分析

工序能力的经济分析主要是对工序能力指数 C_p 进行分析。C_p 既与产品不合格品百分数和成本有着某种函数关系，又反映了工艺方案符合质量要求的程度。C_p 值究竟取多大才经济合理，不能一概而论，需要针对具体情况进行经济分析和比较，可参考表 8-2。

五、质量检验的经济分析

产品的质量检验是一项花费巨大的工作，因此确定检验的方式和被检验的数量对降低成本，保证及时剔除不合格品具有重要的意义。这里只简单讨论一下如何确定被检品的数量。

如果产品在生产过程中和出厂前不做任何检验，可能会给下道工序或顾客带来损失，这样不仅影响企业的声誉，而且也会由于顾客索赔而给企业带来经济损失。反过来，如果对产品进行全数检验，则检查费用对企业来说将是一笔很大的开支，可能会比不合格品出厂带给企业的损失更大。因此，究竟采用哪种检验方式，对企业来说是个重要的决策问题。一般情况下，对于质量保证水平很高的企业，可以考虑采取全不检验的方式；但对质量保证能力较差的企业，进行严格的全数检验可能更为有利。为此，可以做下面的简单分析。

设 p 为企业某种产品长期的平均不合格品百分数，u 为单位产品的检验成本，c 为单位不合格品的检验成本，k 为单位不合格品出现后带来的损失。根据定义有

$$c = \frac{u}{p}$$

再假定 u 和 k 不变，将 c 和 k 的关系作图，如图 10-10 所示。

曲线 c 与 k 有一交点，交点的横坐标值 p^* 为临界不合格品百分数。

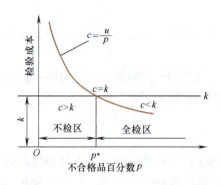

图 10-10　不合格品百分数与检验成本的关系

$$p^* = \frac{u}{k}$$

从图 10-10 中可以清楚地看出：

当 $p < p^*$，$c > k$ 时，可以不进行任何检验；当 $p > p^*$，$c < k$ 时，应进行全数检验。

六、营销过程的质量经济分析

营销过程的质量经济分析主要用来研究产品质量与产品销售数量和售后服务费用之间的关系。其主要内容有：

1. 销售量分析

在产品的销售价格（大于生产成本）已定的条件下，销售量越大，企业的利润也越大。但实际上，企业的销售量、销售收入、利润和成本之间的关系远非这么简单。如图 10-11 所示，销售收入与销售量之间是线性关系，即销售量越大，企业的销售收入也越高。产品的成本通常包括两部分：固定成本和可变成本。其中可变成本随销售量的增加而增加。

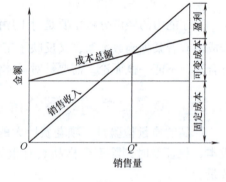

图 10-11　销售盈亏平衡分析

从图 10-11 可以看出，只有当销售收入大于成本总额时，企业才会盈利，其条件是

$$JQ > bQ + a$$

式中，J 为销售单价；Q 为销售量；b 为单位可变成本；a 为固定成本。

令 $JQ = bQ + a$，可以得到

$$Q^* = \frac{a}{J - b}$$

Q^* 是企业盈亏销售量的临界点，称为保本销售量。

显然，当 $Q > Q^*$ 时，企业盈利，这时企业应想方设法增加销售量；当 $Q < Q^*$ 时，企业亏本，但有时企业为了扩大市场份额或扩大企业影响，也常采用亏本销售策略。

上面的分析建立在企业产品销售价格不变的假定下。有时候，企业可以采取降价销售策略，实现薄利多销。那么，降价幅度、盈利与销售量之间是什么关系呢？

在原定产量条件下，设盈利额 A 为

$$A = JQ - bQ - a$$

假如销售单价 J 降低 x（%）后，销售量可增加 y（%），则可得降价后的盈利额为

$$A' = [(1-x)J][(1+y)Q] - b(1+y)Q - a$$

显然，降低销售单价后能增加盈利的条件是

$$A' - A > 0$$

经整理后可以得出

$$y > \frac{Ex}{E - Ex - 1}$$

其中
$$E = \frac{J}{b}$$

在产量不变的条件下，E 是个常数，则上式表明了 y 与 x 之间的关系，即在 x 一定的条件下，为了盈利，销售量应增加的百分比。

2. 服务网点设置分析

一般来讲，企业每设置一个服务网点（销售网和技术服务网点的统称），就必须支付一定的费用。因此，服务网点的总费用与其总数量成正比，即

$$C = nj$$

式中，C 为服务网点的总费用；n 为网点数；j 为每个网点的平均费用。

另外，网点数设置越多，企业的销售收入也越多。设销售收入 S 与服务网点数 n 之间的关系为

$$S = S' + f(n)$$

式中，S' 为不设网点时的销售收入。

服务网点的总费用 C、销售收入 S 与网点数 n 之间的关系如图 10-12 所示。图中，S 与 C 的交点处 $S = C$，表明企业的效益为零，所对应的横坐标 N 为最多设置的网点数。

企业的效益为

$$A = S - C = S' + f(n) - nj$$

为使 A 达到最大，可求 A 对 n 的导数并令其为 0，可以得到

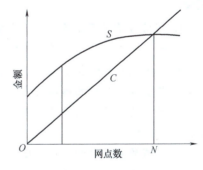

图 10-12　C、S 与 n 的关系

$$\frac{dA}{dn} = \frac{d[S' + f(n) - nj]}{dn} = 0$$

在得到 $f(n)$ 的具体表达式后，通过对上式求解，就可得到最佳服务网点数。

3. 包修期分析

包修期是决定制造企业信誉和效益的重要质量指标之一，它在很大程度上影响着产品的销售量。产品包修期越长，虽然顾客购买起来更放心，但企业却要为此支付更多的服务费用，因此应确定合理的包修期。

确定包修期长短的重要依据是产品的可靠性和故障率。

(1) 根据可靠性确定包修期。对于可修复的产品，可靠性的主要指标之一是平均故障间隔时间（MTBF），因此可以根据它来确定包修期。

对于制造者而言,当然希望在包修期内尽可能不出故障。因此,可以确定包修期如下

$$包修期 = \frac{MTBF(平均故障间隔时间)}{每年的工作小时数}(年)$$

可以说,这样确定的包修期,在包修期内出现故障的次数是极少的。

(2) 根据故障率确定包修期。 我们知道,产品的失效规律一般是服从"浴盆曲线"形状的(有些产品并不是这样),如图 10-13 中的虚线 a' 所示,维修费用也呈"浴盆曲线"形状,如图 10-13 中的实线 a 所示。销售收入 S 与 a 相交于 A、B 两点,因此,在 A、B 两点之间两条曲线包围的面积应是盈利区。从图中可以看出,最大盈利点应在 C 点。因此,包修期应确定在产品进入故障衰耗期的 C 点,或在 C 点稍前的时段上。

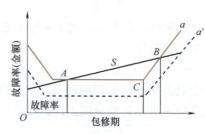

图 10-13 故障曲线及保修期

复习思考题

1. 何谓质量经济分析?为什么要进行质量经济分析?它包括哪些内容?
2. 什么是质量成本分析?为什么要进行质量成本分析?
3. 质量成本有哪些组成部分?
4. 质量成本分析的内容与方法有哪些?
5. 什么是最适宜的质量成本?试分析它与"零缺陷""尽善尽美"等先进的质量管理观念是否有冲突。
6. 何谓质量成本曲线?它反映的根本问题是什么?
7. 有人认为质量和成本是不兼容的,也就是说,质量越高,所花费的成本也就越高。你认为这种说法正确吗?为什么?
8. 克劳斯比说:"质量是免费的。"在质量成本管理方面你如何理解这句话?
9. 在进行质量经济分析时应遵循哪些原则?
10. 结合实例(自己找)用数学规划法建立质量经济分析的数学模型。
11. 试对设计、制造、营销过程中的各种经济性分析内容虚拟数据后进行计算和分析。
12. 有些企业热衷于设置大量的售后服务和维修网点,试用质量经济分析理论分析其合理性。

第十一章
先进质量工程技术

 第一节 零缺陷质量管理

一、零缺陷的基本概念

"零缺陷"的思想最早是由美国"全球质量管理大师"和"零缺陷之父"菲利普·克劳斯比于 20 世纪 60 年代初提出的,它是现代质量经营的新理论。零缺陷管理以"无缺点"的哲学观念作为指导思想,最先在美国得到应用。接着,日本制造业引入了"零缺陷"管理思想并进行了全面的推广应用,从而使日本制造的产品质量得到极大提高,并成功应用到制造业以外的其他领域。

"零缺陷"又被称为"无缺点"和"零缺点",主张通过充分发挥人的主观能动性来进行经营管理,所有人员都要努力使自己生产的产品和从事的业务活动十全十美,并向着更高质量标准的目标奋斗。零缺陷的指导思想要求全体工作人员"第一次就把事情做对""从开始就正确地进行工作",以完全消除工作缺点为目标开展质量管理活动。

零缺陷强调"做正确的事、正确地做事、第一次就做正确",而不是依靠事后检验来纠正错误。零缺陷特别注重"预防性控制"和"过程控制",要求每个人都要在自己的工作职责范围内第一次就把事情做正确,使产品完全符合顾客的需求,从而提供高质量标准的产品和服务。

二、零缺陷质量管理的思想体系

简单来讲,以"零缺陷"为目标实施的一系列质量活动统称为零缺陷质量管理。它以抛弃"缺点难免论"为前提,通过对企业生产经营各环节、各层面的全过程和全方位的管理,保证所有过程活动的缺陷趋向于"零",为客户创造最大的价值。"质量来自预防"是克劳斯比零缺陷理论的核心观点,他特别强调质量管理"预防胜于救火"的理念。

零缺陷管理思想体系可以描述为:一个核心、两个基本点和三个需要。

一个核心是指第一次就把事情做对。所有人必须坚持一次性正确完成工作,确保质量,避免产生缺陷,对下道工序或其他岗位负责,避免产生返工和浪费的现象,减少处理缺陷和失误造成的额外成本。

两个基本点是指"有用的"和"可信赖的"。"有用的"是一种结果导向的思维,我们做任何事情要先判断是否有用,必须站在客户的角度来审视最终结果是否有用,而不是站在自身角度来看待问题。另外,"有用的"不等于一定可靠(可信赖),但是不可靠一定会影响"有用的",所以必须培养有用与可信赖的质量观念,零缺陷管理追求的是既有用又可靠的最终结果。

三个需要是指客户的需要、员工的需要和供应商的需要。任何组织存在都是为了满足某种特定需要,否则组织就失去了存在的意义。其中,客户的需要是终端,因此必须先满足客户的需要,同时兼顾员工和供应商的需要,三个需要形成一个统一的价值体系。

三、零缺陷质量管理的基本原则

零缺陷管理的指导思想是通过改变人们做事的态度,要求第一次就把事情做对。零缺陷质量管理的基本原则是指质量改进过程的四个基本概念。克劳斯比定义了零缺陷质量管理的四项基本原则:

(1) **质量的定义是符合要求**。克劳斯比认为,不能简单以"好""卓越""优秀"等主观词语来描述质量。质量定义中的"要求"可认为是标准,该标准是以顾客(包括内部顾客和外部顾客)需求为前提,是反映顾客需求的标准。如果没有遵循"要求",就不可能一次就做到符合要求。质量的定义为符合要求,可以避免对质量误解而产生无休止的争议。

(2) **质量管理的核心是预防**。克劳斯比原来是一名医生,在医生看来:只有加强预防,才能够避免病人生病。基于他的医学背景,他从医学的角度来分析质量检验,通过观察发现,质检员所扮演的角色相当于"死后验尸",并不能提高质量。因此,他认为检验并不能产生质量,产生质量的系统应该是预防性的。为了保证工作正确地完成,必须对各种资源进行合理配置,而不是在质量问题的查找和补救方面浪费资源。

(3) **质量的执行标准是零缺陷**。零缺陷管理的工作标准意味着任何时候都要满足工作过程的所有要求,保证不会产生没有质量的产品或服务。在零缺陷管理中不能容忍存在"差不多就好"的质量态度,绝对不能向不符合要求的情形妥协。如果让工作具有质量,就要严格执行零缺陷的质量标准,预防错误的发生,这样才有可能提升质量。

(4) **质量以不符合要求的代价来衡量**。克劳斯比认为,质量成本由不符合要求的代价和符合要求的代价两部分构成。符合要求的代价是指第一次把事情做对所花费的成本。不符合要求的代价是指质量不合格而产生废品所浪费的时间、人力和物力,如产品返工所付出的额外代价、给顾客的补偿费、企业的无形资产损失费等,这些都是不必要的代价。克劳斯比认为:"质量是免费的,虽然它不是礼物(可以不劳而获),却是免费的。"真正费钱的是不合质量标准的事情。

零缺陷质量管理的基本原则表明:标准化和企业质量管理密切相关。因此在质量管理实践中必须依据零缺陷质量管理四项原则的要求和内容实施标准化管理工作。

四、零缺陷质量管理的组织与实施

企业要实现"零缺陷",实施全面质量管理,不是一朝一夕可以完成的事情。克劳斯比借鉴病人康复的过程,把企业实施零缺陷管理分成五个周期:不确定期、觉醒期、启蒙期、智慧期和确定期。该周期模型描述了一个企业的质量管理水平从不成熟走向成熟的一个持续改进过程。处于不同周期的质量管理水平反映了该企业质量管理不同时期的成熟度,可以应用质量成本来衡量质量管理不同时期的成熟度。因此,克劳斯比提出了不同时期质量管理水平的质量成本示意图，如图 11-1 所示。

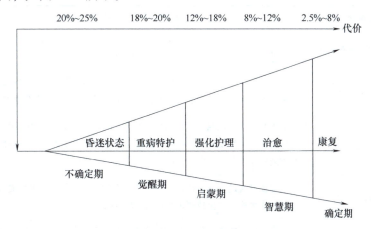

图 11-1　克劳斯比质量成本示意图

（1）**不确定期**。企业处于不确定期相当于病人处于昏迷状态。该时期企业质量成本占总成本的 20%～25%，因此，企业的质量成本对于总成本的投入来讲相当巨大，即资源浪费非常严重。

（2）**觉醒期**。处于觉醒期的企业相当于处于重病特护中的病人。觉醒期的企业思想意识中已经意识到了浪费的严重性，质量成本比例在 18%～20%，所占比例还是太高了。

（3）**启蒙期**。该时期企业的质量管理水平已经有一定程度的改善。但是，处于该时期的企业所支付的质量成本为 12%～18%，比例依然比较高，但质量管理状况已经向好的趋势发展。

（4）**智慧期**。这一时期企业的质量管理水平已得到很大程度的改善，其质量成本保持在 8%～12%，但是还需要进一步的改善提高。

（5）**确定期**。处于确定期的企业，其质量管理系统保持稳步提高的良好运行态势，质量成本的比例仅仅为 2.5%～8%。

零缺陷质量管理的最终目标是实现产品的零缺陷，但是达到零缺陷不是一蹴而就的，需要不断地持续改进质量活动。为此，克劳斯比要求全体员工都必须达成质量共识，改变自己的心智模式，并明确自己在质量改进中的角色和地位。为了实现事情第一次就做对的目标，克劳斯比提出了达到零缺陷质量管理的十四条实施步骤，具体如表 11-1 所示。

表 11-1　零缺陷质量管理实施的十四个步骤

步　骤	主要内容	零缺陷质量管理实施的具体要求
步骤一	管理层的承诺	①明确管理层（特别是高层）对待质量的态度；②树立对零缺陷管理理论的正确认识；③进行零缺陷管理知识培训；④激起推动零缺陷质量管理的兴趣；⑤决心实施零缺陷质量管理
步骤二	质量改进团队	①建立实施质量改进方案的质量改进团队；②需要清晰的目标和明确的职责；③选择合适的团队成员；④挑选一位专门的团队协调人；⑤任命质量团队领导人（一般由质量经理兼任）

(续)

步　骤	主要内容	零缺陷质量管理实施的具体要求
步骤三	质量衡量	①客观评估企业的质量问题并展现出来；②收集质量损失数据；③计算出浪费的费用总额；④明确没有达到零缺陷而给企业造成的损失
步骤四	质量成本	①核算质量成本并进行解释；②计算质量成本中预防、鉴定和缺陷成本；③定义并解释各质量成本的构成及比例；④为管理层决策提供质量数据依据
步骤五	质量意识	①提高员工对质量的正确认识；②密切关注质量信誉；③揭示不符合要求而付出的代价；④了解每个人做每件事的要求，并按照要求进行；⑤表扬对工作完全符合要求或极少不符合要求的人员
步骤六	改进行动	①提供系统的方法解决前述步骤所发现的问题；②分析损失成本的原因；③采取质量纠正措施；④比较纠正改善结果与目标
步骤七	零缺陷计划	①推行公司的零缺陷计划；②确定零缺陷的目的、范围、程序和运作方法；③进一步制订阶段性的零缺陷计划；④明确实施零缺陷计划的具体分工
步骤八	员工教育	①培训零缺陷的基本知识；②提出零缺陷系统的推行办法；③明确每个人所承担的具体角色；④明确零缺陷给公司和所有员工带来的收益；⑤通过教育使员工理解并接受零缺陷思想
步骤九	零缺陷日	①策划"零缺陷日"系列活动；②上报高层批准实施；③严格按照零缺陷标准要求运作；④评估"零缺陷日"的作业和产品缺陷等成果；⑤增强零缺陷系统推行的信心和宣传鼓动作用
步骤十	目标设定	①设定零缺陷改进的目标；②设立企业在零缺陷控制方面的目标值；③使用成本（金钱）对目标进行衡量；④划分阶段目标并规定时间限制
步骤十一	消除错误成因	①识别零缺陷运作与设定目标的偏差；②量化成果并与各部门进行效果比较；③分析出现偏差的原因；④指导消除错误；⑤连续不断地消除错误并趋近零缺陷
步骤十二	激励	①感谢和赞扬参与零缺陷质量管理的所有人员；②充分肯定推行零缺陷质量管理所取得的成绩；③适当奖励推行零缺陷效果好的部门和员工；④保持零缺陷质量管理的持续热情
步骤十三	质量委员会	①设立零缺陷质量委员会；②定期与专业质量人员沟通零缺陷计划；③推举总经理担任质量委员会主席；④综合决策重大的零缺陷改进建议；⑤指导规范零缺陷系统的运作过程
步骤十四	持续改进	①明确质量改进方案是永无止境的；②不断进行质量改善的循环；③反复提高质量持续改进的效果；④逐步实现零缺陷质量管理的目标

第二节　6σ 质量管理

　　6σ 质量管理思想最早起源于摩托罗拉公司（其实质是 $\pm 6\sigma$，为叙述简便，简称 6σ），且在摩托罗拉公司取得了令人瞩目的应用效果，后传入到通用电气、IBM 等一些大公司，也同样获得了成功并很快成为新的、先进的质量管理模式。如今，6σ 系统和方法因其良好的经济性和可操作性，已被世界上许多先进的大公司所接受和采用。

随着6σ管理理论的不断拓展和创新,它已经形成一套系统持续改进业务的方法体系,更成为一种理念、文化和方法体系的集成。

一、6σ 的基本概念

6σ有两层含义:一层是基于统计角度,另一层是基于管理角度。

1. 6σ 的统计含义

σ在数理统计中表示"标准差",是用来表征任意一组数据或过程输出结果离散程度的指标,是一种评估产品和生产过程特性波动大小的统计量。由于σ的大小可以反映出质量水平的高低,所以6σ管理中采用"σ水平"为尺度来衡量过程绩效。σ水平越高,过程满足顾客要求的能力就越强,产生缺陷的概率就越低;过程的首次通过率Y_{FT}越高,产品质量也就越高。不同σ水平下的过程不合格率(Defects Per Million Opportunities,DPMO,百万机会的缺陷数)和过程首次通过率(Y_{FT})的值如表11-2所示。

表11-2 不同σ水平下的过程不合格率(DPMO)和过程首次通过率(Y_{FT})

σ水平	均值无偏条件下		均值偏移1.5σ条件下	
	DPMO	Y_{FT}	DPMO	Y_{FT}
1σ	317300	68.27	697770	30.23
2σ	45500	95.54	308770	69.13
3σ	2700	99.73	66810	93.32
4σ	63	99.9937	6210	99.3790
5σ	0.57	99.999943	233	99.97670
6σ	0.002	99.9999998	3.4	99.999660

由表11-2可知,当σ从一个水平提高到另一水平,缺陷会按指数规律降低。特别要指出的是,在均值无偏的条件下,6σ的DPMO是3σ的DPMO的135万分之一,在均值偏移1.5σ的条件下,6σ的DPMO约是3σ的DPMO的2万分之一。

2. 6σ 的管理含义

6σ管理是一套系统的业务改进方法,是一种旨在持续改进企业业务流程,实现顾客满意的管理方法。它通过质量改进流程,实现无缺陷的过程设计,并对现有过程进行定义、测评、分析、改进和控制,消除过程缺陷和无价值作业,从而提高产品和服务的质量,降低成本,缩短运转周期,达到顾客完全满意,增强企业的竞争力。目前,6σ管理已经成为一种理念、文化和方法体系的集成。换句话说,6σ就是一个代名词,其含义是顾客驱动下的持续改进。其方法体系的运用并不局限于解决质量问题,而且还包括业务改进的各个方面,如时间、成本、服务等。其方法体系也不仅仅是统计技术,而是一系列的管理技术和工业工程技术的集成。

(1) 6σ已成为一种基于顾客驱动的连续质量改进方法,其目的在于综合运用质量管理的理念和方法,以连续改进为基本策略,达到甚至超越6σ水平。

(2) 6σ已成为一种质量文化或企业文化,它强调以顾客满意为宗旨,以持续改进为策略,以统计数据为依据,以全员参与为方式的质量改进理念。6σ不仅适用于制造业,同样也适用于非制造业和非制造过程,因此,对一个企业而言,各个部门都应建立 6σ 质量目标、具体考核指标和考核方式。从某种意义上讲,6σ 已成为一种新的管理理念。

(3) 尽管 6σ 从统计上表示百万出错机会缺陷为 2,但并不意味着 6σ 质量水准允许有缺陷,这一点和克劳斯比的零缺陷思想并无本质上的冲突。6σ 思想的本质在于通过持续改进,消除一切可能的缺陷,因此不要把 6σ 看成一个绝对静止的目标。

二、6σ 方法与传统方法的比较

6σ 管理方法与传统质量管理方法有本质的区别,如表 11-3 所示。

表 11-3 6σ 方法与传统方法的比较

序号	处理问题	传统方法特点/着眼点	6σ 方法特点/着眼点
1	分析方法	估计	精确化
2	管理重点	成本和时间	质量和时间
3	生产能力	试验和误差	全面设计
4	公差	最差项	均方根
5	变量分析	同一时间单个因子	多因素试验设计
6	过程调整	经验	SPC 图
7	问题解决	基于专家经验	基于系统分析
8	分析	靠经验	靠数据
9	焦点	产品	工艺/过程
10	行动	反应缓慢	行动灵活
11	供方	成本	相关能力
12	原因	基于经验分析	基于统计分析
13	思路	短期	长期
14	决策	印象、直觉	概率
15	处理	现象	问题实质
16	设计	关注性能指标	关注生产性
17	目标	公司内部	供应链
18	组织	集权模式	授权模式
19	培训	不系统	必需项目

由表 11-3 可知,传统方法在管理方面偏重于经验和直觉,关注对象是最终产品,着眼点在本公司内部,其组织结构是基于集权模式。而 6σ 方法则更依赖于系统、数据和设计,其关注的是活动过程,着眼点在客户供应链,其组织结构是基于授权的。相比之下,6σ 系统更客观、高效和准确。

三、企业引入 6σ 管理应具备的条件

具备以下条件,企业可以尝试引入 6σ 管理:

(1) 已经奠定了传统管理(主要内容为劳动纪律和工艺纪律)坚实的基础。

(2) 已经认真通过 ISO 9000 的认证，取得合格证书，并有效运行。

(3) 已经成功推行 SPC（统计过程控制）与 SPD（统计过程诊断）或其他统计方法，且产品或服务的质量目前至少已经达到 3σ 水平。

(4) 第一把手及其高层领导对于 6σ 有足够的认识，并有坚定的决心加以推广。

(5) 具有可担任 6σ 过程负责人和黑带长（Master Black Belt）的人才（即骨干中的骨干）。

(6) 具有启动 6σ 活动的足够资金。

四、6σ 项目选择

6σ 管理是以项目的方式展开的，只要发现值得改进的地方，就可以列为 6σ 项目。一个企业可能同时有几十甚至上百个 6σ 项目，但这些项目都必须采用项目管理机制。6σ 管理就是通过有组织、有计划地实施这些 6σ 项目而实现其经济效益的。6σ 项目的选择与实施是 6σ 管理的一个关键环节。

1. 6σ 项目的选择原则

(1) 有意义、有价值

1) **支持顾客满意度的改善**。关注顾客是 6σ 管理的核心价值观之一。6σ 质量的定义有两个基本点：一是产品特性让顾客满意直至忠诚；二是减少产品缺陷甚至完全消除缺陷。因此，6σ 项目所解决的问题必须来自顾客端的需求及对反馈等信息的分析，找出顾客的期望和需求，确定关键质量特性，使项目的完成能满足或超出顾客的关键需求。

2) **支持企业战略目标实现**。6σ 管理是实现企业战略目标的有效手段，每个项目都应与企业的战略目标相一致。

3) **为企业带来较大的经济效益**。6σ 管理的一大特点就是用财务语言阐述现状水平和改进后的绩效。

(2) 可管理

1) **问题可测量**。6σ 改进不仅关注产品的质量，还包括缩短周期、提高效率、提高生产能力等，无论针对哪种问题，都必须先定义"缺陷"。也就是说，要先定义好标准及其衡量方法，然后才能评估问题的现状水平。

2) **范围清晰、可控**。应对每个项目所要解决的问题的范围做出明确的界定。如果一个问题涉及多个方面，那么可将该项目分解为几个小项目，在相对可控范围内解决。

3) **项目得到管理层的支持和批准**。项目只有获得管理层的支持和批准才能获得适当的资源支持，也才可能成功。

2. 6σ 项目的选择流程

一般来说，项目选择需要经过四个步骤：

步骤一：确定项目的大方向，即项目的最终目标。此阶段常用的工具包括基准比较法、平衡计分卡等。

步骤二：确定影响过程输出 Y 的主要方面，并确定本项目针对哪个方面进行改善。由于 Y 是综合因素的反映，涉及的方面太广，应将其分解为范围可控、难度较小的项目。

步骤三：针对选择项目的需要，改善 Y，明确关键顾客需求和关键质量特性。

步骤四：根据关键质量特性确定项目的主题。

五、6σ 改进模式——DMAIC

6σ 自 20 世纪 80 年代诞生于摩托罗拉以来,经过近 40 年的发展,现在已经演变成为一套行之有效的解决问题和提高企业绩效的系统方法论,而推动企业不断持续改进的 6σ 具体实施模式是 DMAIC,它已成为世界上持续改善的标准流程。DMAIC 代表了 6σ 改进的五个阶段:

1. 界定阶段(Define)

界定阶段的主要内容是确认顾客的关键需求,识别需要改进的产品或流程,决定要进行测量、分析、改进和控制的关键质量因素,将改进项目界定在合理的范围内。

从整体上讲,界定阶段是 6σ 项目 DMAIC 流程的第一阶段。此阶段项目团队必须明确一些问题:我们在做什么工作?为什么要解决这个问题?顾客是谁?顾客的需求是什么?等等。

界定阶段的主要任务包括:找出业务机会,制定团队宪章,明确过程并绘制过程图,明确快速取胜的过程和过程整理,将顾客的需求转化为顾客的关键需求,起草团队准则。

2. 测量阶段(Measure)

通过对现有过程的测量和评估,制定期望达到的目标及业绩衡量标准,识别影响过程输出 Y 的 X 因子,并验证测量系统的有效性。

测量阶段是 DMAIC 过程的第二阶段,既是界定阶段的后续活动,也是连接分析阶段的桥梁。测量是项目工作的关键环节,是以事实和数据驱动管理的具体表现。

从测量阶段开始就要进行过程数据的收集和分析工作。通过测量阶段的数据收集和评估工作,可以获得对问题和改进机会的定量化认识,并在此基础上获得项目实施方向的信息。

测量阶段的主要任务包括明确输入、处理、输出等指标,起草操作定义和测评计划,采集并分析数据,确定是否存在特殊的原因,确定 σ 水平以及收集其他基准业绩数据。

测量阶段的工作重点是在界定阶段工作的基础上,进一步明确过程输出 Y 的测量,并通过收集 Y 的测量数据,定量化地描述过程输出 Y,特别是通过过程分析,认识过程输出 Y 的波动规律,揭示过程改进的空间,识别实现项目目标的可能途径和改进方向。

3. 分析阶段(Analyze)

通过数据分析确定影响过程输出 Y 的关键因子 X,即确定过程的关键影响因素。

分析阶段是 DMAIC 各阶段中最难以"预见"的阶段。团队所使用的方法在很大程度上取决于他所涉及问题与数据的特点。在分析阶段,团队整理和分析改进的机会是找出具体存在的问题,并定义一个便于理解的问题陈述;找出并确认产生问题的根本原因,以保证消除"真正"的根本原因,同时找出并确认本团队应该重点分析的问题;确定波动源和导致顾客不满的潜在失效模式。

分析阶段的主要任务包括整理过程,整理数据并找出具体问题,起草问题陈述,找出问题的根本原因,确认和分析根本原因,可以采用的方法包括比较方法、波动源研究、失效模式与影响分析、回归分析、过程控制与过程能力分析和试验设计等。

4. 改进阶段(Improve)

寻找最有效的改进方案,优化过程输出 Y 并消除或减小造成波动的因子,使过程的缺陷或变异降至最低。

在改进阶段,团队要明确如何才能改进过程的输出 Y,这里包括确定过程中哪些变量会对过程输出 Y 产生显著的影响,团队应怎样设定这些变量的值才能使过程输出 Y 达到最优。找出过程变量与输出之间的关系后,选择合适的解决方案,实施改进。

改进阶段的主要任务包括进行试验设计、解决方案构思、确定解决方案的影响或好处、评估并选择解决方案、起草过程图和粗计划、起草并讲解纲要和向所有利益相关方沟通解决方案。

5. 控制阶段(Control)

控制阶段的主要目标是使改进成果标准化。通过修订文件使成功经验制度化,通过有效的监测方法维持过程改进的成果,并寻求进一步提高改进效果的持续改进方法。

控制阶段是项目团队维持改进成果的重要步骤。一旦改进完成,团队还应持续地监控过程的实施情况。

控制阶段的主要任务有:起草试运行计划和试运行解决方案,确认由于解决方案触及根本原因而产生的 σ 水平的改进,确定实现目标是否必需的其他解决方案,找出类似的情况,对机会进行标准化处理,将解决方案融入日常工作并对之进行管理,对形成的经验标准化,明确团队的下一步行动计划以及针对其他机会的计划。

图 11-2 所示为 DMAIC 各阶段应用的主要方法和工具。

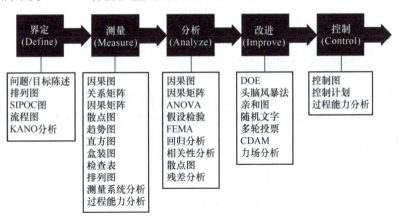

图 11-2　DMAIC 各阶段应用的主要方法和工具

六、6σ 设计

企业通过实施 6σ 改进所取得的成果是有限度的,当用 DMAIC 流程将过程的 σ 水平改进到接近 5σ 的时候,进一步改进的空间就变得非常小,或者改进的成本会大幅度增加而回报率降低,这就违背了 6σ 管理"低成本、高质量"的目的。如果一个企业希望自己的业绩更上一层楼,就应该考虑放弃原过程,对过程进行重新设计。这种设计就是所谓的 6σ 设计。

6σ 设计就是按照合理的流程,运用科学的方法准确理解和把握顾客的需求,对新产品或流程进行稳健设计,使产品或流程本身具有抵抗各种干扰的能力,从而在低成本的条件下实现较高的质量水平。

与 6σ 设计比较而言,6σ 改进注重的是简化生产和业务流程,以消除错误、提高效率、节约资金；而 6σ 设计则是提前一步对流程本身进行设计，从而把问题消灭在初始阶段，从体制上防止后面各个环节中可能出现的错误。与 6σ 改进的 DMAIC 流程相似，6σ 设计也有自己的流程，常用的模式有 DMADV 模式、IDDOV 模式、DMEDI 模式、DMADOV 模式等。

1. DMADV 模式

DMADV 模式主要适用于流程的重新设计和对现有产品的突破性改进。其阶段为：界定（Define）、测量（Measure）、分析（Analyze）、设计（Design）和验证（Verify）。

2. IDDOV 模式

ASI 的质量管理专家乔杜里提出了 6σ 设计的一个称为 IDDOV 的流程，是大家公认的适用于制造业的 6σ 设计流程。其阶段为：识别（Identify）、定义（Define）、制定（Develop）、优化设计（Optimize）及验证（Verify）。

3. 6σ 设计常用工具和技术

6σ 设计所用的工具和技术主要包括质量功能展开（QFD）、系统设计、失效模式及影响分析（FEMA）、参数设计与容差设计（田口方法）、DFX 设计（Design for X）以及质量管理技术的新 QC（Quality Control）七种工具等，并在此基础上广泛吸收现代科学和工程技术，形成一种以顾客需求为导向，创造高质量、高可靠性、短周期、低成本产品的新设计思想和方法体系——稳健性设计。稳健性设计已经广泛应用于工程实践中并获得了巨大的经济效益。

第三节　数字化质量管理

自 20 世纪 80 年代以来，计算机在企业管理的各个领域都得到了广泛应用，在质量工程领域也不例外，计算机在质量管理方面的应用对提高产品质量、提升企业的质量管理水平起到了非常大的作用。

一、计算机在质量管理中的应用

计算机在质量管理中的应用主要体现在以下几个方面：市场营销质量管理、设计质量控制、制造质量控制、质量检验及其数据处理等。

1. 在市场营销质量管理中的应用

（1）**通过信息网络发布和获取各种市场质量信息。** 信息网络在社会生活中的作用越来越突出，特别是在信息发布和信息获取方面，信息网络表现出了其独到的优势。利用信息网络，可以快速地获取大量的市场质量信息，包括用户的质量需求、用户对本企业产品的质量反馈、竞争对手的质量情况、国家和地方政府的质量法律法规和技术标准、外界对本企业质量状况的评价、质量工程技术的最新进展等。企业也可以通过信息网络发布各种质量信息。

（2）**通过信息网络获取各种售后服务质量信息。** 企业可以通过信息网络加强与用户和维修网点的联系，随时得到用户对本企业产品质量的意见和建议，也可以随时将各维修网点的维修信息收集起来，加以整理和分析，找出产品或服务质量的薄弱环节，切实提高企业的产品或服务质量。

（3）**远程智能故障诊断与维护。** 随着计算机网络技术、现代控制技术和远程智能诊断技术的快速发展，企业可以直接通过网络监控本企业产品在用户手中的运行情况，对发现的故障进行远程诊断和故障排除。通过信息网络，企业的维修人员还可以直接指导用户或维修网点的工程师识别和排除产品的故障。

（4）**评价营销活动的质量**。利用计算机系统对信息进行收集、整理、保存和传递，对营销活动的投入产出比进行有效分析，可以发现营销活动中的不足之处，从而在以后的营销活动中提升营销效果。此外，也可以通过分析市场占有率来评价本企业营销活动的质量，制定本企业的质量竞争战略。

（5）**分析与处理市场和售后服务质量信息**。通过信息网络或其他手段获取的各种质量信息（包括用户档案信息、用户分布信息、质量三包信息、索赔信息、维修信息等），最终都必须由计算机进行存储、处理，并将分析结果传递给有关部门进行质量决策。

2. 在设计质量控制中的应用

（1）**性能仿真**。利用计算机能够快速处理海量信息的特点，结合数字孪生技术、虚拟现实技术和数字化样机技术，可以进行产品设计过程的性能仿真，使产品在未制造出来之前就可以发现各种缺陷并排除之，为一次性设计成功高质量的产品创造条件。

（2）**设计分析和优化设计**。在面向质量的设计中，人们采用了各种现代设计方法，如试验设计、有限元分析、可靠性设计、质量功能配置、健壮设计、优化设计等。这些方法的计算工作量都很大，利用传统的人工分析方法显然是不可能的。但是，由计算机来完成这些工作，不仅速度快，而且精确度高，可以大大提高产品的设计质量。

（3）**设计过程管理**。在产品开发和设计中，必须严格遵守质量管理体系中确定的研发流程，在设计的各个阶段进行严格的质量评审。利用计算机化的工作流程管理技术和项目管理技术，可以实现设计流程的严格控制，提高设计的质量和效率。

（4）**信息存储和查询**。在质量设计中，需要经常查询大量的数据，如企业各种产品主要性能的历史数据，国内外同类产品的质量和性能数据，各种技术标准，各种设计参考手册等。这些信息的存储量通常都很大，查找起来也很费时。但利用计算机保管这些信息，可以快速、方便地查到所需的各种最新信息。

3. 在制造质量控制中的应用

（1）**生产准备过程的质量控制**。生产准备过程包括：工艺文件的准备、加工设备的准备、刀具的准备、工装夹具的准备、原材料的准备等。在这些准备过程中，都有大量的质量管理和控制问题，需要利用计算机进行管理。例如，利用计算机进行工艺文件管理、加工设备状态（特别是精度和可靠性）管理、刀具管理、工装夹具精度管理、原材料质量管理等。

（2）**工序质量自动控制**。应用计算机进行工序控制，主要是由传感器或测量设备自动获得工艺过程或产品质量的实时数据，由计算机处理后找出偏差值和发生偏差的原因，然后实施反馈控制。

（3）**计算机辅助质量控制图**。传统的控制图都是由手工绘制和由人工分析处理的，工作量很大，运用计算机辅助质量控制图技术，可以利用各种数据采集技术自动获取绘制控制图所需的各种数据，并由计算机自动对数据进行处理，并生成质量控制图。计算机可以自动判断控制曲线的走势，发现工序存在的问题，对于即将处于失控状态的工序，可发出各种报警信号，方便用户维护及使用。

（4）**工序能力分析及计算**。利用计算机中存储的各种历史数据，可以实现工序能力的自动计算。这种计算可以是动态的，即根据实时输入计算机中的数据，实现动态计算工序能力。

（5）**废次品管理控制**。对于生产过程产生的废次品，也可由计算机进行有效管理，并可自动计算出废次品损失情况。通过对废次品损失的分析，可以随时掌握生产过程的情况，实现废次品的有效管理和控制。

（6）**质量问题管理和追踪**。质量管理的一项重要内容是质量问题的管理和追踪。传统的质量管理依靠手工和纸质文件来进行，要实现质量问题的快速、准确追踪几乎是不可能的。利用计算机进行管理，大量的数据都存储在计算机中，利用计算机的快速搜索和查询功能，就能很容易地查到质量的责任人和产生质量问题的原因。

4. 在质量检验中的应用

（1）**制订检验计划**。利用计算机可以辅助制订产品的检验计划，生成检测规程，确定需要的检测仪器种类及精度等。

（2）**检验数据采集**。在检验过程中，需要采集大量的质量数据，如原材料入厂检验数据、试验过程数据、配套件及外协件检验数据、加工过程检验数据、装配过程检验数据、成品检验数据等，通过应用计算机数据采集系统可以实现以上数据的快速准确采集。

（3）**计量器具管理**。在大多数制造企业中，都配有大量的计量器具，对这些计量器具的管理非常复杂，而采用计算机进行管理，可以随时掌握诸如计量器具的精度等级、周期校验情况、故障修复情况、保管地点及保管者变更情况等，并可事先编制计量器具管理的管理文件，制订周期检定计划，定期统计计量器具的合格率等。

（4）**检验结果的统计分析和统计报表**。通过将质量检验中的各种参数和状态转换成计算机所能接收的信息并输入计算机，可以根据不同质量管理的需要，采用不同的数据处理方法进行相应的统计分析，并将结果以表格或控制图、直方图、散布图、排列图等形式输出，提供定量分析的辅助决策信息。

5. 在其他质量管理领域的应用

除了上述应用外，计算机在质量管理领域还有大量的应用，如计算机辅助质量成本分析和控制、计算机辅助质量教育和培训、基于质量数据的预测和决策、质量文件的计算机管理、计算机辅助质量计划编制、质量统计报表的自动生成等。

总之，计算机在质量管理的各个领域都得到了广泛的应用，可以帮助企业有关人员高效完成各项质量工作。可以相信，随着各种新技术、新方法和新工具的不断出现，计算机在质量管理中的应用会越来越广泛和深入。

二、数字化质量管理系统

1. 数字化质量管理系统的基本概念

数字化质量管理系统（Digital Quality Management System，DQMS）又称为e-质量管理系统，其核心是质量管理的数字化。它将现代信息技术、自动化技术、先进制造技术、现代测量技术与现代质量管理模式相结合，综合应用于企业的市场营销、产品设计、制造、管理、试验测试和使用维护等全生命周期质量管理的各个阶段，通过质量数据的自动实时采集、分析与反馈控制，以及质量信息资源的共享和质量管理的协同，建立一套以数字化、集成化、网络化和协同化为特征，预警和报警相结合的企业质量管理新体系。通过数字化质量管理系统的实施，可以推动我国企业质量管理与控制技术的创新和质量管理模式的改革，为现代企业质量管理提供新方案和新思路，最终提高企业的综合素质、质量管理水平和产品质量，增强我国企业的核心竞争力和可持续发展的能力。

2. 数字化质量管理系统的参考体系结构

数字化质量管理系统将多年来形成的计算机辅助质量管理技术与现代质量管理模式有机地结合在一起，实现寿命周期质量管理的数字化。其参考结构如图 11-3 所示。

从图 11-3 可以看出，**数字化质量管理系统从大的层次上可以分为硬件支撑环境层、软件支撑环境层和应用系统层。**

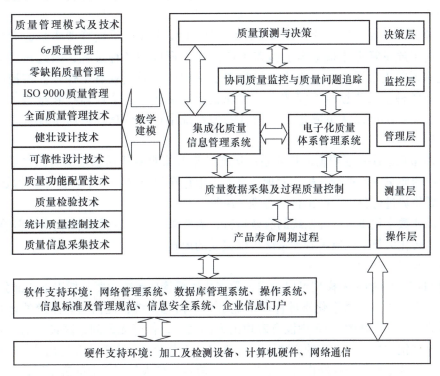

图 11-3 数字化质量管理系统的参考结构

硬件支撑环境层为数字化质量管理系统提供硬件支撑，包括加工及检测设备、计算机硬件、网络通信硬件等。检测设备包括各种计量器具、条码数据采集系统等。

软件支持环境层为数字化质量管理系统的运作提供软件保证，包括网络管理系统、数据库管理系统、操作系统、信息标准及管理规范、信息安全系统、企业信息门户等。企业信息门户为数字化质量管理系统与企业其他数字化应用系统的数据交换提供信息通道。

应用系统层又可分为操作层、测量层、管理层、监控层和决策层。各层的主要功能如下：

（1）操作层。操作层是指产品质量形成的各种过程，包括市场调研、设计开发、试制、生产准备、加工制造、质量检验和试验、包装运输、应用及售后服务等，操作层完成产品的设计与制造，并产生质量管理中所需的各种数据，数字化质量管理系统以操作层作为管理与控制的主要对象。

（2）测量层。测量层的主要功能是通过各种测量和评审手段从操作层采集各种数据，包括通过产品设计质量评审采集产品研发过程的各种数据，通过质量检验采集产品生产过程的各种数据，通过过程评价采集经营管理各种过程中的工作质量数据，通过质量体系评审采集质量体系运行有效性方面的数据，并通过对数据的统计分析（特别是控制图技术）来实现质量管理系统的控制和持续改进，测量层是提高数据有效性的基本保障。

（3）管理层。管理层主要包括电子化质量体系管理系统和集成化质量信息管理系统，电子化质量体系管理系统将质量体系过程流程化，并将其建立在计算机中，通过计算机控制质量体系的有效运行。集成化质量信息管理系统主要是借助于数据库管理技术对数字化质量管理系统的各种数据进行全面管理，包括应用各种统计分析工具对数据进行处理和分析。

（4）监控层。数字化质量管理系统的监控层主要实现对质量管理体系的运行过程进行监控。由于质量管理体系基本上覆盖了产品质量形成的各种过程，因此只要能够保证质量管理体系的正常运行，企业的质量管理水平和产品质量就有了保障。监控层利用可视化技术和各种主动监控与追踪技术，实现企业质量状态的全面监控和报警。在发生质量问题时，监控层可以从集成化质量信息管理系统中提取信息，从而实现对质量问题的追踪和处理。

（5）决策层。决策层根据质量体系的运行结果和来自集成质量信息管理系统的统计信息，对企业的质量现状进行分析，发现质量管理中存在的问题。也可以采用各种数学方法对质量的发展趋势进行分析，做出科学合理的决策。

为了保证数字化质量管理系统的有效运行，需要采用数学建模技术将各种现代质量管理模式和技术转化为数字化质量管理系统可以接受的形式。

3. 数字化质量管理系统的组成

从图 11-3 所示的参考模型可以看出，数字化质量管理系统主要包括以下几部分内容：

（1）高素质的人。数字化质量管理系统是一个信息系统，任何信息系统的运行都离不开高素质的人。尽管在图 11-3 中没有表现出人的因素，但毫无疑问，高素质的人是成功建立和运行数字化质量管理系统的主要因素。数字化质量管理系统中的人员几乎包括了企业各方面的人员，从生产设备的操作者、检验工人、质量管理人员到企业的决策层，都在数字化质量管理系统中担任不同的角色。因此，为了保证数字化质量管理系统的成功实施，必须对所涉及的各类人员进行持续不断的培训和教育，从而使他们在质量意识和质量管理技术方面都达到一定的要求。

（2）硬件支撑环境。硬件支撑环境主要包括检测设备、计算机硬件和网络通信系统。

1）检测设备。检测设备主要包括三坐标测量机、各种专业检测设备（化学成分检测仪、硬度检测仪等）、通用数字化检测仪器（数字化千分表、数字化游标卡尺、粗糙度检测仪等）、专用量规（止通规、角度量规等）、条码数据采集系统等。

2）计算机硬件。计算机硬件包括终端计算机、各种服务器、图形工作站、UPS 电源、扫描仪和打印机等。在计算机硬件方面，国外知名的大公司有 IBM、HP、DELL，国内有联想、浪潮等。

3）网络通信系统。网络通信系统包括传输介质（主要是光纤和双绞线，也有无线传输系统）、路由器、交换机、网卡、调制解调器等。在网络通信系统方面，国外知名的大公司有 CISCO、AVAYA、3COM 等，国内有华为、大唐电信等。

（3）软件支撑环境。软件支撑环境包括以下几个方面：

1) **网络管理系统**。网络管理系统用来管理网络系统的安全、数据流向和流量管理、网络计费管理、网络用户管理等，比较知名的网络管理系统软件有美国 CV 公司的产品。

2) **数据库系统**。数据库系统用来管理信息系统的数据，包括数据的存储和查询等，比较知名的数据库管理系统有 ORACLE、SQL SERVER、SYBASE、DB2 等。

3) **操作系统**。操作系统实现对计算机软硬件的管理，最流行的操作系统有微软公司的 Windows 系列、UNIX 操作系统、Linux 系统等。

4) **信息标准及管理规范**。信息标准及管理规范用来对信息系统的代码和基础数据进行统一管理。

5) **信息安全系统**。信息安全系统用来保证系统的运行安全和数据安全，包括防病毒、防黑客、防非法入侵、数据备份和恢复等。

6) **企业信息门户**。企业信息门户是信息系统交换数据的主要渠道。

(4) **数学建模技术**。数学建模技术将现代质量管理模式和技术融合，抽象成数学模型，以便于数字化质量管理系统采用标准模式进行处理，这是数字化质量管理系统应用软件实现商品化的基础。这一技术目前还没有形成成熟的理论和方法。

(5) **应用系统**。数字化质量管理系统的应用系统包括：电子化质量体系管理分系统、集成化质量信息管理分系统、质量资源管理分系统、质量计划和检验管理分系统、质量数据采集分系统、质量问题管理及追踪分系统、质量预测及决策分系统、协同质量监控分系统、质量成本管理分系统、市场营销质量管理分系统、产品研发质量管理分系统、生产准备质量管理分系统、加工过程质量管理分系统、装配过程质量管理分系统、售后服务质量管理分系统等。

三、数字化质量管理中的质量信息

1. 质量信息的概念

信息是经过加工处理的数据，它是客观世界各种事物状态特征及其变化，以及事物之间相互联系、相互作用的反映和表征，并经过传递可以被人们所接受和认识。但信息并不是事物本身。

质量信息是指在企业的生产经营活动和产品寿命循环中产生的与质量有关的各种信息。在企业的质量管理活动中，会产生大量的质量信息，这些信息存在于各种资料、图表、数据、报告、指令和情报中，它们集中反映了质量管理活动的方方面面。

质量信息覆盖了产品寿命循环的各个阶段，也覆盖了企业的各级、各类人员。因此，质量信息管理是全面质量管理得以顺利推行的保障。

质量是企业的生命，是影响企业市场竞争能力的重要因素之一。因此，对质量信息进行全面、有效的管理，是提高产品质量、服务质量和工作质量的基本保证。由此可见，质量信息管理在企业经营管理中具有重要作用。

2. 质量信息的特征

质量信息属于信息的范畴，因此它具有信息的共有特征，如可识别性、可变性、可传递性、可处理性、可复制性、可再生性、适时性、价值性、正确性等。除此之外，作为一类特殊的信息，质量信息还具有以下一些特征：

(1) **分散性**。由于质量活动涉及产品寿命循环的各个阶段，覆盖了企业的各个部门和各级各类人员，因此质量信息具有很大的分散性。这一特性决定了必须在企业内外部建立覆盖面广、能迅速有效传递各种质量信息的信息传输网络。

（2）**相关性**。散布于各部门和寿命周期全过程各个阶段的各种质量信息又是相互关联、相互影响的，因此质量信息又表现出相关性的特点。例如，设计阶段的质量信息对产品寿命周期其他环节的质量会产生巨大的影响。质量信息的相关性特点决定了质量信息系统是个多层次、多环节且相互关联的复杂系统。

（3）**随机性**。在质量的形成过程中，随时都可能产生各种质量信息，但什么时间、发生什么样的质量信息却是随机的。例如，产品的质量是波动的，但产生波动的原因却是随机的；又如，在产品使用过程中会发生各种故障，但故障的发生部位、发生时间和发生原因也是随机的。质量信息的随机性决定了质量信息的处理必须采用统计方法。

（4）**复杂多样性**。在质量管理活动中，信息的来源和表现形式是多种多样的（见下面对信息的分类），因此造成了信息存储、处理和传递方式的多样化。

（5）**继承性**。质量信息具有明显的继承性。例如，企业在长期的生产活动中积累了丰富的质量信息资源，这些资源对后面的工作具有指导和借鉴作用。特别是在进行质量改进活动时，必须利用前期工作所积累的质量信息。继承性的另一种表现方式是产品质量的可追溯性。例如，产品在使用过程中发生的故障可以利用信息管理系统一直追溯到各零部件和配套件的制造者和制造过程的信息。

3. 质量信息的分类

为质量信息进行合理的分类，对确定质量信息管理系统的组织结构及分工，选择合适的信息加工技术，方便信息的检索和使用都具有重要的意义。质量信息的分类方法一般有以下几种：

（1）按信息来源分，可以将质量信息分为内部质量信息和外部质量信息。内部质量信息是指由企业内部产生的各种信息，如设计过程质量信息、工艺过程质量信息、检验过程质量信息等；外部质量信息是指来源于企业外部的各种质量信息，如市场动态信息、协作厂质量水平，来自用户和维修网点的质量信息，同行业其他厂商的质量信息，外界对本企业质量水平的评价信息等。

（2）按信息的功能分，可将质量信息分成状态质量信息、质量指令信息和质量反馈信息。状态质量信息是指企业日常生产经营活动中产生的反映质量状态及其变化的各种信息，如质量检验、工序控制等的统计数据，完成质量计划和质量指标的情况、协作厂的质量状况、用户的质量投诉等；质量指令信息是指来自上级部门的有关质量的指示和规定，企业各级领导层的各种决策指示和目标要求等；质量反馈信息是指在执行质量指令全过程中产生的偏差信息。反馈信息往往导致决策部门产生新的调节指令，达到纠正偏差的目的。

（3）按质量问题的影响后果分，可分为正常质量信息、一般异常质量信息和严重异常质量信息。正常质量信息是指在产品设计、生产制造、试验、使用、市场营销等过程中满足规定要求的质量信息；一般异常质量信息是指在产品寿命循环中产生的，不满足规定要求，但不至于产生严重影响的质量信息；严重异常质量信息是指在产品寿命循环中产生的，严重影响完成规定任务，导致或可能导致重大损失的质量信息。

（4）按寿命周期阶段划分质量信息，可以分成以下几种：①设计质量信息，如在产品设计中产生的诸如公差、产品质量水平、预计的质量波动及其影响因素、预计的故障率等；

②制造质量信息，如工序能力信息、不合格品控制信息、制造系统的运行状态信息、加工过程的各种反馈信息等；③检验质量信息，即与质量检验有关的各种信息，如计量器具信息、各种检验计划、检验结果等；④使用质量信息，如使用过程中发生的各种故障、产品是否达到设计要求，用户的抱怨和索赔等；⑤报废处理质量信息，如是否便于回收、对回收件的质量分类、质量的恢复等；⑥市场质量信息，如质量的发展动态、市场对质量的要求、外界对本企业产品质量的评价、本企业产品质量在行业中的水平、竞争对手的质量水平等。

（5）按质量信息的性质可分为以下几种：①工作质量信息，如工作能力、工作态度、工作业绩、质量计划等；②工序质量信息，如设备的完好状态、工序能力、重大质量事故、加工过程中的反馈信息等；③产品质量信息，如不合格品百分数、质量改进状况、返修状况等；④服务质量信息，如对用户的投诉和赔款的处理、"三包"的实施情况等。

4. 质量信息的内容

为了便于使用，可按产品寿命循环的不同阶段对质量信息的内容进行归纳，具体如下：

（1）产品设计/开发、生产和检验中的质量信息。 这一类质量信息极多，如使用技术指标，包括在任务书和合同中规定的产品性能、可靠性、维修性、测试性、保障性、安全性、适应性、可生产性和经济性等参数及其指标；可靠性大纲、维修性大纲、安全性大纲、质量保证大纲等及其评审结论；故障模式与影响分析（FMEA），或故障模式、影响及危害性分析报告（FMECA）；有关保障性的分析报告；故障报告、分析和纠正措施及其效果（FRACAS）；关键件和重要件清单；设计定型与生产定型时产品的质量分析报告；性能试验、环境试验、耐久性试验、可靠性及维修性试验、试车或试用等的结果与分析报告；可靠性增长计划及实施情况；功能测试、包装、储存、装卸、运输及维修对产品质量的影响；严重异常、一般异常质量问题及其分析、处理效果；设计质量、工艺质量和产品质量评审结果及首件检验情况；质量审核报告；关键件、重要件和关键工序质量控制情况；零部件及成品的检验记录；工装设备及测试仪表的检验报告；不合格品分析、纠正措施及其效果；产品的改进与改型情况；产品验收及例行试验合格率；质量成本分析报告；其他有关信息。

（2）产品使用中的质量信息。 这些信息包括：产品的使用状况信息；故障报告、分析、纠正措施及其效果；维修时间、工时、费用及其他维修性信息；产品的存储信息；产品的检测信息；产品的使用寿命信息；严重异常、一般异常质量问题及其分析、处理与效果；产品的改装及其效果；产品在停止使用时的质量和可靠性状况；综合保障情况与存在的问题；产品质量的综合分析报告；其他有关信息。

（3）其他与产品质量有关的信息。 它们包括：市场对产品质量的需求及其发展趋势；国内外同类产品的质量状况；与产品质量有关的标准、报告、手册及最新技术成果的文献资料；与产品质量有关的国家政策、法令和规定等。

5. 质量信息管理流程

信息管理流程是指按管理的需要，遵循信息管理的基本原理，经过事先设计作为信息传递准则的流转程序。图11-4是经过简化处理的信息管理流程示意图。

可以看出，信息管理流程包括以下要素：信息源、信息收集、信息加工、信息存储、信息输出、信息交换和信息反馈（信息传递）、信息利用、信息跟踪处理等。

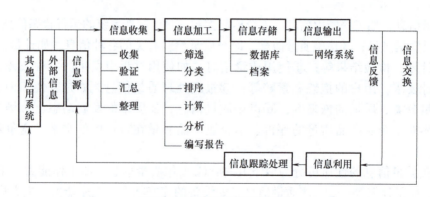

图 11-4 信息管理流程示意图

第四节 质量工程的发展趋势

从整体上来说,自人类开始制造产品以来,质量工程就随之产生。而现代质量工程则开始于 20 世纪 80 年代。经过几十年的发展,质量管理和质量控制技术已相当完善,对保证和提高产品质量起到巨大作用。但随着科学技术的不断进步,人们对质量的要求越来越高。由于新管理模式和生产方式的不断出现,质量工程技术也在不断变化。概括起来,现代质量工程技术有以下发展趋势:

1. 面向中小批量生产的质量控制理论和技术

21 世纪的市场是动态多变的,顾客的需求是多种多样的。因此,风行于 20 世纪的大批量生产将会让位于面向顾客订货的多品种、小批量、订单式生产。在这种生产模式下,原来常用的、面向大批量生产的质量控制技术,特别是统计质量控制技术已不再适用。因为在统计质量控制中,必须具有数量足够的样本(例如 50 个)才能得出统计结论,否则,得到的分析结果将毫无意义。而在多品种、小批量生产中,零部件和产品的生产批量往往达不到 50 件,因此无法再应用传统的控制图、抽样检验理论进行质量控制。把并行工程技术和在线实时控制技术引入质量控制实践中,将是中小批量生产中质量控制的主要研究方向。

2. 重视产品设计阶段的质量控制

根据现代质量工程理论,产品质量首先是设计出来的,其次才是制造出来的,质量检验只能剔除废次品,并不能提高产品质量。因此,应将提高设计质量放到质量管理和质量控制工作的首要位置。因为设计上存在先天不足的产品,在后续的制造过程中无论采用何种措施,都无法保证产品的最终质量。为了提高产品的设计质量,除对设计结果进行严格评审外,更重要的是采用各种现代设计分析技术,如可靠性设计、健壮设计、质量功能配置、动态设计、有限元分析和仿真技术等。

3. 制造阶段在线质量控制是重点

制造阶段的质量控制称为"符合性"质量控制,其目的是使零部件和产品的制造质量符合设计提出的要求。在大批量生产中,人们利用控制图和统计技术进行质量控制,而在中小批量生产中利用在线检测和反馈控制提高产品的质量。

4. 重视管理对质量控制的重要作用

在质量工程中，人们有"三分技术、七分管理"之说。也就是说，在质量控制过程中，要特别注意提高管理水平，这是提高质量的根本。在质量管理实践中，要注意实施 ISO 9000 质量管理体系，这是目前的大趋势。但在实施 ISO 9000 质量标准时，应严格按规定办事，防止"走过场"现象，防止为认证而认证。因为质量认证的最终目的是提高本企业的质量管理水平和产品质量，不仅仅是为了宣传。

5. 特别重视提高人的作用和素质，加强培训和教育

随着管理科学的不断发展、知识更新的日益加快，人在质量管理中的作用和地位显著提高。不断提高全员的整体素质，已经成为质量管理的重要内容。在日本的质量管理实践中，特别注意充分发挥生产一线员工在保证产品质量方面的主观能动性。日本能够生产出世界一流的产品，与拥有一支高素质的员工队伍是分不开的。为了提高人的素质（包括思想素质和业务素质）就应加强培训和教育，这是从实践中总结出来的一条宝贵经验。在未来的生产实践中，应更加强调"以人为本"的质量管理思想，只有这样才能生产出高质量的产品，提供优良的服务。

6. 生产一线员工参与质量控制

现代质量工程特别强调生产一线员工参与质量控制。日本在这方面有很多很好的经验。日本企业认为，现代产品的结构越来越复杂，仅靠少数质检人员的努力，无论如何都不可能将产品质量控制在满意的水平。而生产一线员工对工艺过程最为了解，最容易发现产品和零部件的缺陷。因此，将生产一线员工纳入质量管理和控制队伍，是提高产品质量的根本途径。几十年来，日本产品称霸国际市场，这种做法起到了重要的作用。在 21 世纪，这种做法仍将有效，而且会增加新内容。

在员工参与质量管理和控制的实践中，日本丰田汽车公司所采取的做法很有参考价值。在丰田汽车公司，如果生产一线员工发现了问题，他们就会按工作小组的方式集体讨论，会连续问"五个为什么"（或称根源质量法），一直到找出发生质量问题的最根本原因。

7. 加强计算机和人工智能在质量管理与控制中的应用

目前，计算机在企业管理中的应用已显示出巨大威力，将计算机技术和人工智能技术引入质量管理与控制中，对提高产品和服务质量同样会产生巨大作用。目前，计算机在质量管理与控制中的应用还不深入，这将是现代质量工程的一个重要发展方向。随着人工智能技术的不断发展，将之引入质量管理与控制中也将成为现代质量工程一个重要的发展方向。

8. 供应链环境下的协同质量管理与控制

在供应链环境下，质量管理模式由单一企业质量管理转变为多企业协同质量管理，产品质量由供应链上全部成员企业的质量管理与控制水平所确定，因此质量管理与控制应从企业内部质量扩展到供应链所有企业。供应链环境下的质量管理不仅要在企业内部开展，还要延伸到供应链上的所有企业，在供需双方之间实行质量协同管理与控制，以取得顾客对企业的产品质量和质量管理体系的信任。为了适应当前供应链质量管理的需要，研究面向供应链协同过程的质量管理与控制新方法，提高供应链环境下的企业协调能力，保证产品质量满足顾客需求，将成为质量工程一个新的发展方向。

复习思考题

1. 在产品寿命周期质量管理中,计算机可以发挥哪些作用?
2. 为什么相对于企业生产经营的其他领域,计算机在质量管理中的应用相对落后?展开讨论并分析原因。
3. 数字化质量管理系统与质量信息管理系统的本质区别是什么?
4. 采用数字化质量管理系统对企业有什么意义?
5. 为什么说数字化质量管理系统的核心是质量数据的有效性?
6. 谈谈你对数字化质量管理系统中"数学建模"概念的理解。
7. 何谓质量管理体系的"两张皮"现象?如何采用数字化质量管理系统消除这一现象?
8. 什么是质量信息?质量信息与质量数据有什么区别?
9. 为什么要对质量信息进行"集成化"管理?什么是"集成化"?
10. 在数字化质量管理系统中,质量信息集成化管理的作用是什么?
11. 在数字化质量管理系统中,电子化质量体系管理的作用是什么?
12. 电子化质量体系管理包括哪些内容?
13. 什么是零缺陷?
14. 零缺陷特别强调和注重哪些方面?
15. 零缺陷质量管理思想体系包含哪些内容?
16. 推行零缺陷质量管理应遵循哪些基本原则?
17. 零缺陷质量管理的实施包括哪些具体步骤?
18. 什么是 6σ 管理?6σ 管理与零缺陷管理有什么区别?
19. 6σ 改进模式——DMAIC 包含哪几个阶段?
20. 什么是 6σ 设计?它包含哪几种方式?
21. 现代质量工程技术有哪些发展趋势?

参 考 文 献

[1] 韩福荣. 现代质量管理学［M］. 4 版. 北京：机械工业出版社，2018.
[2] 张公绪，孙静. 新编质量管理学［M］. 北京：高等教育出版社，2004.
[3] 中国质量管理协会. 国际先进质量管理技术与方法［M］. 北京：中国经济出版社，2000.
[4] 张根保，何桢，刘英. 质量管理与可靠性［M］. 北京：中国科学技术出版社，2005.
[5] 郭帅. 产品质量先期策划流程优化及信息化管理展望［D］. 上海：复旦大学，2011.
[6] 陈坤. 先期产品质量策划（APQP）在彩印钢化玻璃加工中的应用研究［D］. 上海：上海交通大学，2008.
[7] 林志航，车阿大. 质量功能研究现状及进展——兼谈对我国 QFD 研究与应用的看法［J］. 机械科学与技术，1998，17（1）：119-121.
[8] 田口玄一. 实验设计法［M］. 魏锡禄，王世芳，译. 北京：机械工业出版社，1987.
[9] 董仲石. 近年来国际设计方法学研究的发展［J］. 机械设计，1993（8）：2-3.
[10] JURAN J M，GRYNA F M. Quality Planning and Analysis［M］. 2nd ed. New York：Tata McGraw-Hill Publishing Company Limited，1980.
[11] FERME WILLIAN D. Design for Quality［C］. Singapore：Proceedings of the 1995 IEEE Annual Internatinal Engineering Management Conference，1995：229-234.
[12] 吴昭同，等. 保质设计［M］. 北京：机械工业出版社，2004.
[13] 林志航. 产品设计与制造质量工程［M］. 北京：机械工业出版社，2005.
[14] 帕尔，拜茨. 工程设计学［M］. 张直明，等译. 北京：机械工业出版社，1992.
[15] 唐晓青，等. 现代制造模式下的质量管理［M］. 北京：科学出版社，2004.
[16] 于振凡，等. 生产过程质量控制［M］. 北京：中国标准出版社，2008.
[17] 易树平，郭伏. 基础工业工程［M］. 2 版. 北京：机械工业出版社，2013.
[18] 万军. 制造质量控制方法与应用［M］. 北京：机械工业出版社，2011.
[19] 齐二石. 现代工业工程与管理［M］. 天津：天津大学出版社，2007.
[20] 顾冰芳，龚烈航. 制造过程质量自动控制系统的研究［J］. 机械制造，2003，41（468）：51-52.
[21] 刘惟信. 机械可靠性设计［M］. 北京：清华大学出版社，1996.
[22] 高社生，张玲霞. 可靠性理论与工程应用［M］. 北京：国防工业出版社，2002.
[23] DHILLON B S. Mining equipment reliability，maintainability and safety［M］. Berlin：Springer，2008.
[24] 吴波，黎明发. 机械零件与系统可靠性模型［M］. 北京：化学工业出版社，2003.
[25] SAUNDERS S C. Reliability，Life Testing and the Prediction of Service Lives：For Engineers and Scientists［M］. Berlin：Springer，2010.
[26] 李瑞莹，康锐，党炜. 机械产品可靠性预计方法的比较与选择［J］. 工程机械，2009（5）：53-57.
[27] KUO W，WAN R. Recent advances in optimal reliability allocation［J］. IEEE Transactions on System，Man and Cybernetics——Part A：Systems and Humans，2007，37（2）：143-156.

[28] DONNA C S. Six Sigma：Basic Tools and Techniques［M］. New York：Prentice Hall，2007.
[29] 马士华，林勇. 供应链管理［M］. 北京：高等教育出版社，2006.
[30] 柴邦衡. ISO 9000 质量管理体系［M］. 2 版. 北京：机械工业出版社，2013.
[31] 全国质量管理和质量保证标准化技术委员会，中国合格评定国家认可委员会，中国认证认可协会. 2016 版. 质量管理体系国家标准理解与实施［M］. 北京：中国标准出版社，2017.
[32] 袁建国. 产品质量抽样检验程序与实施［M］. 北京：中国计量出版社，2005.